Robert Nozick:
Vom richtigen, guten und
glücklichen Leben

Aus dem Amerikanischen von
Martin Pfeiffer

Deutscher
Taschenbuch
Verlag

Ungekürzte Ausgabe
November 1993
Deutscher Taschenbuch Verlag GmbH & Co. KG,
München
© 1989 Robert Nozick
Titel der amerikanischen Originalausgabe:
The Examined Life. Philosophical Meditations
Simon & Schuster, New York 1989
© der deutschsprachigen Ausgabe:
1991 Carl Hanser Verlag, München
ISBN 3-446-16091-4
Umschlaggestaltung: Klaus Meyer
Satz: Fotosatz Reinhard Amann, Aichstetten
Druck und Bindung: C. H. Beck'sche Buchdruckerei,
Nördlingen
Printed in Germany · ISBN 3-423-30382-4

Das Buch

»Ich möchte über das Leben nachdenken und über das, was im Leben wichtig ist, ich möchte mir Klarheit in meinem Denken schaffen – und auch in meinem Leben.« Mit diesem einfachen, aber fundamentalen Vorsatz vermißt Robert Nozick die trigonometrischen Punkte unserer Existenz anhand von Begriffen wie Glück, Liebe, Sterben, Sexualität oder Sinn. Seine philosophische Meditation ›Vom richtigen, guten und glücklichen Leben‹ hat als Generalthema Philosophie der Lebenskunst und Philosophie als Lebenskunst; dabei ist Nozick sich als gestandener Harvard-Professor nicht zu schade, mit einem Witz zu schreiben, der sich so wohltuend von dem hierzulande eher verbreiteten vornehmen Ton unterscheidet. Er sucht nach Antworten, indem er ganz einfache Fragen stellt: Warum ist Glück nicht das einzige, worauf es ankommt? Was ist Weisheit? Der Autor lädt den Leser ein, mit ihm ein Stück weit gemeinsam zu denken und dabei eine eigene Richtung einzuschlagen. Sein Ziel ist das Verständnis vom Nachdenken als lustvolle Unternehmung, weil nur ein reflektiertes Leben ein bewußtes und daher sinnvolles ist.

Der Autor

Robert Nozick, geboren 1937, lehrt Philosophie an der Harvard-Universität, Boston; er ist zusammen mit John Rawls der bedeutendste Vertreter des sogenannten »wirtschaftlichen Liberalismus«. Von seinen zahlreichen Fachveröffentlichungen ist auf deutsch ›Anarchie, Staat, Utopia‹ (1978) erschienen.

Inhalt

Für Trude

Danksagung

Dieses Buch ist mehrmals umgearbeitet worden, und ich bin meinen Freunden und meiner Familie für ihre Kritik und ihre Ermunterung außerordentlich dankbar. Eugene Goodheart, Bill Puka und Stephen Phillips haben verschiedene Versionen des Manuskripts gelesen und mir ausführliche und sehr hilfreiche Anmerkungen und Ratschläge zukommen lassen; Emily und David Nozick blieben interessiert und neugierig; Hilary Putnam, Sissela Bok, Harold Davidson und Robert Asahina halfen mir zu verschiedenen Zeitpunkten mit Bemerkungen oder Warnungen. Gjertrud Schnackenberg, meine Frau, umsorgte das Buch und mich.

Die Abfassung dauerte vier Jahre und begann während eines einmonatigen Aufenthalts in Yaddo, als ich 1984/85 ein Sabbatjahr von Harvard hatte; sie fand ihren Abschluß 1987/88, in einem weiteren Freijahr, das ich in Rom als Gast der American Academy in Rome verbrachte. Ich hatte seit 1981 über dieses Projekt nachgedacht. Ein frühes Stadium der Überlegungen wurde durch ein Stipendium der John M. Olin Foundation unterstützt, die mittleren Stadien durch ein Stipendium der Sarah Scaife Foundation und das letzte Stadium des Schreibens durch ein Forschungsstipendium, das ich vom National Endowment for the Humanities erhielt. Während eines Aufenthalts in der Villa Serbelloni, dem Studienzentrum der Rockefeller Foundation in Bellagio, habe ich das Manuskript sehr eingehend überarbeitet. Ich bin diesen Institutionen für ihre Hilfe dankbar.

1. Einleitung

Ich möchte über das Leben nachdenken und über das, was im Leben wichtig ist, ich möchte Klarheit in meinem Denken schaffen – und auch in meinem Leben. Meistens neigen wir dazu – ich tue das auch –, mit Automatiksteuerung zu leben: wir folgen den Selbsteinschätzungen und den Zielen, die wir früh erworben haben, und nehmen an ihnen nur geringfügige Änderungen vor. Zweifellos bringt es gewisse Vorteile – einen Zuwachs an Zielstrebigkeit oder Effizienz –, wenn man etwas gedankenlos frühe Ziele in relativ unveränderter Form verfolgt, aber es gibt auch einen Verlust, wenn wir von dem noch nicht ausgereiften Weltbild, das wir uns als Jugendliche oder junge Erwachsene geformt haben, durchs Leben geleitet werden. Freud beschrieb eindrucksvoll die starken und nachhaltigen Wirkungen eines noch früheren Lebensabschnittes: wie die leidenschaftlichen Begierden, das unzulängliche Verständnis, das beschränkte emotionale Milieu, die eingeschränkten Möglichkeiten und die begrenzten Bewältigungsverfahren, über die das Kind verfügt, sich in seinem Gefühlsleben und seinen Reaktionen als Erwachsener festsetzen und ihn weiterhin beeinflussen. Diese Situation ist, gelinde gesagt, unschön – würden *Sie* eine intelligente Spezies entwerfen, die so dauerhaft von ihrer Kindheit geprägt ist, eine, deren Emotionen keine Halbwertzeit besitzen und bei der man sich nur mit großer Mühe auf Verjährung berufen könnte? Eine ähnliche Überlegung gilt für das frühe Erwachsenenalter. Es bedeutet keine Herabsetzung junger Erwachsener, wenn man findet, daß sie zu diesem Zeitpunkt nicht genug wissen *konnten*, um die Richtung eines ganzen Lebens festzulegen oder zu verstehen. Es wäre traurig, wenn unterwegs nichts Wichtiges über das Leben gelernt würde.

Das Leben oder die Tätigkeit des Lebens stellen nicht den Typ von Thema dar, dessen Untersuchung Philosophen besonders lohnend finden. Gebt uns spezifische Probleme zum Lösen oder Paradoxa zum Auflösen, scharfsinnige Fragen mit genügend Ecken und Kanten, ein kunstvolles intellektuelles Gebäude, in dem wir uns bewegen oder das wir abwandeln können, und dann sind wir in der Lage, präzise eine Theorie auszuarbeiten, intuitive Prinzipien in überraschende Konsequenzen zu verfolgen und intellektuelle Pirouetten zu vollführen, wobei wir ständig klaren Erfolgsmaßstäben entsprechen. Ein Nachdenken über das Leben ist jedoch mehr wie ein Nachsinnen, und das vollständigere Verständnis, zu dem es führt, fühlt sich nicht wie das Überschreiten einer Ziellinie an, bei dem es einem immer noch gelingt, den Stab festzuhalten; es fühlt sich an, als werde man erwachsener.

Philosophische Meditationen über das Leben präsentieren ein *Porträt*, keine Theorie. Dieses Porträt mag aus theoretischen Stücken bestehen – aus Fragen, Unterscheidungen, Erklärungen. Warum ist Glück nicht das einzige, worauf es ankommt? Wie wäre die Unsterblichkeit beschaffen, und was wäre ihr Kern? Sollte ererbter Reichtum über viele Generationen hinweg weitergegeben werden? Sind östliche Erlösungslehren begründet? Was ist Kreativität, und warum verschieben Menschen die Inangriffnahme verheißungsvoller Vorhaben? Was wäre verloren, wenn wir niemals Emotionen empfänden und doch lustvolle Gefühle haben könnten? Wie hat der Holocaust die Menschheit verändert? Was ist schief, wenn einem Menschen hauptsächlich an persönlichem Reichtum und Macht liegt? Kann ein religiöser Mensch erklären, warum Gott die Existenz des Bösen zuläßt? Was ist besonders wertvoll an der Art und Weise, in der romantische Liebe einen Menschen verändert? Was ist Weisheit und warum lieben Philosophen sie so? Was sollen wir von der Kluft zwischen Idealen und den tatsächlichen Verhältnissen halten? Sind manche existierenden Dinge wirklicher als andere, und können wir selbst auch wirklicher werden? Doch die Verkettung dieser Theoriebrocken stellt nichtsdestoweniger ein Porträt dar.

Stellen Sie sich vor, welchen Eindruck Sie haben, wenn Sie vor einem gemalten Porträt stehen – einem Bild von Raffael oder Rembrandt oder Holbein beispielsweise – und es dann auf sich wirken lassen. Denken Sie auch daran, wie sich dies von der Lektüre einer klinischen Beschreibung eines bestimmten Menschen oder einer allgemeinen psychologischen Theorie unterscheidet.

Das Verständnis, das man bei der Prüfung eines Lebens gewinnt, durchdringt nun dieses Leben und bestimmt seine Richtung. Ein geprüftes Leben zu leben bedeutet, ein Selbstporträt herzustellen. Wenn uns Rembrandt aus seinen späteren Selbstporträts anblickt, dann ist er nicht einfach jemand, der so aussieht, sondern jemand, der sich *als* solchen sieht und kennt, mit dem Mut, den das erfordert. Wir sehen ihn als einen, der sich kennt. Und er blickt unerschrocken auch auf uns, die wir sehen, wie er so unerschrocken auf sich selbst blickt, und eben dieser Blick zeigt ihn uns nicht nur als einen, der dies weiß, er wartet vielmehr geduldig darauf, daß auch wir mit gleicher Aufrichtigkeit Menschen werden, die sich selbst kennen.

Wie kommt es, daß kein Foto eines Menschen die Tiefe hat, die ein gemaltes Porträt besitzen kann? Beide umschließen verschiedene Zeitquanten. Ein Foto ist ein »Schnappschuß«, ob gestellt oder nicht; es zeigt einen bestimmten Augenblick und läßt erkennen, wie der Mensch gerade zu diesem Zeitpunkt aussah, was seine Oberfläche zeigte. Während der langen Stunden dagegen, in denen man für ein Porträt Modell sitzt, legt man ein Spektrum von Zügen, Emotionen und Gedanken an den Tag, die alle in wechselndem Licht zutage treten. Indem der Maler verschiedene Eindrücke von dem Menschen verbindet und hier einen Aspekt, dort eine Muskelanspannung, einen Lichtschimmer oder eine vertiefte Linie auswählt, verwebt er diese verschiedenen Flächenteile, die nie zuvor gleichzeitig an den Tag gelegt wurden, und bringt so ein vollständigeres Porträt hervor, und ein tieferes. Der Porträtmaler kann einen winzigen Aspekt von allem, was sich in einem

Augenblick zeigte, auswählen, um ihn in das endgültige Bild einzuarbeiten. Ein Fotograf könnte versuchen, das nachzubilden, indem er Aspekte vieler Aufnahmen des Gesichts zu verschiedenen Zeiten isoliert und übereinanderlegt und miteinander verbindet. Könnten diese zahlreichen sorgfältigen Auswahlvorgänge dann zu einem Abzug des Fotos führen, der die volle Tiefe eines Gemäldes erreichte? (Das Experiment würde sich lohnen, und sei es nur, um das herauszuarbeiten, was das *Besondere* an der Malerei selbst gegenüber einem hochgradig künstlich beeinflußten fotografischen Prozeß ist, was für einen Beitrag beispielsweise die besonderen Tonwerte von Ölfarbe und das taktile Mitschwingen verschiedener Verfahren leisten, mit denen die Farbschichten aufgetragen und aufgebaut werden.) Ein Maler kann jedoch während der Stunden, die er mit seinem Modell verbringt, Dinge kennenlernen, die die sichtbare Oberfläche nicht zeigte – was der Mensch sagte, wie er sich anderen gegenüber verhielt –, und er kann daher Einzelheiten hinzufügen oder hervorheben, um das an die Oberfläche zu bringen, was in tieferen Schichten angesiedelt ist.

Der Maler konzentriert einen Menschen über eine längere Zeitspanne hinweg auf eine Erscheinung in einem Augenblick, die jedoch nicht vollständig in einem Augenblick aufgenommen werden kann. Weil in einem Gemälde so viel mehr Zeit konzentriert ist als in einem Foto, möchten und müssen wir mehr Zeit davor verbringen, in der sich der Mensch entfalten kann. Auch in unserer eigenen Erinnerung sind uns vielleicht Menschen in einer Weise gegenwärtig, die mehr Gemälden als Schnappschüssen ähnelt, indem wir zusammengesetzte Bilder schaffen, die Einzelheiten enthalten, die wir im Verlauf vieler Stunden des Sehens ausgesucht haben; ein Maler täte dann mit größerem Geschick und in kontrollierterer Weise, was unsere Erinnerung spontan tut.

Konzentriertheit liegt auch dem Reichtum, der Tiefe und der Scharfeinstellung zugrunde, die ein Roman im Vergleich zu einem Film erreichen kann. Ein hervorstechender

Aspekt des Verhaltens läßt sich mit Worten so beschreiben, daß man andere dabei ausschließt – das bildliche Auge nimmt alle Züge auf, die gleichzeitig sind –, und der Schriftsteller kann diese ausgewählten hervortretenden Aspekte zu einem prächtigen Gewebe verknüpfen. Es gibt nicht nur eine Konzentration des Details, das Denken selbst wird konzentriert, während der Romancier in Entwurf auf Entwurf seine Sätze zu einem Werk umformt, das stärker durchgearbeitet und kontrolliert ist. Das Schneiden von Filmen dagegen setzt verschiedene bereits aufgenommene Stücke zusammen – doch auch der Film kann Konzentration erreichen, wie vielfach betont worden ist, indem man Nahaufnahmen und Aufnahmen, die zu verschiedenen Zeitpunkten aus verschiedenen Perspektiven gemacht worden sind, zusammenfügt.

Es ist allerdings wahrscheinlich, daß mehr Jahre des Denkens darauf verwandt werden, den Inhalt eines Romans zu gestalten und sein Gefüge – man denke hier an die großen Romane des 19. Jahrhunderts – dichter werden zu lassen als das eines Films. Auch Denken und mühevolle Anstrengung lassen sich darauf verwenden, Sprache zurechtzuschneiden – wie bei Beckett –, und gerade diese Knappheit dient einer unvergleichlichen Intensität der Scharfeinstellung. Ich will damit keine Werttheorie intellektueller Arbeit aufstellen, die sich auf »Zeit durchdachter Produktion« konzentriert und dabei Unterschiede in Talent und Inspiration ignoriert. Ich will auch nicht die Existenz von konzentrierten Filmen leugnen, deren Regisseure jahrelang über sie nachgedacht haben; Kurosawas *Ran* und Bergmans *Fanny und Alexander* sind zwei neuere Beispiele. Doch unter sonst gleichen Voraussetzungen wird etwas um so mehr gestaltet, bereichert und mit Bedeutung geladen, je konzentrierteres Denken in seine Hervorbringung eingeht. So ist es auch mit dem Führen eines Lebens.

Die Aktivitäten eines Lebens werden von Prüfungen durchzogen, nicht nur von ihnen beeinflußt, und der Charakter dieser Aktivitäten ist anders, wenn sie von den Ergebnissen konzentrierter Reflexion durchdrungen werden. Ebenso wie die Alternativen, auf die man verzichtet hat, werden sie im Rahmen der Hierarchie von Gründen und Zielen, die sich aus der Prüfung ergeben haben, anders interpretiert. Und da wir die Komponenten unseres Lebens einschließlich seiner Aktivitäten und Bestrebungen als Elemente sehen können, die sich in einem Muster zusammenfügen, ergibt sich, wenn eine weitere charakteristische Komponente wie Reflexion hinzugefügt wird, ein neues Gesamtmuster – ebenso wie bei der Hinzufügung weiterer naturwissenschaftlicher Daten, die in eine Kurve gebracht werden sollen. Auch die alten Komponenten werden dann anders gesehen und verstanden, ebenso wie frühere naturwissenschaftliche Datenpunkte jetzt als Bestandteile einer neuen Kurve oder Gleichung gesehen werden. Prüfung und Reflexion handeln daher nicht lediglich *von* den anderen Komponenten des Lebens; sie werden *innerhalb* eines Lebens hinzugefügt, zusammen mit dem Rest, und durch ihre Gegenwart verlangen sie nach einem neuen Gesamtmuster, das die Art und Weise verändert, in der jeder Teil des Lebens verstanden wird.

Es gibt sehr wenige Bücher, die das behandeln, was ein reifer Mensch glauben kann – jemand, der vollständig erwachsen ist, meine ich. Aristoteles' *Ethik*, Mark Aurels *Meditationen*, Montaignes *Essais* und die Essays von Samuel Johnson fallen einem ein. Selbst bei diesen Schriften akzeptieren wir nicht einfach alles, was gesagt wird. Die Stimme des Autors ist niemals genau unsere eigene; das Leben des Autors ist niemals das unsere. Es wäre sowieso beunruhigend, wenn wir feststellten, daß ein anderer Mensch genau unsere Ansichten hat, mit unserer besonderen Sensibilität reagiert und genau dieselben Dinge für wichtig hält. Dennoch können wir etwas von diesen Büchern gewinnen, indem wir uns in ihrem Licht abwägen und betrachten. Diese Bücher – und auch einige, die nicht so offenkundig erwachsen sind, Thoreaus *Walden* und die

Schriften Nietzsches beispielsweise – fordern uns auf oder drängen uns, gemeinsam mit ihnen zu denken und dabei unsere eigenen Richtungen einzuschlagen. Wir sind mit den Büchern, die wir lesen, nicht identisch, aber wir wären auch nicht dieselben ohne sie.

Nietzsche läßt seinen Zarathustra sagen: »Das – ist nun *mein* Weg, – wo ist der eure?... *Den* Weg nämlich – den gibt es nicht.« Ich behaupte nicht mit Nietzsche, daß *der* Weg nicht existiert – ich weiß es einfach nicht –, auch wenn ich mich frage, warum wir so danach verlangen. Doch alles, was dieses Buch zu bieten versucht, ist meine Version unseres Lebens – so offen und ehrlich und durchdacht, wie ich kann. Ich frage aber auch, nicht nur hier, sondern ständig, welches ist Ihr Weg? Vielleicht klingt diese Frage aggressiv, wie die Herausforderung, eine adäquatere Auffassung als meine vorzulegen, wenn Sie anderer Meinung sind; was auf die Rücknahme meines Anspruchs hinausliefe, nur *einen* Weg zu präsentieren. Aber ich stelle sie als Mitmensch, beschränkt in dem, was ich weiß und schätze, in dem, was ich an Sinn erkennen und beschreiben kann, als einer, der vom anderen lernen will. Meine Gedanken zielen nicht auf Ihre Zustimmung – stellen Sie sie einfach eine Zeitlang neben Ihre eigenen Reflexionen.

Ich sage nicht mit Sokrates, daß das ungeprüfte Leben nicht wert ist gelebt zu werden – das ist unnötig schroff. Doch wenn wir unser Leben von unseren eigenen erwogenen Gedanken leiten lassen, dann ist es *unser* Leben, das wir führen, und nicht das eines anderen. In diesem Sinne wird das ungeprüfte Leben nicht so voll gelebt.

Eine Prüfung des Lebens macht sich alles zunutze, was man anwenden kann, und formt einen völlig. Es ist für uns schwierig zu begreifen, worauf die Schlußfolgerungen eines anderen über das Leben genau hinauslaufen, wenn wir nicht sehen, wie dieser Mensch aussieht, der zu diesen Schlußfolgerungen paßt und der zu ihnen gelangt. Wir müssen daher dem Menschen begegnen – der Gestalt des Sokrates in den Frühdialogen Platons, der Gestalt Jesu in den Evangelien, Montaigne in seiner eigenen Stimme, Thoreau in einer autobiographischen Form, Buddha in seinen Handlungen und Reden. Um das einzuschätzen und abzuwägen, was sie uns sagen, müssen wir einschätzen und abwägen, was sie sind.

Die philosophische Tradition seit Platon ist bestrebt gewesen, die Ethik zu begründen, indem sie zeigte, daß unser eigenes Wohlbefinden durch ethisches Verhalten unterstützt oder gesteigert wird. Um dies glaubhaft zu machen, müßte man zunächst verstehen, was im Leben wichtig ist, und die Rolle und die Wichtigkeit ethischen Verhaltens dann von daher beschreiben. Meine Meditationen beginnen auch in einigem Abstand von ethischen Erwägungen; durch Abstrahieren von der Ethik wird es leichter, über die Heilungsfunktion hinweg auf das zu sehen, womit unser Leben in einer Zeit befaßt wäre, in der die Menschen nicht mehr verzweifelt Hilfe brauchten. Wenn jedoch die Ethik erst nachträglich ins Spiel kommt, dann nimmt sie einen unverhältnismäßig kleinen Raum ein, und die Diskussion bis dahin wird durch ihre Abwesenheit beeinflußt. Es wäre vielleicht angemessener, wenn ein Buch über das Leben einem perspektivischen Gemälde ähnelte, auf dem die wichtigen Gegenstände einen großen Raum im Vordergrund einnehmen und jedes Ding eine Größe oder Augenfälligkeit hat, die seiner Wichtigkeit proportional ist. Der Leser, der das Ende dieses Buches erreicht, wird seine Gedanken zurück auf das richten müssen, was vorher kam, und es von neuem im Lichte der Ethik sehen müssen, die danach kommt, so als sei er durch ein Gemälde in den Hintergrund gewandert und habe sich jetzt umgewendet, um das, was er früher gesehen hatte, aus dieser neuen und sehr ausgeprägten Perspektive zu betrachten.

Während ich jetzt über das reflektiere, was im Leben wichtig ist, habe ich nichts als mein gegenwärtiges Verständnis, das zum Teil auf dem beruht, was mir die Dinge sagen, die andere verstanden haben, und dieses Verständnis wird sich zweifellos wandeln. Bevor man dem, was andere geschrieben haben, etwas hinzufügt, sollte man da nicht mit Anstand auf sein reifstes Denken warten oder gar eine Veröffentlichung nur postum vorsehen? Solche Gedanken könnten jedoch in anderer Hinsicht etwas verlieren – an Energie oder Lebhaftigkeit beispielsweise. Wir können von vorläufigen Ausdrucksweisen eines anderen, von Gedanken, die noch im Fluß sind, zum Denken bewogen werden.

Wir wollen uns nicht auf ein bestimmtes Verständnis festlegen oder uns darin verschließen. Diese Gefahr ist für Menschen, die schreiben, groß; im Bewußtsein der Öffentlichkeit oder in ihrem eigenen kann es leicht dahin kommen, daß sie mit einer bestimmten »Position« identifiziert werden. Da ich selbst früher ein Buch aus dem Bereich der politischen Philosophie geschrieben habe, das eine spezifische Sicht markierte, ein Buch, das mir heute in erheblichem Maße unzulänglich erscheint – ich werde dazu noch einige Worte sagen –, bin ich mir in besonderem Maße der Schwierigkeit bewußt, eine intellektuelle Vergangenheit zu überwinden oder ihr zu entkommen. Andere Menschen stellen an mich im Gespräch oft das Ansinnen, ich solle diese »libertäre« Position eines jungen Mannes weiterhin vertreten, und das, obwohl sie selbst sie ablehnen und es wahrscheinlich lieber sähen, wenn sie nie jemand vertreten hätte. Zum Teil ist das vielleicht auf die psychische Ökonomie der Leute zurückzuführen – ich spreche hier auch von meiner eigenen. Wenn wir Menschen einmal eingeordnet haben und uns über das im klaren sind, was sie sagen, begrüßen wir keine neuen Informationen, die uns dazu nötigen würden, sie abermals zu verstehen und zu klassifizieren, und wir nehmen es ihnen übel, daß sie uns dazu zwingen, hierauf erneut Energie zu verwenden, wenn wir in ihrer Richtung schon mehr als genug davon aufgebracht haben! Ich täte gut daran, etwas reuig einzugestehen, daß auch diese Meditationen ihre eigene verzögernde Schwerkraft ausüben können.

Doch es sind nicht direkt *Positionen*, die ich hier vortragen möchte. Als ich jünger war, hielt ich es für wichtig, so ziemlich zu jedem Thema eine Meinung zu haben: Euthanasie, Gesetzgebung über Mindestlöhne, wer der nächste Sieger in der amerikanischen Baseballiga sein würde, ob Sacco und / oder Vanzetti schuldig waren, ob es synthetische notwendige Wahrheiten gibt – die Liste läßt sich fortsetzen. Wenn mir jemand begegnete, der eine Meinung über ein Thema hatte, von dem ich noch nicht einmal gehört hatte, empfand ich das Bedürfnis, mir auch eine zu bilden. Heute wird es mir sehr leicht zu sagen, ich habe keine Meinung zu etwas und brauche auch keine, selbst wenn das Thema in der Öffentlichkeit heftig umstritten ist, und so bin ich etwas verwirrt über meine frühere Haltung. Es ist nicht direkt so, daß ich dogmatisch war; ich war für Gründe zur Abänderung einer Meinung durchaus offen, und ich versuchte nicht, meine Meinung anderen aufzudrängen. Ich mußte einfach irgendeine Meinung haben – ich war »meinungsbedacht«. Vielleicht sind Meinungen besonders nützlich für die jungen Menschen. Auch die Philosophie ist ein Gegenstand, der anscheinend Meinungen herausfordert, »Positionen« zum freien Willen, zur Natur des Wissens, zum Status der Logik usw. In diesen Meditationen genügt es jedoch, ja, es wäre vielleicht sogar besser, Themen einfach zu durchdenken.

Das, worum es mir hier beim Schreiben geht, ist das Ganze unseres Seins; ich möchte zu Ihrem ganzen Sein sprechen und von dem meinen aus schreiben. Was kann dies bedeuten; was sind die Teile unseres Seins; was ist das Ganze? Platon unterschied drei Teile der Seele: den verstandesmäßigen Teil, den tapferen Teil und die Begierden oder Leidenschaften. Er ordnete diese Teile in dieser Reihenfolge und war der Meinung, daß das harmonische Leben, auch das beste Leben, eines sei, in dem der verstandesmäßige Teil über die beiden anderen Teile herrschte. (Wir könnten Beziehungen anstreben, die noch harmonischer wären als solche, in denen der eine Teil die anderen *beherrscht*.) Freud präsentierte bekanntlich zwei Unterteilungen, die zueinander in unbestimmtem Verhältnis stehen: die eine des Selbst in Ich, Es und Überich; die andere von Erscheinungsweisen des Bewußtseins in bewußte und unbewußte (und auch vorbewußte) – alternative Kategorieneinteilungen sind von neueren Psychologen vorgelegt worden. Einige Autoren haben die Ansicht vertreten, daß es einen imaginativen Teil des Selbst gibt, der sich nicht leicht mit dem rationalen Teil in eine lineare Rangfolge bringen läßt. Östliche Anschauungen sprechen von geschichteten Energiezentren und Bewußtseinsebenen. Auch das Selbst könnte sich als nur eine besondere Struktur erweisen, als ein Teil oder Aspekt unseres gesamten Seins. Einige haben behauptet, es gebe einen spirituellen Teil, der höher angesiedelt sei als alle übrigen.

Das, was in der Philosophie geschieht, ist nun, daß ein und derselbe Teil spricht und zuhört, das verstandesmäßige Bewußtsein spricht zum verstandesmäßigen Bewußtsein. Es ist nicht darauf beschränkt, nur von sich selbst zu reden; behandelt werden können auch andere Teile unseres Seins, andere Teile des Kosmos. Dennoch fungiert als Sprecher ebenso wie als Hörer der rationale Teil des Geistes.

Die Geschichte der Philosophie läßt jedoch ein vielgestaltigeres Muster erkennen. Platon argumentierte und entwickelte abstrakte Theorien, aber er sprach auch sinnreiche Mythen aus, die im Gedächtnis haften bleiben – über Menschen in einer Höhle, über getrennte Seelenhälften. Descartes verankerte seine wirkungsmächtigste Schrift in dem, was damals katholische Meditationspraxis war; Kant sprach seine Ehrfurcht vor zwei Dingen aus: dem gestirnten Himmel über ihm und dem moralischen Gesetz in ihm. Nietzsche und Kierkegaard, Pascal und Plotin: die Liste ließe sich fortsetzen. Doch die vorherrschende zeitgenössische Betrachtungsweise im Bereich der Philosophie ist »gesäubert« worden und beläßt eine Tradition, in der der rationale Geist (nur) zum rationalen Geist spricht.

Diese gereinigte Aktivität hat einen Wert, der wirklich

und bleibend ist – ich erwarte, daß mein nächstes Werk auf diese kargere Tugend zielen wird. Doch es gibt keinen überwältigenden Grund, alle Philosophie darauf zu beschränken. Wir kommen ursprünglich zur Philosophie als Menschen, die über Dinge nachdenken wollen, und die Philosophie ist nur ein Weg, das zu tun; sie braucht die Methoden von Essayisten, Lyrikern, Romanciers oder Schöpfern anderer symbolischer Strukturen nicht auszuschließen – Verfahren, die auf verschiedene Weise nach Wahrheit trachten und zusätzlich noch nach anderen Dingen.[1]

Würde eine solche Philosophie jeden einzelnen Teil unseres Seins zu dem ihm entsprechenden Teil reden lassen, oder wird jeder von allen angesprochen; geschieht dies gleichzeitig oder der Reihe nach? Müßte ein solches Buch nicht ein Mischmasch von Genres und Stimmen sein? Ist uns nicht am besten mit einer Arbeitsteilung gedient, in der jedes Genre das tut, was es am besten kann, wobei Werke der Philosophie nur Beweisführungen, Argumente, Theorien, Erklärungen und Spekulationen enthalten und sich damit deutlich von Aphorismen, Opern, Geschichten, mathematischen Modellen, Autobiographien, Fabeln, Therapien, geschaffenen Symbolen und hypnotischen Trancezuständen unterscheiden? Doch die verschiedenen Teile unseres Seins sind selbst nicht in ähnlicher Weise voneinander getrennt. Etwas muß zu ihnen in ihrer Gesamtheit sprechen, um ein Modell dafür zu liefern, wie sie miteinander vereinigt werden sollen. Selbst ein Versuch, der letztlich scheitert, kann unser latentes Bedürfnis wecken und ihm dabei dienen.

Einstmals versprach die Philosophie mehr als bloße Gedankeninhalte. »Bürger von Athen«, fragte Sokrates, »du schämst dich nicht, dich um möglichst viel Geld, Ruhm und Ehre zu sorgen, aber um Einsicht, Wahrheit und darum, daß die Seele so gut wie möglich werde, sorgst und kümmerst du dich nicht?« Er sprach vom Zustand unserer Seelen, und er zeigte uns den Zustand seiner eigenen.

2. Sterben

Man sagt, kein Mensch sei fähig, die Möglichkeit seines oder ihres eigenen Todes ernst zu nehmen, aber das drückt die Sache nicht ganz richtig aus. (Nimmt jeder, nimmt jede die Möglichkeit seines oder ihres eigenen Lebens ernst?) Der eigene Tod eines Menschen wird für ihn nach dem Tode beider Eltern wirklich. Bis dahin gab es einen anderen, von dem »zu erwarten war«, daß er vor ihm sterben würde; jetzt, da niemand zwischen ihm und dem Tode steht, ist er »an der Reihe«. (Nimmt man an, daß sich der Tod an eine Reihenfolge hält?)

Die Einzelheiten können jedoch verschwommen sein. Als Einzelkind weiß ich nicht, ob man annimmt, daß ältere Geschwister als erste gehen. Admet ging so weit, seine Eltern darum zu *bitten*, sie möchten an seiner Stelle sterben – aber er bat dann auch seine Gattin Alkeste darum. Mein zweiundachtzigjähriger Vater ist jetzt kränklich, meine Mutter lebt seit über zehn Jahren nicht mehr. Mit der Sorge um meinen Vater mischt sich der Gedanke, daß er mir einen Weg bahnt; ich glaube jetzt fast, daß ich auch in die Achtziger kommen und – weniger erfreulich – vielleicht ähnliche Nöte erfahren werde. Menschen, die sich das Leben nehmen, markieren für ihre Kinder ebenfalls einen Weg, indem sie ihnen die Erlaubnis eines Vaters oder einer Mutter geben, ihrem Leben ein Ende zu machen. Die Identifikation beschließt dann, was Gene möglicherweise beginnen.

Wie ungern jemand stirbt, sollte, glaube ich, davon abhängen, was er ungetan gelassen hat, und auch von seiner verbleibenden Kapazität, Dinge zu tun. Je mehr von dem, was er als wichtig betrachtete, getan ist, und je geringer die Kapazität ist, die ihm bleibt, desto bereitwilliger sollte er sein, dem Tod ins Auge zu sehen. Man nennt einen Tod »vorzeitig«, wenn er ein Leben beendet, in dem noch vieles möglich war, das nun unerfüllt geblieben ist. Wenn man aber nicht mehr die Fähigkeit hat zu tun, was ungetan ist, oder wenn man alles getan hat, was man als wichtig ansah, dann sollte man – das will ich sagen – nicht so große Abneigung gegen das Sterben haben. (Doch wenn nichts Wichtiges möglich ist oder übrig bleibt, könnte es dann nicht selbst unter diesen Umständen eine der wichtigen Seinsweisen sein, jemand zu sein, der fortbesteht? Und wenn man alles getan hat, was man als wichtig ansah, könnte man sich dann nicht ein *neues* Ziel setzen?) Im Prinzip sollte das Bedauern eines Menschen beim Nahen des Todes von *allen* wichtigen Handlungen beeinflußt werden, die unausgeführt blieben. Einige besonders herausragende Hoffnungen oder Leistungen könnten jedoch als Ersatz für den Rest stehen; »ich habe es nie geschafft, *das* zu tun«, könnte jemand denken oder »da es *das* in meinem Leben gegeben hat, kann ich beruhigt sterben«.

Könnten Formeln mehr Präzision in diese Dinge bringen? Wir können das *Bedauern* eines Menschen über die Weise, in der er gelebt hat, auf das Verhältnis zurückführen, das zwischen den wichtigen Dingen, die er ungetan gelassen hat (die er einst hätte tun können), und den wichtigen Dingen, die er getan hat, besteht. (Aus dieser Formel folgt, daß sein Bedauern um so größer ist, je mehr er ungetan gelassen hat oder je weniger er getan hat.) Der Grad seiner *Zufriedenheit* mit seinem Leben ließe sich genau durch das entgegengesetzte Verhältnis bestimmen, so daß seine Zufriedenheit um so größer ist, je mehr er getan hat oder je weniger er ungetan gelassen hat. Und sein Bedauern über das Sterben zu eben diesem Zeitpunkt – das etwas anderes ist als sein Bedauern über die Weise, in der er gelebt hat – ließe sich auf das Ausmaß zurückführen, in dem der Tod sein Tätigsein abschneidet – das heißt, auf den Prozentsatz wichtiger Dinge, die er noch nicht getan hat und zu denen er noch fähig ist. Auch wenn wir solche Messungen nicht exakt ausführen können, ist es aufschlußreich zu sehen, zu was für einer Struktur diese Relationen führen.

Durch die Verminderung der Fähigkeit, Dinge zu tun, reduzieren die Alterungsprozesse das Ausmaß des Bedauerns darüber, gerade jetzt zu sterben. Die entscheidenden Fähigkeiten sind hier die, von denen jemand meint, daß er sie besitzt, und ein allmählicher Alterungsprozeß verändert seine Auffassung hiervon. Es wäre jedoch keine gute Strategie im Leben, wollte man versuchen, das Bedauern über das Sterben dadurch zu reduzieren, daß man die eigenen Fähigkeiten die ganze Zeit über so weit wie möglich vermindert. Das würde den Umfang dessen, was man im Leben tut, reduzieren und dadurch das Bedauern über die Weise, in der man gelebt hat, verstärken. Es nützt auch nichts, einfach den Wunsch nach Erledigung wichtiger Dinge einzuschränken; das könnte zwar das subjektive Ausmaß des Bedauerns beeinflussen, aber es würde nicht die Frage berühren, wie bedauernswert ein solches Leben ist, wenn sich das nach dem Verhältnis zwischen Getanem und Ungetanem im Leben bemißt. Die allgemeine Moral ist einigermaßen klar und nicht überraschend: Wir sollten das tun, was zu tun wichtig ist, wir sollten so sein, wie zu sein wichtig ist.

Ein wesentliches Ziel dieser Meditationen ist die Untersuchung der Frage, was die wichtigen Dinge sind – nicht als Vorbereitung zum Sterben, sondern zur Förderung des Lebens. Es ist unbestreitbar wichtig, den schlimmsten Schicksalen zu entgehen – *nicht* gelähmt zu sein und für den größten Teil seines Lebens im Koma zu liegen, *nicht* dazu gezwungen zu sein, daß man mitansehen muß, wie die, die man liebt, gefoltert werden, und so fort –, aber ich will hier auf Dinge, Aktivitäten und Seinsweisen zu sprechen kommen, die positiv und gut sind. Was die typischen Dinge angeht, die von Psychologen als Merkmale »positiver geistiger Gesundheit« aufgelistet werden – etwa daß man gesund und zuversichtlich ist, Selbstachtung besitzt, anpassungsfähig und fürsorglich ist –, so könnten wir unser Thema spezifizieren, indem wir annehmen, daß solche Züge bereits gegeben sind. Die Frage wird dann lauten:

Wie sollte jemand leben, der das breite Sprungbrett erreicht hat, das diese Eigenschaften bieten? (Diese Annahme, daß die Eigenschaften gegeben sind, wird einfach als intellektueller Kunstgriff eingeführt, um unsere Aufmerksamkeit auf andere Fragen zu lenken; wir können die Dinge, die wichtig sind, anstreben und erlangen, ohne zuvor alle diese Züge in vollem Umfang zu besitzen.)

Manche Menschen stehen vor dem Sterben viele Qualen aus: sie sind schwach, können nicht laufen oder sich im Bett ohne Hilfe umdrehen, haben ständig Schmerzen, fürchten sich und sind demoralisiert. Nachdem wir alles getan haben, was wir können, um zu helfen, können wir mit ihnen die *Tatsache* ihres Leidens teilen. Sie brauchen nicht allein zu leiden; ob dies das Leiden weniger schmerzhaft macht oder nicht, es macht es erträglicher. Wir können auch die Tatsache von jemandes Sterben teilen und zeitweilig die Art und Weise reduzieren, in der der Tod die Verbindung zu anderen abschneidet. Wenn wir jemandes Sterben teilen, erkennen wir, daß wir möglicherweise eines Tages die Tatsache *unseres* Sterbens mit anderen teilen – eines Tages werden unsere Kinder uns trösten –, und die, mit denen unser Sterben geteilt wird, werden ihrerseits dann das ihre teilen. Wenn wir die gegenwärtige und die künftige Situation übereinanderlegen, können wir uns auf jeder Seite der Beziehung stehen sehen, zugleich als Geber und als Empfänger von Trost. Kommt es darauf an, daß wir die Tatsache eines Todes teilen, und nicht auf die besondere Position, die wir diesmal einnehmen?

Ich finde, mir widerstrebt der Gedanke, daß ich viel mehr als die Hälfte des Weges bis zum Ende der Hauptsache, mit der ich beschäftigt bin, zurückgelegt habe. Es gibt jedoch einen Spielraum für die Entscheidung darüber, was diese Hauptsache ist, und so verschiebe ich die Grenzen entsprechend, um neue Halbierungspunkte zu schaffen. »Noch nicht durch die Hälfte des *Lebens*« – das ging, bis ich Ende dreißig war oder vierzig; »durch die Hälfte des Arbeitslebens nach dem College« brachte mich bis zum

Alter von fünfundvierzig, »die Hälfte der Zeit nach dem College bis ganz zum Schluß« führt mich ungefähr bis zum jetzigen Zeitpunkt. Als nächstes muß ich einen weiteren Halbierungspunkt finden, den ich nicht weit überschritten habe, und ich gedenke, diese Berichtigungen weiterhin jedenfalls bis zum Alter vorzunehmen, von dem ich auch eine Zeitlang nicht mehr als die Hälfte zurückgelegt haben werde. All dies ist so, daß ich in der Lage sein werde zu denken, daß ebensoviel vor mir liegt wie hinter mir, ebensoviel Gutes. Die seltsame Tatsache ist, daß ich zwar darüber lächle, wie ich die Grenzen verschiebe, um einen neuen augenfälligen Halbierungspunkt und eine andere zweite Hälfte zu schaffen, daß es aber funktioniert!

Nicht immer markiert der Tod die Grenze des Lebens eines Menschen als ein Ende, das außerhalb davon steht; manchmal ist er ein *Teil* dieses Lebens, der seine Geschichte in einer bedeutsamen Weise fortsetzt. Sokrates, Abraham Lincoln, Johanna von Orleans, Jesus und Julius Caesar hatten alle einen Tod, der eine weitere Episode ihres Lebens war, nicht einfach ein Abschluß, und wir können ihr Leben als eine Entwicklung sehen, die auf diesen unsterblichen Tod *zusteuert*. Nicht jeder Tod eines außerordentlichen Menschen, den er um seines Glaubens oder seiner Lebensweise willen erlitt, wird zu einem ausgeprägten Teil des Lebens dieser Person – bei Gandhis Tod beispielsweise war das nicht der Fall. Wenn der Tod wirklich die Vollendung eines Lebens darstellt, wäre er dadurch irgendwie willkommener?

Wir zögern zu glauben, daß alles, was wir sind, im Tode ausgelöscht wird; wir reichen, so scheint es uns, tiefer als bis zu dem Punkt, der das bloße Aufhören von Leben markiert. Doch das, was über ein »Fortleben« geschrieben wird und was man dafür an Beweisen anbietet, wirkt kindisch. Vielleicht ist das, was möglicherweise weiterbesteht, nicht in der Lage, mit uns in Verbindung zu treten, oder es hat Wichtigeres zu tun, oder es denkt, wir werden es sowieso früh genug herausfinden – wieviel Energie verwenden *wir* denn darauf, Embryos zu signalisieren, daß da noch ein Bereich kommt?

Wenn der Tod keine Auslöschung wäre – *wenn* –, wie wäre er dann beschaffen? (Selbst wenn wir denken, daß Nichtauslöschung äußerst unwahrscheinlich ist, können wir darüber spekulieren, was dann käme, vorausgesetzt oder angenommen, diese Unwahrscheinlichkeit träte ein.) Meine Vermutung – nicht besser als die jedes anderen – ist, daß er in seinem Charakter eher meditativen Zuständen in der hinduistischen oder buddhistischen Tradition ähneln würde, verbunden mit bewußten Zuständen, vielleicht unter Einbeziehung von Bildeindrücken (aber nicht von physischen Wahrnehmungen), ein Zustand, der etwas Ähnliches wie *samadhi*, Nirvana oder Erleuchtung ist.

Oder vielleicht befindet sich jeder Mensch im Tode fortwährend in dem höchsten und wirklichsten Zustand, den er während seines Lebens ohne Hilfe von Chemikalien oder ähnlichen Dingen verbürgterweise erreicht hat. Ist die Erkenntnis hiervon der Grund, weshalb Meditationsmeister (angeblich) dem Tod mit Gelassenheit und Gleichmut begegnen? Oder vielleicht ist das Fortleben keine dauernde Unsterblichkeit, sondern mehr wie ein zeitweiliges Echo des Lebens, auf das es folgt, etwas, das verklingt, sofern dann nicht weitere Schritte unternommen werden, um es zu organisieren und zu entwickeln.

Nichtauslöschung ist aus dieser Sicht nicht ungetrübt erfreulich; ein Mensch kann sterben, bevor er das höchste Bewußtsein erreicht, zu dem er fähig ist, oder er kann sich durch seine eigenen Entscheidungen auf Dauer zu einem niederen Zustand verdammen. Ständig im *höchsten* Zustand zu verweilen, den man gesichert erreichen konnte, ist jedoch eine erfreulichere Aussicht, als dauernd im niedrigsten oder in einem durchschnittlichen Zustand zu verharren. In jedem Fall würden wir es zweifellos begrüßen, wenn es noch eine zusätzliche Chance gäbe – es wäre eine Ironie, wenn wir eine bekämen, aber, da uns nicht klar wäre, daß es eine zweite Chance ist, sie genau wie die erste vorübergehen ließen.

Es könnte schön sein, einer solchen Theorie zu glauben, aber ist die Wirklichkeit nicht sachlicher? Dieses Leben ist die einzige Existenz, die es gibt; danach gibt es nichts. Selbst wenn ich über den Tod nachdenke, finde ich es angenehmer, über eine heitere Alternative zu spekulieren, und ich neige dazu, zu einem Viertel zu glauben, daß die Dinge so sind oder daß wir jedenfalls auf dieser Basis leben sollten. Selbst bei der sachlicheren Sicht zögere ich, es einfach *finis* zu nennen; ich möchte zumindest sagen, daß es *immer* der Fall sein wird, daß wir waren, was wir waren, und das Leben führten, das wir führten; und daß unser Leben eine permanente Möglichkeit werden kann, auf die sich andere beziehen können.

Ich frage mich manchmal, ob es nicht ein Zeichen von Oberflächlichkeit ist, wenn man keinen Sinn für eine dunkle oder tragische Sicht hat. Doch können nicht sehr verschiedene Temperamente gleichberechtigt sein? Von den großen Komponisten hat jeder einen einzigartigen Wert; wir haben nicht den Wunsch, daß einer von ihnen im Stil eines anderen komponiert hätte. Es gibt einen legitimen Spielraum auch für uns andere.

Nichtfortleben ist düster, aber auch Unsterblichkeit kann sich mit dunkleren Visionen verbinden. Hier ist eine, die gegenwärtig wie Science Fiction klingt. Eines Tages werden Computerprogramme in der Lage sein, die intellektuelle Seinsweise, das Persönlichkeitsmuster und die Charakterstruktur eines Menschen zu erfassen, so daß spätere Generationen wieder darauf zurückgreifen können. Auf diese Weise wäre eine der beiden Seiten der Unsterblichkeit verwirklicht: daß man als kohärentes Muster einer individuellen Persönlichkeit, das ein anderer wahrnehmen kann, fortexistiert. Und die andere Seite, daß man weiter Dinge erfährt und handelt, ließe sich teilweise gewinnen, wenn das Programm, das eine Person zusammenfaßt, dazu veranlaßt würde, einen Computer zu lenken, der in der Welt agiert. Solche Unsterblichkeit brauchte jedoch nicht völlig ein Segen zu sein. Genau wie die Ideen eines

Menschen mißbraucht oder vulgarisiert werden können, könnten auch spätere Kulturen die individuelle Persönlichkeit eines Menschen ausbeuten oder mißbrauchen und sie dazu mobilisieren, Vorhaben und Zielen zu dienen, zu denen sich der Mensch nie hergegeben hätte, als er in Fleisch und Blut lebendig war. Und es kann sein, daß es nicht einfach um die »individuelle Persönlichkeit« geht. Wenn »Ihre« Programme einem Organismus eingepflanzt und dann Erfahrungen in ihm erzeugt würden, wären *Sie* es dann nicht, der diese Erfahrungen hätte? Künftige Kulturen könnten dann am Ende die Schöpfer von Himmel und Hölle sein, indem sie einfach Wüsten parzellierten.

Stammt der Wunsch, irgendwie den körperlichen Tod zu überleben, aus dem Wunsch, ein größeres Ziel zu haben, als wir es für uns auf der Erde finden können, eine neue Aufgabe, die wir in einem anderen Bereich ausführen sollen? Wir könnten meinen, wir hätten jeder hier die Aufgabe, uns eine Seele zu machen – Seelen brauchten nicht etwas zu sein, womit wir geboren werden –, und diese Aufgabe würde dadurch erschwert, daß wir nicht genau wüßten, wozu diese Seele da wäre. Vielleicht sollen wir mehr als unsere eigenen individuellen Seelen machen, sogar mehr als ein Mosaik von Seelen miteinander. Wenn wir auf die volle Wirklichkeit der Welt, ihre Prozesse in ihren komplexen Wechselbeziehungen, ihre Schönheit und ihre tiefsten Gesetze eingehen, wenn wir den Ort unseres vollen Seins auf all seinen Ebenen darin erkennen, werden wir anscheinend dazu gebracht, die Wirklichkeit als eine tiefe und wunderbare Schöpfung zu sehen. Ob sie tatsächlich durch eine kreative Aktivität hervorgebracht wurde oder nicht, wir werden dazu veranlaßt, diejenigen Aspekte zu beschreiben und zu fühlen, die von einer solchen Schöpfung zeugen, und die Suche nach ihnen wird reich belohnt. Es wäre anregend (und ernüchternd) zu denken, daß irgendwann und irgendwo, allein oder gemeinsam, auch wir unsere Chance zu einer Schöpfung haben werden, und daß wir hier *einen* Weg entdecken, auf dem sie stattfinden kann.

Unsere Aufgabe wäre es dann, so viel wie möglich von der Wirklichkeit zu erfahren und so fähig wie möglich zu werden, ein gefälliges Schöpfungswerk zu vollbringen, wenn wir an der Reihe sind – vielleicht eines, das selbst *unseren* Schöpfer erfreuen und überraschen würde. (Ist unsere Stellung die eines Lehrlings?)

In einer ganz neuen spekulativen kosmologischen Theorie wird behauptet, daß schwarze Löcher möglicherweise neugeschaffene Universen sind, die auch die Technik hervorbringen könnte. Vielleicht wäre es mit der Zeit auch möglich, den besonderen Charakter eines derartigen geschaffenen Universums planvoll zu gestalten. Eine noch extremere Spekulation besagt, daß im Tode die organisierte Energie eines Menschen – einige könnten sagen, sein Geist – zur Leitstruktur eines neuen Universums wird, das aus dem Ereignis seines Todes auf der Stelle völlig unabhängig aufsteigt. Die Natur des neugeschaffenen Universums wird dann von dem Niveau von Wirklichkeit, Stabilität, Heiterkeit usw. bestimmt, das er in seinem Leben erreicht hat. Und vielleicht besteht er dann ewig fort als eine entsprechende Art Gott dieses Universums. Anders als die Unsterblichkeit, die man gewöhnlich beschreibt, wäre diese wenigstens nicht *langweilig*. Da auf diesem Wege jedoch viele ziemlich schreckliche Universen geschaffen würden, sollten wir hoffen, daß beim Tode nur manche Arten organisierter Energie sich zur Ausbildung eines neuen Universums entfalten können. (Sollten wir demnach unserem Gott dankbar sein, daß er eine Natur besitzt, die zu einem Universum mit unveränderlichen Naturgesetzen und körperlicher Schönheit in großem Umfang geführt hat?) Die höchste Maxime menschlichen Lebens wäre dann, so zu leben, als würde ein Universum nach dem eigenen Bilde erschaffen. (Sind das anregende Spekulationen oder betrübliche Indizien dafür, wie hart am Rande des Größenwahns man heute steuern muß, um die Hoffnung zu retten?)

Als ich zuerst spekulierte, daß die Unsterblichkeit den

höchsten Bewußtseins- und Seinszustand beinhaltet, den wir verbürgterweise zu erreichen vermögen, war ich zweifellos gewillt, dies auf die Unsterblichkeit zu projizieren, weil mir sehr an unserem gegenwärtigen Sein und Bewußtsein liegt. Wir könnten die Projektion aber auch in die andere Richtung laufen lassen. Erst sollte man sehen, welcher Begriff von Unsterblichkeit der beste wäre – Unsterblichkeit dauert *sehr* lange –, und dann (soweit das möglich ist) hier und jetzt auf diese Weise leben. Ob es noch eine Unsterblichkeit gibt oder nicht, man soll jetzt so leben, als würde die Unsterblichkeit einen Aspekt der eigenen Person und des eigenen Lebens *fortsetzen* und *wiederholen* und nicht nur davon abhängen.

Manche besonderen Dinge sind jedoch nur in kleinen begrenzten Dosen wünschenswert; wenn es keine zukünftige Unsterblichkeit geben sollte, wäre es nicht vielleicht am besten, etwas derartiges Beschränktes anzustreben – es gäbe dann keine Besorgnis darüber, daß es *schließlich* eintönig oder unbefriedigend werden wird – und nicht etwas, das (aber) nur unter der Voraussetzung das beste wäre, daß es sich ebenso wie alle Alternativen dazu endlos fortsetzen würde? Wir sollen leben, will ich sagen, als sei ein Aspekt unseres Lebens und Seins ewig. Dies zu tun ist um so wichtiger, wenn wir gänzlich endlich sind – wie ich zu drei Vierteln glaube –, denn dadurch verleihen wir uns wenn nicht die Ewigkeit als Faktum, so doch deren Würde.

Ich bin jedoch nicht sicher, ob wir so am *Existieren* hängen sollten. Warum möchten wir hören, daß wir in der Zeit fortdauern, daß der Tod irgendwie unwirklich ist, eher eine Pause als ein Schluß? *Wollen* wir wirklich immer weiter existieren? Wollen wir bis in alle Ewigkeit mit unsrer wackligen Identität unterwegs sein? Wollen wir in gewissem Sinne als ein »Ich«, ein (gewandeltes) Bewußtseinszentrum, fortbestehen oder in einem bereits existierenden größeren aufgehen, um nichts von der Vorstellung zu verpassen? Wie gierig sind wir denn? Gibt es keinen Punkt, an dem wir *genug* haben?

Ich verstehe den Drang, sich bis ganz zum Schluß an das Leben zu klammern, doch ich finde einen anderen Kurs anziehender. Nach einem reichen Leben könnte sich ein Mensch, der immer noch Energie, wachen Verstand und Entschlossenheit besitzt, dafür entscheiden, sein Leben ernstlich aufs Spiel zu setzen oder es für einen anderen Menschen oder für eine edle und anständige Sache hinzugeben. Nicht daß dies leichtfertig oder zu früh getan werden sollte, aber einige Zeit vor dem natürlichen Ende – bei den gegenwärtigen Gesundheitsverhältnissen ließe sich an ein Alter zwischen 70 und 75 Jahren denken – könnte ein Mensch seine Gedanken und seine Energie darauf richten, anderen auf dramatischere und riskantere Weise zu helfen, als es jüngere, vorsichtigere Leute wagen würden. Mit diesen Aktivitäten könnten große Gesundheitsrisiken beim Dienst an Kranken verbunden sein, es könnten Risiken körperlicher Verletzung entstehen, wenn man sich zwischen Unterdrücker und ihre Opfer stellt – ich denke an die Arten von friedlichen Aktivitäten und gewaltlosem Widerstand, für die sich Gandhi und Martin Luther King engagierten, nicht an eine Verfolgung von Missetätern durch Bürgerwehren – oder Menschen in Gegenden beisteht, die von Gewalttätigkeit heimgesucht sind. Im Gebrauch der Handlungsfreiheit, die durch die Bereitschaft gewonnen wird, ernsthafte Risiken einzugehen, wird die Erfindungsgabe der Menschen neue Formen und Muster wirksamen Handelns entwickeln, denen andere individuell oder gemeinschaftlich nacheifern können. Ein solcher Weg wird nicht für jeden gangbar sein, aber manche Menschen könnten ernsthaft erwägen, ihre vorletzten Jahre in dem tapferen und edlen Bemühen zu verbringen, anderen Gutes zu tun, in einem Abenteuer, das die Sache der Wahrheit, Güte, Schönheit oder Heiligkeit fördert – nicht leise in diese gute Nacht zu gehen oder gegen das Verlöschen des Lichts anzukämpfen, sondern kurz vor dem Ende ihr Licht am hellsten strahlen zu lassen.

3. Eltern und Kinder

Es gibt in meinen Augen keine stärkere Bindung, als Vater
oder Mutter zu sein. Kinder zu haben und sie aufzuziehen
verleiht dem eigenen Leben Substanz. Wenn man das getan
hat, hat man wenigstens dies getan. Die Kinder selbst bilden einen Teil der eigenen Substanz. Ohne untergeordnet
zu bleiben oder den eigenen Zielen zu dienen, sind sie doch
Organe von einem. Eltern wohnen im Unbewußten ihrer
Kinder, Kinder im Körper ihrer Eltern. (Ein romantischer
Partner wohnt in der Seele.) Die Verbindung zu einem
Kind beinhaltet sicher die tiefste Liebe, manchmal Ärger
oder Zorn oder Verletzung, aber sie existiert nicht allein auf
der Ebene der Emotion. Es ist nicht zutreffend oder erhellend, wenn man sagt, ich liebe meine... Hand.

Wenn ich den Wert und den Sinn von Dingen beschreibe,
die ich kenne – ich schreibe jetzt von Kindern im eigenen
Leben, später von Sexualität und heterosexueller Liebe –,
dann gebe ich zu, daß Wert und Sinn auch auf anderen Wegen gefunden werden können. Andere werden, so hoffe
ich, den besonderen (und allgemeinen) Wert und Sinn von
Dingen darstellen und untersuchen, die *sie* in besonderem
Maße kennen.

Kinder bilden einen Teil jener breitgefächerten Identität,
über die jeder Mensch verfügt. Es ist unangemessen, wenn
man sie mit der Aufgabe belastet, die eigenen Ambitionen
zu erfüllen, oder wenn sie sich durch eine derartige Aufgabe belastet fühlen. Aber man kann doch das Gefühl haben, daß ihre Eigenschaften irgendwie auch die eigenen
sind und daß sie in der Arbeitsteilung der breitgefächerten
eigenen Identität einige Aufgaben übernehmen. Die Leistungen von Eltern können vielleicht eine Belastung für
ihre Kinder darstellen, aber in einem asymmetrischen Verhältnis, das ungerecht erscheint, kommen die der Kinder
auch ihren Eltern zu.

Vater oder Mutter zu sein läßt einen ein besseres, ein häufiger verzeihendes erwachsenes Kind der eigenen Eltern werden, denen man jetzt Vater oder Mutter sein muß. Der eine Teil des Übergangs in diese Position ist offensichtlich: man sorgt für die eigenen Eltern, wenn sie nicht mehr in der Lage sind, ihre Situation allein zu bewältigen. Ein weiterer Teil besteht darin, Verantwortung für den Zustand der Beziehung zu übernehmen. Wenn Kinder klein sind, ist es die Aufgabe der Eltern, die Beziehung zu handhaben, sie zu verfolgen und einigermaßen ausgeglichen zu halten. Für eine kurze Zeitspanne vielleicht wird die Beziehung gleichberechtigter, und dann, bevor man Zeit gehabt hat, es zu merken, wird es die Aufgabe des nunmehr erwachsenen Kindes, die Beziehung aufrechtzuerhalten, bisweilen die Eltern zu verwöhnen, ihnen ihren Willen zu lassen, Themen zu meiden, die sie aufregen, und den überlebenden Elternteil zu trösten. Wenn die Jugendzeit manchmal durch ein Rebellieren gegen die Eltern gekennzeichnet ist und das Erwachsenenalter dadurch, daß man von ihnen unabhängig wird, so ist die Reife dadurch gekennzeichnet, daß man ihnen Vater oder Mutter wird.

Im Verlauf von *König Lear* gelangt Cordelia zur Reife. Am Anfang ist sie das Muster absolutester und reinster Aufrichtigkeit, und sie gibt sich keine Mühe, Lears Gefühle zu schonen oder ihn vor Bloßstellung in der Öffentlichkeit zu schützen; sie weigert sich, ihre Liebe zu übertreiben, und bietet sie »wie's meiner Pflicht geziemt, nicht mehr, nicht minder«. Der Ausdruck der Liebe sollte grenzenlos sein, aber Cordelia fragt sich, warum ihre Schwestern heiraten, wenn sie Lear ganz lieben, und sie verkündet, daß sie ihn halb lieben wird. Vor allem sollte Cordelia, die bei Lear lebt, wissen, wie sie ihn behandelt und mit Geduld erträgt, wie sie die Beziehung handhaben und in Gang halten muß. Sie lernt unter Schmerzen. Als Lear später sagt, daß sie Grund habe, ihn zu hassen, entgegnet sie: »Kein Grund! Kein Grund!« Doch Lear hatte recht, als er sagte, ihr sei mehr Veranlassung dazu gegeben worden als ihren Schwestern. Die Cordelia der ersten Szene hätte erklärt, daß sie allerdings in einem so und so hohen Maße Grund habe, weil sie gerade so und so viel gelitten habe, und sie hätte darauf beharrt, die genaue Wahrheit auszusprechen, wie sie sie im Detail sah. Doch nach allem, was sie und Lear an Leid durchgemacht haben, ist Cordelia in der Lage, ihre Liebe auszudrücken; sie spricht davon, daß er mit ihr lebt, ohne zu erklären, daß sie ihn halb liebe. Sie hat sagen – und empfinden – gelernt, daß sie »keinen Grund, keinen Grund« hat, ihren Vater zu hassen.

Erwachsen zu sein ist eine Existenzweise, in der man kein Kind mehr ist, und daher eine Art und Weise, sich zu seinen Eltern zu verhalten, bei der man nicht nur ihnen Vater oder Mutter wird, sondern es auch nicht mehr nötig hat oder erwartet, daß sie als die eigenen Eltern auftreten; und dazu gehört, daß man auch nicht mehr erwartet, die Welt möge ein symbolischer Vertreter der Eltern sein. Wenn man jetzt versucht, etwas von der Welt zu erhalten, das symbolisch die angemessene Liebe unserer Eltern darstellt, so ist das eine unerfüllbare Aufgabe. Möglich ist, einen *Ersatz* für diese Liebe zu finden, etwas anderes, das für uns, die wir jetzt erwachsen sind, einige derselben oder analoge Funktionen erfüllt. Der Unterschied zwischen einem Ersatz für etwas und dem, was es symbolisch sein muß, ist verworren und kompliziert. Doch das Erwachsenwerden und die Erlangung der Reife hängen davon ab, daß man diesen Unterschied beherrscht und sich, wie wehmütig auch immer, einem Ersatz zuwendet, der einem Erwachsenen gemäß ist. Man entdeckt dann vielleicht, wie sehr liebevoll die Eltern doch gewesen waren.

Anderen etwas zu hinterlassen ist ein Ausdruck dafür, daß man sie gern hat, und es verstärkt diese Bindungen. Es charakterisiert und schafft vielleicht manchmal auch eine erweiterte Identität. Die Empfänger – Kinder, Enkel, Freunde oder wer auch immer – brauchen nicht verdient zu haben, was sie empfangen. Auch wenn sie vielleicht bis zu einem gewissen Grade die fortgesetzte Zuneigung des Erblassers verdient haben, ist es der Schenker, der das Recht verdient hat, seine verwandtschaftlichen Beziehungen durch ein Vermächtnis zum Ausdruck zu bringen und zu fördern.

Doch Hinterlassenschaften, die empfangen werden, werden dann manchmal über Generationen hinweg an Menschen weitergegeben, die derjenige, der sie ursprünglich erworben und verschenkt hat, nicht kennt, was zu fortgesetzten Ungleichheiten an Reichtum und Stellung führt. Wenn sie etwas erhalten, so ist das kein Ausdruck oder Ergebnis der intimen Bindungen des ursprünglichen Besitzers. Wenn es angemessen erscheint, daß er das, was er erworben hat, an diejenigen weitergibt, die er schätzt und auswählt, so sind wir weit weniger sicher, daß es angemessen ist, wenn diese anderen dasselbe tun. Die daraus resultierenden Ungleichheiten erscheinen ungerecht.

Eine mögliche Lösung wäre, daß man eine Einsetzung von Erbschaft so umstrukturiert, daß Steuern von dem Besitz, den Leute hinterlassen können, den Wert dessen abziehen, was sie selbst durch Erbschaft erlangt haben. Menschen könnten dann anderen nur den Betrag hinterlassen, den sie selbst ihrem eigenen Erbe hinzugefügt haben. Man könnte jedem beliebigen Menschen etwas hinterlassen – dem Partner, Kindern, Enkeln, Freunden usw. (Wir könnten die zusätzliche Beschränkung einführen, daß dies alles lebende – oder jedenfalls bereits gezeugte – Menschen sein müssen, zu denen es wirkliche Bindungen und Beziehungen geben kann.) Den Empfängern wird es jedoch nicht in ähnlicher Weise gestattet, *dies* weiterzugeben, auch wenn sie das, was sie selbst erworben und hinzugefügt haben, an beliebige Empfänger vererben können. Ein Erbe könnte sich nicht wie ein Wasserfall über Generationen hinweg ergießen.

Die einfache Subtraktionsregel löst nicht völlig heraus, was die nächste Generation an eigenem Beitrag zu leisten vermocht hat – wenn man Reichtum erbt, wird es dadurch vielleicht leichter, noch mehr anzuhäufen –, aber sie ist eine brauchbare Faustregel.[1] Wenn man einem Menschen gestattet, viele Vermächtnisse zu machen, diese aber auf einen einzigen Übergangsvorgang beschränkt, der danach nicht wiederholt werden kann, so respektiert man die Wichtigkeit und Wirklichkeit von Bindungen der Fürsorge, Zuneigung und Identifizierung, ohne sie auf eine Generation zu beschränken – Enkel kann man direkt bedenken –, bezieht aber nicht die Schale fortgesetzter Erbvorgänge ohne die persönliche Substanz mit ein.

Man kann fragen: wenn es um die Wirklichkeit und den Wert persönlicher Bindungen geht, warum sollte es dann einem Erben nicht gestattet werden, auch sein Erbe weiterzugeben, ohne daß zuvor sein Vermögen um das verringert wird, was *er* geerbt hatte? Schließlich kann ein Mensch, der geerbt hat, durchaus Bindungen an seine eigenen Kinder, seine Freunde und seine Partnerin haben, die ebenso stark sind wie die, die der Mensch hatte, der ihm den Reichtum hinterließ. Viele Philosophen – Hegel beispielsweise – haben jedoch zu der Art und Weise Stellung genommen, in der ein erworbenes oder geschaffenes Eigentum ein Ausdruck des Ich und ein Bestandteil davon ist, so daß die eigene Identität oder Persönlichkeit in einer derartigen Schöpfung erfüllt oder erweitert werden kann. Wenn der ursprüngliche Schöpfer oder Erwerber etwas weitergibt, nimmt ein beträchtlicher Teil seines Ich an diesem Akt teil und bestimmt ihn, weit mehr, als wenn ein Nichterwerber etwas weitergibt, das er empfangen, aber nicht geschaffen hat. Wenn Eigentum ein Bündel von Rechten auf etwas ist (darauf, es zu verbrauchen, zu verändern, zu übertragen, auszugeben und zu vererben), dann werden im Zuge des Vererbens nicht alle diese Rechte übertragen, und insbesondere das Recht des Vererbens wird es nicht – dieses haftet an dem ursprünglichen Erwerber oder Schöpfer.

Um ein überaus reiches Individuum daran zu hindern, seine gesamte direkte Nachkommenschaft zu bereichern, können wir als weitere Spezifizierung des Vererbungsrechts die Bestimmung einführen, daß ein in Aussicht genommener individueller Empfänger bereits existieren muß. Diese zusätzliche Einschränkung könnte auf Einwände stoßen, selbst wenn die erste es nicht tut. Man betrachte den folgenden Einwand, auf den mich David Nozick hinwies. Könnte ein kinderloser Mann, der im Sterben liegt, nicht Samen an eine Samenbank spenden und den legitimen Wunsch haben, einem etwaigen künftigen Kind oder künftigen Kindern, die daraus hervorgehen, ein Erbe zu hinterlassen? Und wenn wir diesen Fall zulassen, hätten wir dann nicht den Wunsch, einem Menschen, der Geld direkt existierenden Enkeln hinterläßt, auch die Entscheidung zu ermöglichen, es etwaigen Enkeln zu hinterlassen, die erst Jahre nach seinem Tode geboren werden? Gibt es einen auf Prinzipien beruhenden Weg, diese Fälle zuzulassen, aber die weitergehenden Bemühungen um die Fortdauer von Reichtum und Macht der eigenen Familie durch viele Generationen hindurch, die Schöpfer von Reichtum entwickeln könnten, abzublocken? (Ich glaube nicht, daß dieses letztgenannte Interesse eine tatsächliche verwandtschaftliche Bindung von einem Gewicht darstellt, für das gesorgt werden müßte.) Vielleicht reicht die folgende schwächere Einschränkung: Eine Person darf nicht an zwei ungeborene Personen vererben, die im Verhältnis zu einem letzten bereits existierenden Knoten eines Stammbaums in verschiedenen Generationen stehen. Die erste Bedingung bleibt natürlich gültig: subtrahiert von dem Vermögen, das jemand hinterlassen kann, wird der Betrag, den dieser Mensch selbst geerbt hat.

Man beachte, daß die Macht, etwas zu vererben, auch zu einer Macht führen kann, über andere zu herrschen, und zwar durch die explizite oder implizite Drohung, den potentiellen Empfängern *nichts* zu vererben, wenn sie sich nicht zur Zufriedenheit des Erblassers benehmen. Wir könnten vermuten, daß diese Macht und fortgesetzte Kontrolle das sind, woran vielen reichen Menschen liegt, und nicht so sehr die Fähigkeit, die Bindungen persönlicher Beziehungen zu festigen und zum Ausdruck zu bringen, und daß ihre willfährigen Kinder oder Gefährten ohne jedes Erbrecht besser daran gewesen wären.

Reiche Menschen verwenden ihre Zeit darauf, Geld anzuhäufen und es auszugeben; sie sind in der Lage, dieses Geld an ihre Kinder weiterzugeben. Wie können wir anderen das hinterlassen, womit wir zu tun hatten? Ich habe Zeit damit verbracht, über Dinge nachzudenken, zu lesen, mit Menschen zu reden und ihnen zuzuhören, einige Dinge zu lernen, zu reisen, mich umzusehen. Ich würde meinen Kindern auch gerne hinterlassen, was ich angehäuft habe – einiges Wissen und Verstehen. Es ist angenehm, sich eine Pille vorzustellen, die das Wissen eines Menschen enthielte und die man seinen Kindern geben könnte. Würde es den Reichen dann aber nicht gelingen, auch diese für ihre eigenen Nachkommen zu erwerben? Vielleicht könnten Menschen mit wissenschaftlichen Kenntnissen und Forschergeschick ein Verfahren zur Übertragung des Wissens von Erwachsenen entwickeln, das davon abhängig wäre, daß sich die Neuronen des Empfängers genetisch mit denen des Spenders überschneiden; nur wer mit dem Spender die Hälfte seiner Gene teilt, könnte die Position des Empfängers einnehmen. (Unglücklicherweise hätten Adoptivkinder hiervon nichts.) Kinder würden dadurch nicht zu Klonen ihrer Eltern werden – sie würden dieses Wissen auf ihre eigene Weise aufnehmen und benutzen und darauf aufbauen, genau wie sie es mit Büchern tun. Wie sich eine Gesellschaft über Generationen hinweg transformieren ließe, wenn das möglich wäre, ist ein Thema für Science Fiction.

Dieses Projekt ist natürlich nicht wünschenswert. Bei den wirklich lohnenden Dingen fangen wir alle unter etwa gleichen Voraussetzungen an – an anderer Stelle habe ich geschrieben, daß wir in der Welt des Denkens alle Einwanderer sind. Es wäre bedrückend, wenn sich Ungleichheiten von Verständnis und Wissen über Generationen hinweg auftürmen sollten. Und angesichts der Art und Weise, in der das eine Wissen auf dem anderen aufbaut und von ihm abhängig ist, ist es nicht sinnvoll, ein System ins Auge zu fassen, das demjenigen analog wäre, welches wir für materiellen Reichtum vorschlugen, wonach jemand das von ihm selbst erworbene Wissen weitergeben würde, abzüglich des Wissens, das an ihn weitergegeben wurde. Bei wahrhaft lohnenden Dingen wie Wissen und Verstehen – und Neugier und Energie, Freundlichkeit, Liebe und Begeisterung – haben wir ohnehin nicht den Wunsch, all das nur für uns oder unsere eigenen Kinder zu horten. Was wir aber direkt weitergeben können, ist eine Wertschätzung für das, was lohnend ist und vorbildlich.

4. Schöpferische Tätigkeit

Schöpferische Aktivität reicht über die künstlerische und intellektuelle Sphäre hinaus; sie kann auch im Alltagsleben vorkommen. Die vergeistigteren Fälle solcher Aktivität helfen dabei, ein klares Modell für die übrigen zu entwerfen. Doch wenn man über das Thema spricht, so verrät das häufig entweder Eitelkeit oder Sehnsucht. Zu Boris Pasternaks Wort »Das Ziel der schöpferischen Tätigkeit ist es, daß man sich selbst gibt« schreibt Nadeschda Mandelstam: »Bei uns, so erinnere ich mich, war das Wort ›schöpferisch‹ in diesem Sinne tabu. Was würden Sie von einem Künstler halten, der nach Beendigung seiner Tagesarbeit zu Ihnen sagte: ›Heute war ich sehr schöpferisch‹, oder: ›Es ist gut, sich nach der schöpferischen Tätigkeit auszuruhen‹. ›Sich selbst zu geben‹ – mit anderen Worten: sich auszudrücken – ist etwas, das man nicht zu einem Ziel um seiner selbst willen machen kann, ohne daß man sich einem heimlichen Wunsch hingibt, sich vorzudrängen und in ein günstiges Licht zu rücken. Aber wieso heimlich? Er ist absolut offensichtlich!«[1] Kaum war der Begriff des Schöpfertums in der italienischen Renaissance aufgekommen, da war es – nach Michelangelo, Brunelleschi, Leonardo und der *Unzahl* anderer – keinem Späteren mehr möglich, seine eigenen Schöpferqualitäten ernst zu nehmen. Hier können wir versuchen, über das Phänomen in seinen weniger bedeutenden Erscheinungsformen Klarheit zu gewinnen.

Schöpferisch zu sein bedeutet, daß man etwas Neues macht oder tut – so weit, so gut –, aber um genau zu sagen, was schöpferische Fähigkeit ist, muß man dem mehr Einzelheiten hinzufügen. Es zählt nicht als schöpferisch, wenn etwas bloß durch Zufall geschieht. Es muß durch die Ausübung einer Fähigkeit stattfinden, solches Neue zu machen oder zu tun, die auch bei anderen Gelegenheiten eingesetzt werden könnte. Da manche Dinge neu sind und

doch ganz ohne Wert oder Nutzen, ist man versucht hinzuzufügen, daß ein schöpferischer Akt etwas hervorbringen
muß, das auch wertvoll ist. Es könnte jedoch möglich sein,
daß man beim Tun oder Hervorbringen von Bösem schöpferisch ist. Auch wenn es uns hier um die Erschaffung von
etwas Wünschenswertem oder Wertvollem geht, können
wir den allgemeineren Begriff schöpferischer Tätigkeit als
eine Aktivität spezifizieren, die etwas hervorbringt (oder
selbst etwas ist), was in einer bewertenden Dimension irgendwie neu ist, selbst wenn dieses Neue in eine negative
Richtung geht.

Ob es wirklich etwas Neues unter der Sonne gibt oder
nicht, ein schöpferischer Akt produziert etwas Neues oder
Neuartiges im Vergleich zu dem, was dem Schöpfer zuvor
begegnet war und was er kannte. Wenn jemand anders,
ohne daß es der Schöpfer wußte, etwas Ähnliches oder
Identisches produziert hätte – beispielsweise das Ausdenken und den Beweis eines bestimmten mathematischen
Satzes –, wäre der Akt des Urhebers dennoch ein schöpferischer Akt gewesen. Es kommt nur darauf an, daß die Auswirkungen dieser früheren Entdeckung nicht durchge-
drungen und dem neuen Entdecker bekanntgeworden
sind, derart, daß sein Akt dadurch weniger neuartig würde.
Wenn man einen Akt als »schöpferisch« bezeichnet, so
charakterisiert man ihn nur in bezug auf das Material, aus
dem er tatsächlich hervorging, die früheren Erfahrungen
und Kenntnisse des Schöpfers, und nicht in bezug auf alles,
was ihm in der Geschichte des Universums vorangegangen
ist.[2]

Schöpfertum ist keine Sache des Alles oder Nichts. Wie
schöpferisch etwas ist, hängt davon ab, wie neuartig es ist
und wie wertvoll es ist; und beides hat seine Abstufungen.
Eine Formel, aus der hervorgeht, wie sich diese beiden Faktoren verbinden, um den Betrag des Schöpferischen zu bestimmen, wäre möglich, aber wir brauchen sie hier nicht
anzugeben.

Ob wir einen Akt oder ein Produkt als »neuartig« bezeichnen, als von dem verschieden, was vorausging, wird davon abhängen, welche Ähnlichkeiten und Unterschiede als hervorstechend und wichtig gelten. Es ist banal zu sagen, daß alles unter gewissen, vielleicht überaus künstlichen Gesichtspunkten wie alles andere ist und sich unter anderen davon unterscheidet. Ob wir etwas als neu und anders bezeichnen, wird zum Teil davon abhängen, welche Schubfächer wir tatsächlich für die Klassifizierung haben. Fällt es in dieselbe Kategorie wie bereits bekannte Dinge oder erfordert es eine neue Kategorie für sich? Ebenso hängt es davon ab, wie stark sich die neue Kategorie von der alten unterscheidet. Was mir wie ein glänzender neuer Satz vorkommt, könnte einem erfahrenen Mathematiker wie das Ziehen einer offensichtlichen Schlußfolgerung aus einem bereits bekannten Resultat erscheinen. Wenn wir Wesen von anderen Sternen oder aus anderen Galaxien begegnen, so werden wir, falls wir uns – und das ist ja wahrscheinlich – von ihnen in unseren Klassifikationen unterscheiden oder in unserem Gefühl dafür, was als naheliegender und natürlicher nächster Schritt gilt, auch in dem von ihnen abweichen, was wir als schöpferisch bezeichnen.

Ein Weg, auf dem ein nächster Schritt naheliegend gemacht werden kann, ist der, daß er direkt aus vorgegebenem Material hervorgeht, durch mechanische Anwendung einer bereits bekannten Regel. Beispielsweise wird eine existierende vielfarbige geometrische Figur dadurch verändert, daß man alle ihre Farben durch ihr Gegenüber auf einem Farbkreis ersetzt. Sofern die Anwendung dieser Regel in diesem bestimmten Fall nicht als schöpferischer Sprung zählt, wird das neue Produkt nicht als schöpferisch gelten, wie sehr es sich auch in Aussehen und Beschaffenheit von allem unterscheidet, was vorher kam. Damit ein Produkt schöpferisch ist, muß es sich vielleicht nicht nur von dem unterscheiden, was vorher kam, sondern auch in keiner bestimmten naheliegenden Beziehung zu seinen Vorgängern stehen. (Wenn etwas von dem, was vorher kam, durch mechanische Anwendung einer klaren Regel ableitbar ist, so gilt das als Vorliegen einer naheliegenden Beziehung.) Oder vielleicht wird man das sich ergebende Produkt nicht als schöpferisch bezeichnen, auch wenn es neuartige Merkmale haben mag, weil der Akt, durch den es hervorgebracht wurde, nicht selbst neuartig und schöpferisch war, sondern lediglich eine weitere Anwendung dieser Regel. Auf jeden Fall werden wir etwas dann nicht als »schöpferisch« bezeichnen – mag es auch im Vergleich zu dem, was vorher kam, neue und wertvolle Merkmale aufweisen –, wenn es nicht durch einen schöpferischen *Prozeß* entstanden ist.

Ein schöpferischer Prozeß braucht nicht tatsächlich jedesmal ein schöpferisches Produkt hervorzubringen. Wenn Picasso während der Arbeit an einem Bild gestorben wäre, wäre er zu diesem Zeitpunkt mitten in einem schöpferischen Prozeß gewesen, selbst wenn daraus noch kein wertvolles Produkt hervorgegangen wäre. Wir würden vielleicht eher sagen wollen, daß ein schöpferischer Prozeß einer ist, der ein schöpferisches Produkt hervorbringen *würde*, aber diese Definition ist immer noch zu stark. Ihre konjunktivische Form ist eine Verbesserung; sie gestattet uns zu sagen, daß ein Prozeß schöpferisch ist, selbst wenn er unterbrochen wird und kein Ergebnis hat. Aber ein schöpferischer Prozeß braucht keiner zu sein, der *immer* ein wertvolles Ergebnis hervorbringen würde, noch nicht einmal einer, der das in mehr als der Hälfte der Fälle tun würde. Es genügt, daß der Prozeß, verglichen mit anderen Prozessen oder Menschen, dazu geeignet ist, solche Ergebnisse hervorzubringen, selbst wenn seine absolute Erfolgsrate niedrig liegt. Einstein hatte die Begabung, sich neue und wertvolle Theorien in der Physik auszudenken, und wenn er an dieser Aufgabe in derselben Weise arbeitete wie bei früherer Gelegenheit, als er seine Theorie der Brownschen Molekularbewegung oder die spezielle Relativitätstheorie oder die allgemeine Relativitätstheorie vorlegte, war er mit einem schöpferischen Prozeß beschäftigt. Selbst wenn dieser Prozeß nur in einem kleinen Teil der Fälle, in denen Einstein von ihm Gebrauch machte, wertvolle Resultate erbrachte, so lag dieser Prozentsatz viel höher als der, den wir anderen in der Physik erzielen würden.

Wenn jemand in unserer eigenen oder in einer anderen Kultur Wertmaßstäbe hat, die sich von unseren unterscheiden, könnten wir diesen Menschen dennoch kreativ nennen, selbst wenn wir nichts Wertvolles an seinen neuartigen Produkten finden können. Denn diese könnten von einer Art von Prozeß hervorgebracht worden sein, den wir als schöpferisch bezeichnen möchten, nämlich einem, der ungewöhnlich häufig wertvolle Produkte hervorgebracht haben *würde*, wenn nur dieser Prozeß durch eine angemessenere Vorstellung von dem, was wertvoll ist, in eine andere Richtung gelenkt worden wäre.

Könnte es mechanische und einfache Regeln geben, die echte schöpferische Tätigkeit garantieren und mit deren Befolgung wir keine Schwierigkeiten hätten? Wenn wir die unwahrscheinliche Voraussetzung annehmen, daß derartige Regeln möglich sind, gäbe es jetzt ein Dilemma. Die Regeln garantieren die Herstellung von Dingen, die wertvoll sind und die anderen neu erscheinen, aber wenn das, was wir herstellen, aus der bewußten Anwendung dieser (mechanischen) Regeln hervorgeht, wird das nicht als schöpferisch gelten. (Wenn schöpferische Menschen früherer Zeiten *unbewußt* derartige Regeln angewendet hätten, würde das ihre schöpferischen Qualitäten in Frage stellen?)[3] Einige Autoren haben auch andere Themen hervorgehoben, die im Widerspruch zu schöpferischer Produktion aufgrund mechanischer Anwendung von Regeln stehen würden – beispielsweise die fortgesetzte kritische Kontrolle, die ein Künstler bei seinem Versuch ausübt, das Produkt in Übereinstimmung mit bestimmten Maßstäben zu bringen – mit Maßstäben, die er im Laufe der Wahrnehmung, die er von seinem sich entwickelnden Werk gewinnt, etwas abwandeln kann.

Liegt uns aber tatsächlich etwas an Kreativität selbst, oder geht es uns nur um die daraus resultierenden (anscheinend) neuen und wertvollen Produkte? Im Hinblick auf andere mag es so aussehen, daß uns nur ihre Produkte etwas bedeuten können; denken wir an unsere Einstellung zu Konsumgütern. Doch unsere Erfahrung von Beethovens Streichquartetten wäre beeinträchtigt, wenn wir entdeckten, daß er zufällig auf die Regeln eines anderen für musikalische Komposition gestoßen wäre, die er dann mechanisch angewendet hätte. Wir hätten nicht mehr das Gefühl, daß uns etwas vermittelt würde, etwas, das er tief in seinem Innern wußte und fühlte. Wir könnten nicht mehr den Akt der Komposition bestaunen oder die Werke als Beispiele für eine menschliche Fähigkeit sehen, sich über die Umstände zu erheben.

Vermutlich sind Beethovens natürliche Begabungen und sein schöpferischer Funke auch nicht von ihm geschaffen worden. Wie unterscheiden sie sich dann signifikant von äußeren Kompositionsregeln, auf die er zufällig stoßen konnte? Es ist nicht einfach die Innerlichkeit seines Talents, die den Unterschied ausmacht; wenn er einen kleinen Apparat für musikalische Komposition gefunden und ihn verschluckt hätte und dadurch fähig geworden wäre, Musikstücke so zu komponieren, wie ein mechanisches Klavier sie spielt, dann würden wir sein Werk nicht so bewundern, wie wir es jetzt tatsächlich tun. Was wäre, wenn er einen Apparat verschluckt hätte, der Ideen für musikalische Themen und Strukturen erzeugen konnte, und wenn er dann diese Ideen bewertete, sie veränderte und an ihnen herumbastelte, bevor er sie in das endgültige Werk einarbeitete? Sein eigener Beitrag würde sich nicht von dem eines Partners einer Gemeinschaftsproduktion unterscheiden; der eine erzeugt die Ausgangsideen, der andere bewertet, verfeinert und bearbeitet sie. Doch selbst wenn sich das Gehirn eines einzelnen schöpferischen Menschen in einer Partnerschaft mit einem Apparat vergleichen ließe, ist es etwas anderes, wenn einer der »Partner« tatsächlich einer *ist*. (Doch selbst der Vergleich würde das Ausmaß bagatellisieren müssen, in dem jemand sein Talent *kultiviert*, sich darum bemüht, es zu üben, daran feilt und es verfeinert usw.) Denn wenn es das Gehirn eines Menschen ist, welches Ideen erzeugt, dann sehen wir diese Ideen als Ausdruck und Offenbarung von etwas, das mit dem Menschen zusammenhängt, wie »mechanisch« die Erklärung des Verfahrens, mit dem es das macht, auch ausfällt. Das daraus resultierende schöpferische Produkt wird als ein Akt menschlicher Kommunikation betrachtet, als die Ausübung einer *menschlichen* Fähigkeit zur Hervorbringung von Neuartigem.

Für den Menschen, der schöpferisch tätig ist, gibt es darüber hinaus noch etwas. Ein wichtiger Teil des Werks künstlerischer Schöpfertätigkeit – auch im Falle derjenigen theoretischen Schöpfungen, bei denen es großen Spielraum gibt – ist Arbeit an dem Menschen selbst, der schafft. Es kommt dazu, daß die schöpferische Arbeit und ihr Produkt, manchmal unbewußt, für den Menschen selbst oder für ein fehlendes oder mangelhaftes Stück oder Teil stehen oder für einen Teil eines besseren Ich. Das Werk ist ein Ersatz für den Schöpfer, ein Analogon seiner Person, eine kleine Voodoo-Puppe, an der er herumbasteln kann, die er in einer Weise verwandeln und neugestalten kann, die der ähnelt, in der er selbst oder ein Teil von ihm der Verwandlung, Neugestaltung oder Heilung bedürftig ist. Der Prozeß der Gestaltung und Fertigung eines künstlerischen Werkes hat als wichtigen Teil seines Impulses die Neugestaltung und Integration von Teilen des Ich. Wichtige und notwendige Arbeit am Ich wird im Prozeß künstlerischen Schaffens zum Vorbild genommen und darin symbolisiert. (Könnte diese Arbeit am Ich auch tatsächlich durch die schöpferische Tätigkeit, die sie nachbildet, gefördert werden?) Der Künstler selbst kann im Bewußtsein seines Publikums einen Weg und eine Möglichkeit repräsentieren, ein Leben und ein Ich zu artikulieren und zu transformieren.

Ich vermute, Kreativität selbst ist wichtig und nicht einfach das neue und neuartige Produkt, weil der persönliche

Sinn solcher schöpferischen Aktivität Selbstverwandlung im vollsten Sinne ist, Verwandlung des Ich und auch Verwandlung *durch* das Ich. Der Prozeß künstlerischen Schaffens steht für unsere eigenen autonomen Fähigkeiten zu Erholung und Transformation. Vielleicht könnte ein künstlerisches Produkt, das das Resultat einer mechanischen Regelanwendung wäre, irgendwie für ein neues Wir stehen, aber es ist kein Trost, wenn man »nicht von hier nach dort gelangen kann«. Wenn das künstlerische Produkt schöpferisch gemacht wird, repräsentiert es ein vollständigeres Ich, das wir unter unseren eigenen Fähigkeiten zu Erweiterung und Verbesserung erreichen können.

Nicht daß es beim künstlerischen Schaffen *nur* um das Ich geht; es geht dabei auch – vielleicht sogar primär – um Themen, Techniken, Material, Stoff und formale Beziehungen. Doch die schöpferische Tätigkeit hat auch die persönliche Bedeutung, die wir beschrieben haben, und das hilft uns dabei, ein anderes etwas verwirrendes Phänomen zu erklären. Obwohl schöpferische Perioden etwas sind, was erwartet, erhofft und gespannt herbeigewünscht wird und begeisternd ist, werden sie dennoch häufig gemieden und hinausgeschoben. Es kann Tage, Wochen oder Monate hingebungsvollen Aufschubs geben. Sicher, die leere Leinwand oder die leere erste Seite ist gewöhnlich eine Hürde, kein Vergnügen. Doch andere Aktivitäten mit lustvollen Mittelteilen und schwierigen Anfängen werden nicht in ähnlicher Weise verschoben; wir fahren in Urlaub, selbst wenn der Prozeß des Reisens oder Packens, der am Anfang steht, anstrengend oder langweilig ist. Vielleicht gibt es beim Anfangen mit schöpferischer Aktivität die Sorge, daß keine »Inspiration« kommen wird. Doch Menschen mit Kenntnissen und Erfahrung können auch zögern, selbst wenn sie bereits vielversprechende oder aufregende Vorstellungen von dem haben, was sie als nächstes tun möchten. Dieses Phänomen des Aufschiebens erfordert also doch eine Erklärung.

Ein Teil der Antwort liegt zweifellos gerade in der Intensität und Zielstrebigkeit schöpferischer Aktivität. Andere Ansprüche, die beiseitegeschoben oder vernachlässigt werden, können ihren Protest anmelden. Schöpferische Arbeit ist aber auch symbolisch Arbeit am Ich, und das Resultat davon ist recht unvorhersehbar, weil sich selbst Werke, die geplant werden, während ihrer Ausführung erheblich ändern. Das Ich kann in Sorge sein, was für ein Kunstwerk sich ergeben wird und welche neue Form der Selbstgestaltung dieses neue Werk repräsentieren wird. Sicher wird die schöpferische Tätigkeit in ihrem Ablauf kontrolliert. Dinge lassen sich während der Arbeit ändern; Schaffen bedeutet nicht einfach, daß man in eine Achterbahn einsteigt. Doch selbst Veränderungen, die vorhergesehen und erwünscht sind, können denjenigen Teilen des Ich unlieb sein, die dadurch verändert oder in ihrer Wichtigkeit *herabgesetzt* werden. Eine ambivalente Einstellung zu den Veränderungen, zu denen es in symbolischer Arbeit am Ich kommt, führt zu Verzögerung und Aufschub. (Verlangen während dieser Verzögerung einige Teile bessere Bedingungen für sich?)[4]

Wirtschaftswissenschaftler sprechen von »unternehmerischer Wachsamkeit«, der Geisteshaltung, die darin besteht, daß man bereit ist, neue, profitable Gelegenheiten wahrzunehmen und zu ergreifen, neue Wege findet, um Dinge herzustellen, oder neue Dinge, die man herstellen kann, daß man sich Möglichkeiten vorstellt, die die Konsumenten begrüßen würden, und Gelegenheiten zu neuen wirtschaftlichen Verbindungen sieht.[5] Solche Menschen haben, denke ich, unternehmerische Antennen, die ständig auf profitable Gelegenheiten gerichtet sind. Das, worauf jemand seine Wachsamkeit einstellt, offenbart seine Persönlichkeit und formt sie. Schöpferische Menschen sind ebenfalls auf dem Sprung, aber nach etwas anderem: nach neuen Projekten, Ideen, die ihnen bei ihren aktuellen Projekten helfen können, neuen Kombinationen, Elementen, Techniken oder Materialien, die sie bei der laufenden Arbeit verwenden können. Auch sie suchen die Umgebung ab, kontrollieren schnell, oft unbewußt, alle Dinge, die ihnen begegnen, darauf, ob sie für eine gegenwärtige Aufgabe oder ein neues Projekt von Bedeutung sind; wenn Kreativität auch ein Ziel ist, achten sie auf Dinge, die neue Möglichkeiten erkennen lassen. Im großen und ganzen findet dieses Absuchen und Einschätzen nicht bewußt statt; wenige Dinge sind vielversprechend genug, um zu bewußter Bewertung gebracht zu werden – die meisten lassen sich automatisch abschätzen und verwerfen.

Es gibt eine berühmte Geschichte über August Kekulé, den Chemiker, der die Struktur des Benzolmoleküls entdeckte. Nachdem er längere Zeit über das Problem dieser Struktur nachgedacht hatte, träumte er von einer Schlange, die sich in den eigenen Schwanz biß; als er aufwachte, verfolgte er die Hypothese einer Ringstruktur. Die übliche Auffassung dieses Vorfalls ist, daß Kekulé bereits kurz davor stand, die Ringhypothese zu finden; von einer Schlange, die sich in den Schwanz beißt, träumte er wegen der Vorstellung, die er bereits (fast) von der Benzolstruktur hatte. Doch warum kam ihm der Gedanke in dieser Traumform und nicht, als er wach war? (Gibt es einen plausiblen Freudschen Mechanismus dafür, daß er seine Hypothese verdrängte und entstellte, dies aber so mangelhaft tat, daß er sie sogleich nach dem Aufwachen erkannte?) Es gibt eine andere Perspektive, aus der wir diesen Fall betrachten können. Das Motiv einer Schlange, die sich in den Schwanz beißt, ist in vielen Kulturen verbreitet – Jungianer haben darüber sicher viel zu sagen. Kekulé träumte es aus dem einen oder anderen Grund, so wie er während der vorangegangenen Nächte viele Träume hatte; ihm begegneten auch viele Dinge, während er wach war. Bei der Arbeit an seinem Projekt war er außerordentlich aufmerksam auf jeden Hinweis zur Struktur des Benzols, auf jede Analogie, jedes Detail, das zu einer Lösung seines Problems führen konnte. Frühere Träume konnten andere Hypothesen nahegelegt haben, die er schnell verwerfen konnte, da sie nicht zu den verfügbaren Daten paßten. Er griff diesen

Hinweis mit der Schlange auf und verfolgte ihn, weil er zu seiner Aufgabe paßte. Doch da er im Wachzustand andere Kreise gesehen haben mußte, warum legten ihm diese nicht dieselbe neue chemische Struktur nahe? Kreise sind so weit verbreitet, und die, die er im täglichen Leben sah, verloren sich im Hintergrund; der Kreis des Traums dagegen, der aus anderen Gründen hervorstechend und eindrucksvoll war, lenkte seine Aufmerksamkeit auf sich, so daß er dann auf die Bedeutung für sein Projekt hin überprüft wurde.[6]

Wie viele verschiedene Wachsamkeitsbereiche kann ein Mensch haben? Kann jemand unternehmerisch wachsam sein, schöpferisch wachsam, wachsam im Hinblick auf Dinge, die das Wohlergehen seiner Kinder betreffen, wachsam für alternative Beschäftigungsmöglichkeiten, für Möglichkeiten zur Förderung des internationalen Friedens, für Gelegenheiten zu Vergnügen und Erregung usw., und alles, was ihm über den Weg läuft, auf seine Bedeutung für jeden von diesen Bereichen hin betrachten und dann die vielversprechendsten Stücke weiter untersuchen? Das ist eine Frage für die empirische psychologische Forschung. Ich möchte mein Gefühl zum Ausdruck bringen, daß die Zahl der unabhängigen Wege zur Aufmerksamkeit sehr klein ist, nicht größer als zwei oder drei. Ein entscheidender Teil der Geschichte der Kreativität, aber nicht das Ganze, ist, daß sich schöpferische Menschen dazu *entschieden* haben, schöpferisch zu sein; sie haben sich auf eine Aufmerksamkeit in dieser Richtung eingestellt und sie zu einer wichtigen Priorität gemacht, und sie sind auch angesichts anderer verlockender Ablenkungen dabei geblieben.

Eine fruchtbare Art wachsamer Wahrnehmung, die Arthur Koestler in seinem Buch *The Act of Creation* besonders herausgestellt hat, verbindet zwei ursprünglich getrennte Systeme und bringt so eine neue und überraschende Verbindung hervor. (Koestler findet, daß das auch in Witzen geschieht.) Bei der Arbeit im Rahmen einer Struktur oder Systematik wird eine andere angewendet und führt zu einer Neuanordnung des bisherigen Materials, aus der sich neue Verbindungen und Fragen ergeben. Wenn es zur schöpferischen Tätigkeit gehört, zwei bereits existierende ausgearbeitete Matrizen in einer neuen und fruchtbaren Weise zusammenzubringen, dann besteht Originalität vielleicht darin, ein neues Gefüge zu schaffen, nicht völlig aus der Luft gegriffen, aber auch nicht durch einfache Kombination zweier existierender Systeme, wie phantasievoll sie auch sein mag. Einen neuen »Rahmen« zu schaffen erfordert nicht nur Kühnheit und Wachsamkeit, sondern eine innere Vertiefung, in der man geduldig zuläßt, daß eine neue Struktur auftaucht, ohne sie verfrüht in eine naheliegendere Form zu pressen.

Zum Ausbrechen aus einer etablierten Struktur des Denkens oder Wahrnehmens kommt es bei der Schaffung einer Theorie oder eines künstlerischen Objekts, aber der Vorgang ist nicht auf diese Fälle beschränkt; auch im alltäglichen Leben ist es wichtig, daß wir in der Lage sind, den »Rahmen zu sprengen«. Manchmal ist dies eine direkte Handlung, die einer früheren Erwartungsstruktur zuwiderläuft, die definierte, welche Handlungen zulässig waren, die aber die funktionalsten Handlungen oder auch nur solche, die wirksam waren, ausschloß. Manchmal geschieht die Durchbrechung des Rahmens als Antwort auf eine vorhergehende weniger erwünschte Durchbrechung, durch die eine ganz neue Handlung erforderlich wird, um die Situation zu retten oder sie so zu verwandeln, daß die vorhergehende unerwartete Veränderung nicht weiter wirksam bleibt. Wenn man in bezug auf andere handelt, kann man durch ein Sprengen des Rahmens auch sie dazu veranlassen oder zwingen, ihren gewohnten Handlungsrahmen zu verlassen. Das kann beunruhigend wirken, aber es kann auch für alle Beteiligten neue Möglichkeiten schaffen, den Fallen und Abfolgen vorhersehbarer Reaktionen zu entrinnen.

Die Teile des Rahmens – die Erwartungen anderer, kulturelle Traditionen, unsere eigenen gewohnten Verhaltensmuster, die aus früheren Verstärkungen resultieren, unsere

Faustregeln für Handlungen – haben Einfluß darauf, welche Auswahlskala wir wahrnehmen, welche Alternativen ins Auge fallen, welche uns in den Sinn kommen, welche sofort ausgeschlossen werden, und sogar darauf, ob wir uns vor einer Entscheidung sehen und nicht vielmehr auf einem Weg in eine Richtung, die wir beibehalten müssen. (Bei einem Schachopfer gibt ein Spieler eine oder mehrere wertvolle Figuren ohne erkennbaren unmittelbaren angemessenen Zweck auf, um schließlich in eine Gewinnposition zu gelangen. Schon das Nachdenken über die Folgen *dieses* Weges – etwa des Verlusts der Dame – bedeutete ein Durchbrechen des üblichen Rahmens.)

Schöpferische Tätigkeit im Leben ist ein Teil einer Folge von Aktivitäten, der von den anderen gespeist wird und sie seinerseits speist. Es lohnt sich, hierbei etwas zu verweilen. Schöpferische Tätigkeit wird von den früheren Erkundungen eines Menschen und von seinen Antworten auf das gespeist, was ihm begegnete. Alles läßt sich erkunden – Ideen, natürliche Prozesse, andere Menschen, die Kultur der Vergangenheit –, und die Aktivität des Erkundens hat eine vertraute dreiteilige Struktur. Man *wagt sich hinaus*, um neuartige Phänomene, Länder, Ideen oder Geschehnisse zu erkunden, und das geschieht *von einer Heimatbasis aus*, einem Ort, der vertraut ist, weniger neuartige oder ungewisse Züge enthält, die konzentrierte Aufmerksamkeit lohnen, einem Ort der Sicherheit oder Behaglichkeit, der kein Achten auf Gefahren erfordert, und schließlich *kehrt man zurück* zu dieser Basis. Menschliche Wesen, möchte ich meinen, sind von Natur aus aufmerksam und neugierig; die Frage ist, warum manche Menschen so wenig auf Erkundungen gehen. Hier können wir den Verdacht haben, daß sich bestimmte frühkindliche Erfahrungen auswirken, die die natürliche Offenheit für das Neue und Interessante verschüttet haben.

Auf ihren intellektuellen Erkundungen schätzen Philosophen Kühnheit und Freiheit von Engstirnigkeit. Doch selbst sie operieren ständig mit gewissen philosophischen

Modalitäten und kehren immer wieder zu ihnen zurück: das Wesentliche, das Notwendige, das Vernünftige, das Normative, das Erforderliche, das Objektive, das Intelligible, das Gültige, das Richtige, das Beweisbare, das Gerechtfertigte, das Erwiesene. Bieten diese Modalitäten eine konzeptuelle Heimatbasis für Philosophen, etwas, worauf sie sich verlassen, woran sie sich orientieren können und das ihnen ein sicherer Hafen ist, in den sie zurückkehren können?

Der Philosoph Karl Popper hat darauf hingewiesen, daß sich die einfache Aufforderung zur »Beobachtung« nicht einfach befolgen läßt. Es gibt eine unendliche Zahl von Dingen, die man beobachten könnte; man kann sie nicht alle beobachten, und so muß eine Auswahl getroffen werden. In ähnlicher Weise kann man nicht einfach erkunden. Aber das Erkunden hat auch nicht die Struktur eines wohlgeplanten Experiments, einer festgelegten Beobachtung unter wohldefinierten Alternativen. Man erkundet vielmehr an einem Ort oder in einer Richtung, von der man glaubt, daß sie sich als fruchtbar erweisen wird, und man läßt die Dinge auf sich zukommen, wobei man bereit ist, im Rahmen allgemeiner Kategorien Wahrnehmungen zu machen und interessante Fakten oder Möglichkeiten weiter zu verfolgen. Man begibt sich auf neues Territorium mit einer Schablone von dem, was der normale Lauf der Dinge ist, zumindest dort, wo man herkommt, aber man kann jede Abweichung von dieser Schablone bemerken und interessante Abweichungen weiter verfolgen und neue gelenkte Beobachtungen sammeln.

Auf das, was sich zu erkunden lohnt, lohnt es sich auch einzugehen, zu antworten. In einer Antwort, einem Respons, wird eine Handlung, eine Emotion oder ein Urteil der Wertausrüstung angepaßt, die einem begegnet, wobei man komplizierte Aspekte berücksichtigt und sie in einer nuancierten und modulierten Weise einbaut. Ein Respons ist etwas anderes als eine Reaktion. Eine Reaktion konzentriert sich auf eine beschränkte, normale und voreingestellte Gruppe von Charakteristika, die sie berücksichtigt, und sie erfolgt als eine aus einer beschränkten Zahl von vorgegebenen Handlungen. Was wir »emotionale Reaktionen« nennen, paßt zu dieser Beschreibung; ein Zornausbruch oder eine Verärgerung beispielsweise konzentrieren sich zeitweilig auf nur einen oder auf wenige Aspekte einer Situation und reagieren auf eine stereotype festgelegte Weise. Eine Reaktion ist ein kleines Stück des Menschen, das auf ein kleines Stück der Situation reagiert, indem es aus einer kleinen und vorgegebenen Zahl stereotyper Handlungen auswählt. Der Knopf ist gedrückt worden.

Bei einem vollen *Respons* geht ein großer Teil des Menschen auf einen großen Teil der Situation ein, indem er aus einer breiten Skala nichtstereotyper Handlungen auswählt. (Klein und groß sind natürlich keine genauen Begrenzungen, und die drei Komponenten variieren möglicherweise nicht gemeinsam.) Die ideale Grenze eines Responses wäre folgende: das gesamte Wesen des Menschen geht auf die Gesamtheit der Wirklichkeit ein, indem es aus einem unbeschränkten Repertoire auswählt, das die Umrisse oder die Angemessenheit des Responses in keiner Weise im voraus beschränkt.[7] Zwei Menschen *beziehen sich aufeinander*, wenn sie aufeinander eingehen. Eine so definierte Beziehung könnte jedoch ganz dünn sein; zwei Menschen könnten heimlich und anonym Almosen geben, die auf die gegenseitigen Bedürfnisse abgestimmt sind, ohne daß einer von beiden wüßte, wer der Urheber wäre. Normaler und fruchtbarer ist eine Situation, in der zwei Menschen gegenseitig wissen, daß sie aufeinander eingehen. So in einer Antworthaltung zu sein bedeutet, daran sollten wir denken, *nicht*, daß man passiv ist; ein passender und schöpferischer Respons auf eine Situation kann ein entschiedenes Eingreifen darstellen, allerdings eines, das auf den Kontext abgestimmt ist.

Denken wir uns uns selbst als Menschen, die mit einer Spirale von Aktivitäten beschäftigt sind: wir erkunden, gehen auf Situationen ein, nehmen Beziehungen auf, sind schöpferisch tätig und verwandeln uns, um dann von neuem an diese Tätigkeiten zu gehen; als nunmehr andere tun wir sie anders – eine Spirale und kein Kreis. Natürlich sind das keine voneinander trennbaren Aktivitäten, sondern Aspekte, die Aktivitäten gleichzeitig haben können – selbst wenn sie tatsächlich in einer Abfolge auftreten, braucht es nicht gerade die hier aufgeführte zu sein –, auch wenn bei bestimmten Aktivitäten oft der eine Aspekt vorherrschend sein wird.

Bewertungen geben den Aktivitäten dieser Spirale Ziel und Richtung – wir erkunden oder transformieren nicht beliebig, sondern steuern uns in Richtung auf bestimmte Dinge –, auch wenn die Beteiligung an der Spirale selbst die Wertmaßstäbe modifizieren kann, die sie leiten. Das, worauf es bei der Spirale ankommt, ist kein einzelner Bestandteil, sondern die Spirale selbst.

Das Erkunden, Eingehen und Schaffen anderer erweitert uns. Zu Chaucers Zeiten wußten die Menschen nichts von Shakespeare, aber ihnen war nicht bewußt, daß ihnen etwas fehlte. Es ist heute schwierig, sich eine Welt vorzustellen, in der Shakespeare, Buddha, Jesus oder Einstein abwesend sind, in der ihre Abwesenheit unbemerkt bleibt. Was für vergleichbare Leerräume existieren jetzt, die darauf warten, gefüllt zu werden? Wenn etwas Bedauerliches daran ist, daß wir die großen Umgestaltungen der Zukunft noch nicht kennen, so ist etwas Erfreuliches daran zu wissen, daß sie kommen werden und daß etwas zu tun bleibt.

5. Das Wesen Gottes, das Wesen des Glaubens

Der Begriff Gottes spezifiziert nach Descartes' Ansicht Gott als das vollkommenste mögliche Wesen, und andere Vertreter der ontologischen Beweisführung für die Existenz Gottes haben dem zugestimmt. Das faßt den Begriff nicht ganz richtig, aber ich weiß nicht, wie wichtig es ist, ihn richtig zu fassen. Wenn ich mich dabei antreffe, daß ich den Gottesbegriff oder religiöse Themen diskutiere, dann findet der eine Teil von mir diese Spekulationen anrührend – oder zumindest faszinierend als ein Stück Fiktion, das keine Science Fiction ist –, während ein anderer Teil oder vielleicht genau derselbe Teil das alles als leer abtun möchte. Können wir im 20. Jahrhundert – oder im 57. – Gott wirklich ernst nehmen? Was die religiöse Sensibilität in unserer intellektuellen Zeit umschreibt, ist nicht tatsächlicher Glaube – ich kann nicht sagen, daß ich gläubig bin –, sondern einfach eine Bereitschaft, Religion oder Gott als eine *Möglichkeit* zu erwägen.

Muß Gott das vollkommenste mögliche Wesen sein, wie Descartes meinte, vollkommener als alles, was sich vorstellen läßt? Nehmen wir an, es existierte kein total vollkommenes Wesen, aber unser Universum sei von einem Wesen geschaffen worden, das auf der Vollkommenheitsskala sehr weit oben angesiedelt ist; dann wäre dieser Schöpfer unseres Universums, vorausgesetzt, es existierte kein anderes Wesen, das vollkommener oder auch nur ebenso vollkommen wäre, obwohl es die Vollkommenheit nicht erreichte, Gott.

Genauer gesagt ist der Gottesbegriff folgendermaßen strukturiert: Gott ist (1) das vollkommenste tatsächliche Wesen, das (2) auf der Vollkommenheitsskala sehr hoch steht, »vollkommen genug«, um Gott zu sein, ein Wesen, (3) dessen Vollkommenheit weitaus größer ist als die des zweitvollkommensten tatsächlichen Wesens und (4) das irgendwie in außerordentlich wichtiger Weise mit unserem Universum verbunden ist, vielleicht als sein Schöpfer (wenn auch nicht notwendig *ex nihilo*) oder vielleicht in anderer Weise. Dies ist der allgemeine Begriff Gottes. Einzelne *Auffassungen* können sich allerdings darin unterscheiden, welche Dimensionen sie als ihm dienlich in den Begriff Vollkommenheit mit einbeziehen, und in dem Gewicht, das diesen Dimensionen gegeben wird; sie können sich auch in ihrer Meinung davon unterscheiden, in welcher wichtigen Weise Gott mit der Welt verbunden ist, und in ihrer Ansicht darüber, was sonst noch existiert und als wie vollkommen sich daher das vollkommenste existierende Wesen erweisen muß.

Obwohl der Gottesbegriff großen Spielraum im Hinblick darauf läßt, welche besonderen Attribute Gott hat, ist ein Attribut Teil des Begriffs, nämlich das, wonach er in überaus wichtiger Weise mit unserem Universum verbunden ist. Diese Verbindung, habe ich gesagt, braucht nicht darin zu bestehen, daß Gott der Schöpfer unseres Universums ist. Es folgen einige Beispiele, *Geschichten*, die dazu gedacht sind, die Grenzen des Begriffs zu testen. Wenn ein Wesen, das vollkommen genug ist, um Gott zu sein, die Erschaffung der Welt an ein untergeordnetes Wesen delegiert hätte, ein Wesen unter seiner Autorität, das in allgemeiner Übereinstimmung mit seinem Plan handelte, wenn das erste dann aber die Welt regierte, entweder direkt oder durch einen anderen Vermittler unter seiner Autorität, der in allgemeiner Übereinstimmung mit seinem Plan handelte, dann wäre dieses erste Wesen Gott, auch wenn es nicht tatsächlich der Schöpfer der Welt oder auch nur ihr direkter Lenker wäre. Es ist jedoch möglicherweise nicht klar, wieviel Abstand es geben kann; wann wird eine Verbindung zur Welt so entfernt, daß sie nicht länger als überaus wichtig zählt? Man kann einen Ring aus Varianten über gnostische Anschauungen bilden, um es unklar zu machen, welches Wesen, wenn überhaupt eines, Gott ist. Doch ein Wesen, das jedes andere weit an Vollkommenheit überträfe,

das aber nicht unser Universum geschaffen hätte oder
sonstwie in überaus wichtiger Weise mit ihm verbunden
wäre, könnte wohl *ein* Gott sein, aber es wäre nicht Gott.
Einfach der Schöpfer unseres Universums zu sein, ist andererseits für sich allein nicht genug, um ein Wesen als Gott
zu konstituieren; denken wir an die Science-Fiction-Situa-
tion, daß unser Universum als etwas, das einem Jugendfor-
schungsprojekt entsprechen würde, von einem Teenager
geschaffen wird, der in einer anderen Dimension oder in
einem anderen Bereich lebt. Viele andere Wesen stünden
tatsächlich höher. Alle vier obengenannten Bedingungen
zusammen machen den Gottesbegriff aus, nicht nur die
vierte für sich. Gemeinsam sind die vier aber hinreichend.
Jedes Wesen, das alle vier Bedingungen erfüllt, ist Gott.[1]

Der Begriff Gottes beschreibt ihn als weitaus vollkommener als jedes andere existierende Wesen. Muß er immer
so beschaffen sein, oder genügt es, daß er es einmal war?
Wenn ein anderes Wesen den Schöpfergott jetzt an Vollkommenheit übertrifft (oder ihm sehr nahe kommt) – weil
Gottes Vollkommenheit nachgelassen oder seine eigene zu-
genommen hat –, hört Gott dann auf, Gott zu sein? Wenn
der Terminus *Gott* als Eigenname des Wesens festgelegt ist,
das als erstes allen Bedingungen genügte, dann ist der
Schöpfergott weiterhin Gott und wird zu Recht so bezeichnet. Die Geschichte läßt sich jedoch erweitern. Nehmen wir an, jenes zweite Wesen, das jetzt vollkommener
ist, als es Gott ist – muß er oder sie auch vollkommener
sein, als es Gott *war*? –, steht gegenwärtig in einer wichti-
geren Beziehung zur Welt: es regiert sie jetzt, bestimmt ihr
Schicksal und ist ihr höchster künstlerischer Porträtist.
Man *könnte* fortfahren zu sagen, daß er oder sie nicht Gott
ist – der, den Michelangelo gemalt hat, hat diesen Titel vor
Jahren zurückgezogen. Doch man könnte ebensogut sagen, daß er oder sie jetzt Gott geworden ist und daß der gegenwärtige Titelinhaber derjenige ist, der zur Zeit die vier
Bedingungen erfüllt. Es käme zu keiner Verlagerung des
Titels, wenn sich der Terminus *Gott* nicht auf jedes Wesen

bezöge, das gegenwärtig die vier Bedingungen erfüllt oder das sie als erstes erfüllte, sondern (nur) auf ein Wesen, das dies immer tut, oder (schwächer) auf ein Wesen, das in Vergangenheit, Gegenwart oder Zukunft tatsächlich den Bedingungen genügt, dasjenige, welches bei weitem das vollkommenste ist usw., wenn man alle Wesen ansieht, die es je gab oder geben wird. (Dieses Wesen braucht nicht in jedem einzelnen Augenblick das vollkommenste zu sein, so wie der stärkste Mensch aller Zeiten nicht immer der stärkste zu sein braucht.) Dieser letzte Fall läßt jedoch die Möglichkeit offen, daß Gott erst noch zu erscheinen hat, da die überaus wichtige Verbindung zur Welt eine ist, die in der Zukunft kommt.

Ich mache hier nicht den Versuch, eine neue Theologie zu erfinden oder eine alte neu darzustellen oder mich in einer Phantasiewelt aufzuhalten, sondern ich möchte sehen, wie dehnbar der Gottesbegriff ist. Wie andere Begriffe wurde dieser von Menschen ersonnen, die von gewissen Annahmen über die Welt und ihren Lauf ausgingen – beispielsweise davon, daß bestimmte Züge und Merkmale zusammen auftraten und dies auch weiterhin tun würden. Geringfügige Abweichungen bei diesen im Hintergrund stehenden Annahmen könnten interessante neue Anwendungen des Begriffs hervorbringen; bei größeren Abweichungen könnte sich der Begriff jedoch aufspalten oder sich auflösen oder spontan verbrennen.

Warum sollen wir glauben, daß es ein derartiges göttliches Wesen gibt? Die Geschichte des Denkens ist von Versuchen verschandelt, die Existenz Gottes zu beweisen. Da es keineswegs leicht ist sich vorzustellen, wie *Gott* uns einen dauerhaft überzeugenden Beweis seiner Existenz liefern könnte, ist es nicht überraschend, daß kein Mensch das schafft.[2] Jedes einzelne Signal, das Gottes Existenz verkündete – eine Schrift am Himmel, oder eine gewaltige Stimme, die sagt, daß er existiert, oder auch noch raffiniertere Tricks –, könnte von der Technik fortgeschrittener Wesen von einem anderen Stern oder aus einer anderen Galaxie produziert worden sein, und spätere Generationen würden sowieso an dem Ereignis zweifeln. Verheißungsvoller ist ein permanentes Signal, eines, das so in die Grundstruktur des Universums eingebettet ist, daß es nicht von einem seiner Bewohner, wie fortgeschritten dieser auch sein möge, erzeugt sein könnte. Nehmen wir beispielsweise an, die Bahnen der Elementarteilchen hätten die Form der Worte »Gott existiert« in Schreibschrift. Trotzdem könnten Tausende von Jahren später andere Leute auf den Gedanken kommen, daß diese wissenschaftliche Entdeckung gemacht worden wäre, *bevor* sich diese geschriebene Form der Sprache entwickelt hätte, und daß sowohl die Sprache als auch die historischen Aufzeichnungen abgeändert worden seien, um einen späteren religiösen Glauben herbeizuführen.

Wie sähe dann ein wirksames Signal aus? Das Verstehen der Botschaft sollte nicht von komplizierten und gewundenen Beweisführungen abhängen, die leicht irrig oder fehlerhaft sind. Entweder würden die Leute die Sache nicht verstehen, oder wenn sie es täten, würden sie ihr nicht trauen. Um der Tatsache zu begegnen, daß sich alles auf verschiedene Weise interpretieren läßt, würde das Signal seinen Sinn spontan und machtvoll zeigen müssen, ohne von den Konventionen oder Künstlichkeiten einer bestimmten Sprache abzuhängen. Das Signal müßte eine Botschaft vermitteln, die unverkennbar von Gott handelte, wenn sie überhaupt von etwas handelte; sein Sinn sollte hervorleuchten. So würde das Signal selbst analog zu Gott sein müssen; es würde Analoga zu wenigstens einigen von Gottes Eigenschaften oder Beziehungen zu Menschen aufweisen müssen. Da das Signal einige der Eigenschaften besitzt, von denen es spricht, und selbst ein Beispiel für einen Teil seiner Botschaft darstellt, wäre es ein Symbol Gottes. Als Objekt, das Gott symbolisiert, würde es Achtung einflößen müssen – nicht daß die Leute darüber wegtrampeln, es in ihren Laboratorien zerlegen und analysieren oder darüber die Herrschaft gewinnen; am besten wäre es möglicherweise, wenn es unerreichbar wäre. Für Menschen, die noch nicht über den Begriff Gottes verfügen, wäre es hilfreich, wenn es Leuten auch die Idee *vermittelte*, damit sie dann wissen könnten, wofür dieses Symbol ein Symbol wäre. Ein vollkommenes Signal sollte spektakulär gegenwärtig sein und nicht übersehen werden können. Es sollte die Aufmerksamkeit fesseln und von verschiedenen Sinnen wahrnehmbar sein; niemand sollte sich dafür auf das Wort eines anderen verlassen müssen. Es sollte dauerhaften Bestand haben oder jedenfalls so lange wie die Menschen, aber nicht ständig vor ihnen stehen, damit sie es immer wieder wahrnähmen. Niemand sollte ein Historiker sein müssen, um zu wissen, daß die Botschaft gekommen ist. Das Signal sollte ein mächtiges Objekt sein, das eine zentrale Rolle im Leben der Menschen spielt. Als Entsprechung dafür, daß Gott die Quelle der Schöpfung ist oder in einer Beziehung von entscheidender Wichtigkeit zu ihr steht, sollte alles Leben auf der Erde (mittelbar) von dem Signal abhängen und es als Mittelpunkt haben. Wenn es einen Gegenstand gäbe, der die Energiequelle allen Lebens auf der Erde wäre, einen, der den Himmel mit seinem Glanz beherrschte, dessen Existenz die Menschen nicht bezweifeln könnten, dem man keine Schläge versetzen oder ihn von oben herab behandeln könnte, einen Gegenstand, um den sich die Existenz der Menschen drehte, der eine gewaltige Energiemenge ausstieße, von der nur ein kleiner Bruchteil die Menschen erreichte, einen Gegenstand, unter dem die Menschen ständig herumliefen und dessen enorme Macht sie spürten, einen, den sie nicht einmal direkt anblicken könnten und der sie doch nicht unterdrückte, sondern zeigte, wie sie mit einer unermeßlich blendenden Macht koexistieren könnten, einen überwältigend mächtigen Gegenstand, der sie erwärmte und ihren Weg beleuchtete, einen, von dem ihre täglichen körperlichen Rhythmen abhingen, wenn dieser Gegenstand Energie für alle Lebensprozesse auf der Erde und auch für den Beginn des Lebens lieferte, wenn er blendend und imposant und schön wäre, wenn er dazu diente, einigen Kulturen, denen dieser Begriff fehlte, überhaupt die Vorstellung Gottes zu vermitteln, wenn er unendlich groß wäre und auch Milliarden anderer ähnelte, die über das Universum verstreut sind, so daß er nicht von fortgeschritteneren Wesen aus einer anderen Galaxie oder von einem Wesen unter dem Schöpfer des Universums geschaffen worden sein könnte, dann *wäre* das eine passende Botschaft, die Gottes Existenz verkündete.

Natürlich mache ich hier etwas Spaß. Die Sonne existiert, sie ist so ziemlich das Beste, was man sich als permanente Verkündigung vorstellen oder ausdenken könnte, aber sie hat nicht dazu gedient, die Existenz Gottes zu beweisen, selbst wenn ihre Auffassung als Signal eine einheitliche Erklärung dafür liefert, warum all diese hier aufgeführten Eigenschaften gerade in *einem* Gegenstand vereint sind. Da wir es nicht leicht finden, uns vorzustellen, wie Gott für *irgend etwas* sorgen könnte, das einen dauerhaft überzeugenden Beweis für seine Existenz darstellte, warum sollten wir erwarten, daß wir das selbst tun könnten?[3]

Man könnte auf die Existenz einer tiefsten Wirklichkeit, die göttlich ist, in gutem Glauben vertrauen. Wenn man sagt, daß jemand auf etwas in gutem Glauben vertraut, so bezeichnet man damit die verschiedenen Gründe, die ihn zum Glauben gebracht haben (oder im Glauben halten); dabei geht es beispielsweise nicht um Beweise oder um das, was ihn Eltern oder Traditionen gelehrt haben. Der eigentümliche Weg des Glaubens zu einer Überzeugung verläuft folgendermaßen. Es gibt eine Begegnung mit etwas sehr Wirklichem – einem realen Menschen, einem Menschen in einer Geschichte, einem Teil der Natur, einem Buch oder einem Kunstwerk, einem Teil des eigenen Wesens –, und dieses Ding hat außerordentliche Qualitäten, die das Göttliche dadurch andeuten, daß sie Formen von Qualitäten sind, die das Göttliche selbst haben würde: diese außerordentlichen Qualitäten berühren einen tief und öffnen einem das Herz, so daß man das Gefühl hat, in Kontakt zu einer speziellen Manifestation des Göttlichen zu stehen, insofern es eine Form von göttlichen Qualitäten in sehr hohem Maße besitzt.

Wir könnten sagen, daß der Glaube gerechtfertigt ist, oder daß er jedenfalls nicht ungerechtfertigt ist, wenn ihm eine plausible Argumentation im Hinblick auf die beste Erklärung *zur Seite gestellt* werden kann, welche besagt, daß das Ding, dem man begegnet ist, gewisse Qualitäten hat und daß das, was diese Tatsache am besten erklärt, die Annahme ist, daß es als eine Manifestation des Göttlichen existiert, welches selbst eine (intensivierte) Form dieser Qualitäten besitzt. Der Mensch, der auf etwas in gutem Glauben vertraut, tut dies jedoch nicht, weil er diese schlußfolgernde Beweisführung durchlaufen hat; sein Glaube entsteht vielmehr direkt daraus, daß sein Wesen in der Begegnung mit etwas tief berührt und bewegt ist.

Vielleicht ist der Glaube, um den es geht, ein Glaube *an sich selbst* und an die eigenen Response, ein Glaube daran, daß man nicht *so* tief von etwas in *dieser* Weise berührt wäre, wenn es nicht eine Manifestation des Göttlichen *darstellte*. Dadurch hätte man auch eine Überzeugung, daß das Göttliche existiert – sonst könnte es sich nicht manifestieren –, aber der Glaube wäre anfangs kein Glaube *daran*, sondern ein Vertrauen auf die eigenen *tiefsten* positiven Response. Die Überzeugung *nicht* zu haben hieße dann, den eigenen allertiefsten Responsen zu mißtrauen, und würde somit eine bedeutende Entfremdung von einem selbst darstellen. Es könnte jedoch sein, daß der anfängliche tiefste Respons eines Menschen, der, auf den er oder sie so vertraut, *selbst* einfach Glaube ist und Vertrauen *auf* etwas, dem man begegnet ist. In diesem Fall *wäre* der Glaube im Grunde eher ein Glaube an etwas anderes als ein Vertrauen auf sich selbst und die eigenen tiefsten Response, obwohl man auch hier das Bedürfnis haben könnte, Glauben an den eigenen Glauben zu haben – das heißt, ein Vertrauen auf den eigenen Respons des Glaubens an das Ding, dem man begegnet ist.[4]

Sicher ist ein weniger starker Glaube an sich selbst möglich, der einen nicht bis hin zum Annehmen des Göttlichen führen würde: daß einen nämlich kein Ding *so* tief berühren oder einem eine derart tiefe Erfahrung vermitteln würde, wenn es selbst nicht zumindest ebenso tief wäre. Diese Betrachtung konzentriert sich jedoch nur auf den Grad von Tiefe und Wirklichkeit, den die Erfahrung selbst hat, mißtraut aber ihrem Inhalt. Wenn tatsächlich ein göttliches Wesen oder Reich existierte, das mit den Sinnen nicht direkt wahrzunehmen wäre, auf welche andere Weise würde man dann etwas davon erfahren als dadurch, daß man dafür *offen* wäre und zuließe, daß es einen zutiefst anrührt?

Es ist nicht so, daß Gott (oder eine andere Auffassung der tiefsten Wirklichkeit) als Hypothese eingeführt wird, die man braucht, um die speziellen Erfahrungen zu erklären. Vielmehr *vertrauen* wir diesen Erfahrungen. Unsere fundamentale Verbindung zur Welt ist nicht *erklärender* Natur, sondern sie besteht in Bezugnahme und Vertrauen. Die Existenz der parallelen Begründung durch die beste Erklärung unterhöhlt jedoch diese reduktionistischen Argumente, die sonst selbst unser Vertrauen auf unsere eigenen tiefsten Erfahrungen und auf das, was sie zu zeigen scheinen, unterhöhlen würden; die Beweisführung hilft zu zeigen, daß der Glaube nicht irrational ist. Vergleichen wir dies mit dem Fall romantischer Liebe, die durch Begegnung verursacht wird, nicht durch Gründe abgesichert und doch (wofür sich Gründe einführen ließen) nicht irrational ist. (Eine andere Sicht des Glaubens würde einräumen, daß er *eingeschränkt* irrational ist, insofern keine gängigen Arten von Gründen, die wir kennen, ihn stützen, aber darauf bestehen, daß er von einer Art Grund gestützt werden wird, die noch zu entdecken ist – weshalb meinen wir, daß wir bereits alle Arten von Gründen kennen, die es gibt? –, und daß daher der Glaube rational in einem weiter gefaßten Sinne ist, welcher alle guten Gründe berücksichtigt, die es gibt und geben wird, unabhängig von der Zeit.)

Dennoch ist es anscheinend ein Unterschied, ob man der eigenen Erfahrung vertraut in dem Sinne, daß man sie nicht zurückweist, daß man sie als äußerst wertvoll betrachtet und sie das eigene Leben gestalten läßt, oder ob man den weiteren Anspruch erhebt, daß es eine andere existierende Wirklichkeit gibt, die dadurch offenbart wird. Wenn man aber tatsächlich den weitergehenden Anspruch über die Existenz bestritte, so würde das tendenziell das Vertrauen auf den Wert und auf die Bedeutsamkeit der Erfahrung unterminieren und sie so herabwürdigen. Warum sollte man das Urteil dann nicht einfach in der Schwebe lassen? Doch auch das würde an der vollsten Kraft der Erfahrung, ein Leben zu gestalten, vorbeigehen; und eine Bejahung, nicht lediglich ein in der Schwebe gelassenes Urteil, ist möglicherweise auch ein wichtiger Bestandteil dieses Lebens als eines gestalteten.

Diese vertrauensvolle Bejahung der eigenen tiefsten Erfahrungen ist nicht dasselbe wie Dogmatismus, der diese Erfahrungen als unfehlbar betrachtet. Noch tiefere Erfahrungen könnten sie unterhöhlen oder etwas anderes zeigen. Der Glaube kann dann forschend sein und weitere Untersuchungen über die Tragweite und Gültigkeit der Erfahrungen leiten. Die Bejahung kann aus vollem Herzen kommen und dennoch versuchsweise sein, offen für Ablösung durch etwas anderes. Ein Vertrauen auf die eigenen tiefsten Erfahrungen lenkt das eigene Leben und Suchen; es ist nichts, von dem man verlangen kann, andere sollten es auch haben.

6. Die Heiligkeit des Alltäglichen

Jeder einzelne Teil der Wirklichkeit, haben die Vertreter der Transzendentalphilosophie gesagt, steht, wenn man ihn richtig betrachtet und erfährt, für das Ganze und enthält es. Religiöse Traditionen betrachten ebenfalls Heiligkeit nicht immer als Abwendung vom Alltagsleben und seinen Angelegenheiten. In der jüdischen Tradition erhöhen und heiligen die 613 Gebote *(mitzvot)* jeden Teil des Lebens, genau wie die Menschen, die sie befolgen, der Ansicht sind, daß sie selbst dadurch geheiligt sind, daß sie ihnen gegeben worden sind. Die buddhistische Tradition – nicht nur in ihrer Zen-Form – richtet die meditative Einstellung vollkommener Aufmerksamkeit und Konzentration auf alle Aktivitäten. Heiligkeit braucht keine separate Sphäre zu sein. Es gibt auch die Heiligkeit des Alltäglichen.

Wie tief können wir wohl auf die alltäglichen Dinge in unserem Leben eingehen, beispielsweise auf die gewöhnlichen Lebensnotwendigkeiten? Zum größten Teil nehmen wir Nahrung und Luft in der Tätigkeit des Essens und Atmens ohne besondere Aufmerksamkeit auf. Wie verändern sich diese Aktivitäten, wenn wir auf sie achten? Und sind diese Veränderungen wünschenswert?

Essen ist eine innige Beziehung. Wir plazieren Stücke der äußeren Wirklichkeit in uns; durch Schlucken nehmen wir sie noch tiefer auf, wo sie mit unserem eigenen Stoff, unserem körperlichen Sein in Fleisch und Blut, vereinigt werden. Es ist eine bemerkenswerte Tatsache, daß wir Teile der äußeren Wirklichkeit in unsere eigene Substanz verwandeln. Beim Essen sind wir am wenigsten von der Welt getrennt. Die Welt geht in uns ein; sie wird zu uns. Wir werden durch Teile der Welt konstituiert.

Das wirft grundlegende Probleme auf. Ist es unbedenklich, die Welt in sich aufzunehmen? Wie kommen wir dazu, hierauf zu vertrauen oder dies herauszufinden? Liegt der

Welt genug an uns, um uns zu ernähren? Das Beispiel, das David Hume verwendete, als er das Induktionsproblem formulierte, war, ob wir wissen können, daß Brot, das in der Vergangenheit nahrhaft war, uns auch weiterhin nähren wird. Bertrand Russells Lieblingsbeispiel zu diesem Problem war, ob wir wissen können, daß die Sonne morgen aufgehen wird. (Er sprach auch von einem Huhn: der Mensch, der ihm vorher jeden Morgen zu fressen gab, ist an diesem Morgen gekommen, um es zu schlachten.) Ist es ein Zufall, daß sich das Induktionsproblem als Sorge über den Verlust von Nahrung, von Wärme und Licht, von Sicherheit ausdrückt?

Mit einem Menschen zusammen zu essen kann eine tiefe Form der Geselligkeit sein – die Römer waren beleidigt, daß die Hebräer nicht an ihren Mahlzeiten teilnehmen wollten –, eine Gelegenheit, bei der wir Nahrung und das Aufnehmen der Welt in uns miteinander teilen, und ebenso auch eine Struktur, einen Geschmack, ein Gespräch, eine Zeitspanne. Kontakt und Vertrautheit gedeihen, wenn unsere normalen körperlichen Grenzen gelockert sind, um etwas in uns aufzunehmen; es ist kein Zufall, daß wir oft den Vorschlag machen, uns mit einem anderen zum Essen zu treffen. Die liebevolle Zubereitung einer Mahlzeit, die visuelle Schönheit, die sie bietet, die Sinnlichkeit beim Essen, das tägliche gemeinsame Einnehmen solcher Mahlzeiten in Muße und Anmut – all das kann der Weg sein, auf dem ein romantisches Paar in Liebe zusammen ist, ein Weg für einen oder für beide, ein Stück der Welt zu schaffen, die sie schätzen. (Für eine große Zahl von Menschen auf der Welt ist die Grundtatsache im Hinblick auf Nahrung, wie schwer oder manchmal unmöglich sie zu beschaffen ist. Wir sollten die biologischen und persönlichen Verheerungen nicht vergessen, die das anrichtet, auch wenn wir die soziale und symbolische Bedeutung der Nahrung dort untersuchen, wo sie reichlich vorhanden ist.)

Essen hat auch eine individuelle Seite, eine nichtsoziale. Welchen Charakter hat es, wenn es aufmerksam geschieht, weder blind noch ästhetisch distanziert? Zuerst wird die Aufmerksamkeit auf die Aktivität der Nahrungsaufnahme konzentriert, nicht einfach auf die Qualitäten der Nahrung. Wir begegnen der Nahrung im Vorraum des Mundes und begrüßen sie dort. Wir untersuchen und erkunden sie, umschließen sie, durchdringen sie mit Säften, drücken sie mit der Zunge gegen den harten Gaumen direkt oberhalb der Zähne, unterwerfen sie Saug- und Druckeinflüssen, bewegen sie umher. Wir kennen ihre Struktur vollständig; sie birgt keine Geheimnisse oder verborgene Teile. Wir spielen mit der Nahrung, wir freunden uns mit ihr an, wir begrüßen sie in unserem Innern.

Wir öffnen uns auch dem spezifischen Charakter der Nahrung, dem Geschmack und der Struktur und so der inneren Qualität der Substanz. Ich möchte von der Reinheit und Würde eines Apfels sprechen, der explosiven Freude und Sexualität einer Erdbeere. (Ich hätte das früher einmal lächerlich schwülstig gefunden.) Ich habe selbst nicht so viele Arten von Nahrung *gekostet*, aber wenn ich es tat, schien es mir eine Art und Weise, sie in ihrem inneren Wesen zu erkennen.[1] Es gibt eine buddhistische Geschichte von einem Mann, der sich auf der Flucht vor einem Tiger an einer Kletterpflanze über einen Abgrund schwingt und sieht, daß in der Tiefe ein zweiter Tiger wartet; dann beginnen zwei Mäuse, die Kletterpflanze durchzunagen. In seiner Nähe sieht er eine Erdbeere, und mit einer freien Hand pflückt und ißt er sie. »Wie süß sie geschmeckt hat!« Wir wundern uns, wie der Mann in dieser Situation so auf die Erdbeere reagieren konnte. Er konnte es, weil er die Beere kostete und sie erkannte. Was ich nicht weiß – und die Geschichte berichtet darüber nichts –, ist, was er von dem Tiger wußte.

Auf der Grundlage einer nur sehr kleinen Stichprobe glaube ich, daß viele Nahrungsmittel uns ihr Wesen in dieser Weise eröffnen und uns lehren. Ich weiß nicht, ob uns kunstvoll Zusammengebrautes solches Wissen vermitteln kann, und ich bin daher skeptisch gegenüber der Annahme, die hinter der Frage Brillat-Savarins an Adam und Eva steht: »Ihr, die ihr euch für einen Apfel ins Verderben gestürzt habt, was hättet ihr nicht alles für einen getrüffelten Truthahn getan?« Ein Schöpfer eines originellen Gerichts, das neue Lektionen erteilte, *wäre* ein bedeutsamer Schöpfer. Auch wenn ich nicht glaube, daß die Welt zu unserem Nutzen und zu unserer Bildung mit diesen Substanzen ausgestattet worden ist, ist doch die Frage, wie es dazu gekommen ist, daß diese Nahrungsmittel so erstaunliche Essenzen haben, wert, daß man sich darüber Gedanken macht. Es wäre schön zu denken, daß wir dadurch, daß wir Substanzen auf diese Weise erkennen und unserem Fleisch einverleiben, sie auf eine höhere Ebene des Seins heben und ihnen so unsererseits Gutes tun. (Könnte tierisches Fleisch, wenn auch kaum das Tier selbst, etwas davon haben, daß es dem Fleisch eines Wesens mit größerem Bewußtsein einverleibt und in es verwandelt wird?)

Ein aufmerksames Essen führt auch zu starken Emotionen: die Welt als Ort des Nährens; man selbst als einer, der wert ist, solche Nahrung zu empfangen, Erregung, ursprünglicher Kontakt zu der nährenden Mutter; die Sicherheit, in der Welt zu Hause zu sein, Verbundenheit mit anderen Lebensformen, auch Dankbarkeit – werden die, die religiös sind, hinzufügen – für die Früchte der Schöpfung.

Der Mund ist ein vielseitiger Schauplatz: Sitz des Essens, Sprechens, Küssens, Beißens und (in Verbindung mit der Nasenhöhle) Atmens. Vielleicht können die ersten vier emotionsgeladen sein, aber ist nicht das Atmen etwas Unkompliziertes und Automatisches? Wenn man aber auf das Atmen achtet, erweist es sich ebenfalls als inhaltsgeladener Prozeß. Östliche Meditationstechniken empfehlen, »dem Atem zu folgen«, sich auf das Einatmen, die Pause, das Ausatmen, die Pause vor dem nächsten Einatmen und so fort in Wiederholung der Abfolge zu konzentrieren. Man kann auch die Geschwindigkeit dieser Vorgänge abändern, das Ausatmen in einem konstanten langsamen Prozeß verlängern und den Atem nach dem Einatmen anhalten. Bemerkenswerterweise ändern solche einfachen Atemtechniken die Natur des eigenen Bewußtseins, zum Teil dadurch, daß sie der einfache Mittelpunkt der Aufmerksamkeit werden, sie zu einem unabgelenkten Punkt führen und andere Gedanken zur Ruhe kommen lassen. Zum Teil könnten die Veränderungen im Bewußtsein auch unmittelbare physiologische Ergebnisse von Veränderungen in der Atemtechnik sein. Doch es gibt auch die Veränderungen, die dadurch hervorgerufen sind, daß die Aufmerksamkeit gerade auf das Atmen konzentriert wird. Wie das Essen stellt das Atmen eine direkte Verbindung zur Außenwelt dar, einen Vorgang, der sie in das eigene Innere bringt. Es ist mit unmittelbaren Veränderungen im Körper verbunden, darunter erheblichen Veränderungen im Umfang von Brustraum und Bauch. Wenn man sein eigenes körperliches Wesen als Blasebalg wahrnimmt, der die Luft ein- und ausatmet, sich in umgekehrtem Verhältnis zum Außenraum ausdehnt und zusammenzieht, als Raumbehälter innerhalb eines größeren Raumes, wobei man manchmal nicht in der Lage ist, zwischen dem nach innen angehaltenen Atem und dem nach außen angehaltenen Atem zu unterscheiden, bis man sieht, was als nächstes passiert, so führt all dies dazu, daß man sich weniger als separates Wesen in feste Grenzen eingeschlossen fühlt. Die Welt zu atmen, ja manchmal zu fühlen, daß man von ihr geatmet wird, kann eine tiefe Erfahrung der Nichtgetrenntheit von der übrigen Existenz sein. In meditativem Atmen lassen sich auch Emotionen leichter unter Kontrolle bringen und einschätzen – sie branden nicht einfach mit unvermittelten Wirkungen über einen hinweg.

Außerdem kann eine anhaltende Aufmerksamkeit auf das Atmen wie in der meditativen Praxis, die »dem Atem folgt«, wobei man das Heben und Senken der Brust und des Zwerchfells verfolgt, die Aufmerksamkeit so entwickeln, daß sie geschmeidig und konzentriert wird und nicht abirrt, daß sie auf unbestimmte Zeit auf einen Gegenstand gerichtet bleiben kann, und diese Aufmerksamkeit auf das

Atmen läßt sich auch mit Alltagsaktivitäten verknüpfen, wodurch die Natur der Aufmerksamkeit auf alles geschärft wird, was in die Zwischenräume des wahrgenommenen Atmens fällt. Man kann äußerliche Dinge oder Emotionen, seien sie angsterregend oder belastend, in das ruhige und beruhigende Gitterwerk dieses aufmerksamen Atmens einschließen, und auch innerhalb dieser Struktur, auf die man achtet, kommen subtilere Körperrhythmen zum Vorschein, die sich wiederum beachten und verfolgen lassen und die ein weiteres Gitterwerk bilden, an das man sich hängen kann, um noch tiefer zu graben.

Wollten wir unser Essen und Atmen überwiegend in dieser intensiven meditativen Form durchführen, so würde das nicht genügend von der entspannten und unbeschwerten Natürlichkeit Notiz nehmen, die diese Aktivitäten haben können, aber es scheint wichtig, das zumindest manchmal zu tun und die Lektionen mitzunehmen, die wir daraus gelernt haben, und gelegentlich zurückzukehren, um diese Lektionen zu wiederholen oder neue zu lernen.

Die Aufmerksamkeit läßt sich auch auf andere innere oder äußere Dinge lenken. Man kann die Sonne als direkte Quelle von Licht und Wärme für sich erfahren und (unter Zuhilfenahme des sonstigen Wissens, das man hat) als die Hauptenergiequelle für alle Lebensprozesse auf unserer Erde. Auch auf den eigenen Körper und seine Bewegungen kann man seine Aufmerksamkeit konzentrieren.

Die allergewöhnlichsten Gegenstände halten für aufmerksames Bewußtsein Überraschungen bereit. Stühle, Tische, Autos, Häuser, zerrissene Zeitungen, verstreute Objekte, alle stehen an ihrem Platz und warten, geduldig. Ein Objekt, das verschoben oder absichtlich unpassend hingelegt wird, wartet nicht weniger geduldig. Es ist so, als habe es seine eigene ausgeprägte Qualität, daß etwas eine Entität, eine beliebige Art von Entität, ist, und wir können ein Bewußtsein für den Entitätscharakter eines Dinges, seine bloße Seiendheit, gewinnen. Alles ist richtig, genau wie es ist, aber alles ist auch in Wartestellung. Wird ein großes Ereignis erwartet, gibt es über das bloße Kennen von Entitäten hinaus etwas, das wir tun sollen? (Warten diese würdigen Objekte darauf, geliebt zu werden?)

Doch bei diesen Dingen zu verweilen und diese Einzelheiten zu beschreiben wirkt vielleicht »zu affektiert«. Es wäre aber eine Schande, wenn man durchs Leben ginge, ohne zu sehen, was das Leben und die Welt enthalten und offenbaren – wie jemand, der durch Räume schreitet, in denen wundervolle Musik gespielt wird, und der für all das unempfänglich bleibt. Vielleicht gibt es doch einen Grund dafür, daß wir einen Körper haben.

Heiligkeit soll in einer speziellen und engen Beziehung zum Göttlichen stehen. Auf heilige Dinge *als* heilige einzugehen kann auch uns in eine speziellere Beziehung zu ihnen bringen. Das Alltagsleben als heilig zu sehen heißt zum Teil, die Welt und das, was sie enthält, als etwas zu sehen, das eine unendliche Aufnahmefähigkeit für unsere Aktivitäten des Erkundens, Eingehens, In-Beziehung-Tretens und Schaffens hat, als einen Schauplatz, der diese Aktivitäten reichlich vergelten würde, ganz gleich, wie weit sie geführt werden, ob von einem Individuum oder von der gesamten Menschheit während der ganzen Dauer ihrer Existenz.

7. Sexualität

Die intensivste Art und Weise, in der wir zu einem anderen Menschen in Beziehung treten, ist der sexuelle Kontakt. Nichts konzentriert so sehr den Geist, bemerkte Dr. Johnson, wie die Aussicht, gehängt zu werden. Das heißt, nichts mit Ausnahme von sexueller Entzücktheit und Erregung: zunehmende Spannung, Ungewißheit, was nun geschehen wird, gelegentliche Entspannungen, plötzliche Überraschungen, Gefahren und Risiken, alles in einer Abfolge gesteigerter Aufmerksamkeit und Spannung, die nach Auflösung verlangt. Zu einem ähnlichen Erregungsmuster kommt es auch gegen Ende von Sportwettkämpfen zwischen ziemlich gleichstarken Teilnehmern und in spannenden Filmen. Ich sage nicht, daß unsere Erregung in diesen Fällen im Grunde insgeheim sexueller Natur ist. Doch das Sexuelle ist ein so herausragendes Musterexemplar des allgemeinen Ablaufs von Erregung, daß diese anderen auch sexuelle Untertöne besitzen können. Doch nur bei der körperlichen Liebe wird eine derart intensive Erregung mit dem geteilt, was für sie Objekt und Ursache ist.

Sex ist nicht einfach eine Sache der Reibungsintensität. Die Erregung ergibt sich weitgehend daraus, wie wir die Situation interpretieren und wie wir die Verbindung zum anderen wahrnehmen. Selbst in Masturbationsphantasien beschäftigen sich Menschen mit dem, was sie mit anderen tun; sie werden nicht dadurch erregt, daß sie an sich selbst denken oder daran, daß sie masturbieren, während sie an sich selbst denken. Erregend ist das Zwischenmenschliche: wie der andere einen sieht, von welcher Einstellung die Handlungen zeugen. Eine gewisse Unsicherheit hierbei macht die Sache noch aufregender. Ebenso wie es schwierig ist, sich selbst zu kitzeln, ist auch Sex besser, wenn auf der anderen Seite ein tatsächlicher Partner steht. (Ist der andere Mensch oder die Ungewißheit das Entscheidende?)

Körperliche Liebe hält die Aufmerksamkeit gefangen. Wenn Abschweifungen des Geistes weg von der unmittelbaren sexuellen Situation erlaubt sind, dann nur zu anderen sexuellen Phantasien. Es zeugt von einem gewissen Mangel an Anteilnahme, wenn man in dieser Situation darüber nachgrübelt, welchen Wagen man sich als nächsten kaufen soll. Zum Teil ist die Aufmerksamkeit darauf gerichtet, wie man selbst angerührt ist und was man empfindet, zum Teil darauf, wie man den anderen anrührt und was er oder sie empfindet.

Manchmal konzentrieren wir uns beim Liebesakt auf die winzigsten Bewegungen, das zarteste Streifen eines Haars, das langsame Wandern der Fingerspitzen oder der Nägel oder der Zunge über die Haut, die geringste Veränderung oder das Einhalten an einem Punkt. In solchen Momenten halten wir still und warten, was als nächstes kommt. Unsere Wahrnehmung ist hier am schärfsten; keine Veränderung des Drucks oder der Bewegung oder des Winkels ist zu geringfügig, um wahrgenommen zu werden. Und es ist erregend zu wissen, daß ein anderer ebenso gespannt auf die eigenen Empfindungen eingestellt ist wie man selbst. Das Zartgefühl, das ein Partner in seinen Bewegungen und Reaktionen beweist, kann zeigen, daß er die Lust des anderen kennt und um ihre Einzelheiten bemüht ist. Zu wissen, daß die eigenen besonderen Arten der Lust bekannt sind und akzeptiert werden, bei ihnen so lange zu verharren, wie man will, ohne daß man zu einem anderen Stadium oder einer anderen Erregung weiterhastet, vom anderen die Erlaubnis und die Einladung zu bekommen, sich zu räkeln und miteinander zu spielen – *gibt* es so etwas wie körperliche Liebe, die zu langsam geht? –, auf diese Weise gesagt zu bekommen, daß man Lust verdient und ihrer würdig ist, kann einem einen tiefen Seufzer entlocken.

Es werden nicht nur altbekannte Lüste empfindsam und zartfühlend geweckt und erkundet, sondern unter den Händen und dem Mund und der Zunge und den Zähnen eines Menschen, der uns bewußt umsorgt und liebkost, wird man bereit, in eine neue Richtung zu folgen.

Es ist nicht überraschend, daß beim Sex tiefe Emotionen geweckt und ausgedrückt werden. Zu dem Vertrauen, das damit verbunden ist, unsere eigene Lust zu zeigen, zu der Verletzlichkeit, die entsteht, wenn man zuläßt, daß sie uns ein anderer gibt und sie leitet, darunter Lustempfindungen mit infantilen oder ödipalen Anklängen oder auch analen, kommt es nicht leicht.

Körperliche Liebe besteht nicht ausschließlich aus dem Feingefühl des Wissens und dem Eingehen auf nuancierte Lust. Die Geschichte, die in diesem Bereich beginnt und gelegentlich zu ihm zurückkehrt, schreitet auch voran zu stärkeren und weniger ausgewogenen Aktionen, bei denen es nicht so sehr um abwechselndes Achthaben auf die gegenseitigen Lustgefühle geht als vielmehr auf beiden Seiten um das Wachsen stärkerer und deutlicherer Erregungen – der Übergang vom Erwachsenen (oder Infantilen) zum Tierischen. Die Leidenschaften und Bewegungen werden heftiger und weniger kontrolliert, sie nehmen ein schärferes Tempo oder einen automatischeren Rhythmus an, die Aufmerksamkeit verlagert sich von Fleisch auf Knochen, an die Stelle von Stöhnen und Seufzen treten schärfere Schreie, Zischen und Brüllen, der Mund läßt anstelle von Zunge und Lippen die Zähne in Aktion treten, Themen von Macht, Beherrschung und Wut kommen auf, werden in Zärtlichkeit geheilt und erscheinen erneut in immer stärkeren und intensiveren Abläufen.

Auf dem Schauplatz des Sexuellen kommen unsere allerstärksten Emotionen zum Ausdruck. Diese Emotionen sind nicht immer zart und liebevoll, auch wenn sie es manchmal und vielleicht häufig sind. Derart starke Emotionen bringen ebenso starke, erregte und erregende Emotionen als Antwort hervor. Die Partner sehen, wie ihre stärksten und ursprünglichsten Emotionen ausgedrückt und auch gefahrlos im Zaum gehalten werden. Nicht nur den anderen erkennt man tiefer in der körperlichen Liebe.

Man erkennt sein eigenes Ich besser, wenn man erfährt, wozu es fähig ist: Leidenschaft, Liebe, Aggression, Verletzlichkeit, Herrschsucht, Verspieltheit, infantile Lust, Freude. Die Tiefe der anschließenden Entspannung ist ein Maß für die Fülle und Stärke der gemeinsamen Erfahrung und ein Teil von ihr.

Das Reich des Sex ist unerschöpflich oder kann es sein. Es gibt keine Grenze für das, was man hierbei über den anderen lernen, an ihm empfinden kann; die einzige Grenze stellt die Sensibilität oder Empfänglichkeit oder Kreativität oder Kühnheit der Partner dar. Es gibt immer neue Tiefen – und neue Oberflächen – zu erkunden.

Der eine Grundsatz ist, daß man aufmerksam experimentiert: wahrnimmt, was erregt, der Lust des anderen folgt, wo sie ist und wo sie hingeht, sich hineinlehnt, sie mit Variationen umspielt, mit stärkerem oder sanfterem Druck, an verwandten Stellen. Intelligenz hilft auch dabei festzustellen, ob sich das, was erregt, in ein größeres Muster oder eine umfassendere Phantasie einfügt, dabei, diese Hypothese zu erproben und dann, durch übereinstimmende Taten und Worte, die manchmal mehrdeutig sind, sie zu ermutigen. Durch neues Experimentieren kann man zur Routine gewordene oder vorhersagbare Lustempfindungen umgehen. Wie schön, daß Freiheit, Offenheit, Kreativität, Kühnheit und Intelligenz – Züge, die in der größeren Welt nicht immer so umfassend belohnt werden – so überaus süße private Früchte tragen.

Sex ist auch eine Form der Kommunikation, eine Art und Weise, etwas vielsagender zu sagen oder zu zeigen, als unsere Worte es können. Doch obwohl sexuelle Handlungen pointierter sprechen als Worte, können sie auch durch Worte gefördert werden, Worte, die die eigene Lust benennen oder vorwärts zu größerer Intensität führen, Worte, die eine Phantasie beschreiben oder erregende Phantasien, die man nicht unbeschwert anhören kann, nur andeuten.

Wie Musiker in der Jazzimprovisation befinden sich Sexualpartner in einem Dialog miteinander, der teils nach

Noten, teils frei verläuft, wobei jeder sehr aufmerksam auf die Aussagen in den Körperbewegungen des anderen eingeht. Diese Aussagen können das eigene Ich und seine Lust betreffen oder die des Partners oder beide gemeinsam oder das, was man sich vom Partner wünscht. Ob sie es im sonstigen Leben tun oder nicht, beim Sex handeln Menschen häufig und unbewußt so an anderen, wie sie möchten, daß andere an ihnen handeln. Durch die Plazierung oder Intensität oder Geschwindigkeit oder Richtung des Drucks und der Bewegungen, die sie ausüben, senden sie fortwährend, häufig ohne es zu wissen, Signale über das aus, was sie empfangen möchten. Auf vielfältige Weise können auch einige Teile des Körpers für andere stehen oder sie repräsentieren, so daß das, was beispielsweise am Mund oder am Ohr (oder der Handfläche, der Achselhöhle, den Fingern, den Zehen) geschieht, in verschlungener Weise entsprechende Ereignisse anderswo mit gleichartiger Erregung symbolisieren kann.

In verbalen Konversationen sprechen Menschen in verschiedenen Stimmen, mit verschiedenen Vorstellungen, über verschiedene Themen. Auch bei der sexuellen Konversation hat jeder eine charakteristische Stimme. Und es gibt keinen Mangel an neuen Dingen, die zwei Menschen sagen können, oder an älteren Dingen, die man neu sagen oder an die man sich erinnern kann. Wenn hier von *Konversationen* die Rede ist, so bedeutet das nicht, daß der einzige (nicht auf Fortpflanzung gerichtete) Zweck der Sexualität in Kommunikation besteht. Es gibt auch Erregung und körperliche Lust, die um ihrer selbst willen angestrebt werden. Doch auch sie sind ebenfalls wichtige Teile der Konversation, denn durch lustvolle Erregung und dadurch, daß man sich ihr öffnet, kommen in der sexuellen Arena andere mächtige Emotionen zum Ausdruck und ins Spiel.

Auf diesem Schauplatz läßt sich alles Persönliche ausdrücken, erkunden, symbolisieren und intensivieren. In der Intimität lassen wir uns gegenseitig in den Bereich ein, den wir normalerweise um uns herum abgegrenzt halten, ein Gebiet, das durch Kleidung markiert ist und durch volle Selbstkontrolle und Überwachung. Durch die Schichten dessen, was in der Öffentlichkeit an Abwehr zur Schau getragen wird, wird ein anderer eingelassen und sieht nun ein verletzlicheres oder ein leidenschaftlicheres Ich. Nichts ist intimer, als einem anderen die eigene körperliche Lust zu zeigen, vielleicht weil wir gelernt haben, daß wir sie selbst (oder gerade) vor unseren Eltern verbergen mußten. Wenn man sich einmal innerhalb des abgegrenzten Gebiets befindet, sind neue Intimitäten möglich, wie etwa die besondere Art des Gesprächs, die neue Partner im Bett nach dem Sex haben können. (Lassen sie sich vielleicht zum Teil deshalb auf ein sexuelles Erlebnis ein, um solche zwanglosen Gespräche zu haben?)

Gibt es einen Konflikt zwischen dem Wunsch nach sexueller Erregung einschließlich des Orgasmus und dem tiefsten Erkennen des Partners und des eigenen Ich? Eine Jagd nach sogleich größerer Erregung, eine Konzentration auf alles andere lediglich als Mittel zum Orgasmus würde zum Hindernis dafür werden, daß man sich weit füreinander öffnet und sich kennenlernt. Alles zu seiner Zeit. Die intensivste Erregung kann auch ein Weg zur Tiefe sein; die Menschen wären vom Sex nicht so erschüttert, so erschrocken manchmal über das, was geschieht, wenn ihre Tiefen ungegründet geblieben wären.

Der Orgasmus, der für sich selbst erregend ist, teilt auch dem Partner mit, wie großes Gefallen man an ihm oder ihr findet. Wenn er eine tiefere Form annimmt, wenn man sich völlig außer Kontrolle geraten läßt und auch so, vollkommen überwältigt, erscheint, zeigt man dem anderen und zeigt auch sich selbst das volle Ausmaß der Macht, die dieser andere über einen hat, und was für eine Wohltat es für einen ist, vor ihm oder ihr hilflos zu sein.

Einen anderen zu erfreuen vermittelt das beste Gefühl dann, wenn es etwas ist, das man erreicht, eine überwindbare Herausforderung. Folglich ist ein Orgasmus weniger befriedigend für den gebenden Partner, wenn er zu früh oder zu spät kommt. Zu früh ist er keine Leistung, zu spät und erst nach sehr großer Anstrengung besagt er, daß der gebende Partner nicht erregend und befriedigend genug ist. Das Geheimnis des Erfolgs beim Orgasmus ist wie bei der Komödie die zeitliche Abstimmung.

Der Orgasmus ist nicht einfach eine erregende Erfahrung, sondern eine Aussage über den Partner, über die Verbindung zum Partner; er zeigt an, daß der Partner einen befriedigt. Kein Wunder, daß Partnern daran liegt, daß es dazu kommt. Wir können hier auch die einende Kraft eines gleichzeitigen Orgasmus verstehen – daß man die intensivste Lust mit und an dem anderen Menschen genau in dem Augenblick fühlt, in dem man erfährt und sieht, daß man ihn oder sie intensiv erfreut.

Es gibt andere Aussagen, die weniger den ganzen Menschen und mehr Teile betreffen. Dem Penis kann das Gefühl vermittelt werden, daß er ein willkommener Besucher in der Vagina ist; er kann liebevoll und ohne Hast geküßt werden; ihm kann ein Gefühl des Nährens vermittelt werden; er kann für sich selbst ein Gegenstand der Freude und Wahrnehmung sein; in begeisterteren Momenten geht seine Phantasie dahin, fast verehrt zu werden. Ähnlich läßt sich die Freundlichkeit und Kraft der Vagina für sich selbst anerkennen, indem man sie zart küßt, lange erfühlt, in den winzigsten Höhlungen verweilt und die Laute hervorbringt, die das erzeugt. Den Körper eines Partners zu kennen, über die besondere Energie seiner Teile zu meditieren, ohne anderswohin zu hasten, bedeutet auch eine Aussage, die der Partner empfängt.

Anders als der Austausch von Zärtlichkeiten, der symmetrisch, zart und von Anfang bis Ende wechselseitig sein kann, enthält das, was wir (ohne jede Verunglimpfung) »Ficken« nennen könnten, zumindest eine Phase, in der der Mann seine Macht und Kraft entfaltet. Das braucht nicht aggressiv, bösartig oder beherrschend zu sein, auch wenn es vielleicht statistisch gesehen häufig in diese Richtung abgleitet. Es kann einfach so sein, daß der Mann der

Frau seine Macht, seine Stärke, ja Wildheit zeigt, damit sie sie würdigt. Indem er seine Eigenschaft als Tier im Dschungel mit der Wildheit eines Löwen oder Tigers zur Schau stellt und dabei brüllt und beißt, zeigt er (in gezügelter Weise) seine schützende Stärke. Diese Entfaltung von Kraft braucht jedoch nicht asymmetrisch zu sein. Die Frau kann mit ihrer eigenen Wildheit antworten (und den Anfang machen), sie kann fauchen, zischen, kratzen, knurren, beißen, und sie zeigt auch ihre Fähigkeit, seine Wildheit im Zaum zu halten und zu zähmen. Es ist noch schwieriger, mit den genau passenden Worten Dinge zu sagen, bei denen es um noch größere Feinheiten geht, etwa die besondere Art, in der sich eine Frau an einem Punkt ihrem Partner *hingeben* kann.

In sexueller Intimität lassen wir den Partner in das Gebiet innerhalb unserer Grenzen ein oder machen diese Grenzen durchlässiger, wir zeigen unsere Leidenschaften, Fähigkeiten, Phantasien und Erregungen und gehen auf die des anderen ein. Wir könnten sexuelle Intimität graphisch als zwei Kreise darstellen, die sich mit gestrichelten Linien überlappen. Es *gibt* hier Grenzen zwischen den Partnern, aber diese Grenzen sind durchlässig, nicht fest. Wir können daher das ozeanische Gefühl, den Eindruck des Verschmelzens verstehen, der manchmal bei intensiver sexueller Erfahrung auftritt. Das beruht nicht nur auf den erregten Gefühlen, die sich auf den anderen richten; es kommt daher, daß man keine Energie darauf verwendet, die üblichen Grenzen aufrechtzuerhalten. (Werden in Augenblicken des Höhepunkts die Grenzen aufgehoben oder werden sie *selektiv* durchlässig gemacht, nur für diese eine Person niedriger angesetzt?)

Vieles von dem, was ich bis jetzt gesagt habe, könnte sich auf einzelne sexuelle Begegnungen beziehen, aber ein Sexualleben hat seine besonderen Kontinuitäten im Verlauf der Zeit. Es gibt das längere Zusammensein über einen ganzen Tag hinweg oder über mehrere, mit wiederholten und vielfältigen Intimitäten und Erkenntnissen, die kaum auftauchen oder aus der Gegenwart des anderen hervorgehen, mit vollerer Erkenntnis und Gefühlen, die noch frisch im Gedächtnis sind, als Sprungbrett für neue Erkundungen. Es gibt die wiederholten Begegnungen vertrauter Partner, die ihren gegenseitigen Hunger kaum zügeln können. Es gibt die volleren bleibenden Beziehungen von Intimität und Liebe, die die Erregung, die Tiefe und die Freundlichkeit der sexuellen Vereinigung fördern und durch sie gefördert werden.

Nicht nur kann man in körperlicher Liebe die volle Skala der Emotionen erkunden und dabei den Partner und sich selbst tief erkennen, nicht nur kann man den anderen und sich zusammen erkennen und dabei den Drang verfolgen, sich mit dem anderen zu vereinigen oder mit ihm zu verschmelzen und die körperliche Freude finden, das Ich zu transzendieren, nicht nur ist (heterosexuelle) Liebe fähig, neues Leben hervorzubringen, was dem Akt selbst zusätzliche psychologische Bedeutung verleiht – vielleicht besonders ausgeprägt für Frauen als die, die fähig sind, die Trägerinnen von Leben in ihrem Innern zu werden, mit aller symbolischen Bedeutung, die das hat –, sondern im Liebesakt kann man auch auf metaphysische Erkundung gehen und den Körper und die Person eines anderen als eine Karte oder einen Mikrokosmos der allertiefsten Wirklichkeit erkennen, als Schlüssel zu ihrem Wesen und Ziel.

8. Das Band der Liebe

Das allgemeine Phänomen der Liebe umfaßt romantische Liebe, die Liebe einer Mutter oder eines Vaters zu einem Kind, die Liebe zum eigenen Land und vieles mehr. Was aller Liebe gemeinsam ist, ist dies: das eigene Wohlergehen ist mit dem eines anderen Menschen (oder Dinges), den (oder das) man liebt, verbunden. Wenn einem Freund etwas Schlechtes passiert, passiert es ihm, und es tut einem für ihn leid; wenn etwas Gutes passiert, freut man sich für ihn. Wenn jedoch einem, den man liebt, etwas Schlechtes geschieht, dann geschieht auch *einem selbst* etwas Schlechtes. (Das braucht nicht genau dasselbe Schlechte zu sein. Und ich will nicht sagen, daß man einen Freund nicht auch lieben kann.) Wenn jemand, den man liebt, verletzt oder bloßgestellt wird, ist man verletzt; wenn ihm etwas Wunderbares geschieht, fühlt man sich in besserer Verfassung. Nicht jede Zufriedenstellung der Vorliebe eines Geliebten wird allerdings dazu führen, daß man sich besser fühlt; sein oder ihr Wohlergehen und nicht einfach nur eine Vorliebe muß auf dem Spiel stehen. (Sein Wohlergehen aus wessen Sicht, seiner oder der des anderen?) Wenn keine Liebe vorliegt, verwandeln Veränderungen im Wohlergehen anderer Menschen im allgemeinen nicht das eigene Befinden. Man wird bewegt sein, wenn andere unter einer Hungersnot leiden, und wird eine Spende geben, um ihnen zu helfen; ihre Notlage kann einen verfolgen, aber man braucht dabei nicht zu fühlen, daß es einem selbst schlechter geht.

Diese Ausdehnung des eigenen Wohlbefindens (oder Unwohlbefindens) kennzeichnet alle unterschiedlichen Arten von Liebe: die Liebe zu Kindern, die Liebe zu Eltern, die Liebe zum eigenen Volk, zum eigenen Land. Liebe bedeutet nicht notwendig, daß einem an einem anderen ebensosehr oder noch mehr gelegen ist als an einem selbst. Diese Arten der Liebe sind großherzig, aber ein gewisses Maß an Liebe ist gegenwärtig, wenn das eigene Wohlergehen in einem beliebigen Ausmaß (aber in derselben Richtung) durch das eines anderen beeinflußt wird. Wie es dem anderen geht, so geht es einem (bis zu einem gewissen Grade) selbst. Die Menschen, die man liebt, befinden sich innerhalb der eigenen Grenzen, ihr Wohlbefinden ist das eigene.[1]

»Verliebtsein«, Vernarrtheit, ist ein intensiver Zustand, der vertraute Züge aufweist: man denkt fast immer an den Menschen; man will ihn ständig berühren und mit ihm zusammensein; man ist durch die Gegenwart des anderen erregt; man wird schlaflos; man drückt seine Gefühle durch Gedichte, Geschenke oder mit anderen Mitteln aus, die den Geliebten oder die Geliebte erfreuen sollen; man schaut sich gegenseitig tief in die Augen; man ißt zusammen bei Kerzenschein; man hat das Gefühl, daß kurze Trennungen lang sind; man lächelt albern, wenn man sich an Handlungen und Bemerkungen des anderen erinnert; man hat das Gefühl, daß die kleinen Schwächen des anderen reizend sind; man empfindet Freude darüber, daß man den anderen gefunden hat und von ihm gefunden worden ist; und man findet (so wird von Tolstoj Levin in *Anna Karenina* beschrieben, als er erfährt, daß Kitty ihn liebt) *alle Menschen* reizend und nett und meint, sie müßten merken, wie glücklich man ist. Andere Interessen und Verpflichtungen werden zu untergeordneten Hintergrunddetails in der Romanze, die jetzt das beherrschende Ereignis im Vordergrund des Lebens darstellt. (Wenn große öffentliche Verpflichtungen wie das Kommando über die Heere Roms oder die Regierungsgeschäfte eines Königs von England vergessen werden, werden die Geschichten spannend.) Die Lebhaftigkeit der Beziehung kann künstlerische oder mythische Dimensionen annehmen – beieinander liegen wie Gestalten auf einem Bild, gemeinsam eine neue Geschichte aus Ovid leben. Vertraut ist auch, was geschieht, wenn die Liebe nicht in gleicher Weise erwidert wird; Melancholie, zwanghaftes Nachgrübeln über das, was danebengegangen ist, Phantasien darüber, daß es in Ordnung kommt, Verweilen an bestimmten Orten, um einen Blick des Menschen zu erhaschen, Telefonanrufe, um die Stimme des anderen zu hören, das Gefühl, daß alle anderen Aktivitäten schal erscheinen, gelegentlich Selbstmordgedanken.

Ganz gleich, wie und wann Vernarrtheit beginnt, wenn sie die Gelegenheit erhält, verwandelt sie sich in eine bleibende romantische Liebe, oder aber sie verschwindet. Bei dieser bleibenden romantischen Liebe haben die beiden Menschen das Gefühl, daß sie sich verbunden haben, um ein neues Wesen in der Welt zu bilden und darzustellen, das man als ein *Wir* bezeichnen könnte.[2] Man kann jedoch in einen Menschen romantisch verliebt sein, ohne tatsächlich mit ihr oder ihm ein *Wir* zu bilden – es könnte sein, daß der andere nicht in einen selbst verliebt ist. Liebe, romantische Liebe, ist der *Wunsch*, mit dieser besonderen Person ein *Wir* zu bilden, das Gefühl oder vielleicht der Wunsch, daß dieser Mensch der Richtige ist, um mit ihm ein *Wir* zu bilden, und auch der Wunsch, der andere möge im Hinblick auf einen selbst ebenso empfinden. (Es wäre freundlicher, wenn die Einsicht, daß der andere Mensch nicht der Richtige ist, um mit ihm ein *Wir* zu bilden, jedesmal und auf der Stelle dem Wunsch danach ein Ende machte.) Der Wunsch, ein *Wir* mit diesem anderen Menschen zu bilden, ist nicht einfach etwas, das mit romantischer Liebe einhergeht, etwas, das möglicherweise geschieht, wenn Liebe besteht. Dieser Wunsch wohnt dem Wesen der Liebe inne, glaube ich; er ist ein wichtiger Teil dessen, worauf Liebe gerichtet ist.

In einem *Wir* sind die beiden Menschen nicht körperlich wie siamesische Zwillinge verbunden; sie können sich an entfernten Orten aufhalten, verschiedene Ansichten haben, unterschiedlichen Beschäftigungen nachgehen. In welchem Sinne bilden diese Menschen zusammen dann ein neues Wesen, ein *Wir*? Dieses neue Wesen wird von einem neuen Netz von Beziehungen zwischen ihnen geschaffen, das sie nicht mehr so getrennt sein läßt. Ich möchte einige Merkmale dieses Netzes beschreiben; ich beginne mit zweien, die sich etwas kalt und nach politischer Wissenschaft anhören.

Zuerst das bereits erwähnte definierende Merkmal, das für Liebe im allgemeinen gilt: das eigene Wohlergehen ist mit dem eines Menschen verbunden, den man auf romantische Weise liebt. Liebe kann einen somit unter anderem in Gefahr bringen. Schlimme Dinge, die dem oder der Geliebten geschehen, geschehen einem selbst. Aber das gilt auch für gute Dinge; außerdem hilft einem jemand, der einen liebt, mit Fürsorge und Trost dabei, Wechselfällen zu begegnen – nicht aus Eigennutz, auch wenn es ihm zum Teil dabei hilft, auch sein eigenes Wohlbefinden aufrechtzuerhalten, wenn er das tut. So legt Liebe einen Boden unter das eigene Wohlergehen; sie bietet Sicherheit angesichts von Schicksalsschlägen. (Würden Ökonomen einige Eigenheiten der Partnerwahl als das rationale Verteilen von Risiken erklären?)

Menschen, die ein *Wir* bilden, legen nicht nur ihr Wohlergehen zusammen, sondern auch ihre Autonomie. Sie begrenzen oder beschränken ihre eigenen Fähigkeiten und Rechte zum Fällen von Entscheidungen; einige Entscheidungen lassen sich nicht mehr allein fällen. Welche Entscheidungen das sind, wird von verschiedenen Paaren verschieden bestimmt werden: wo man wohnt, wie man lebt, wen man als Freunde hat und wie man sie trifft, ob man Kinder hat und wie viele, wohin man reist, ob man den Abend ins Kino geht und was man sich ansieht. Jeder überträgt einige frühere Rechte, bestimmte Entscheidungen zu fällen, einseitig in einen gemeinsamen Fonds; irgendwie wird man gemeinsam darüber entscheiden, wie man zusammensein soll. Wenn das eigene Wohlbefinden das eines anderen so stark beeinflußt und so sehr von ihm beeinflußt wird, ist es nicht überraschend, daß Entscheidungen, die in bedeutender Weise Auswirkungen auf das Wohlergehen haben, selbst

in erster Linie primär auf das eigene, nicht mehr allein ge-
fällt werden.[3]

Die Bezeichnung *Paar*, die in bezug auf Menschen verwendet wird, die ein *Wir* gebildet haben, ist nicht zufällig.
Die beiden Menschen betrachten sich selbst auch als eine
neue und bleibende Einheit, und sie zeigen der Welt dieses
Gesicht. Sie wollen öffentlich als ein Paar angesehen werden, als Ausdruck und Bestätigung dafür. Daher stehen homosexuelle Paare, denen dies verwehrt ist, vor einem ern-
sten Hindernis.

Teil eines *Wir* zu sein bedeutet, daß man eine neue Identität hat, eine zusätzliche. Es bedeutet *nicht*, daß man keine
individuelle Identität mehr hat oder daß die Identität als
Teil des *Wir* die einzige ist. Die individuelle Identität, die
man hatte, wird sich jedoch ändern. Diese neue Identität
zu haben heißt, in eine bestimmte psychische Haltung einzutreten; und beide Beteiligten am *Wir* haben diese Haltung dem anderen gegenüber. Jeder wird psychisch ein Teil
der Identität des anderen. Wie können wir genauer sagen,
was das bedeutet? Wenn man sagt, daß etwas Teil der eigenen Identität sei, wenn man sich bei der Veränderung oder
dem Verlust dieses Dinges wie ein anderer Mensch fühlt, so
scheint das nur gerade den Begriff der Identität wieder ein-
zuführen, der der Erklärung bedarf. Hier ist etwas Hilf-
reicheres: jemanden zu lieben könnte zum Teil bedeuten,
Aufmerksamkeit auf sein Wohlergehen und auf die eigene
Verbundenheit mit ihm zu verwenden. (Sollen wir allgemeiner sagen, daß etwas Teil der eigenen Identität ist, wenn
man es ständig zu einem der wenigen Bereiche besonderer
Aufmerksamkeit macht, die man hat?) Es gibt empirische
Tests für Aufmerksamkeit im Falle der eigenen separaten
Identität – wie man beispielsweise die Erwähnung des eigenen Namens durch das Stimmengewirr einer Unterhaltung
hindurch wahrnimmt, die man nicht bewußt verfolgt hat;
wie einem ein Wort, das dem eigenen Namen ähnelt, aus
einem Text »entgegenspringt«. Wir könnten ähnliche Tests
zur Bestimmung der Aufmerksamkeit finden, die man auf-

bringt, wenn man jemanden liebt. Zum Beispiel ist ein Mensch in einem *Wir* oft weitaus beunruhigter über die Gefahren des Reisens – ob Flugzeugabstürze oder sonst etwas –, wenn der andere allein reist, als wenn beide gemeinsam reisen oder wenn der oder die Betreffende selbst allein reist. Es scheint plausibel, daß ein Mensch in einem *Wir* im allgemeinen auf Gefahren für den anderen achtet, die es erfordern würden, zu einer individuellen Einzelexistenz zurückzukehren; durch eine körperliche Trennung von einiger Dauer werden diese Gefahren dann besonders augenfällig. Auch andere Kriterien für die Bildung einer Gemeinschaftsidentität ließen sich vorschlagen, so eine gewisse Art von Arbeitsteilung. Einem Menschen in einem *Wir* könnte es passieren, daß er etwas Interessantes zu lesen findet, es aber für den anderen aufbewahrt, nicht weil er selbst nicht daran interessiert wäre, sondern weil der andere größeres Interesse hätte und es genügt, wenn einer von beiden es liest, damit es von der umfassenden Identität, an der sie jetzt teilhaben, dem *Wir*, wahrgenommen wird. Wenn sich das Paar trennt, könnten sie dann feststellen, daß sie selbst all diese Dinge direkt lesen; der andere Mensch kann es nicht mehr *für sie* tun. (Die Liste der Kriterien für das *Wir* ließe sich fortsetzen und könnte etwas enthalten, wovon wir später sprechen: daß man nicht versucht, sich nach einem anderen, »besseren« Partner umzusehen.) Manchmal kann die Existenz des *Wir* sehr augenfällig sein. Genau wie ein nachdenklicher Mensch in freundlichem inneren Dialog mit sich selbst die Straße entlanggehen und sich selbst Gesellschaft leisten kann, kann man es mit einem geliebten Menschen tun, der nicht körperlich anwesend ist – man überlegt, was er sagen würde, unterhält sich mit ihm, nimmt für ihn Dinge so wahr, wie er es täte, weil er nicht da ist, um sie wahrzunehmen, sagt zu anderen in seinem Tonfall Dinge, die er sagen würde, als Vertreter für das ganze *Wir*.[4]

Wenn wir uns das individuelle Ich als eine geschlossene Figur vorstellen, deren Grenzen durchgehend und solide sind, und das, was innen ist, von dem trennen, was außen ist, dann könnten wir das *Wir* als zwei Figuren darstellen, zwischen denen die Grenzlinie dort, wo sie zusammen-kommen, ausgelöscht ist. (Ist das die traditionelle Herz-form?) Die einenden Aspekte sexueller Erfahrung, daß zwei Menschen zusammenfließen und ganz ineinander aufgehen, spiegeln die Bildung des *Wir* wider und unter-stützen sie. Sinnvolle Arbeit, schöpferische Aktivitäten und Entwicklung können die Gestalt des Ich ändern. In-nige Bindungen ändern die Grenzen des Ich und verwan-deln seine *Topologie* – romantische Liebe auf die eine Weise und Freundschaft (wie wir sehen werden) auf eine andere.

Das individuelle Ich kann sich zu dem *Wir*, mit dem es sich identifiziert, auf zweierlei Weise verhalten. Es kann das *Wir* als einen sehr wichtigen *Aspekt* seiner selbst sehen, oder es kann sich als Teil des *Wir* sehen, als in ihm enthal-ten. Es mag sein, daß Männer häufiger die erstere Auffas-sung vertreten und Frauen die letztere. Auch wenn beide das *Wir* als äußerst wichtig für das Ich betrachten, würden die meisten Männer vielleicht den Kreis ihres Selbst mit dem Kreis des *Wir* darinnen, als einen Aspekt *in seinem In-nern*, zeichnen, während die meisten Frauen den Kreis ihres Selbst vielleicht innerhalb des Kreises des *Wir* zeich-nen würden. In beiden Fällen braucht das *Wir* ein individu-elles Ich nicht zu zerstören oder ihm jede Autonomie zu nehmen.

Jeder Mensch in einem romantischen *Wir* will den ande-ren völlig besitzen; aber jeder hat auch das Bedürfnis, daß der andere eine unabhängige und nicht untergeordnete Per-son sein soll. Nur jemand, der weiterhin eine nicht unter-geordnete Autonomie besitzt, kann ein geeigneter Partner in einer Gemeinschaftsidentität sein, die die eigene individu-elle Identität vergrößert und fördert. Und natürlich erfor-dert das Wohlergehen des anderen – etwas, woran einem liegt – ebenfalls diese nicht untergeordnete Identität. Doch gleichzeitig besteht der Wunsch, den anderen *völlig* zu be-sitzen. Das braucht, glaube ich, nicht auf einem Wunsch zu beruhen, den anderen Menschen zu beherrschen. Was man braucht und will, ist, den anderen so völlig zu besitzen, wie man die eigene Identität besitzt. Das ist ein Ausdruck der Tatsache, daß man *wirklich* eine neue Gemeinschaftsidentität mit ihm oder ihr bildet. Oder vielleicht *ist* dieser Wunsch einfach der Wunsch, eine Identität mit dem anderen zu bilden. Im Gegensatz zu der von Hegel beschriebenen instabilen dialektischen Beziehung zwischen Herr und Knecht werden aber in einem romantischen *Wir* die Autonomie des anderen und auch das völlige Besitzen versöhnt in der Bildung einer gemeinschaftlichen und wundersam vergrößerten Identität für beide.

Der Kern der Liebesbeziehung besteht darin, wie die Liebenden sie von innen heraus sehen, was für eine Auffassung sie von ihrem Partner und von sich selbst in ihr haben und auf welche besondere Weise sie zueinander gut sind. Jeder Mensch, der verliebt ist, freut sich am anderen und auch daran, Freude zu geben; das drückt sich oft darin aus, daß man gemeinsam verspielt ist. Wenn wir erwachsene Liebe empfangen, hält man uns für wert, das primäre Objekt der intensivsten Liebe zu sein, einer, die man uns im ödipalen Dreieck der Kindheit nicht gab.[5] Wenn wir sehen, daß der andere mit uns glücklich ist und durch unsere Liebe glücklich gemacht wird, werden wir glücklicher mit uns.

Damit wir durch die Liebe eines Menschen zum Strahlen gebracht werden, müssen wir selbst diejenigen sein, die geliebt werden, und nicht eine geschönte Version, nicht bloß ein Teil von uns. Bei völlig vertrauter Liebe kennt uns ein Partner in unserer Existenz ganz. Es ist keineswegs beruhigend, von jemandem geliebt zu werden, der nichts von den Wesenszügen weiß, die uns unserer Ansicht nach nicht liebenswert machen könnten. Manchmal sind das Charakterzüge oder Bereiche, in denen wir unfähig, ungeschickt oder unwissend sind; manchmal sind es körperliche Merkmale, die wir haben. Komplex sind die Wege, auf denen Eltern ihren Kindern ein unbehagliches Gefühl über Stätten der Lust oder Ausscheidung vermitteln, und diese Gefühle lassen sich in der vertrautesten achtsamen und liebevollen körperlichen Intimität mildern oder umlenken. In der vollen Vertrautheit der Liebe wird der ganze Mensch erkannt und gereinigt und angenommen. Und geheilt.

Damit man dadurch, daß man geliebt wird, glücklich mit sich selbst wird, muß die Liebe einem selbst gelten und nicht einem Merkmal wie dem Geld, das man hat. Die Menschen wollen, wie sie sagen, »um ihrer selbst willen« geliebt werden. Man wird um einer anderen Sache willen geliebt, wenn das, weshalb man geliebt wird, einen marginalen Teil des eigenen Selbstbildes oder der eigenen Identität darstellt. Wenn für jemanden jedoch Geld oder die Fähigkeit, es zu verdienen, oder auch gutes Aussehen oder große Freundlichkeit oder Intelligenz im Mittelpunkt seiner Identität stehen, hätte er vielleicht nichts dagegen, daß Liebe durch diese Merkmale ausgelöst wird. Man kann sich in jemanden aufgrund bestimmter Merkmale verlieben, und man kann sich weiterhin an ihnen erfreuen; aber schließlich muß man den Menschen selbst lieben, und das nicht *wegen* der Merkmale, jedenfalls nicht wegen einer begrenzten Liste davon. Doch was bedeutet das genau?

Wir lieben den Menschen, wenn das Zusammensein mit diesem Menschen ein herausragender Teil unserer Identität ist, wie wir sie verstehen: »mit Eva zusammensein«, »mit Adam zusammensein« und nicht »mit jemandem zusammensein, der das und das ist (oder hat)…«. Wie kommt es dazu? Merkmale müssen eine wichtige Rolle spielen, denn warum würde sonst nicht eine andere Person ebensogut geliebt? Doch wenn wir weiterhin »wegen« der Merkmale geliebt werden, dann erscheint die Liebe an Bedingungen gebunden, als etwas, das sich ändern oder verschwinden könnte, wenn es die Merkmale tun. Vielleicht sollten wir uns Liebe als so etwas wie die Prägung bei Enten vorstellen, wo sich eine junge Ente an das erste größere bewegliche Objekt, das sie in einer bestimmten Zeitspanne sieht, anhängt und ihm als seiner Mutter folgt. Bei Menschen lösen vielleicht Merkmale die Prägung der Liebe aus, aber dann wird die Person in einer Weise geliebt, die nicht mehr auf der Beibehaltung dieser Merkmale beruht. Dafür ist es hilfreich, wenn die Liebe anfangs auf einer breiten Skala von ihnen beruht; sie beginnt als bedingte, die davon abhängt, daß die geliebte Person diese wünschenswerten Merkmale hat, aber angesichts ihrer Spannweite und Verläßlichkeit ist sie nicht unsicher.[6]

Anders als der Prägungsvorgang bei Enten ist Liebe zwischen Menschen jedoch nicht unveränderlich. Auch wenn sie nicht mehr von den besonderen Merkmalen abhängig ist, die sie auslösten, *kann* sie im Laufe der Zeit durch neue und hinreichend negative andere Merkmale überwunden werden. Oder vielleicht durch eine neue Prägung auf eine andere Person. Doch nach dieser Änderung wird jemand, der in einem *Wir* lebt, nicht suchen. Wenn andererseits jemand »wegen« gewisser wünschenswerter oder bevorzugter Merkmale geliebt würde und nun jemand anders käme, der diese Merkmale in größerem Umfang aufwiese oder andere noch bevorzugtere Züge hätte, dann sieht es so aus, als sollte man diese neue Person mehr lieben. Und warum sollte man in diesem Falle einfach darauf warten, daß jemand »Besseres« auftaucht; warum sollte man nicht aktiv bestrebt sein, zu jemandem mit einer höheren »Punktzahl« in den bevorzugten Bereichen überzuwechseln? (Platons Theorie ist besonders ungeschützt gegen diese Fragen, denn in ihr ist es die Idee der Schönheit, die den höchsten und angemessenen Gegenstand der Liebe darstellt; jeder Einzelmensch dient nur als Träger von Merkmalen, die in dem Geliebten eine Liebe zur Idee erwecken, und daher sollte jede derartige Person durch einen besseren Erwecker ersetzbar sein.[7])

Die Bereitschaft, nach einem Menschen mit »besseren« Merkmalen zu suchen, steht im Widerspruch zu einer durch Liebe geprägten Einstellung. Eine erhellende Sichtweise sollte erklären, warum sie dies tut, aber auch, weshalb diese Einstellung nicht irrational ist. Eine mögliche und langweilige Erklärung dafür ist ökonomischer Natur. Wenn man einen Menschen gut kennt, würde es eine große Investition an Zeit und Energie erfordern, den vergleichbaren Punkt mit einem anderen Menschen zu erreichen, und daher gibt es eine Barriere gegen ein Umsatteln. (Könnte aber nicht der andere Mensch größeren Gewinn versprechen, selbst wenn man die neuen Investitionskosten berücksichtigt?) Bei einem neuen Menschen gibt es Ungewißheit; erst nach langer Zeit, in der man miteinander Erfahrungen gemacht hat, durch Auseinandersetzungen und Krisen hindurch, kann man erfahren, wie vertrauenswürdig, zuverlässig, flexibel und mitfühlend in schwierigen Lagen ein Mensch ist. Wenn man einen anderen Kandidaten für eine Paarbeziehung erprobt, kommt man wahrscheinlich, auch wenn er anscheinend vielversprechend ist, schließlich zu einem negativen Schluß, und es wäre dabei wahrscheinlich erforderlich, das gegenwärtige Paarverhältnis einzuschränken oder zu beenden. Es ist also nicht weise, sich von einer einigermaßen befriedigenden Situation aus um etwas Besseres zu bemühen; die Energie, die man auf die Suche verwenden würde, könnte man besser in die Verbesserung des augenblicklichen *Wir* stecken.

Diese Erwägungen ökonomischer Klugheit sind nicht dumm – keineswegs –, aber sie sind äußerlich. Folgt man ihnen, zielt nichts am Wesen der Liebe selbst auf das besondere geliebte Individuum, und es gibt keinen Unwillen, den anderen zu ersetzen; was dagegen spricht, ist vielmehr die Wahrscheinlichkeit von Verlusten, die sich aus der Ersetzung ergeben könnten. Wir können sehen, warum wir, wenn die ökonomische Analyse so wäre, es gern hätten, wenn jemand eine durch Liebe geprägte Einstellung auf uns richtete, zu der eine Festlegung auf eine bestimmte Person gehört, und wir können sehen, warum wir vielleicht die Gabe oder den Eindruck einer derartigen Einstellung austauschen müssen, um sie zu empfangen. Doch warum sollten wir den Wunsch haben, einer bestimmten Person eine solche Verpflichtung tatsächlich zu geben und uns von allen anderen Partnern fernzuhalten? Welcher besondere Wert wird durch eine solche Liebesbeziehung gewonnen, die auf Partikularismus verpflichtet ist, sonst aber in keiner Weise? Wenn wir hinzufügen, daß wir unsere Partner gern haben und ihnen daher keine Kränkung zufügen möchten, indem wir sie austauschen, so ist das wahr, beantwortet aber die Frage nicht voll.

Eine ökonomische Analyse könnte sogar etwas mehr Verständnis bringen.[8] Wiederholter Handel mit einem festen Partner mit bestimmten Ressourcen könnte dazu führen, daß es rational ist, in sich selbst spezialisierte Werte für den Handel mit diesem Partner (für den umgekehrt Ähnliches gilt) zu entwickeln; und diese Spezialisierung bietet einige Sicherheit dafür, daß man weiterhin *mit diesem Partner* Handel treiben wird (da die investierten Ressourcen in Austauschvorgängen mit einem beliebigen Dritten weit weniger wert wären). Um sich außerdem so auszubilden und zu spezialisieren, daß man besser zu diesem Partner paßt und mit ihm handeln kann und dies daher weniger gut mit anderen tut, wird man eine Verpflichtung und eine Garantie haben wollen, daß der Partner den Austausch mit einem selbst fortsetzen wird, eine Garantie, die über die Spezialisierung des Partners auf einen selbst hinausgeht. Unter solchen Umständen wird es für zwei solche Handelsfirmen ökonomisch vorteilhaft sein, sich zu *einer* Firma zusammenzuschließen, wodurch alle Zuteilungen jetzt zu internen Vorgängen werden. Hier endlich kommen wir zu so etwas wie dem Begriff einer Gemeinschaftsidentität.

Die Intention in der Liebe zielt darauf, ein *Wir* zu bilden und sich mit ihm als erweitertem Ich zu identifizieren, das eigene Schicksal weitgehend mit dessen Schicksal zu identifizieren. Eine Bereitschaft zum Wechsel, zur Zerstörung eben des *Wir*, mit dem man sich weitgehend identifiziert, wäre dann eine Bereitschaft, das eigene Ich in Gestalt des eigenen erweiterten Ich zu zerstören. Man könnte daher nicht die Absicht haben, sich in ein anderes *Wir* einzubinden, sofern man nicht aufgehört hätte, sich mit einem gegenwärtigen *Wir* zu identifizieren – das heißt, sofern man nicht bereits aufgehört hätte zu lieben. Selbst in diesem Falle wäre die Absicht, das neue *Wir* zu bilden, eine Absicht, *dann* nicht mehr offen für Partnerwechsel zu sein. Es ist dem Begriff der Liebe und dem durch sie gebildeten *Wir* eigentümlich, daß nicht diese Bereitschaft zum Abspringen besteht. Man ist ebensowenig gewillt, einen anderen Partner, selbst einen mit einer »höheren Punktzahl«, zu finden, wie man bereit ist, das persönliche Ich, mit dem man sich identifiziert, zu zerstören, um ein anderes, möglicherweise besseres, aber diskontinuierliches Ich an seine Stelle treten zu lassen. (Das soll nicht heißen, daß man nicht gewillt ist, sich zu verbessern oder zu verwandeln.) Vielleicht liegt hier eine Funktion der Verliebtheit, daß der Weg zur Vereinigung in einem *Wir* geebnet und gebahnt wird; sie liefert die Begeisterung, die einen über die Hürden der Sorge um die eigene Autonomie trägt, und sie liefert auch eine Einführung in ein *Wir*-Denken, indem sie ständig das Bewußtsein mit Gedanken an den anderen und an beide gemeinsam beschäftigt. Eine zynischere Sicht als die meine könnte Verliebtheit als den zeitweiligen Leim betrachten, der es fertigbringt, Leute so lange zusammenzuhalten, bis sie festgeklebt sind.

Ein Teil des Prozesses, durch den Menschen ihre Grenzen aufweichen und sich in ein *Wir* begeben, umfaßt die wiederholte Äußerung des Wunsches, dies zu tun, eine wiederholte gegenseitige Versicherung, daß man sich liebt.

Diese Aussagen werden oft probeweise gemacht und lassen sich zurückziehen, wenn der andere nicht mit ähnlichen Geständnissen reagiert. Hand in Hand gehen beide miteinander ins Wasser, Schritt für Schritt. Ihre Vorsicht kann so groß werden wie die zweier mißtrauischer Gruppen oder Nationen – Israel und die Palästinenser wären ein Beispiel –, die gegenseitig die Legitimität des anderen anzuerkennen haben. Keiner will den anderen anerkennen, wenn der andere es nicht tut, und es genügt auch nicht, wenn jeder ankündigt, daß er anerkennen wird, wenn es der andere auch tut. Denn jeder hat dann eine bedingte Anerkennung ausgesprochen, die von der unbedingten Anerkennung des anderen abhängig ist. Da keiner von beiden diese letztere angeboten hat, haben sie noch gar nicht angefangen. Es nützt auch nichts, wenn jeder sagt, er werde unter der Bedingung der bedingten Anerkennung des anderen anerkennen: »Ich erkenne dich an, wenn du mich anerkennst, wenn ich dich anerkenne.« Denn in diesem Fall hat jeder dem anderen eine dreiteilige bedingte Ankündigung gegeben, eine, die von einer zweiteiligen bedingten Anerkennung von der anderen Seite abhängt und nur wirksam wird, wenn diese existiert; so hat keiner von beiden dem anderen genau das gegeben, was diese Anerkennung des anderen auslösen wird, nämlich eine zweiteilige Ankündigung. Solange beide gleichermaßen Bedingungen von derselben Länge und Komplexität äußern, werden sie nicht in der Lage sein, einen Anfang zu machen. Eine gewisse Asymmetrie ist also nötig, aber es braucht nicht so zu sein, daß einer von beiden mit dem Angebot unbedingter Anerkennung beginnt. Es genügte, wenn der erste die dreiteilige Anerkennung anböte (die von der einfachen zweiteiligen bedingten Anerkennung des anderen abhängig ist) und der zweite die zweiteilige bedingte Anerkennung. Letztere führt dazu, daß der erste vorbehaltlos anerkennt, und das wiederum führt dazu, daß der zweite dasselbe tut. Zwischen Liebenden wird es erklärterweise niemals so kompliziert. Keiner von beiden macht die verschachtelte Ankündigung »ich werde dich lieben, wenn du mich lieben wirst, wenn ich dich lieben werde«, und wenn einer es täte, so würde das (vorsichtig gesagt) die Bildung eines *Wir* nicht erleichtern. Doch die Häufigkeit, mit der sie zueinander »ich liebe dich« sagen, und die Aufmerksamkeit, mit der sie auf das antwortende Eingehen des anderen achten, deutet vielleicht eine Verschachtelung an, die unausgesprochen ist und sehr tief liegt, so tief wie die wiederholte Auslösung, die erforderlich ist, um Mißtrauen zu überwinden und die tatsächliche und bedingungslose Bildung des *Wir* hervorzubringen.

Selbst wenn das *Wir* gebildet ist, bewegt es sich eher nach aristotelischer als nach newtonscher Manier und wird durch häufige Impulse in Gang gehalten. Die Liebesgeständnisse hören vielleicht nicht auf und auch nicht romantische Gesten, jene besonders geeigneten Handlungen, die den Rahmen des Gewohnten sprengen und die eigene Bindung an das *Wir* oder, wenn sie früher stattfinden, den Wunsch, es zu bilden, ausdrücken und symbolisieren.

Wenn man annimmt, daß eine Absicht zum Partnerwechsel mit Liebe und mit der Bildung eines *Wir* mit einer bestimmten Person unvereinbar ist, entsteht die Frage, ob es rational ist, in dieser bestimmten Weise zu lieben. Es gibt schließlich die Alternative ernsthafter und bedeutsamer persönlicher Bindungen ohne eine Gemeinschaftsidentität – als da sind Freundschaften und sexuelle Beziehungen. Eine Antwort ließe sich mit der langen und naheliegenden Liste der Dinge und Handlungen und Emotionen geben, die durch das *Wir* in besonderer Weise ermöglicht und erleichtert werden. Es ist nicht unvernünftig, diese Dinge zu wollen, und daher nicht irrational, in ein *Wir* einzutreten und dabei auf die Option des Partnerwechsels zu verzichten. Doch es verzerrt romantische Liebe, wenn man sie durch die Linse der egoistischen Frage »Was habe ich davon?« betrachtet. Was wir wollen, wenn wir verliebt sind, ist, daß wir mit diesem bestimmten Menschen zusammen sind. Was wir wollen, ist, mit ihr oder ihm zusammen zu sein – nicht *jemand zu sein, der mit ihr oder ihm zusammen ist.* Wenn wir mit dem anderen zusammen sind, sind wir natürlich jemand, der mit diesem Menschen zusammen ist, aber das Ziel unseres Begehrens ist es nicht, ein derartiger Jemand zu sein. Wir wollen den anderen glücklich machen und auch, aber das in geringerem Maße, die Art von Mensch sein, der sie oder ihn glücklich macht. Es ist eine Frage der Betonung, danach, wie wir beschreiben, was wir wollen und suchen – um die Sprache der Philosophen zu gebrauchen, eine Frage des intentionalen Objekts unserer Begierde.

Die egoistische Frage verzerrt die romantische Liebe dadurch, daß sie den Mittelpunkt der Aufmerksamkeit von der Beziehung zwischen den Liebenden auf die Art und Weise verschiebt, in der sich jeder Liebende in der Beziehung befindet. Ich will nicht sagen, daß die Art und Weise, in der sie sich dabei befinden, unwichtig wäre; wie gut erwiderte romantische Liebe für uns ist, ist ein Teil des Grundes, weshalb wir uns danach sehnen und sie schätzen. Aber die zentrale Tatsache an der Liebe ist die Beziehung zwischen den Liebenden. Was im Zentrum der Bemühungen von Liebenden als Liebenden steht, wobei sie verweilen, und was sie hegen, ist der andere Mensch und die Beziehung zwischen beiden Beteiligten, nicht ihr eigener Zustand. Natürlich können wir eine Beziehung nicht völlig von ihren Gliedern loslösen. (Zeitgenössische extensionale Logik behandelt eine Relation einfach als Menge der geordneten Paare von Dingen, die – wie wir sagen würden – in der Relation stehen.) Und tatsächlich ergibt sich die Besonderheit einer romantischen Beziehung aus dem Charakter der Liebenden und erhöht dann diesen. Doch was für jeden von beiden am meisten hervortritt, ist der andere Mensch und das, was zwischen den beiden stattfindet, nicht sie selbst als Endpunkt der Beziehung. Es besteht ein Unterschied zwischen dem Wunsch, jemanden zu umarmen, und dem Fall, daß man ihn als Gelegenheit benutzt, um selbst ein Umarmender zu werden.

Der Wunsch, in seinem Leben Liebe zu haben, irgendwann Teil eines *Wir* zu werden, ist nicht dasselbe, wie wenn man einen bestimmten Menschen liebt und gerade mit dieser Person ein *Wir* bilden will. Bei der Auswahl eines bestimmten Partners können Gründe, glaube ich, eine wesentliche Rolle spielen. Doch zusätzlich zu den Meriten des anderen und ihren oder seinen Qualitäten ist da auch die Frage, ob der Gedanke, ein *Wir* mit diesem Menschen zu bilden, Aufregung und Freude bringt. Sieht es so aus, daß es wunderbar wäre, diese Identität zu haben? Wird es *Spaß* machen? Hier ist die Antwort ebenso kompliziert und geheimnisvoll wie die Beziehung, die man zu seiner eigenen gesonderten Identität hat. Keiner von beiden Fällen ist völlig von Gründen bestimmt, aber dennoch könnten wir hoffen, daß unsere Entscheidungen den vernünftigen Anforderungen entsprechen, die es gibt. (Der Wunsch, daß man weiterhin das Gefühl haben möchte, der andere sei der richtige Partner im eigenen *Wir*, hilft einem ebenfalls, die unvermeidlichen Augenblicke im gemeinsamen Leben zu überwinden, in denen dieses Gefühl selbst verletzt wird.) Das von vornherein unplausible Gefühl, daß es auf der Welt nur »eine Richtige« (oder »einen Richtigen«) für einen gibt – welcher glückliche Zufall führte dazu, daß dieser eine einzige Mensch dieses Jahrhundert bewohnt? –, wird wahr, nachdem das *Wir* gebildet ist. Jetzt ist die eigene Identität in das besondere *Wir* mit diesem besonderen Menschen gehüllt, und daher *gibt* es für das bestimmte *Ich*, das man jetzt ist, nur einen anderen Menschen, der richtig ist.

Aus der Sicht eines Menschen, der jemanden romantisch liebt, könnte es keinen anderen geben, der als Partner besser wäre. Er könnte meinen, daß dieser Mensch, in den er verliebt ist, irgendwie besser sein könnte – er könnte beispielsweise aufhören, Zahnpasta im Waschbecken zu hinterlassen oder irgend etwas dieser Art –, aber jede Beschreibung, die er von einem besseren Partner geben könnte, wäre eine Beschreibung seines Partners in veränderter Gestalt, nicht die eines *anderen* Menschen. Kein anderer käme in Frage, ganz gleich, welche Qualitäten er hätte. Vielleicht beruht das auf der Besonderheit der Qualitäten, die man lieben lernt, nicht bloß irgendeinen Sinn für Humor, sondern diesen bestimmten, nicht bloß irgendeine Art und Weise, mit gespielter Strenge zu blicken, sondern gerade diese. Platon hat also die Sache verkehrt herum erfaßt; wenn Liebe wächst, liebt man nicht allgemeine Aspekte oder Züge, sondern in zunehmendem Maße bestimmte, nicht Intelligenz im allgemeinen, sondern diesen bestimmten Geist, nicht Freundlichkeit im allgemeinen, sondern diese bestimmte Art, freundlich zu sein. Wenn jemand, der romantisch verliebt ist, versucht, sich einen »besseren« Partner vorzustellen, so wird er von ihr oder ihm verlangen, daß er eine ganz bestimmte Konstellation von ganz bestimmten Zügen besitzt, und – wenn man von verschiedenen Science-Fiction-Möglichkeiten absieht – kein anderer Mensch *könnte* genau diese Züge haben; jede imaginierte Person wird daher derselbe Partner sein, der (vielleicht) etwas abgewandelt ist, und nicht jemand anders. (Wenn sich jedoch dieser selbe Partner tatsächlich ändert, kann der romantische Partner durchaus dazu kommen, diese neue Konstellation von Besonderheiten zu lieben und zu verlangen.) Ein Mensch, der romantisch verliebt ist, *könnte* daher *nicht* bestrebt sein »überzulaufen« – er würde genau dieselbe Person aufs Korn nehmen müssen. Jemand, der nicht verliebt ist, könnte einen Menschen mit bestimmten Zügen suchen, doch nachdem er einen gefunden hat, selbst einen, der die gesuchten Züge (in bemerkenswerter Weise) hat, wird dann dieser Mensch, wenn er ihn liebt, diese Züge in einer Besonderheit aufweisen, die er nicht ursprünglich suchte, jetzt aber lieben gelernt hat – seine besonderen Versionen dieser Züge. Da ein romantischer Partner schließlich nicht wegen irgendwelcher allgemeinen Dimensionen oder wegen einer »Punktzahl« in solchen Dimensionen geliebt wird – das wird jedenfalls vorausgesetzt –, sondern wegen der besonderen und unnachahmlichen Art, in der er oder sie solche allgemeinen Züge verkörpert, hätte es für einen Verliebten keinen verständlichen Sinn, zu einem *anderen* »überzulaufen«.

Das zeigt noch nicht, daß ein Mensch nicht viele solche verschiedene konzentrierte Wünsche haben könnte, genauso wie er sich wünschen könnte, dieses bestimmte Buch zu lesen und jenes andere auch. Ich glaube, daß das romantische Begehren dahin geht, mit diesem bestimmten Menschen *und* mit keinem anderen ein *Wir* zu bilden. Im starken Sinne des Begriffs von Identität, um den es hier geht, kann man ebensowenig Teil von vielen *Wirs* sein, die die eigene Identität bilden, wie man gleichzeitig viele individuelle Identitäten haben kann. (Was Menschen mit mehrfacher Identität haben, sind nicht viele Identitäten, sondern nicht eine aus einem Guß.) In einem *Wir* teilen die Menschen eine Identität und haben nicht einfach Identitäten, die vergrößert sind. Der Wunsch, nicht nur unser Leben, sondern sogar unsere Identität mit einem anderen zu teilen, kennzeichnet unsere vollste Offenheit. Welch zentraleres und intimeres Ding könnten wir teilen?

Der Wunsch, mit diesem Menschen und mit keinem anderen ein *Wir* zu bilden, schließt den Wunsch ein, daß dieser Mensch ein *Wir* mit einem selbst und mit keinem anderen bildet; und nachdem sich so sexuelle Begierde mit romantischer Liebe als Vehikel für ihren Ausdruck verbunden hat, und sie selbst dadurch intensiver wird, wird der gegenseitige Wunsch nach sexueller Monogamie fast unvermeidlich, um die Intimität und Einzigartigkeit der Bildung einer Identität mit diesem einen bestimmten Menschen zu kennzeichnen, indem das, was die intensivste körperliche Intimität ist, auf sie oder ihn allein gerichtet wird.

Es ist lehrreich, wenn man hier die Freundschaft betrachtet, die ebenfalls die Grenzen eines Individuums verändert und neu zeichnet und dem Ich eine ausgeprägte Gestalt verleiht. Das herausragende Merkmal der Freundschaft ist *Teilhabe*. Wenn Freunde Dinge miteinander teilen – Essen, erfreuliche Anlässe, Fußballspiele, ein Interesse an Problemen, Ereignisse, die man feiert –, so wollen sie besonders, daß sie diese gemeinsam haben; auch wenn es etwas Gutes darstellen könnte, wenn jeder die Sache für sich hätte, wollen Freunde, daß beide (oder alle) sie *gemeinsam* haben oder tun. Natürlich wird eine gute Sache für einen vergrößert, wenn sie mit anderen geteilt wird, und manche Dinge können mehr Spaß machen, wenn man sie gemeinsam tut – tatsächlich ist Spaß zum Teil eben das, daß man etwas miteinander teilt und sich daran erfreut.

Doch in der Freundschaft wünschen wir uns Teilhabe nicht einfach zur Vergrößerung unseres individuellen Vorteils.

Das Ich läßt sich, wie wir noch sehen werden, als ein Aneignungsmechanismus auffassen, einer, der von reflektierender Kenntnis von Dingen zu ihrem *alleinigen* Besitz übergeht. Die Grenzen zwischen Ichs werden durch die Besonderheit dieser Beziehung von Besitz und Eigentum konstituiert – im Falle von psychischen Posten erzeugt dies das philosophische »Problem anderer Egos«. Dinge, die man mit Freunden teilt, stehen jedoch nicht in einer einzigartigen und speziellen Beziehung zu irgendeinem Ich als dessen alleiniger Besitz; wir haben sie gemeinsam mit Freunden, und zumindest insofern überschneidet sich unser Ich mit dem ihren, oder die Grenzen dazwischen sind weniger ausgeprägt. Genau dieselben Dinge – Erfahrungen, Aktivitäten, Gespräche, Probleme, Gegenstände des Interesses oder des Vergnügens – sind Teil von uns beiden. Wir befinden uns also jeder in einer engen Beziehung zu vielen Dingen, zu denen ein anderer Mensch eine ebenso enge Beziehung hat. Wir sind daher keine getrennten Ichs – jedenfalls nicht so getrennt. (Sollten wir Freundschaft graphisch als zwei Kreise darstellen, die sich überschneiden?)

Eine Freundschaft existiert nicht *allein* zu anderen Zwecken, seien es die umfassenderen Ziele einer politischen Bewegung, eine berufliche Bemühung oder einfach die separaten und individuellen Vorteile der Beteiligten. Natürlich kann es viele weitere Vorteile geben, an denen die Freundschaft reich ist und die aus ihr hervorgehen, Vorteile, die so vertraut sind, daß man sie nicht aufzuzählen braucht. Aristoteles sah einen von ihnen als den wesentlichsten an; ein Freund, sagte er, ist ein »zweites Ich«, das einem zum Bewußtsein von einem selbst dient. (In seiner Aufzählung der tugendhaften Merkmale, die man bei einem Freund suchen sollte, nimmt Aristoteles den Standpunkt von Eltern ein, wenn sie einem sagen, wen man zum Freund haben sollte.) Nichtsdestoweniger ist eine Beziehung eine Freundschaft insoweit, als sie Aktivitäten zu keinem anderen Zweck als dem der Teilhabe an ihnen teilt.

Menschen sind auch über den Bereich der persönlichen Freundschaft hinaus um Anteilnahme bemüht. Ein wichtiger Grund, weshalb wir Zeitungen lesen, ist, glaube ich, nicht die Wichtigkeit oder der wirkliche Reiz der Nachrichten; wir unternehmen selten etwas, dessen Richtung von dem abhängt, was wir dort lesen, und wenn wir irgendwie durch einen Schiffbruch für zehn Jahre auf eine einsame Insel verschlagen würden, wünschten wir uns nach unserer Rückkehr eine Zusammenfassung dessen, was in der Zwischenzeit geschehen wäre, aber wir würden sicher nicht beschließen, die alten Zeitungen der vergangenen zehn Jahre durchzusehen. Wir lesen Zeitungen vielmehr, weil wir Informationen mit unseren Mitmenschen *teilen* wollen, wir möchten ein Spektrum von Informationen mit ihnen gemeinsam haben, einen gemeinsamen Vorrat geistiger Inhalte. Wir teilen mit ihnen bereits eine Geographie und eine Sprache und haben auch ein Schicksal angesichts von Ereignissen größeren Ausmaßes mit ihnen gemeinsam. Daß wir auch den täglichen Informationsfluß teilen möchten, zeigt, wie sehr intensiv unser Wunsch nach Teilhabe ist.

Nichtromantische Freunde teilen im allgemeinen keine *Identität* miteinander. Das mag zum Teil auf dem kreuz und quer verlaufenden Netz von Freundschaften beruhen. Der Freund eines Freundes ist für einen vielleicht ein Bekannter, aber er oder sie ist nicht unbedingt jemand, dem man nahesteht oder mit dem man sich allein treffen würde. Wie im Falle mehrfacher bilateraler Verteidigungsbündnisse zwischen Nationen kann es zu Konflikten hinsichtlich Handeln und Zuordnung kommen, die es schwierig machen, eine größere Wesenheit zu beschreiben, der man gefahrlos Befugnisse übertragen und die man zum Träger einer größeren Identität machen kann. Solche Überlegungen helfen auch zu erklären, warum es für einen Menschen nicht durchführbar ist, Teil von mehreren romantischen

Paaren (oder von einem Trio) zu sein, selbst wenn er den Wunsch danach haben sollte. Freunde wollen das Teilen der Dinge, die sie tun, im Sinne einer Teilhabe, und sie glauben zu Recht, daß Freundschaft zum Teil *wegen* der in ihr stattfindenden Teilhabe wertvoll ist – vielleicht besonders wertvoll, weil diese geschätzte Teilhabe anders als im Falle romantischer Liebe *ohne* jede Teilhabe an einer Identität stattfindet.

Wir könnten bei einer Form der Teilhabe verweilen, die zwar nicht primär um ihrer selbst willen unternommen wird, die aber ein bedeutendes Gefühl der Solidarität hervorruft. Ich meine die Teilnahme an einem gemeinschaftlichen Handeln, das auf ein äußeres Ziel gerichtet ist – vielleicht eine politische Sache oder eine Reformbewegung oder ein berufliches Projekt oder Mannschaftssport oder künstlerische Arbeit oder wissenschaftliche Bemühungen –, wobei die Teilnehmer die Freude gemeinschaftlicher und zielbewußter Teilnahme an einer Sache empfinden, die sich wirklich lohnt. Vielleicht gibt es ein besonderes Bedürfnis hierfür unter jungen Erwachsenen, wenn sie ihre Familie verlassen, und das macht zum Teil den »Idealismus« der Jugend aus. Mit anderen zu einem höheren gemeinschaftlichen Ziel verknüpft, mit ihnen an demselben Punkt einer wirksamen Kausalkette vereint, ist das eigene Leben nicht mehr einfach privat. Auf solche Weise könnten Bürger das Gefühl haben, daß sie gemeinsam eine denkwürdige Kultur schaffen und diese miteinander teilen.

Wir können romantische Liebe und die Bildung eines *Wir* schätzen, ohne zu leugnen, daß es längere Zeitabschnitte, sogar Jahre, geben kann, in denen sich ein Erwachsener am besten allein entwickeln könnte. Es ist auch nicht plausibel zu glauben, daß jedes einzelne Individuum zum einen oder anderen Zeitpunkt in seinem Leben am kräftigsten als Teil eines romantisch liebenden *Wir* gefördert würde – daß das für Buddha, Sokrates, Jesus, Beethoven oder Gandhi gegolten hätte. Der Grund dafür mag zum Teil darin liegen, daß die Energie, die zur Aufrechterhaltung und Vertiefung eines *Wir* erforderlich ist, von den Aktivitäten dieser Individuen abgezogen worden wäre (wodurch diese beeinträchtigt worden wären). Doch das ist nicht alles. Die besonders lebhafte Art und Weise, in der sich diese Individuen definierten, hätte nicht leicht in ein romantisches *Wir* gepaßt; ihr spezielles Leben hätte sehr viel anders aussehen müssen. Natürlich erreicht ein *Wir* oft nicht sein Bestes, und so könnte ein besonnener Mensch nach anderen Formen persönlicher Beziehung und Verbindung suchen (oder sich mit ihnen abfinden). Doch diese außerordentlichen Gestalten erinnern uns daran, daß selbst im besten Fall ein *Wir* eine eigentümliche Identitätsbildung darstellt, die mit dem Verzicht auf einige außerordentliche Möglichkeiten verbunden ist. (Oder ist es nur so, daß diese Gestalten ebenso außerordentliche Partnerinnen brauchten?)

Genau wie sich die Identität des Ich über eine längere Zeitspanne erstreckt, so gibt es auch den Wunsch, daß das *Wir* von Dauer sein möge; ein Teil der vollen Identifizierung mit dem *Wir* besteht in dem Wunsch nach seiner Fortdauer. Die Ehe kennzeichnet eine volle Identifizierung mit diesem *Wir*. Mit ihr tritt das *Wir* in ein neues Stadium ein, es baut eine stabilere Struktur und schließt sich voller zusammen. Daß man ein Paar ist, wird als gegeben, aber nicht als selbstverständlich genommen. Die Partner konzentrieren sich nicht mehr auf die Frage, ob sie *tatsächlich* ein bleibendes *Wir* darstellen, und sie sind nun frei, zuversichtlich miteinander ein Leben aufzubauen, das seinen eigenen Mittelpunkt und seine eigenen Richtungen hat. Das *Wir* lebt ihr Leben gemeinsam. Wie Ei und Samenzelle zusammenkommen, sind zwei Biographien zu einer geworden. Das erste Kind des Paares ist ihre Vereinigung – ihre frühere Geschichte war vorgeburtlich.

Ein *Wir* ist keine neue körperliche Wesenheit in der Welt, ganz gleich, ob es eine neue ontologische ist oder nicht. Es kann jedoch den Wunsch haben, seinem Netz von Liebesbeziehungen einen körperlichen Inbegriff zu verleihen.

Das ist das eine, worum es bei einem Heim geht – eine Umgebung, die das reflektiert und symbolisiert, was das Paar gemeinsam empfindet (und was beide miteinander tun), den Geist, in dem sie zusammen sind; auch das macht es natürlich zu einem glücklichen Ort für ihren Aufenthalt. Auf andere Weise und in viel größerem Umfang können Kinder eine körperliche Realisierung der Liebe der Eltern darstellen, einen in die Welt getretenen Inbegriff des wertvollen erweiterten Ich, das die beiden geschaffen haben. Und zum Teil könnte man Kinder für diese physische Repräsentation der Liebe zwischen den Eltern gern haben und sich an ihnen als solcher erfreuen. Doch sie sind natürlich und offensichtlich nicht nur ein Anhängsel der Liebe ihrer Eltern, als etwas, das diese entweder repräsentiert oder ein Mittel zu ihrer Steigerung darstellt; sie sind primär Menschen, die um ihrer selbst willen Fürsorge, Freude und Liebe verdienen.

Innige Bindungen verwandeln die Umrisse und Grenzen des Ich und verändern seine Topologie: in der Liebe, wie wir sahen, in dem, woran Freundschaft teilhaben läßt, in der Intimität der Sexualität, Veränderungen in den Grenzen und Konturen des individuellen Ich sind auch ein Ziel religiöser Suche: die Ausdehnung des Ich auf das ganze Sein (im indischen Vedanta), die Eliminierung des Ich (im Buddhismus) oder die Verschmelzung mit dem Göttlichen. Es gibt auch Formen allgemeiner Liebe zur ganzen Menschheit, die häufig religiös vorgeschrieben werden – man erinnere sich daran, wie Dostojewski Vater Zosima in *Die Brüder Karamasow* schildert – und die den Charakter und die Konturen des Ich erheblich ändern, das jetzt nicht mehr so angemessen als »individuell« bezeichnet wird.

Es ist vielleicht kein Zufall, daß Menschen selten den Aufbau eines romantischen *Wir* gleichzeitig mit einer spirituellen Suche verbinden. Es erscheint unmöglich, mit voller Kraft mehr als eine größere Veränderung in der Topologie des Ich auf einmal in Angriff zu nehmen. Nichtsdestoweniger kann es zeitweise durchaus wichtig sein, an der einen oder anderen Form des Wandels in den Grenzen und der Topologie des Ich zu arbeiten, an verschiedenen jeweils zu verschiedenen Zeiten. Jeder derartige Wandel braucht jedoch nicht allein danach beurteilt zu werden, wie er selbständig auf das Ich zurückwirkt. Die neue Wesenheit, die geschaffen oder konturiert wird und die ihre eigenen Grenzen, ihre eigene Topologie hat, muß ihre eigenen Bewertungen vornehmen. Ein individuelles Ich könnte zu Recht darauf stolz sein, daß es geschmeidig genug ist, sich auf diese Wandlungen einzulassen und sie zu entfalten, doch seine Perspektive vor den Veränderungen liefert nicht den einzig relevanten Maßstab. Es *liegt* im Interesse einer individuellen Samen- oder Eizelle, sich zu vereinigen und einen neuen Organismus zu bilden, aber wir beurteilen das neue Leben nicht weiterhin nach den Einzelinteressen dieser Keimzelle. Im Band der Liebe machen wir eine Metamorphose durch.

9. Emotionen

Das Gefühl, das wir für das Leben haben, wird zum großen Teil von den Emotionen geformt, die wir gehabt haben und die wir erwarten, und auch dieses Gefühl ist (wahrscheinlich) eine Emotion oder eine Kombination von Emotionen. Was für Emotionen sollten wir uns wünschen – ja, warum sollten wir uns *überhaupt* welche wünschen –, und wie sollten wir von den Emotionen denken, die wir haben? Die neuere philosophische Literatur beschreibt die Struktur von Emotionen in einer Weise, die einigermaßen erhellend ist – ich bin damit nicht ganz glücklich, aber ich habe gegenwärtig nichts Besseres zu bieten. Emotionen, sagen diese Philosophen, haben eine gemeinsame Struktur aus drei Komponenten: einer Annahme, einer Bewertung und einem Gefühl.[1] Um sich über diese Struktur klar zu werden, ist es nützlich, ein Beispiel einer bestimmten Emotion zu betrachten: sagen wir Stolz. Nehmen wir an, Sie sagen, Sie empfinden Stolz darüber, daß Sie letzte Woche drei Bücher gelesen haben, und ich sage, daß Sie sich in Ihrer Erinnerung täuschen; ich habe gezählt, und Sie haben letzte Woche nur ein Buch gelesen. Sie nehmen die Korrektur an und sagen, daß Sie nichtsdestoweniger stolz darauf sind, drei gelesen zu haben. Das ist verwirrend. Da Sie nicht mehr glauben, daß Sie letzte Woche drei Bücher gelesen haben, ist das, was Sie empfinden, nicht Stolz, oder zumindest ist es kein Stolz *darauf*. Um auf etwas stolz zu sein, muß man meinen oder glauben, daß es der Fall ist (nun ja, als allgemeine Aussage über Emotionen stimmt das nicht ganz, denn man könnte in seiner Phantasie an eine Möglichkeit denken und darüber eine Emotion haben, ohne zu glauben, daß sie der Fall sei).

Nehmen wir an, Sie hätten die Bücher gelesen, und ich sage, wenn Sie von Ihrem Stolz sprechen, das sei nichts, worauf man stolz zu sein hätte; es sei eine schlechte Sache, drei Bücher zu lesen, vielleicht weil es schlecht ist, irgend etwas dreifach zu tun, oder weil Bücher schlecht sind oder weil es schlecht war, gerade diese Bücher zu lesen, oder weil Sie Ihre Zeit mit anderen Dingen hätten verbringen sollen. Ich bewerte die Tatsache, daß Sie die drei Bücher gelesen haben, negativ. Nehmen wir an, Sie akzeptieren diese Bewertung, räumen ein, daß es schlecht war, und sagen, Sie seien dennoch stolz, daß Sie es getan hätten. Ich bin verdutzt und frage, ob es an Ihrer Handlung einen guten Aspekt gibt, auf den Sie sich konzentrieren, wie etwa den Mut, der Konvention zu trotzen oder was auch immer. Sie antworten, daß alles daran schlecht ist, Sie aber dennoch stolz sind, es getan zu haben. Auch hier gilt: was immer Sie fühlen, es ist kein Stolz. Darauf stolz zu sein, daß etwas so ist, bedeutet zu glauben, daß es so ist, und es auch positiv als irgendwie wertvoll oder gut oder bewundernswert zu bewerten. Mit Ihrer Annahme, daß Sie die drei Bücher gelesen haben, und Ihrer positiven Bewertung dieses Tuns geht vielleicht ein Gefühl einher, eine Empfindung, eine innere Erfahrung. Was dies zu einer Emotion *des Stolzes* macht und nicht zu etwas anderem, ist die Verbindung dieses Gefühls mit dieser bestimmten Annahme und dieser Bewertung. Die einfachste Verbindung besteht, wenn die Annahme und die Bewertung zu dem Gefühl Anlaß geben, wenn der Mensch das Gefühl wegen seiner Annahmen und Bewertungen hat. Komplexer ist eine Situation, in der das Gefühl aus einem anderen Grunde entsteht und der Mensch es auf diese Annahme und diese Bewertung zurückführt; wenn ich Sie, während Sie einfach positiv darüber denken, daß Sie die drei Bücher gelesen haben, elektrochemisch stimuliere und eine Empfindung in Ihrer Brust hervorrufe, können Sie das als Stolz identifizieren. Aber in welche Richtung die Verbindung auch geht, die Emotion wird zum Teil nicht nur durch das Gefühl ausgemacht, sondern auch durch die Annahme und die Bewertung, die damit einhergehen: eine andere Annahme oder eine andere Bewertung führen zu einer anderen Emotion.

(Das bedeutet nicht, daß wir uns erst über Annahmen und Bewertungen bewußt sind und *dann* eine Emotion haben; manchmal können wir unsere impliziten Annahmen und Bewertungen entdecken, indem wir über die Emotionen nachdenken, die wir bewußt empfinden.) Emotionen sind daher viel »kognitiver«, als man meinen könnte, und sie lassen sich daher in gewisser Hinsicht beurteilen.

Eine Emotion kann in dreierlei Hinsicht mangelhaft oder unangemessen sein: die Annahme kann falsch sein; die Bewertung kann falsch oder unrichtig sein; oder das Gefühl kann in keinem Verhältnis zu der Bewertung stehen. Nehmen wir an, ich finde auf der Straße eine Dollarnote und habe ein ekstatisches Gefühl. Sie fragen, ob ich meine, daß das bedeutet, daß ich meinen glücklichen Tag habe oder daß sich mein Schicksal gewendet hat oder daß mich die Götter lieben, aber nein, nichts dergleichen. Ich bin einfach ekstatisch. Aber es ist nichts *so* Wunderbares, einen Dollar zu finden; die Stärke und Intensität des Gefühls sollte in einer proportionalen Beziehung zu der Bewertung stehen, eine wie gute Sache das Finden eines Dollars ist – zum Maß der Bewertung.

Wir wollen sagen, daß eine Emotion *paßt*, wenn sie die genannte dreiteilige Struktur von Annahme, Bewertung und Gefühl hat und wenn darüber hinaus die Annahme wahr ist, die Bewertung stimmt und das Gefühl im richtigen Verhältnis zur Bewertung steht. Wenn das Gefühl im Vergleich zur Bewertung unangemessen stark ist, dann läßt das oft darauf schließen, daß die Tatsache, die man annimmt und bewertet, eine symbolische Funktion hat; unbewußt betrachtet sie der Mensch als etwas anderes, dem seine Gefühlsstärke angemessen *ist*. (Oder aber es kann das unangemessene Gefühl eine Tarnung für die entgegengesetzte unbewußte Emotion sein, die auf einer entgegengesetzten unbewußten Bewertung beruht.) Wenn wir eine positive Emotion haben, eine, deren Bewertungskomponente positiv ist, wollen wir, daß die einzelnen Teile passen; wir wollen, daß die Annahme wahr ist, die Bewertung korrekt und das Gefühl angemessen. (Gelegentlich könnten wir den Wunsch haben, daß Annahme und Bewertung nicht einfach wahr sind, sondern daß man auch weiß, daß es so ist.)

Wenn ich von unseren Bewertungen als korrekt – also so etwas wie objektiv wahr und richtig – spreche, so bin ich mir darüber im klaren, daß ich damit umstrittene Fragen berührt habe, aber denen kann man zunächst einmal ausweichen. Vielleicht gehören Bewertungen nicht zu den Dingen, die objektiv korrekt sein können. In diesem Falle können wir die Maßstäbe und Normen verwenden, die für ihre Beurteilung angemessen sind. Bewertungen können sachlich begründet sein, unvoreingenommen, von Gründen gestützt, berechtigt oder was auch immer. Unter der Voraussetzung, daß nicht alle Bewertungen nur eine Sache willkürlicher subjektiver Vorliebe sind, von denen keine besser fundiert ist als irgendeine andere, können wir die stärksten Maßstäbe anwenden, die angemessen sind, und sagen, daß eine Emotion nur dann passend ist, wenn die in ihr enthaltene Bewertung diesen Maßstäben entspricht. Wir wollen, daß die Bewertungen, auf denen unsere Emotionen beruhen, die besten sind, die es geben kann, wie auch immer dieser Begriff des »Besten« am Ende spezifiziert wird.[2]

Intensive Emotionen sind solche mit Bewertungen, die *sehr* positiv (oder sehr negativ) sind, und auch mit entsprechend großen Gefühlen, die sie begleiten. Trotz der besonderen und zentralen Stellung, die ihm die philosophische Tradition gegeben hat, ist Glück nur eine dieser intensiven Emotionen, es steht mit den anderen ungefähr auf gleicher Stufe.

Ein wichtiger Teil des Lebens ist es, viele intensive positive Emotionen zu haben, die passend sind (darunter einige, zu deren Beschreibung man einen Rilke brauchte). Warum? Der Grund dafür ist nicht nur, daß die bewerteten Tatsachen dann wahr wären; sie könnten gelten, ohne bewertet zu werden. Er liegt auch nicht nur darin, daß es, wenn etwas wertvoll ist, einen weiteren Wert gibt, wenn es als wertvoll anerkannt wird. Denn das könnte unemotional stattfinden, durch korrekte bewertende Urteile, die von keinen damit verbundenen Gefühlen begleitet werden. Die Figur Spock in der Fernsehserie *Raumschiff Enterprise* hatte korrekte Ansichten, nahm korrekte Bewertungen vor und handelte danach, aber ihr Leben war ohne Emotionen und inneres Gefühl. Innere Erfahrungen sind nicht die *einzigen* Dinge, auf die es ankommt, aber es *kommt* auf sie an. Wir würden uns nicht an eine Erfahrungsmaschine anschließen, aber wir würden uns auch nicht an eine Maschine anschließen, die uns empfindungslos macht.

Warum sind Emotionen über korrekte Bewertung hinaus und jenseits von ihnen wichtig? (Nennen wir dies das Spock-Problem.) Wir könnten einfach zu der Antwort neigen, daß es ein wesentlicher Teil des Menschseins ist, Emotionen zu haben. Doch selbst wenn es für das Menschsein wesentlich ist, eine emotionale Beschaffenheit zu haben, würde die Frage, warum wir Emotionen schätzen sollten, dennoch auftreten. Warum sollten wir es besonders schätzen, ein Mensch zu sein, wenn *das* das ist, was es ist, sofern es nicht etwas verkörpert, das objektiv geschätzt zu werden verdient? Wir brauchen nicht jeden Zug zu schätzen, den wir haben; warum sollte dann die Tatsache, daß der Zug Teil unseres Wesens ist, einen wesentlichen Unterschied ausmachen? Wir müssen den besonderen Wert der Tatsache, daß man Emotionen hat, näher untersuchen.

Ist es so, daß einem emotionslosen Leben die Gefühle fehlen, die mit korrekten Bewertungen einhergehen, und daß es daher weniger angenehm ist? Doch ein emotionsloses Leben könnte andere, ebenso angenehme Gefühle enthalten, sofern diese Gefühle nicht als Begleitung von Annahmen und Bewertungen auftreten und daher nicht selbst Bestandteile von Emotionen sind. Man denke an die angenehmen Empfindungen und Gefühle beim Sonnenbaden oder Schwimmen. Diese sind möglicherweise nicht weniger angenehm als die, die ein Bestandteil intensiver positiver Emotionen sind, und sie stehen Spock ebenso zur Verfügung wie gewisse intellektuelle Freuden. So ein emotionsloses Leben (eines Spock) braucht nicht weniger angenehm zu sein. Emotionen könnten Genüsse verstärken und dabei helfen, sich in freudlosen Zeiten leichter an sie zu erinnern usw., so daß es für ein emotionsloses Leben schwieriger wäre, sehr angenehm zu sein, aber ich glaube nicht, daß die Sache so einfach ist. Vielmehr wäre ein Leben ohne Emotionen dadurch ärmer. Warum?[3]

Typischerweise gehören zu Emotionen nicht nur ein psychisches Gefühl, sondern auch physiologische Veränderungen in Atmung, Pupillengröße, Hautfarbe usw. Sie sorgen daher für eine besonders enge Integration von Geist und Körper. Sie integrieren das Psychische und das Physische – Annahme, Bewertung und Gefühl. Wenn eine Einheit zwischen Geist und Körper selbst wünschenswert und wertvoll ist, wie sie es meiner Meinung nach ist, bieten Emotionen einen einzigartigen Weg.

Emotionen können uns auch eng mit äußeren Werten verbinden. Wenn wir eine Situation oder eine Tatsache positiv bewerten, verknüpft uns ein emotionaler Respons enger mit dem Wert, den wir wahrnehmen, als es ein unemotionales bewertendes Urteil täte. Mit Wert meine ich nicht unsere eigene subjektive Erfahrung oder Vorliebe für etwas; ich meine die Qualität, die etwas hat und auf Grund derer es wertvoll ist. (Insbesondere die Qualität, die etwas hat und die es wertvoll an sich macht, abgesehen von ihren weiteren Konsequenzen und Wirkungen – eine Art von Wert, den Philosophen als »intrinsischen Wert« bezeichnen.) Ich nehme dabei an, daß Werturteile nicht alle subjektiv sind; sie können richtig oder unrichtig sein, korrekt oder unkorrekt, wahr oder falsch, wohlbegründet oder nicht. Es ist eine objektive Frage, ob etwas wertvoll ist – das heißt, ob es die Merkmale hat, die etwas wertvoll machen, oder die Eigenschaft aufweist, in der Wert besteht. Ich glaube, daß etwas insofern wertvoll ist, als es ein hohes Maß von »organischer Einheit« hat, als es disparates Material vereinigt und integriert. Darüber wird noch mehr zu sagen sein, aber ganz gleich, ob sich diese bestimmte Annahme über die Natur des Wertes als richtig erweist oder nicht – einige von den Dingen, die sie möglicherweise auszulassen scheint, fallen in eine umfassendere Kategorie als die des Wertes –, für die gegenwärtigen Zwecke brauchen wir nur anzunehmen, daß Wert nicht einfach eine Ansichtssache ist, daß er »da draußen« ist und seine eigene Natur hat. Unsere gegenwärtige Annahme ist die, daß Emotionen ein Respons auf Wert sind (ganz gleich, was sich als die korrekte Theorie des objektiven intrinsischen Wertes erweisen sollte).

Wenn wir emotional auf Wert reagieren und ihn nicht nur mental beurteilen oder bewerten, reagieren wir umfassender, weil unsere Gefühle und unsere Physiologie beteiligt sind. Emotionen sind eine passende und angemessene Antwort auf Wert. Emotionen sind für Wert das, was Annahmen für Fakten sind. (Ich werde diese Aussage später etwas abwandeln: Emotionen sind die passende Antwort auf eine umfassendere Kategorie, die Wert als einen Teil umfaßt, zu der aber auch andere Dinge wie Sinn, Intensität und Tiefe gehören.) Angesichts der Natur des Wertes, angesichts seines Charakters – und angesichts des unseren – können wir auf Wert, auf seinen Inhalt und seine Konturen, am stärksten durch Emotionen reagieren. Während ich den Eindruck habe, daß dies so ist, ist es weniger klar, warum es so ist. Vielleicht können wir dies dazu verwenden, mehr über die Natur von Wert zu lernen. Wie muß Wert beschaffen sein, wenn Emotionen die angemessene Antwort darauf sind; was ist der Unterschied zwischen Wert und Fakten, wenn Emotionen zu Wert in derselben Beziehung stehen wie Annahmen zu Fakten?

Annahmen sind unser angemessener Respons auf nichtbewertende Fakten. Wenn unsere Annahme über ein Faktum wahr ist und diese Annahme weiter mit dem Faktum auf angemessene Weise verknüpft wird, dann ist das ein Fall von Wissen. (Die Philosophen sind sich über die genaue Natur dieser Wissensverbindung nicht einig.) Unsere angemessene Antwort auf Fakten ist, sie anzunehmen und zu wissen, daß sie gelten. Und genau wie wir falsche Annahmen haben können, ohne die Objektivität der Fakten da draußen in Zweifel zu ziehen, können wir auch unpassende Emotionen haben, Response auf vorgebliche Werte, die inkorrekt sind.

Ich sagte bereits, daß Emotionen umfassendere Response auf Wert sind als bloße bewertende Urteile, da zu Emotionen auch unsere körperlichen Reaktionen gehören. Doch wir fragen uns vielleicht, ob vollständigere Response immer wünschenswerter sind. Wäre es nicht besser, wenn auch das eigene Herz in Morsezeichen eine Formulierung der positiven Bewertung schlüge? Das, wofür die Emotion sorgen muß, ist nicht nur eine erhöhte Menge von Respons auf Wert, sondern ein Respons, der besonders angemessen ist.

Emotionen liefern, glaube ich, eine Art Bild von Wert. Sie sind unsere innere psychophysische Antwort auf den äußeren Wert, ein Respons, der ihm dadurch besonders nahe kommt, daß er nicht nur durch diesen Wert veranlaßt ist, sondern eine analoge Darstellung von ihm darstellt.[4] Emotionen bilden ein psychophysisches Abbild von Wert (oder von einer größeren, umfassenderen Kategorie, die ich noch diskutieren werde). Ein Weg, auf dem das geschehen könnte, ist folgender: wenn etwas wertvoll ist, so weist es eine gewisse Form struktureller Organisation in einem gewissen Grade auf – beispielsweise in einem Grad organischer Einheit; die entsprechende Emotion wäre eine psychophysische Wesenheit mit einer ähnlichen oder parallelen Organisationsform. Die Emotion wäre oder enthielte etwas wie eine Abbildung des Wertes oder des Wertcharakters des Dinges. Dieses Modell braucht jedoch kein *exaktes* Analogon zu sein; es ist vielleicht nur das beste Analogon, das wir produzieren können oder dessen Produktion sich angesichts des Umfangs unserer anderen Aufgaben, unserer emotionalen Ressourcen usw. lohnt. (Vielleicht bleibt

114

es damit immer noch ein exaktes Analogon, nur jetzt über einen komplizierteren Abbildungsprozeß vermittelt.)

Mehr muß jedoch über die Art und Weise gesagt werden, in der Emotionen ein Analogon von Wert liefern. Denn nehmen wir an, gewisse außerirdische Wesen könnten ausdrucksvoll tanzen und äußeren Wert durch analoge Bewegung repräsentieren, selbst aber keine komplizierten Gefühle oder Emotionen haben. Wenn dies möglich wäre, dann müßten wir behaupten, daß das Medium psychischer Gefühle ein *besonders* geeigneter und angemessener Ort für die analoge Repräsentation von Wert ist, oder einräumen, daß andere analoge Repräsentationen ebenso annehmbar wären wie Emotionen. Doch vielleicht ist die Annahme, daß hier keine Emotionen im Spiel sind, zu voreilig. Wenn Schriftsteller manchmal ausdrucksvoll schreiben können, ohne daß es Emotionen gibt, die sie haben und dabei ausdrücken, oder wenn vielmehr das Schreiben selbst der Ort ist, an dem sie Emotionen haben, nicht in irgendwelchen inneren psychischen Geschehnissen, sondern unmittelbar auf dem Papier, dann können die Marsbewohner sie vielleicht auch in ihren Tanzbewegungen haben. Emotionen könnten dann nicht unbedingt mit inneren Gefühlen verbunden sein, sondern vielmehr mit analogen Repräsentationen, (auf eine *gewisse* Weise hervorgebracht) durch *jedes beliebige* genügend reichhaltige persönliche Medium; Gefühle wären nur *ein* Weg, um Emotionen zu konstituieren.[5]

Eine intensive Emotion, die passend ist, ist ein genauer Respons auf einen bestimmten Wert, und sie ist wertvoll an sich. Sie liefert ein Analogmodell des Wertes, das von der Existenz des Wertes abhängt und ihn vielleicht genau nachzeichnet. Diese Kombination von Emotion im Verhältnis zu Wert gibt uns eine weitere integrierte Struktur zusätzlich zu der integrierten Struktur des Wertes selbst. Wenn solche zusätzlichen integrierten Strukturen als wertvoll zählen – wie sie es meiner Meinung nach tun –, liefert uns das einen *zweiten* Wert. So ist es eine wertvolle Sache, daß passende positive Emotionen existieren.

Aber ist sie wertvoll für uns? Passende Response auf Wert, die etwas Wertvolles sind, würden dann in unserer psychophysischen Struktur stattfinden, aber sind sie wertvoll *für uns*? Wir können (im Anschluß an einige neuere Literatur zu Aristoteles) zwischen der Seinsweise unterscheiden, die die beste ist, derjenigen, deren Existenz am wertvollsten ist, und der Weise, die *für einen* am besten und wertvollsten ist, der, in der es einem am besten geht. Nehmen wir an, Ihr Körper könnte von Mikroorganismen als Schauplatz verwendet werden, um ein ausgeklügeltes und schön verschlungenes Muster von Bewegungen und Interaktionen aufzuführen. Das könnte das Wertvollste sein, was dort geschehen könnte; vom Standpunkt des Universums aus könnte es am besten sein, daß es stattfände. Da der Prozeß jedoch für Sie eine tödliche Krankheit darstellt, wäre es nicht das beste *für Sie*, daß er stattfände. (Könnte aber diese andere Tatsache Ihnen helfen, sich mit seinem Auftreten auszusöhnen?) Unsere Frage lautet dann: ist es gut *für uns*, daß wir Wesen mit einem emotionalen Leben sind, oder ist es nur wertvoll vom Standpunkt des Universums aus, daß es irgendwo stattfindet, während wir lediglich der zufällige Schauplatz sind, an dem diese wertvollen Ereignisse ablaufen?

Diese Frage betont allerdings zu sehr unsere Passivität. Viele von unseren Kapazitäten werden herangezogen, wenn wir emotional auf Wert eingehen, Kapazitäten der Fähigkeit, Wert zu erkennen und zu würdigen, Werturteile zu fällen und auch zusammen zu fühlen. Nicht alles kann ein »Schauplatz« für so schöne Geschehnisse sein; nur Wesen mit einem Gefühl für Werte können es tun. Aber dennoch, wenn wir es tun, ist es dann gut für uns, oder ist es nur etwas Gutes, das geschieht? Es ist sicher gut für uns, wenn es, wie Aristoteles glaubte und John Rawls kürzlich betont hat, gut für uns ist, unsere verwickelten Fähigkeiten an wertvollen Objekten auszuüben. Emotionen wären dann ein wichtiger Teil eines wertvollen Lebens. Darüber hinaus schaffen diese Emotionen in uns den Wert, auf den sie eingehen, neu; zumindest schaffen sie ein Analogmodell von ihm, das ebenfalls wertvoll ist. Wir besitzen daher diese verwickelten Strukturen in uns. (Diese positiven Emotionen fühlen sich nicht nur angenehm an; sie bilden eine Kraft, die wir nutzen können, und in einem wichtigen Sinne versorgen sie uns, glaube ich, mit Substanz.) Außerdem machen wir sie; wir haben die Fähigkeit, diese emotionalen Modelle von Wert zu produzieren – oft können wir gar nicht anders –, und diese Modelle besitzen dadurch selbst Wert, daß sie einige von genau denselben Eigenschaften haben, die sie repräsentieren und abbilden. Unsere emotionale Kapazität stellt also einen Teil unserer Wertschöpfungskraft dar; und daß wir Urheber von Werten sind, ist Teil unseres eigenen speziellen Wertes. Emotionen verleihen uns eine gewisse *Tiefe* und auch Substanz, eine Tatsache, die klarer wird, wenn wir auch Emotionen betrachten, die nicht positiv sind.

Das führt uns zu einer zusätzlichen Antwort auf das Spock-Problem, die noch kürzer ist. Emotionen machen viele Dinge – die Situation des Emotionenhabens, unser Leben mit den darin auftretenden Emotionen und auch uns selbst als Wesen mit Emotionen – wertvoller, intensiver und lebhafter, als sie es sonst wären. Emotionen fühlen sich nicht einfach gut an; intensive und passende Emotionen machen mehr aus uns.

Anhang: Der Analogcharakter von Emotionen

Warum sind Emotionen ein besonders angemessener Respons auf Wert? (Da meine Reflexionen hier etwas technischer Natur sind, verweise ich sie in diesen Anhang; viele Leser werden vielleicht dazu neigen, direkt zum nächsten Abschnitt überzugehen.) Betrachten wir wieder den Fall des Wissens. In gewisser Weise wollen wir, daß unser Respons auf eine Tatsache diese nachzeichnet, daß er in Abhängigkeit von ihr variiert (so daß, wenn die Tatsache nicht zuträfe, der Respons nicht stattfände),[6] aber warum muß dieser Respons eine *Annahme* sein? Warum soll man nicht mit Zuckungen antworten oder mit gesummten Tönen, von denen jeder einer anderen Tatsache entspricht?

Eine Theorie, die als die Abbildtheorie der Bedeutung bekannt ist, gibt eine Antwort. Dieser Theorie zufolge konstatieren oder repräsentieren oder benennen Sätze einer Sprache Tatsachen dadurch, daß sie Abbilder von ihnen sind. (Die Sätze sind imstande, solche Bilder zu sein, besagt die Theorie, weil Tatsachen Konstituenten sind, die in gewissen Strukturen angeordnet sind, und die Sätze auch gewisse entsprechende Bestandteile enthalten, die ähnlich angeordnet sind.) In dieser Theorie wäre eine Annahme, wenn man davon ausgeht, daß sie so etwas wie ein Satz im Kopf ist, der angemessene Respons auf eine Tatsache, weil sie diese abbilden würde.

Die philosophische Abbildtheorie der Bedeutung hat heute nicht viele Anhänger – Wittgenstein, der sie als erster formulierte, verwarf sie später –, aber ein Teil davon erscheint durchaus noch plausibel: die Sprache liefert uns ein systematisches (wenn auch nicht bildhaftes) Verfahren, Tatsachen zu repräsentieren. Eine Annahme ist dann die angemessene Art von Respons auf eine Tatsache, denn anders als ein willkürlicher Gegenstand wie eine Zuckung oder ein Ton oder ein Flaggensignal in einem (willkürlichen) Code repräsentiert und konstatiert eine Annahme eine Tatsache im Rahmen eines strukturierten Systems der Repräsentation anderer Tatsachen; auf diese Weise *bedeutet* oder *benennt* eine Annahme die Tatsache, die sie konstatiert und voraussetzt.

Als Respons auf eine nichtbewertende Tatsache kann eine Annahme auf zweierlei Weise passend sein. Da sie zum Teil einem Satz oder einer Behauptung ähnelt, kann sie den Inhalt der Tatsache repräsentieren oder darauf verweisen. Dadurch, daß sie Wissen ist, daß sie die Tatsache nachzeichnet und in einer Abhängigkeitsbeziehung zu ihr steht, kann das Vorkommen der Annahme auch repräsentieren, wann die Tatsache zutrifft. Die Annahme kann somit ein Modell dafür liefern, wann die Tatsache zutrifft, nicht nur eine digitale, aus Einzelinformationen gebildete Angabe der Bedingungen, unter denen sie zutrifft. (Sie liefert allerdings auch eine digitale Angabe des Inhalts der Tatsache.)

Denken wir daran, wie die Begriffe analog und digital in Zusammenhang mit Computern verwendet werden. Ein Analogcomputer beantwortet die Frage, wie weit sich etwas in einer geraden Linie bewegt, indem er etwas anderes in seinem Innern sich proportional dazu in einer geraden Linie bewegen läßt oder es in einem Winkel rotieren läßt, der der Länge der geradlinigen Bewegung, die untersucht wird, proportional ist. Er führt eine Berechnung aus, indem er in sich ein Modell, ein Analogon, dieses Prozesses nachbildet, über den die Berechnung durchgeführt werden soll. Ein Analogcomputer bildet eine kontinuierliche Quantität in der Welt durch kontinuierliche Veränderungen im Computer selbst nach (oder durch Abläufe, die als solche behandelt werden). Ein Digitalcomputer dagegen benutzt diskontinuierliche Stücke kodierter Information, die das Thema des Interesses repräsentieren (nicht notwendig in analoger Manier). Die Art und Weise, in der der Computer diese Informationen in seinem Innern verarbeitet, um eine gewünschte Antwort hervorzubringen, braucht nicht den jeweiligen Prozeß der realen Welt abzubilden, der gerade untersucht wird.

Wir müssen somit drei Dinge unterscheiden: erstens eine digitale Aussage oder einen digitalen Prozeß, der diskontinuierliche Stücke von Information benutzt und seinen Inhalt nicht nachbildet; zweitens eine Aussage oder einen Prozeß, der diskontinuierlichen Inhalt repräsentiert und ihn diskontinuierlich, vielleicht in binärer Form, nachbildet; und drittens eine Aussage oder einen Prozeß, der kontinuierlichen Inhalt repräsentiert und ihn auch in einer kontinuierlichen Weise nachbildet. (Man beachte, daß die Entscheidung darüber, ob etwas in diese dritte Kategorie fällt, davon abhängen kann, ob wir uns dafür entscheiden, von seinen winzigen diskontinuierlichen Zügen zu abstrahieren und es als kontinuierlich zu behandeln.)

Unsere Annahme, daß eine Tatsache zutrifft, paßt zu dieser Tatsache auf zweierlei Weise. Sie paßt zu ihrem Inhalt, indem sie ihn digital formuliert. Sie paßt auch zu den Bedingungen, unter denen die Tatsache Geltung hat, indem sie diese Tatsache nachzeichnet; sie bildet daher die Tatsache nach, wenn die Tatsache gilt. Weil jedoch Wahrheit (da dieser Begriff zum Wissen gehört) ein binärer Begriff ist, ist der binäre Begriff des Nachzeichnens in der Lage, das Wahrsein von etwas nachzubilden. (Dieser binäre nachzeichnende Begriff wird von Bedingungen gebildet, die bestimmen, ob etwas gilt oder nicht.) So liefert Nachzeichnen ein Modell für das Wahrsein einer Annahme, aber kein Analogmodell. (Wenn ein nichtbinärer Begriff, der mit Gradabstufungen von Wahrheit verbunden ist, eine Rolle beim Verstehen – im Gegensatz zum Wissen – spielte, dann könnte ein binärer Prozeß wie Nachzeichnen nicht hinreichen, um den Vorgang, daß etwas verstanden wird, nachzubilden.)

Eine Emotion ist imstande, ein Analogmodell von Wert oder von einer umfassenderen relevanten Kategorie zu sein. Die psychophysiologischen Konfigurationen und Abläufe der Emotion formen ein Modell oder ein Bild des besonderen Wertes, auf den die Emotion eingeht. Emotionen liefern eine psychophysische Nachbildung von Werten, vielleicht dadurch, daß sie eine parallele Organisationsform aufweisen, vielleicht auch dadurch, daß sie selbst einige der Merkmale (wie Intensität und Tiefe) besitzen, die mit Wert zusammenhängen. Eine Emotion würde so etwas enthalten oder sein wie ein Plan von Wert, vom Wertvollsein eines Dinges. (Wie wir schon bemerkten, braucht das Analogon nicht exakt zu sein, nur das beste Analogon, das wir unter der Voraussetzung unserer emotionalen Ressourcen, unserer sonstigen Aufgaben usw. produzieren können oder sollten.) Eine bloße Bewertung, die nicht von einem Gefühl begleitet ist, kann konstatieren, daß etwas wertvoll ist, und sogar nachzeichnen, wann es wertvoll ist, aber sie kann uns keine Repräsentation, kein Modell des Wertes oder der Situation geben, die das Wertvollsein dieses Dinges beinhaltet. (Da der Begriff des Wertvollseins ein dimensionaler Begriff ist, hilft es auch beim Nachbilden von Wert, wenn man einen Prozeß hat, der nicht einfach binär ist.) Die besonders enge Verbindung von Emotion und Wert beruht auf der Art und Weise, in der Emotionen ein Analogmodell von Werten und von ihrer umfassenderen herausragenden Kategorie liefern können.

10. Glück

Einige Theoretiker haben behauptet, daß Glück die *einzige* wichtige Sache im Leben sei; alles, worauf es einem Menschen ankommen sollte – sagen sie –, sei Glücklichsein; der einzige Maßstab für die Beurteilung eines Lebens sei das Ausmaß oder die Menge von Glück, die es enthält. Ironischerweise verzerrt es die Stimmung, in der man sich in glücklichen Augenblicken befindet, wenn man für das Glück diesen Ausschließlichkeitsanspruch erhebt. Denn in diesen Momenten erscheint fast alles wunderbar: wie die Sonne scheint, wie der andere aussieht, wie die Wellen im Fluß glitzern, wie die Hunde spielen (doch nicht, wie der Mörder tötet). Diese Offenheit des Glücks, seine geistige Großzügigkeit und die Weite seiner Aufgeschlossenheit, wird durch den Anspruch – der sich als sein größter Freund gibt – verbogen und eingeengt, daß es nur auf Glück ankomme und auf nichts sonst. Anders als das Glück selbst ist dieser Anspruch mißgünstig. Glück kann kostbar, vielleicht sogar vorrangig und dabei doch eine wichtige Sache unter anderen sein.

Es gibt verschiedene Wege, um die scheinbare Selbstverständlichkeit der Ansicht anzukratzen, daß Glück die einzig wichtige Sache ist. Erstens läßt sich sagen, selbst wenn Glück das einzige wäre, woran uns läge, wären wir nicht allein an seiner Gesamtsumme interessiert. (Wenn ich in dieser Weise von »wir« spreche, lade ich Sie ein, zu prüfen, ob Sie zustimmen oder nicht. Wenn Sie es tun, dann entwickle und erkunde ich unsere gemeinsame Ansicht, aber wenn Sie nach Nachdenken über die Sache zu der Ansicht gelangen, daß Sie nicht zustimmen, dann reise ich ein Stück weit allein.) Uns wäre auch wichtig, wie dieses Glück in einem Leben verteilt wäre. Stellen Sie sich eine graphische Darstellung des gesamten Glücks eines Menschen im Verlaufe seines Lebens vor; die Summe des Glücks ist auf der senkrechten Achse dargestellt, die Zeit auf der waagerechten. (Wenn das Phänomen des Glücks außerordentlich kompliziert und vieldimensional ist, ist es unglaubhaft, daß sich seine Summe in dieser Weise graphisch darstellen ließe – aber in diesem Fall wird auch das vorgebliche Ziel der Maximierung unseres Glücks unklar.) Wenn es nur auf die Gesamtsumme des Glücks ankäme, sähen wir keinen Unterschied zwischen einem Leben mit ständig zunehmendem Glück und einem mit ständiger Abnahme, zwischen einer nach oben und einer nach unten gerichteten Kurve, vorausgesetzt, die Gesamtsumme des Glücks, die Gesamtfläche unter der Kurve, wäre in beiden Fällen dieselbe. Die meisten von uns würden jedoch die aufwärts gerichtete Linie der abwärts gerichteten vorziehen; wir würden ein Leben mit zunehmendem Glück einem mit abnehmendem vorziehen. Ein Teil des Grundes, aber nur ein Teil, mag darin liegen, daß es uns glücklich macht, größerem Glück entgegenzusehen, so daß dies unseren gegenwärtigen Glückswert noch erhöht. (Doch der Mensch auf der abwärts gerichteten Kurve kann alternativ dazu das gegenwärtige Proustsche Vergnügen haben, sich an vergangenes Glück zu erinnern.) Berücksichtigen wir aber auch die Vorfreude, indem wir sie in die Kurve einbauen, die dadurch an gewissen Stellen höher wird; trotzdem wären die meisten von uns nicht nur an der Fläche unter *dieser* erhöhten Kurve interessiert, sondern auch an der Richtung der Kurve. (Welches Leben würden Sie für Ihre Kinder vorziehen, eines des Rückgangs oder eines der Zunahme?)

Wir wären außerdem bereit, auf eine gewisse Summe von Glück zu verzichten, um unsere Lebensgeschichten in die richtige Richtung verlaufen zu lassen, so, daß sie sich im allgemeinen verbessern. Selbst wenn eine nach unten gerichtete Kurve etwas mehr Fläche unter sich hätte, würden wir es vorziehen, daß unser eigenes Leben ansteigend verläuft. (Wenn sie eine erheblich größere Fläche umfaßte, könnte die Entscheidung anders ausfallen.) Die Kontur des Glücks hat daher ein unabhängiges Gewicht, über die Tatsache hinaus, daß sie zwischen Leben entscheidet, deren Gesamtsumme an Glück gleich ist. Um zu einer wünschenswerteren Richtung der Geschichte zu gelangen, würden wir uns manchmal dafür entscheiden, unser Gesamtglück *nicht* zu maximieren. Und wenn der Faktor der Richtung des Verlaufs den Verzicht auf eine Summe an Glück rechtfertigen könnte, dann könnten das andere Faktoren auch.[1]

Gerade Linien sind nicht die einzigen Verlaufskurven. Es wäre jedoch lächerlich, wollte man versuchen, die beste Glückskurve herauszufinden; verschiedene Biographien können zu genau derselben Kurve passen, und uns liegt auch an dem besonderen Inhalt einer Lebensgeschichte. Das, wovon wir wirklich wollen, daß es nach oben gerichtet ist, könnte die Geschichte unseres Lebens sein, nicht seine Summe an Glück. Soweit diese Geschichten konstant sind, könnte uns dann nur an der Summe des Glückes liegen, nicht an ihrem Anstieg. Doch auch das würde die allgemeine Behauptung stützen, daß es noch auf etwas anderes – die Aufwärtsrichtung, ob für die Verlaufslinie oder die Glückskurve – außer der Quantität des Glücks ankommt.

Wir können auch zeigen, daß noch mehr als Lust oder Glück wichtig ist, indem wir ein Leben betrachten, das diese beiden Dinge enthält, aber sonst leer ist, ein Leben mit nichts als gedankenlosen Freuden oder träger Zufriedenheit oder leichtsinnigen Vergnügungen, ein glückliches Leben, aber ein oberflächliches. »Es ist besser«, schrieb John Stuart Mill, »ein Mensch zu sein, der unzufrieden ist, als ein zufriedenes Schwein; besser Sokrates unzufrieden als ein zufriedener Narr.« Und auch wenn es das allerbeste sein könnte, ein zufriedener Sokrates zu sein, der sowohl Glück als auch Tiefe hat, würden wir ein gewisses Stück Glück aufgeben, um die Tiefe zu gewinnen.

Wir sind keine leeren Behälter oder Eimer, die man mit guten Sachen, mit Freuden oder Besitztümern oder positiven Emotionen oder gar mit einem reichen und vielfältigen Innenleben vollstopft. Solch ein Eimer hat keine angemessene Struktur in sich; wie die Erfahrungen zusammenpassen oder sich im Laufe der Zeit konturieren, ist nur insoweit von Bedeutung, als bestimmte Anordnungen weitere glückliche Momente wahrscheinlicher machen. Die Auffassung, daß es nur auf Glück ankomme, ignoriert die Frage danach, wie *wir* – eben die, welche glücklich sein sollen – beschaffen sind. Wie könnte aber das Wichtigste in unserem Leben das sein, was es *enthält*? Wodurch werden die empfundenen Lust- oder Glückserfahrungen wichtiger als unsere eigene Beschaffenheit?

Freud betrachtete es als grundlegendes Verhaltensprinzip, daß wir nach Lust streben und Schmerz oder Unlust zu vermeiden suchen – er nannte dies das Lustprinzip. Manchmal kann man sich effektiver Lust verschaffen, indem man nicht direkt darauf zugeht; man heißt Umwege und Aufschübe der unmittelbaren Befriedigung gut, man verzichtet sogar auf bestimmte Lustquellen, bedingt durch die Natur der Außenwelt. Freud nannte dies ein Handeln nach dem Realitätsprinzip. Freuds Realitätsprinzip ist dem Lustprinzip untergeordnet: »In Wirklichkeit bedeutet die Ersetzung des Lustprinzips durch das Realitätsprinzip keine Absetzung des Lustprinzips, sondern nur eine Sicherung desselben. Eine momentane, in ihren Folgen unsichere Lust wird aufgegeben, aber nur darum, um auf dem neuen Wege eine später kommende, gesicherte zu gewinnen.«[2]

Diese Prinzipien lassen sich präziser formulieren, aber technische Feinheiten sind hier nicht erforderlich.[3] Man beachte, daß es zwei verschiedene Spezifizierungen der zu maximierenden Lust geben kann: die Nettosumme der unmittelbaren Lust (das heißt, die gesamte unmittelbare Lust minus der gesamten unmittelbaren Unlust) oder die Gesamtsumme der Nettolust im Laufe eines Lebens. (Dieses letztere Ziel könnte Freuds Realitätsprinzip völlig in sich einschließen.) Da Lust allein zu sehr an unmittelbare Empfindung oder Erregung gebunden schien, haben einige Philosophen das Lustprinzip abgewandelt, indem sie einige

Arten von Lust als »höhere« auszeichneten. Doch selbst wenn diese Unterscheidung zwischen höheren und niederen Arten der Lust angemessen formuliert würde – was bisher noch nicht geschehen ist –, würden sich daraus nur zusätzliche Komplikationen für das Problem der Wahl ergeben: kann eine Summe niederer Lust eine höhere Lust aufwiegen? Wieviel höher sind die höheren Arten der Lust, und unterscheiden sie sich voneinander durch ihre Höhe? Was ist das übergreifende Ziel, das diese qualitative Unterscheidung umschließt? Die Unterscheidung besagt nicht, daß etwas anderes als Lust auch wichtig ist, nur daß das eine, was wichtig ist, nämlich Lust, in verschiedenen Abstufungen auftritt.

Wir können in der Frage danach, was Lust ist, zu größerer Präzision kommen. Mit einer Lust oder einem lustvollen Gefühl meine ich ein Gefühl, das (teilweise) wegen seiner eigenen Empfindungsqualitäten erstrebt wird. Das Gefühl wird nicht völlig wegen des Ergebnisses gesucht, zu dem es führt, oder wegen des Tuns, zu dem es einen befähigt, oder wegen eines Befehls, den es erfüllt. Wenn es lustvoll ist, wird es (zumindest teilweise) wegen der Empfindungsqualitäten erstrebt, die es hat. Ich behaupte nicht, daß es nur eine Empfindungsqualität gibt, die immer vorhanden ist, wenn Lust auftritt. Lustvoll zu sein ist in dem Verständnis, in dem ich diesen Begriff gebrauche, eine Funktion der Tatsache, daß etwas zum Teil wegen seiner eigenen Empfindungsqualitäten gewollt wird, ganz gleich, was diese Qualitäten sein mögen. Aus dieser Sicht findet ein Masochist, der Schmerzen wegen ihrer eigenen Empfindungsqualitäten anstrebt, Schmerzen lustvoll. Das ist unhandlich, aber es ist dies nicht mehr als der Masochismus selbst. Wenn sich der Masochist jedoch Schmerzen wünscht, weil er (unbewußt) das Gefühl hat, daß er es verdient, bestraft, verletzt oder erniedrigt zu werden, wenn er Schmerzen also nicht wegen ihrer eigenen Empfindungsqualitäten anstrebt, sondern wegen der Sache, für die diese Schmerzen stehen, dann wird in diesem Fall der Schmerz selbst nicht als lustvoll gelten. Jemand *genießt* eine Aktivität in dem Maße, wie er die Aktivität wegen der ihr innewohnenden Eigenschaften betreibt und nicht einfach wegen des Ergebnisses, zu dem sie führt oder das sie später hervorbringt. Die ihr innewohnenden Eigenschaften sind aber nicht auf Empfindungsqualitäten beschränkt; das läßt die Möglichkeit offen, daß etwas genossen wird und doch nicht lustvoll ist. Ein Beispiel wäre Tennis, das sehr hart gespielt wird; man hechtet nach dem Ball, schürft sich Knie und Ellbogen auf dem Boden auf und genießt dabei das Spiel, aber es ist nicht direkt – nicht im Wortsinn – lustvoll.

Aus dieser Definition von Lust folgt nicht, daß es tatsächlich Erfahrungen gibt, die wegen ihrer eigenen Empfindungsqualitäten angestrebt werden; und es folgt auch nicht, daß wir wollen, daß es lustvolle Erfahrungen, solche, die wir wegen ihrer Empfindungsqualitäten anstreben, gibt. Was aus dem Begriff – wie ich ihn verwende – folgt, ist dies: *Wenn* Erfahrungen für uns lustvoll sind, dann wollen wir sie (in gewissem Umfang). Der Begriff *lustvoll* zeigt nur an, daß etwas wegen seiner Empfindungsqualitäten gewollt wird. Wie sehr wir es aber wollen, ob genug, um andere Dinge zu opfern, die wir für gut halten, und ob andere Dinge auch gewollt und noch mehr als Lust gewollt werden, bleibt offen. Ein Mensch, der ein Gedicht schreiben will, braucht nicht (primär) die Empfindungsqualitäten des Schreibens zu wollen oder die Empfindungsqualitäten des Zustands, daß er als Verfasser des Gedichts bekannt ist. Er will vielleicht primär ein solches Gedicht *schreiben* – beispielsweise weil er meint, daß es wertvoll ist oder daß die Aktivität des Gedichtschreibens wertvoll ist, ohne besondere Ausrichtung auf irgendwelche Empfindungsqualitäten.

Wir interessieren uns für Dinge über die Frage hinaus, wie sich unser Leben von innen *anfühlt*. Das läßt sich durch das folgende Gedankenexperiment zeigen. Stellen Sie sich eine Maschine vor, die Ihnen jede beliebige Erfahrung (oder Folge von Erfahrungen) vermitteln könnte, die

Sie sich wünschen würden.[4] Wenn Sie an diese Erfahrungsmaschine angeschlossen sind, können Sie die Erfahrung haben, ein großes Gedicht zu schreiben oder den Weltfrieden herbeizuführen oder jemanden zu lieben und wiedergeliebt zu werden. Sie können die Empfindungsfreuden dieser Dinge erfahren, wie sie sich »von innen« anfühlen. Sie können Ihre Erfahrungen für den nächsten Tag oder die kommende Woche oder das kommende Jahr oder gar für den Rest Ihres Lebens programmieren. Wenn Ihre Phantasie verarmt ist, können Sie die Bibliothek der Vorschläge benutzen, die aus Biographien ausgezogen und von Romanciers und Psychologen ergänzt worden sind. Sie können Ihre kühnsten Träume »von innen heraus« leben. Würden Sie sich dafür entscheiden, dies für den Rest Ihres Lebens zu tun? Wenn nicht, warum nicht? (Andere Menschen haben auch dieselbe Möglichkeit zum Gebrauch dieser Maschinen, die, wie wir annehmen wollen, durch freundliche und zuverlässige Wesen von einer anderen Galaxie zur Verfügung gestellt werden, so daß Sie eine Anschließung nicht deshalb abzulehnen brauchen, weil Sie anderen helfen möchten.) Die Frage ist nicht, ob man die Maschine vorübergehend ausprobieren sollte, sondern ob man sich für den Rest seines Lebens hineinsetzen sollte. Wenn man sie betreten hat, wird man sich nicht daran erinnern, daß man dies getan hat; so werden keine Freuden dadurch zerstört werden, daß man sie als maschinell produziert durchschaut. Auch Ungewißheit ließe sich programmieren, indem man die fakultative Zufallsvorrichtung der Maschine benutzt (von der verschiedene vorgewählte Alternativen abhängen können).

Die Frage, ob man sich an diese Erfahrungsmaschine anschließen soll, ist eine Wertfrage. (Sie unterscheidet sich von zwei verwandten Fragen: einer epistemologischen – kann man wissen, daß man nicht bereits angeschlossen ist? – und einer metaphysischen – stellen die Maschinenerfahrungen nicht selbst eine wirkliche Welt dar?) Die Frage ist nicht, ob eine Anschließung extrem schrecklichen Alternativen vorzuziehen ist – einem Leben in Folter beispielsweise –, sondern ob eine Anschließung das allerbeste Leben darstellen würde oder dem besten gleichkäme, weil es bei einem Leben nur darauf ankommt, wie es sich von innen anfühlt.

Man beachte, daß es sich hier um ein *Gedanken*experiment handelt, das dazu entworfen ist, eine bestimmte Frage zu isolieren: Kommt es uns nur auf unsere inneren Gefühle an? Es würde also an der Sache vorbeigehen, wenn man sich auf die Frage konzentrierte, ob eine solche Maschine technisch möglich ist. Das Maschinenbeispiel muß auch für sich betrachtet werden; würde man die Frage beantworten, indem man sie durch eine festgelegte Anschauung filterte, daß innere Erfahrungen die einzigen Dinge sind, auf die es ankommen *kann* (so daß es natürlich in Ordnung wäre, sich an die Maschine anzuschließen), so entginge einem die Gelegenheit, diese Anschauung unabhängig zu überprüfen. Ein Weg, um festzustellen, ob eine Ansicht unzulänglich ist, besteht darin, ihre Konsequenzen in Einzelfällen , die manchmal extrem sind, zu überprüfen, aber wenn jemand immer entschiede, was das Resultat in jedem Falle sein sollte, indem er die gegebene Ansicht selbst *anwendete*, so würde das verhindern, daß man herausfände, daß sie auf den Fall nicht korrekt paßt. Leser, die der Meinung sind, daß sie sich an die Maschine anschließen *würden*, sollten darauf achten, ob es ihr erster Impuls war, dies *nicht* zu tun, worauf später dann der Gedanke folgte, daß, da ja nur Erfahrungen eine Rolle spielen könnten, die Maschine doch in Ordnung wäre.

Wenige von uns glauben wirklich, daß es nur auf die Erfahrungen eines Menschen ankommt. Wir würden uns für unsere Kinder kein Leben mit großen Befriedigungen wünschen, das ganz auf Täuschungen beruhte, die sie nie entdecken würden; sie sind zwar stolz auf künstlerische Leistungen, aber die Kritiker und auch ihre Freunde tun nur so, als bewunderten sie ihre Arbeit, kichern aber hinter ihrem Rücken; der scheinbar treue Partner hat heimliche

Liebesaffären; ihre scheinbar liebevollen Kinder verabscheuen sie in Wirklichkeit; und so fort. Wenige von uns würden ausrufen, wenn sie diese Beschreibung hören: »Was für ein wundervolles Leben! Es fühlt sich von innen so glücklich und lustvoll an.« Ein solcher Mensch lebt in einer Traumwelt, er erfreut sich an Dingen, die so nicht existieren. Was er will ist aber nicht nur, sich an ihnen zu erfreuen; er will, *daß sie so sind*. Er bewertet ihr Sosein, und er erfreut sich an ihnen, weil er glaubt, daß sie so *sind*. Er erfreut sich nicht lediglich daran, daß er dies *denkt*.

Uns ist an mehr gelegen als nur daran, wie sich Dinge für uns von innen anfühlen; es gibt mehr im Leben als sich glücklich fühlen. Uns liegt an dem, was tatsächlich der Fall ist. Wir wollen, daß bestimmte Situationen, die wir achten, schätzen und für wichtig halten, tatsächlich zutreffen und so sind. Wir wollen, daß unsere Annahmen, oder einige von ihnen, wahr und zutreffend sind; wir wollen, daß unsere Emotionen oder ein gewisser Teil von ihnen, der wichtig ist, auf Tatsachen beruhen, die gelten, und daß sie passend sind. Wir wollen in gewichtiger Weise mit der Wirklichkeit verbunden sein und nicht in einem Wahn leben. Wir streben danach nicht einfach, um verbürgterweise mehr Arten der Lust oder andere Erfahrungen erlangen zu können, wie es Freuds Realitätsprinzip diktiert. Wir wollen auch nicht nur das zusätzliche lustvolle Gefühl, daß wir mit der Wirklichkeit verbunden sind. Ein derartiges inneres Gefühl, ein illusorisches, kann die Erfahrungsmaschine ebenfalls bieten.

Was wir wollen und schätzen, ist eine tatsächliche Verbindung zur Wirklichkeit. Nennen wir dies das zweite Realitätsprinzip (das erste war dasjenige Freuds); sich mit seinen Annahmen, Bewertungen und Emotionen auf die äußere Wirklichkeit auszurichten ist wertvoll *an sich*, nicht nur als Mittel zu mehr Lust oder Glück. Und diese Verbindung ist es, die wertvoll ist, nicht einfach der Umstand, daß wir in uns wahre Annahmen haben. Eine Bevorzugung der Wahrheit führt unterschwellig sowieso den Wert der Verbindung ein – weshalb sonst wären wahre Annahmen (in-trinsisch) wertvoller in uns als falsche? Und wenn wir eine Verbindung mit der Wirklichkeit eingehen wollen, indem wir sie erkennen, und nicht einfach wahre Annahmen ha-ben wollen, dann gehört, wenn Wissen ein Nachvollziehen der Tatsachen bedeutet – eine Ansicht, die ich an anderer Stelle entwickelt habe –, eine direkte und explizite Verbin-dung zur Außenwelt dazu. Wir wollen natürlich nicht nur Kontakte zur Wirklichkeit; wir wollen Kontakte gewisser Art: wir wollen die Wirklichkeit erkunden und antwor-tend auf sie eingehen, sie verändern und selbst neue Tatsa-chen schaffen. Man beachte, daß ich damit nicht einfach sage, daß die Erfahrungsmaschine wegen ihrer Unfähig-keit, unseren Wunsch nach Verbindung zur Wirklichkeit zu erfüllen, unzulänglich ist, – auch wenn das Beispiel nützlich ist, um zu zeigen, daß wir uns *tatsächlich* einige Dinge zusätzlich zu Erfahrungen wünschen –, denn das würde die »Erlangung aller Dinge, die man sich wünscht«, zum primären Maßstab machen. Ich sage vielmehr, daß die Verbindung zur Wirklichkeit wichtig ist, ob wir sie uns wünschen oder nicht – das ist der Grund, *weshalb* wir sie uns wünschen –, und daß die Erfahrungsmaschine unzu-länglich ist, weil sie uns *das* nicht gibt.[5]

Zweifellos wollen wir auch eine Verbindung zur Wirk-lichkeit, die wir mit anderen Menschen teilen. Eines der be-drückenden Dinge an der Erfahrungsmaschine, wie ich sie beschrieben habe, ist, daß man in seiner jeweiligen Illusion allein ist. (Ist es bedrückender, daß die anderen die »Welt«, in der man lebt, nicht teilen oder daß man von derjenigen Welt abgeschnitten ist, die sie teilen?) Wir können uns je-doch vorstellen, daß die Erfahrungsmaschine für jeden (oder für jeden, an dem einem liegt) genau dieselbe Illusion liefert und jedem Menschen ein gleichgeordnetes Stück da-von vermittelt. Wenn alle in *demselben* Teich schwimmen, ist die Erfahrungsmaschine vielleicht nicht *auf diese Weise* zu beanstanden, aber sie ist dennoch zu beanstanden. Die Teilhabe an gleichgeordneten Perspektiven könnte ein Kriterium der Wirklichkeit sein, aber sie garantiert diese nicht; und was wir wollen, ist *beides*, die Wirklichkeit *und* die Teilhabe.

Man beachte, daß wir nicht gesagt haben, man solle sich nie an eine solche Maschine anschließen, auch nicht vorübergehend. Sie könnte einen manche Dinge lehren oder einen in einer Weise verwandeln, die für das tatsächliche spätere Leben vorteilhaft wäre. Sie könnte auch Arten von Lust vermitteln, die in beschränkten Dosen ganz annehmbar wären. All dies ist ganz etwas anderes, als wenn man den Rest seines Lebens angeschlossen an die Maschine verbringt; der Inhalt *dieses* Lebens wäre ohne Verbindung zur Wirklichkeit. Es sieht auch so aus, daß ein Mensch, sobald er an die Maschine angeschlossen wäre, keine Entscheidung treffen würde, und sicher würde er sich nicht *frei* für etwas entscheiden. Ein Teil von dem, was wir uns als wirklich wünschen, ist, daß wir tatsächlich (und frei) wählen, nicht nur dem Anschein nach.

Meine Reflexionen über das Glück betrafen bisher die *Grenzen* seiner Rolle im Leben. Was *ist* nun aber seine angemessene Rolle, und was genau ist Glück? Warum ist seine Rolle so oft übertrieben worden? Unter dem Etikett *Glück* läuft eine Anzahl verschiedener Emotionen und außerdem etwas, das sich genauer als *Stimmung* bezeichnen läßt und nicht als Emotion. Ich möchte hier drei Typen der Emotion *Glück* betrachten: erstens das Glück darüber, daß die eine oder andere Sache der Fall ist (oder daß viele es sind); zweitens das Gefühl, daß das eigene Leben jetzt gut ist; und drittens die Zufriedenheit mit dem eigenen Leben als Ganzem. Alle drei miteinander verwandten Typen weisen die allgemeine dreifache Struktur auf, die Emotionen haben (und die ich in der vorigen Meditation beschrieben habe); eine Annahme, eine positive Bewertung und ein Gefühl, das auf den beiden ersteren beruht. Das, worin sich diese drei verwandten Emotionen unterscheiden, ist der Gegenstand der Annahme und Bewertung und vielleicht auch der Empfindungscharakter des damit verbundenen Gefühls.[6]

Der erste Typ von Glück – glücklich zu sein, daß etwas Bestimmtes der Fall ist – ist einigermaßen vertraut und klar, ein unkompliziertes Beispiel für das, was oben über Emotionen gesagt wurde. Der zweite Typ – das Gefühl, daß das eigene Leben jetzt gut ist – ist verwickelter. Man erinnere sich an die besonderen Augenblicke, in denen man selig dachte und fühlte, daß es nichts weiter gab, was man wollte, daß das eigene Leben jetzt gut war. Das geschah vielleicht bei einem Spaziergang, den man allein in freier Natur machte, oder beim Zusammensein mit einem geliebten Menschen. Was diese Anlässe auszeichnet, ist ihre Vollständigkeit. Es gibt etwas, das man will und hat, und dazwischen drängen sich keine anderen Wünsche; es gibt nichts anderes, wonach einem in diesem Augenblick Wünsche in den Sinn kommen. Damit meine ich nicht, daß man, wenn jemand in diesem Moment mit einer Wunderlampe auf einen zukäme, nicht wüßte, was man sich wünschen sollte. Aber in den Augenblicken, die ich beschreibe, sind diese anderen Wünsche – nach mehr Geld oder einer anderen Arbeit oder noch einer Tafel Schokolade – einfach nicht in Betrieb. Sie werden nicht gefühlt, sie lauern nicht vor der Tür auf Einlaß. Es gibt nichts, was man an diesem Punkt zusätzlich möchte, nichts scheint zu fehlen, die Befriedigung ist vollkommen. Das Gefühl, das damit einhergeht, ist intensive Freude.

Diese Augenblicke sind wunderbar, und sie sind selten. Gewöhnlich sind zusätzliche Bedürfnisse nur zu bereit, sich zur Geltung zu bringen. Manche haben vorgeschlagen, wir sollten diesen wünschenswerten Zustand, in dem wir nichts weiter wünschen, auf dem drastischen Wege der Eliminierung *aller* Wünsche erreichen. Doch wir finden es nicht hilfreich, wenn man uns auffordert, als Weg zur Erreichung des Zustands, in dem wir nichts anderes wollen, *zuerst* unsere existierenden Bedürfnisse loszuwerden. (Und das nicht einfach deshalb, weil wir zweifeln, daß dieser Weg zu einer begleitenden Freude führt.) Was wir wollen, ist vielmehr, daß man uns von etwas so Gutem erzählt, dessen Natur so vollständig und befriedigend ist, daß seine Erlangung alle anderen Wünsche daran hindern wird, sich aufzudrängen, *und* wir wollen, daß man uns sagt, wie wir das erreichen sollen. Aristoteles projizierte die Qualität des Gefühls, daß man nichts Zusätzliches will, nach draußen auf die Welt; er war der Ansicht, daß das vollständige Gute derart sei, daß nichts, was man ihm hinzufügte, es irgendwie besser machen könne. Ich möchte diese Qualität innerhalb des Gefühls belasssen.

Es gibt zwei Zustände, in denen man das Gefühl hat, daß das eigene Leben jetzt gut ist, daß es nichts anderes gibt, das man sich wünscht: bei dem ersten ist ein bestimmtes Bedürfnis bereits befriedigt; bei dem zweiten befindet man sich in einem Prozeß oder auf einem Wege, auf dem die anderen Bedürfnisse, die man hat, zur Befriedigung gelangen werden, und man hat kein *anderes* Bedürfnis, als in diesem Prozeß engagiert zu sein. Nehmen wir an, jemand möchte nichts anderes, als mit Freunden ins Kino zu gehen, und das tut er. Sicher hat er auch den Wunsch, das Kino zu erreichen, es soll nicht abgebrannt sein, der Projektor soll funktionieren usw. Diese Dinge sind jedoch alle als Teile in den Prozeß eingeschlossen, in dem er engagiert ist; sie werden alle an passender Stelle auftreten. Es wäre anders, wenn er statt dessen allein zu einem Konzert gehen wollte; dann *gäbe* es etwas anderes, das er wollte. Da wenige Ziele endgültig und abschließend sind – ein Punkt, den John Dewey hervorgehoben hat –, wird sich die erste Form des Zustands, daß man nichts weiter will, implizit mit der zweiten Form, dem Prozeß, verbinden. Der Märchenprinz will nichts weiter, wenn er die Königstochter befreit und geheiratet hat, weil das bedeutet, daß sie von nun an glücklich und in Freuden leben.

Man könnte sich darüber Gedanken machen, daß ein ständiges Glücklichsein in diesem zweiten Sinne der Emotion Glück – daß man nichts weiter will – alle Motivation für weitere Aktivitäten oder Leistungen beseitigen würde. Wenn jedoch das, was wir wollen, nichts anderes ist, als in einem Lebensprozeß einer bestimmten Art engagiert zu sein, beispielsweise einem, der mit Erkunden, Eingehen, In-Beziehung-Treten und schöpferischem Tun verbunden ist – sicher können wir wünschen und erwarten, daß dieser Prozeß auch viele Augenblicke vollständiger Befriedigung des ersten (nichtprozessualen) Typs umfaßt –, dann werden weitere Aktivitäten und Bemühungen Bestandteile eben dieses Prozesses sein.

Wenn jemand denkt: »Mein Leben ist jetzt gut«, dann ist die Länge der Zeit, die mit »jetzt« bezeichnet wird, nicht im voraus festgelegt. Man kann daher das, worauf sich dieser Ausdruck bezieht, nach Bedarf verändern. Selbst in einer im allgemeinen unglücklichen Periode könnte man den Blick auf einen ganz bestimmten Moment hin verengen und zu diesem Zeitpunkt nichts anderes wollen; alternativ dazu kann man sich in einem unglücklichen Moment daran erinnern, daß das eigene Leben über eine längere Zeitspanne hinweg, eine, die man auch als »jetzt« bezeichnen kann, nicht unglücklich ist, und man könnte nichts anderes wollen, als in diesem Lebensprozeß engagiert zu sein, den unglücklichen Moment mit eingeschlossen. Andererseits wollen wir uns manchmal in Augenblicken intensiven Glücks an andere Befindlichkeiten erinnern. In der jüdischen Tradition beispielsweise erinnert man sich bei Hochzeiten an das bitterste Ereignis, die Zerstörung des Tempels; bei Treffen von Klassenkameraden könnte man eine Pause in der Festlichkeit einlegen, um der Verstorbenen zu gedenken. Wir haben diese Ereignisse oder Menschen nicht vergessen, und selbst in unserem intensivsten Glück halten wir inne, um ihnen weiterhin gebührende Bedeutung zu verleihen.

Die dritte Form, die die Emotion Glück annimmt – Zufriedenheit mit dem eigenen Leben als Ganzem – ist von dem polnischen Philosophen Wladyslaw Tatarkiewicz untersucht worden.[7] Seiner Darstellung zufolge ist Glück mit einer vollständigen, bleibenden, tiefen und vollen Zufriedenheit über die Gesamtheit des eigenen Lebens verbunden, einer Befriedigung, deren zugehörige Bewertung wahr und gerechtfertigt ist. Tatarkiewicz legt so viel in diesen Begriff hinein – vollständige und totale Zufriedenheit usw. –, weil er will, daß nichts höher stehen soll als ein glückliches Leben. Doch auf diese Weise wird es schwierig, daß es zwei glückliche Leben geben soll, von denen das eine glücklicher ist als das andere. Hier können wir in bezug auf die Fülle der Zufriedenheit und die Frage, einen wie hohen Grad von Positivität die Bewertung einschließt, entspannter sein. Ein glückliches Leben wird als eines bewertet werden, das insgesamt recht gut ist. Ein Leben kann auch in einem anderen Sinne ein glückliches sein, dadurch, daß es viele Fälle von Glücksgefühl über die eine oder andere Sache enthält – das war der erste Typ der Emotion Glück. Ein solches Leben könnte sich häufig glücklich anfühlen, aber der betreffende Mensch brauchte sein Leben als ganzes nicht positiv zu bewerten, auch nicht unbewußt. Ja, er könnte die entgegengesetzte Bewertung vornehmen, wenn er sich auf sein Leben als Ganzes konzentrierte, vielleicht in der Annahme, daß die darin enthaltenen Glücksgefühle nicht sehr wichtig seien. Trotz seiner zahlreichen glücklichen Momente wäre er also nicht glücklich in dem dritten Sinne, daß er mit seinem Leben als ganzem zufrieden wäre.

Wir würden zögern, einen Menschen zu einem bestimmten Augenblick oder in seinem Leben im allgemeinen als glücklich zu bezeichnen, wenn wir die Bewertungen, auf denen seine Emotion beruhte, für abenteuerlich falsch hielten. Doch es wäre zu streng, einfach zu fordern, daß die Bewertungen korrekt sein sollten. Wenn wir auf frühere historische Epochen zurückblicken, können wir sehen, wie Menschen Bewertungen vornehmen, die (in unseren Augen) unkorrekt sind, die aber zur damaligen Zeit verständlich und nicht ungeheuerlich unberechtigt waren; die Unkorrektheit der Wertung sollte nicht automatisch ein Hindernis dafür sein, daß sie Glück verwirklicht. (Schließlich hoffen wir, daß ein Wachstum der moralischen Sensibilität etwa für die Gleichberechtigung der Frauen, die Rechte der Homosexuellen, die Rassengleichheit und die Situation von Minderheiten nicht zum Stillstand kommt.) Wollte man einfach »korrekt« durch »berechtigt« (oder »nicht unberechtigt«) ersetzen, so würde das denjenigen Menschen falsch einordnen, dessen Emotion auf korrekten, aber zur damaligen Zeit, im damaligen Kontext unberechtigten Wertungen beruht. Was hilft, ist vielleicht die schwächere Disjunktion: wahr oder jedenfalls berechtigt (oder nicht völlig unberechtigt). Einen Menschen, dessen Emotion auf völlig unberechtigten und ausgemacht falschen Wertungen beruht, werden wir nur ungern als glücklich bezeichnen, ganz gleich, wie er sich fühlt. Er hätte es besser wissen sollen.[8]

Dieser dritte Sinn von Glück – Zufriedenheit mit dem eigenen Leben als Ganzem – macht es außerordentlich leicht zu verstehen, warum wir gerne glücklich sein oder ein glückliches Leben haben möchten. Erstens gibt es einfach die Lust, diese Emotion zu haben. Sich glücklich oder zufrieden im Hinblick auf sein Leben als Ganzes zu fühlen, ist lustvoll an sich; es ist etwas, das wir uns wegen seiner eigenen Empfindungsqualitäten wünschen. (Dieses Gefühl wird im allgemeinen allerdings nicht so intensiv sein wie die Freude, die mit dem zweiten Begriff von Glück, daß man nichts weiter will, einhergeht.) Andere Emotionen können jedoch mit ebenso intensiven lustvollen Gefühlen verbunden sein; warum hat also das Glück eine so zentrale Rolle gespielt? Wir wollen auch, daß diese Emotion Glück *passend* ist. Wenn die Emotion tatsächlich auf unser Leben paßt, dann werden die zugehörigen Annahmen über unser Leben als Ganzes wahr sein, und die zugehörige positive Wertung wird korrekt sein. Wir *werden* daher ein Leben haben, das wertvoll *ist*, eines, das korrekterweise positiv bewertet ist.

Das Objekt dieser dritten Form der Emotion Glück ist das eigene Leben als Ganzes. Dieses Objekt – Leben als Ganzes – ist auch genau das, was wir zu bewerten versuchen, wenn wir herausfinden möchten, was ein sehr gutes Leben ist, um uns zu entscheiden, wie wir leben sollen. Was könnte einfacher sein, als sich auf eine Emotion zu konzentrieren, die die Bewertung für uns vornimmt? Fügen wir hinzu, daß die Emotion passend ist, können wir sicher sein, daß das Leben ein gutes Leben ist. (Fügen wir nur hinzu, daß die Bewertung berechtigt oder nicht ungeheuerlich falsch war, hat es eine passable Chance, ein gutes Leben zu sein.) Doch trotz allem, was wir bisher wissen, liegt der Grund dafür, daß ein glückliches Leben ein gutes sein muß, nicht unbedingt in irgendwelchen Gefühlen, die es enthält, sondern nur darin, daß das Leben, wenn die Wertung korrekt war, gut sein muß. Wenn man meint, deswegen, weil Glück dafür bürgt, daß ein Leben wünschenswert ist, sei Glück von höchster Wichtigkeit im Leben, so ähnelt das der Annahme, die positive Aussage eines Buchhalters sei selbst das wichtigste Faktum im Betrieb einer Firma. (Jede Aussage könnte jedoch weitere selbständige Wirkungen hervorrufen.)

Um es anders zu formulieren: Ein Leben kann nicht einfach glücklich sein, ohne sonst etwas Wertvolles zu enthalten. Das Glück reitet huckepack auf anderen Dingen, die korrekt als positiv bewertet werden. Ohne sie kommt das Glück nicht in Gang.

Glück kann auf der Metaebene als eine Bewertung des eigenen Lebens auftreten und auf der Objektebene als ein Gefühl im Leben; es kann an beiden Stellen zugleich vorhanden sein. Es ist kein Wunder, wenn es so aussehen kann, als sei das Glück der wichtigste Bestandteil eines Lebens. Denn es *ist* außerordentlich wichtig auf der Metaebene, und es tritt durchaus auch auf der Objektebene auf (und kann dort einige Bedeutung haben). Die zentrale Wichtigkeit (dieses dritten Begriffs) von Glück liegt aber auf der Metaebene als Bewertung eines Lebens als Ganzem; die entscheidende Frage ist daher, was im einzelnen ein Leben zum besten werden läßt. Welche Merkmale muß es haben, um (korrekt) auf außerordentlich positive Weise bewertet werden zu können? Es ist nicht sehr erhellend, wenn man an dieser Stelle erneut auf die Formen der Emotion Glück verweist.

Diese Schlußfolgerung wird verstärkt, wenn wir fragen, welche besondere Bewertung in diese dritte Form der Emotion Glück eingeht. Genau welche von den vielen verschiedenen möglichen positiven Bewertungen nimmt das Glück bei einem Leben als Ganzem vor? Nicht, daß das Leben ein *moralisches* ist, denn das braucht einen nicht glücklich zu machen; auch nicht, daß es ein glückliches ist – dieser Zirkelschluß würde nichts nützen; nicht einfach, daß es wertvoll ist, daß das Leben existiert, daß das Universum deshalb ein besserer Ort ist, denn jemand könnte diese Bewertung vornehmen, ohne glücklich zu sein; nicht einfach, daß das Leben gut ist, denn man könnte das widerstrebend zugeben, ohne zu meinen, daß es die wichtigsten Ziele, die man hatte, erfüllt habe, oder daß es sehr gut sei. Vielleicht muß die Bewertung des Lebens irgendwie folgendermaßen verlaufen: daß es, auch *für* den Menschen, der es führt, in allen Dimensionen, die für ihn die wichtigsten sind, sehr gut ist, und in allen Dimensionen, die die wichtigsten *sind*. Das führt uns offensichtlich zu der Frage danach, welche Dimensionen eines Lebens die wichtigen *sind*. Was macht ein Leben wirklich zu einem guten Leben? Wiederum ist es nicht erhellend, wenn man hier einfach die Emotion Glück anführt. Wenn wir wissen wollen, was wichtig ist, wollen wir wissen, *worüber* wir glücklich sein sollen.

Es gibt noch einen anderen Sinn des Ausdrucks *Glück*: daß man eine glückliche Stimmung oder Disposition hat. Dies ist nicht selbst eine Emotion, sondern eher die Neigung oder Tendenz, die eben beschriebenen drei Typen von Glücksemotionen zu haben und zu empfinden. Eine Stimmung ist eine Tendenz, gewisse Arten von Bewertungen vorzunehmen, sich auf Tatsachen zu konzentrieren, die in dieser Weise bewertet werden können, und die damit verbundenen Gefühle zu haben. In einer gedrückten Stimmung neigt man dazu, sich auf negative Tatsachen oder auf

die negativen Seiten sonst positiver Situationen zu konzentrieren und daher die ihnen angemessenen Gefühle zu haben. Ein glücklicher Mensch tendiert dazu, die Dinge von
ihrer erfreulichen Seite zu betrachten. (Es wäre jedoch töricht, wollte man dies in jeder Situation tun.) Die Disposition eines Menschen ist, glaube ich, eine Tendenz, die eine
Ebene höher angesiedelt ist, die Tendenz, in gewissen Stimmungen zu sein. Ein Mensch mit einer glücklichen Disposition könnte gelegentlich auf Grund von besonderen Faktoren in einer traurigen Stimmung sein, aber diese spezielle
Stimmung ist dann kein Ausdruck seiner oder ihrer allgemeinen Tendenz.

Eine glückliche Disposition kann ein wichtigerer be-
stimmender Faktor für glückliche Gefühle sein als irgendeine wahre Annahme und positive Bewertung des jeweiligen Menschen, wie groß auch die Rolle sein mag, die sie im
Augenblick anscheinend spielt; sie kann wichtiger sein als
der spezifische Charakter der tatsächlichen Situation. Beispielsweise verfolgen Menschen häufig Ziele, von denen sie
meinen, daß sie sie glücklich machen werden (wie etwa
Geld, Ruhm, Macht), und doch produziert das Erreichen
dieser Ziele nur zeitweilig glückliche Gefühle. Sie verweilen nicht lange dabei, positive Bewertungen dieser Veränderungen vorzunehmen, und so halten sich auch die
begleitenden Gefühle nicht sehr lange. Eine *bleibende* Tendenz, den Blick auf positive Seiten von Situationen zu richten und die entsprechenden Gefühle zu haben – eine glückliche Disposition, mit anderen Worten –, führt mit weit
höherer Wahrscheinlichkeit zu bleibenden Glücksgefüh-
len.

Wenn es ein »Geheimnis des Glücks« gibt, so liegt es
darin, daß man regelmäßig eine Grundlinie oder einen Bezugspunkt wählt, von dem aus sich Aspekte der aktuellen
Situation als gut oder besser werdend bewerten lassen. Der
Hintergrund, vor dem sie hervortritt – und daher die Bewertung, die wir tatsächlich vornehmen –, wird von unseren eigenen Erwartungen, Ambitionen, Maßstäben und

Forderungen gebildet. Und diese Dinge hängen von uns ab, sie sind unserer Kontrolle zugänglich. Ein wesentlicher Hintergrund, vor dem eine Bewertung stattfindet, ist die Verfassung, in der sich die Dinge vor kurzem befanden. Wenn es für unser Glück wichtig ist, daß sich die Dinge verbessern, daß es in unserem Leben auf die eine oder andere Weise aufwärts geht, so beruht das also vielleicht nicht auf der intrinsischen Wichtigkeit eines gerichteten Prozesses, sondern darauf, daß ein derartiger Prozeß uns dazu bringt, die Gegenwart vor dem Hintergrund der jüngsten Vergangenheit zu beurteilen, die sie in glücklicher Weise übertrifft, und nicht von einem anderen Ausgangspunkt her, hinter den sie zurückfallen könnte. Ein Mensch, der entschlossen ist, sich glücklich zu fühlen, wird lernen, passende Bewertungskriterien zu wählen, die er von Situation zu Situation abwandelt – er könnte schließlich sogar eines wählen, das genau diese Entschlossenheit verringern würde.

Wir können das Glück also dadurch befördern, daß wir an unseren Wertmaßstäben – welche wir heranziehen und welche Ausgangspunkte dabei verwendet werden – und an der Richtung unserer Aufmerksamkeit – welche Tatsachen am Ende in die Bewertung einbezogen werden – herumspielen. Die Erfahrungsmaschine war abzulehnen, weil sie uns völlig von der Wirklichkeit abschnitt. Um wieviel besser ist aber ein Verfahren, durch so absichtliche Selektivität nach Glück zu streben, wodurch wir nur auf einige Aspekte der Wirklichkeit und auf einige Wertmaßstäbe gelenkt werden, während andere unberücksichtigt bleiben? Wäre ein Glück, das man auf diese Weise erlangt hat, nicht so ähnlich, als sei man an eine *partielle* Erfahrungsmaschine angeschlossen? In der nächsten Meditation betrachte ich die Frage, auf welche Tatsachen man sich konzentrieren soll; während die korrekten Bewertungsprinzipien, die für diese Tatsachen gelten, nicht von uns abhängen mögen, sind die Ausgangspunkte und Grundlinien, die wir verwenden, und die Entscheidung darüber, wann wir im Vergleich wozu zufrieden sind, keine Sache der äußeren Wirklichkeit, sondern unserer Einstellung zu ihr. In der Welt steht kein bestimmter Ausgangspunkt, keine bestimmte Grundlinie geschrieben; wenn wir eine verwenden, selbst wenn wir eine bestimmte auswählen, nur um glücklich zu sein, brauchen wir keinen Teil der Wirklichkeit zu verleugnen oder unsere Verbindung dazu zu lösen. In diesem Sinne steht unser Glück in unserer eigenen Macht. Doch genau dies, daß Glück davon abhängt, wie wir die Dinge betrachten – sie in einer bestimmten Weise zu betrachten mag in einigen Situationen sicher schwerer sein als in anderen –, kann uns zu denken geben, wie wichtig das Glück selbst sein kann, wenn es derart willkürlich ist. Wie allerdings jemand die Dinge betrachtet, könnte ein wichtiges Faktum über ihn sein; Menschen, die nie zufrieden sein können, ganz gleich was geschieht, haben vielleicht nicht nur einfach eine unglückliche Gemütsart, sondern einen Charakterfehler. Doch wenn man vorsätzlich und ständig Grundlinien in Anpassung an verschiedene Situationen verschiebt, um sich in jeder von ihnen glücklich zu fühlen, so erscheint auch das flatterhaft und willkürlich. Auch wenn die Grundlinien nicht durch einen äußeren Faktor festgelegt sind, erwarten wir vielleicht von einem Menschen, daß er in ihnen eine gewisse Kongruenz oder Konsistenz aufweist und im Laufe der Zeit nur sanfte und allmähliche Veränderungen vornimmt. Selbst dann könnte jemand sein Glück vergrößern, indem er seine einheitlichen Betrachtungsweisen entsprechend einstellt.

Stimmungen können die eigenen Gefühle in verschiedener naheliegender Weise beeinflussen: indem sie die Aufmerksamkeit auf positive (oder negative) Tatsachen lenken, indem sie einem Verweilen bei gewissen Typen von Tatsachen, wenn diese wahrgenommen werden, entgegenwirken, indem sie die Ausgangspunkte anpassen, indem sie den Grad der Bewertung verstärken, indem sie den Grad des damit verbundenen Gefühls dadurch verstärken, daß sie den Proportionalitätsfaktor beeinflussen oder die

Dauer des Gefühls verlängern. Was aber bestimmt die Stimmung? Am offensichtlichsten ist die allgemeine Disposition des Menschen, die einfach seine Tendenz ist, in bestimmten Stimmungen zu sein. Ein weiterer – überraschenderer – Faktor ist eine Vorhersage darüber, welche Emotionen der Tag bringen wird. Ein Mensch wacht am Morgen mit einer allgemeinen Vorstellung davon auf, was für Emotionen an diesem Tag auf ihn warten, was für Ereignisse wahrscheinlich stattfinden werden und wie diese Ereignisse auf ihn wirken werden. Diese Vorhersage macht natürlich Gebrauch vom Wissen über die gestrigen Bedingungen und Ereignisse und über die, die heute wahrscheinlich sind, aber sie tendiert bis zu einem gewissen Grade auch dazu, sich selbst zu erfüllen. Indem die Vorhersage die Stimmung des Menschen einstellt, hat sie Einfluß auf das, was er bemerken wird, wie er es bewerten wird und was er fühlen wird, und trägt daher dazu bei, daß sich die Vorhersage erfüllt. Eine Stimmung ist wie eine Wettervorhersage, die Einfluß auf das Wetter nehmen könnte. (Zudem wird die Vorhersage nicht unabhängig vom ersten Faktor, der Disposition des Menschen, sein.)

»Vorfreude ist besser als Erfüllung« besagt die Redensart. Hier ist ein Grund dafür, weshalb das manchmal so sein könnte. Wenn wir das Eintreten eines wahrscheinlichen künftigen Ereignisses erwarten, eines Ereignisses, das wir uns wünschen, wird unser gegenwärtiges Niveau empfundenen Wohlbefindens schon um den Betrag dieses künftigen Nutzens (wie es die Ökonomen nennen), mit dessen Kommen wir rechnen, erhöht, verringert um den Wahrscheinlichkeitsgrad. Um das, worum es geht, klarzustellen, nehmen wir an oder phantasieren wir, daß sich Einheiten von Glück und Wahrscheinlichkeiten genau messen lassen. Dann erhöht beispielsweise ein Ereignis, von dem wir ursprünglich annehmen, daß es uns später zehn Einheiten Glück bringen wird, und von dem wir glauben, daß es mit 70prozentiger Wahrscheinlichkeit eintrifft, unser Niveau sofort um 7 (0,70 × 10) Einheiten. Denn diese Erwartung, dieser erwartete Wert, ist etwas Gegenwärtiges. Wenn also das Ereignis selbst schließlich eintritt, ist nur noch Spielraum für drei weitere Einheiten. (Das entspricht der Ungewißheit darüber, ob es eintreten wird, der verbleibenden Wahrscheinlichkeit von 0,30 × 10.) Daher könnte sich die Vorfreude, ein Anstieg im Wert von sieben Einheiten, jetzt besser anfühlen als die Verwirklichung, ein Anstieg nur um die verbleibenden drei Einheiten beim endgültigen Eintreten; dieses Phänomen tritt ein, wenn die Wahrscheinlichkeit dieser zukünftigen Befriedigung höher ist als 50 Prozent.[9]

Wir haben verschiedene Gründe dafür gefunden, zu meinen, daß das Glück nicht das einzig Wichtige im Leben ist; die Konturen des Glücks im Laufe eines Lebens, die Wichtigkeit eines Kontakts zur Wirklichkeit, wie sie das Beispiel der Erfahrungsmaschine zeigt, die Tatsache, daß andere intensive positive Emotionen einen ähnlichen Status haben, und die Art und Weise, in der Wertungen, die in den Begriff des Glücks eingebaut sind, voraussetzen, daß auch andere Dinge von Wert sind. Immerhin könnten wir zugeben, daß Glück nicht alles ist, und uns doch fragen, ob es nicht der *quantitativ* wichtigste Teil der Geschichte ist. Wie kann man versuchen, Prozentanteile bei einer Frage wie dieser abzuschätzen? Der geringen Rolle nach zu urteilen, die Glück in meinen eigenen Überlegungen spielt – ein großer Teil meiner Überlegungen hier wurde durch das Gewicht hervorgerufen, das andere ihm beigemessen haben –, ist es nur ein kleiner Teil der *interessanten* Geschichte.

Dennoch möchte ich, bevor ich diese Meditation schließe, daran erinnern, wie unbestreitbar wunderbar Glück und eine glückliche Disposition sein können. Wie natürlich ist es also, daß wir manchmal meinen, Glück sei das Wichtigste im Leben? Diese Augenblicke, in denen wir in die Luft springen oder voller überschäumender Energie losrennen möchten, in denen unser Herz leicht ist – wie könnten wir nicht den Wunsch haben, unser Leben voller derartiger Augenblicke zu sehen? Man hat das Gefühl, daß die Dinge genau richtig sind, und mit seinem Optimismus erwartet das Glück, daß dies so weitergeht, und mit seiner Fülle möchte das Glück überfließen.

Natürlich wünschen wir den Menschen, daß sie viele solche Momente und Tage des Glücks haben. (Ist die richtige Einheit für Glück der *Tag*?) Doch es ist nicht klar, daß wir diese Augenblicke beständig wollen oder daß wir wollen, daß unser Leben einzig und allein aus ihnen bestehen soll. Wir wollen auch andere Gefühle erfahren, Gefühle mit wertvollen Aspekten, die das Glück nicht so stark besitzt. Und sogar gerade die Glücksgefühle können sich in andere Aktivitäten lenken wollen, wie etwa Hilfe für andere oder künstlerische Arbeit, die dann mit der Vorherrschaft anderer Gefühle verbunden sind. Wir wollen Erfahrungen, passende Erfahrungen, solche einer tiefen Verbindung zu anderen, eines tiefen Verständnisses von Naturerscheinungen, der Liebe, der tiefen Bewegtheit durch Musik oder Tragödie, davon, daß wir etwas Neues und Innovatives tun, Erfahrungen, die ganz anders sind als der Schwung und der rosige Schimmer der glücklichen Augenblicke. Kurz gesagt, was wir wollen, sind ein Leben und ein Ich, auf die Glück ein passendes antwortendes Eingehen ist – und dann ihm dieses Eingehen widmen.

11. Konzentration

Nach dem zweiten Realitätsprinzip, das ich in der vorange-gangenen Meditation diskutiert habe, sollen Emotionen als Response auf die Tatsachen, die auf korrekten Annah-men und Bewertungen beruhen, mit der Wirklichkeit ver-bunden werden. Es gibt jedoch viele Tatsachen, viele Aspekte der Wirklichkeit. Mit welchen sollten sich unsere Emotionen verbinden?

Manche Dinge – Verletzung von Menschen, die wir lie-ben, ungeheuerliches öffentliches Unrecht – müssen ne-gativ bewertet werden. Wenn man hierauf nicht nur mit ne-gativen Bewertungen, sondern mit negativen Emotionen reagiert, so bedeutet das Traurigkeit, Kummer, Entsetzen. Das wird natürlich in Konflikt zu einem Wunsch nach Glück und intensiven positiven Emotionen geraten. Wer dafür eintritt, daß wir unser eigenes Glück maximieren, könnte empfehlen, daß wir diese negativen Teile der Wirk-lichkeit ignorieren und unsere Aufmerksamkeit selektiv nur auf die positiven konzentrieren. Manchmal könnte das angemessen sein; ein Mensch in einem Nazi-Vernichtungs-lager könnte sich schließlich auf Erinnerungen an die Mu-sik Mozarts konzentrieren, um den Schrecken in seiner Umgebung zu entrinnen. Doch wenn dies seine Beschäf-tigung von Anfang an wäre, ständig in sehnsüchtiger Er-innerung an die Musik zu lächeln, so wäre diese Reaktion bizarr. Dann wäre er ohne Bezug zu wichtigen Besonder-heiten seiner Welt und ließe ihnen nicht die emotionale Aufmerksamkeit zukommen, die dem Bösen angemessen wäre, das sie zufügen.

Das zweite Realitätsprinzip würde jedoch diese Art von Beziehungslosigkeit nicht ausschließen: Die Annahmen des Menschen über Mozarts Musik und seine Bewertun-gen dieser Musik könnten korrekt sein und seine Gefühle der Schönheit der Musik angemessen. Diese Gefühle sind der Musik angemessen, aber eine Konzentration auf die Musik ist nicht angemessen *zu diesem Zeitpunkt*. Wir brauchen ein zusätzliches Realitätsprinzip, das nicht die Richtigkeit der Konzentration der Aufmerksamkeit betrifft – hierfür war das zweite Prinzip zuständig –, sondern ihre *Richtung*. Genau wie unsere Gefühle unseren Bewertungen angemessen sein sollten, wenn unsere Aufmerksamkeit konzentriert ist, sollten wir auch, wenn wir uns konzentrieren, auf die Dinge um uns herum im Verhältnis zu ihrer Wichtigkeit achten – nicht einfach auf die Dinge, sondern auf die Aspekte, die sie wichtig machen. Dieses Prinzip – nennen wir es das dritte Realitätsprinzip – ist hier nur angedeutet, nicht präzise formuliert worden. (Könnte der Mensch im Vernichtungslager argumentieren, daß Mozarts Musik für ihn wichtiger *ist* als das, was im Augenblick geschieht, und dies auch sein sollte?) Wie sollte man zu einem Ausgleich kommen zwischen einer Betrachtung der Dinge aus der eigenen Perspektive, so daß das, was »um einen herum« ist, im Vordergrund der Wichtigkeit steht, und einer möglichst umfassenden und allgemeinen Sicht »vom Standpunkt des Universums aus«? Perspektivische Balance ist nicht das einzige Problem, das einer Lösung bedarf, um das dritte Realitätsprinzip angemessen zu formulieren. Genau welchen Begriff von Wichtigkeit benutzt dieses Prinzip, im Verhältnis zu der unsere Aufmerksamkeit angemessen konzentriert werden sollte?

Fragen nach selektiver Aufmerksamkeit betreffen auch das Wissen nichtbewertender Tatsachen und nicht nur Emotionen. Manchmal wird gesagt, daß alles Wissen intrinsisch wertvoll sei. Doch manche Wahrheiten sind völlig trivial. Es ist *ohne* Wert oder Wichtigkeit, wenn man weiß, aus wie vielen Sandkörnern Jones Beach besteht – das heißt, als isolierte Tatsache. (Es wäre etwas anderes, wenn man eine Theorie der Küstenbildung überprüfen oder konstruieren wollte; diese Einzelinformation könnte dann dabei helfen, ein grundlegendes wissenschaftliches Gesetz oder ein allgemeines Prinzip zu entdecken.) Welchen Ausgleich sollte man zwischen der Verfolgung tiefer oder allgemeiner Wahrheiten und Bewertungsprinzipien einerseits und der Verfolgung von besonderen Details, die für uns von praktischer Bedeutung sind, auf der anderen Seite finden? Wenn ich später von dem dritten Realitätsprinzip spreche, werde ich damit ein angemessen formuliertes Prinzip über die Konzentration und Richtung der Aufmerksamkeit im Sinne der vorliegenden Abschnitte meinen.

Die grundlegende Bewertungsaktivität ist die Selektivität der Konzentration, daß man sich auf dies konzentriert und nicht auf das. Wir können uns allerdings eine Theorie vorstellen, die die Behauptung aufstellt, daß alles gleich wichtig, nichts wichtiger als irgend etwas anderes sei, so daß man sich mit allem in beliebigem Umfang beschäftigen kann. Das könnte wie eine edle, nichtelitäre Sicht aussehen, die überall gleichen Wert findet. (Wird sie aber Einwände erheben, wenn wir ihr keine Beachtung schenken?) Doch was macht sie zu einer *Bewertung* von Dingen als wertvoll – muß nicht eine Bewertung etwas sein, das unsere Aufmerksamkeit und Anteilnahme lenkt? Um konsistent zu sein, müßte sie auch behaupten, daß teilweise oder getrübte Aufmerksamkeit oder selbst Unaufmerksamkeit nicht schlechter oder weniger wichtig ist als Fülle und Schärfe der Konzentration und daß wir das auch von unserem eigenen Fall denken sollten. Sie würde also eine Bewertung darstellen, nicht indem sie unsere Aufmerksamkeit irgendwie lenkte, sondern indem sie ihr gestattete, in jeder Weise zu sein, in jeder beliebigen möglichen Weise. (Hier, wenn nicht schon früher, entfernt sich die Voraussetzung von buddhistischen Ansichten.) Ob es sich dabei um gute Ökonomie handelt oder nicht, Laissez-faire stellt keine akzeptable Einstellung zum Leben im allgemeinen dar.

Das Beispiel der Erfahrungsmaschine zeigt, daß wir von der Wirklichkeit nicht völlig abgeschnitten sein wollen; wir wollen nicht null Prozent Kontakt. Doch wie bin ich davon, daß wir *einigen* Kontakt wollen, dazu gelangt, daß wir den Höchstbetrag, 100 Prozent, wollen? Vielleicht würde ein Betrag größer als Null, aber bedeutend geringer als 100 Prozent, genügen, um unser Bedürfnis nach Kontakt mit der Wirklichkeit zu befriedigen; jenseits dieses Betrages könnte das Glücksprinzip volle Geltung haben. Über diesem Schwellenwert würde man nicht auf Glück verzichten, um den Kontakt zur Wirklichkeit weiter zu steigern, sondern rosige Illusionen wären willkommen, wenn sie das Glück steigerten. Wenn man sagt, daß dem Kontakt mit der Wirklichkeit ein intrinsischer Wert zukommt, so kann das dreierlei Dinge von zunehmender Stärke bedeuten: erstens, daß es intrinsischen Wert hat, wenn es *einigen* Kontakt (ungleich Null) gibt; zweitens, daß es einen endlichen Wert für jedes Element von Kontakt gibt, das auftritt, selbst jenseits der Schwelle, auch wenn dieser Wert manchmal durch andere Dinge aufgewogen werden kann; oder drittens, daß es einen Wert von Kontakt zur Wirklichkeit gibt, dem sein Vorrang nicht genommen werden kann, und daß daher der Betrag oder der Grad des Kontakts maximiert werden soll. Da ich glaube, daß der Häftling im Konzentrationslager seine Umgebung wohl nicht völlig ignoriert und sich hauptsächlich auf Mozart konzentriert – zweifellos wird er sich auch auf andere weniger unmittelbare Wirklichkeiten konzentrieren, die ihn über eine gewisse Schwelle bringen –, begnüge ich mich nicht mit dem schwächsten der drei Realitätsprinzipien, das nur einen Kontakt größer als Null vorschreibt. Da ich aber auch glaube, daß sich der Häftling nicht völlig auf den Schrecken seiner Umgebung zu konzentrieren braucht, daß er ihr in der Phantasie oder in einer alternativen Konzentration entfliehen kann, kann ich nicht die stärkste Form des Prinzips unterstützen, die den Höchstbetrag von Kontakt mit der Wirklichkeit fordert. Ich bleibe also irgendwo in der Mitte und meine, daß jedes Element von Kontakt mit der Wirklichkeit durchaus sein eigenes Gewicht hat – um so größer, je bedeutsamer die Wirklichkeit ist –, daß aber andere Überlegungen (einschließlich solcher, bei denen es um Glück geht und um die Behauptung von Autonomie, indem man sich weigert, sich völlig zum Opfer machen zu lassen) manchmal den Wert der vollständigsten Konzentration auf die Wirklichkeit, in der man sich befindet, aufwiegen können. Die Aufmerksamkeit kann jedoch auf andere Teile der Wirklichkeit konzentriert werden, und so könnten wir ein Realitätsprinzip in Erwägung ziehen, das insofern zur Konzentration auf das Positive hinneigt, als dies ohne nennenswerte Distanzierung von der Wirklichkeit, die einen umgibt, möglich ist.

Werbung ist ein interessanter Fall für die Betrachtung. Außer ihren Funktionen, Informationen zu vermitteln und Aufmerksamkeit zu erregen, und ihrer weniger erfreulichen Funktion, rationaler Bewertung auszuweichen, kann Werbung Bilder manipulieren, um ein Produkt – Zigaretten oder Bier zum Beispiel – in einer Weise zu differenzieren, die nicht auf relevanten Unterschieden in den tatsächlichen Eigenschaften der Objekte beruht. Eine Zigarette oder ein Getränk schmeckt nicht wirklich rauher oder mehr nach Wildwest, eine andere Marke ist nicht wirklich eleganter. Wir können aber sehen, daß diese Differenzierung nicht nur für die Verkäufer von Produkten, sondern auch für ihre Käufer eine nützliche Funktion erfüllt. Wir alle würden uns gelegentlich wünschen, ungewöhnliche Gefühle zu haben oder herauszustellen, wie wir gern sein möchten. Manchmal tun wir das mit Gestalten aus Büchern oder Filmen, und wir bewegen uns dann ein wenig in ihrer Aura durchs Leben. Mit ihrer Art, sich zu bewegen oder zu stehen, ihrer Kleidung oder Sprechweise fühlen wir uns mehr wie sie, brutal oder elegant, intellektuell oder sexy, wagemutig, abenteuerlustig oder ungehobelt. Wir würden vielleicht auch Produkte mit chemischen Zusätzen begrüßen, die uns zeitweise derartige Gefühle vermitteln könnten und es uns erlaubten, entspannt (oder gespannt) gewisse Rollen und Stimmungen zu erleben. Die Werbung erweitert die Skala unserer Möglichkeiten in dieser Hinsicht, selbst wenn sie auf keinem tatsächlichen Unterscheidungsmerkmal des Produkts beruht. Durch die Schaffung symbolischer Stützen, die wir in unserem Phantasieleben benutzen können, funktioniert die Werbung so, wie es der chemische Zusatz täte. Derart mit der richtigen Zigarette, dem richtigen Auto oder Getränk bewaffnet, können wir damit spielen, daß wir in einer bestimmten Weise sind, oder uns leichter vorstellen, daß wir so sind. (Selbst wenn sich Produkte wirklich unterscheiden, könnte ein Teil der Funktion ihrer Qualitäten darin liegen, daß sie sich in weitergehende Phantasien einfügen und sie anregen.) Manchmal, wenn wir uns so verhalten, werden andere passende Reaktionen liefern und dadurch unsere Rolle bequemer, ja schließlich authentischer machen. Diese Form der Schaffung und Benutzung von Illusionen braucht nicht mit den Realitätsprinzipien in Konflikt zu kommen, wenn der Mensch sich weiterhin darüber im klaren ist, daß es eine künstlich erzeugte Rolle ist. Das bedeutet jedoch nicht, daß er ständig ein Bewußtsein von ihrer Falschheit haben muß. Wenn die symbolische Stütze ihm das Selbstvertrauen gibt, den Geist oder den Mut, die er hat, zu gebrauchen, dann wird er tatsächlich geistvoller oder mutiger. Werbung sollte jedoch nicht darauf zielen, jemanden davon zu überzeugen, daß ein Produkt ihn beispielsweise schußfest oder unsichtbar machen wird. Nur wenige Menschen, die in unserer Gesellschaft aufwachsen, sind allerdings so einfältig, und die meisten Werbeleute beschränken sich weise darauf, angenehme Illusionen zu erzeugen, die sich durchhalten lassen oder die man zumindest nicht offensichtlich und rundheraus widerlegen kann.

Die Fähigkeit und Möglichkeit, unsere Aufmerksamkeit zu konzentrieren, die Dinge zu wählen, denen wir Aufmerksamkeit schenken wollen, ist ein wichtiger Bestandteil unserer Autonomie.[1] Willkürliche Kontrolle über unsere Aufmerksamkeit ist auch ein wichtiger Aspekt unseres seelischen Wohlbefindens. Eine Beeinträchtigung der Fähigkeit, die Aufmerksamkeit zu konzentrieren, kennzeichnet gewisse neurotische Störungen.[2] Im allgemeinen bedürfen wir der Fähigkeit, die Konzentration unserer Aufmerksamkeit den Umständen entsprechend zu verändern, hin und her vom Gesamtbild zu Einzelheiten, von der Bestätigung zu Dingen, die nicht passen, von der Oberfläche zu dem, was in der Tiefe liegt, vom Unmittelbaren zum Langfristigen. Nennen wir dies die *Zoomobjektiv*-Fähigkeit. Zusätzlich zu der Ausrichtung auf Nähe oder Ferne will ich darin auch die Kontrolle über die Richtung, in die die Aufmerksamkeit geht, einschließen. Ohne solche Kontrolle der Form und des Gegenstands unserer Aufmerksamkeit wäre es schwierig, sich wirksam zu verhalten oder ein abgerundetes Gefühlsleben zu haben.

Emotionen fluten daher nicht einfach über uns hinweg oder brauchen es nicht zu tun. Wir können eine gewisse Kontrolle über sie haben, indem wir die Annahmen, die wir haben, durch rationale Kritik oder weiteres Nachdenken modifizieren; indem wir unsere Bewertungen durch Untersuchung weiterer Fakten oder ein neues Durchdenken der Natur des Wertes selbst verändern; und indem wir die Konzentration unserer Aufmerksamkeit kontrollieren und entscheiden, welche von unseren Annahmen und Bewertungen wir emotional ins Spiel bringen sollen. Wir können auch die Annahme und die Bewertung, die Teil einer Emotion sind, in ein umfassenderes Netz von miteinander verbundenen Plänen, Bewertungen, Annahmen und Zielen einbetten, die die Emotion modifizieren oder verschieben. Ich sage nicht, daß diese Dinge völlig unserer Kontrolle unterliegen oder daß dies gar wünschenswert wäre. Dennoch kann die Philosophie eine ganz praktische Wirkung auf unser emotionales Leben haben, indem sie uns operative Prinzipien für rationale Annahmen und Bewertungen liefert und vielleicht sogar Prinzipien zur selektiven Lenkung sowie zur Verstärkung oder Abschwächung unserer Aufmerksamkeit.

Es gibt auch eine Kontrolle darüber, ob man sich bei bestimmten Gelegenheiten auf intensive Emotionen einlassen möchte. Wir können solche Emotionen schätzen, aber nicht wollen, daß wir ständig von ihnen überflutet werden. Ruhe, Gleichgewicht und Distanz haben auch ihren Ort und ihre Funktion. Sie ließen sich außerdem dazu benutzen, sich weniger abhängig von Konditionierung durch äußere Faktoren zu machen. Lust und Schmerz lassen sich manchmal mit einer gewissen losgelösten Aufmerksamkeit erfahren und beobachten; indem man sie getrennt hält, könnte man ihre Neigung kontrollieren, sich in ein Mehr-Wollen oder Noch-einmal-Wollen zu ergießen. Durch selektives Konzentrieren der Aufmerksamkeit und Gestalten des Responses formen wir unser emotionales Leben.

Man sagt, jemand habe eine »philosophische« Einstellung zu einer Sache, wenn er negative Emotionen vermeidet, indem er negative Bewertungen verlagert oder vermindert, indem er entweder die allerumfassendste Perspektive einnimmt oder selektiv seine Aufmerksamkeit auf bestimmte Tatsachen konzentriert. Manchmal jedoch gebietet uns die Philosophie – oder jedenfalls das dritte Realitätsprinzip –, uns auf das Negative zu konzentrieren. Der Konflikt zwischen diesem Realitätsprinzip und unserem Wunsch, intensive Unlustgefühle zu vermeiden, ist vielleicht weniger schwer, als er aussieht. Dieses Prinzip schreibt manchmal negative Emotionen vor; die Gefühle jedoch, die einen Teil von negativen Emotionen bilden, können zwar nicht angenehm sein, aber sie brauchen selbst nicht direkt unangenehm zu sein. Sehen wir uns zuerst positive Emotionen an. Die Gefühlskomponente einer intensiven positiven Emotion ist selbst etwas Lustvolles; sie wird zum Teil wegen ihrer eigenen Empfindungsqualitäten erstrebt. Es wäre mißlich, wenn in Begleitung von positiven Bewertungen Gefühle aufträten, die man negativ empfände, Unlustgefühle, die wir wegen ihrer eigenen Empfindungsqualitäten *vermeiden* wollten. Nur ein positiv betrachtetes Gefühl könnte ein integriertes Ganzes mit einer positiven Bewertung bilden und sie so angemessen ausdrücken.

Wenn etwas zu Recht *negativ* bewertet wird, als unharmonisch oder häßlich oder zerstörerisch oder böse, was für ein Gefühl begleitet dann angemessenerweise *diese* Bewertung? Sicher kein angenehmes; dieses Gefühl sollte keines sein, das man zum Teil wegen seiner eigenen Empfindungsqualitäten erstrebt. (Es ist unangemessen, das Vornehmen von negativen Bewertungen zu genießen oder diese mit angenehmen Gefühlen zu begleiten oder in *diesem* Kontext ein gutes Gefühl wegen der eigenen Fähigkeit zu bewertendem Scharfblick und ihrem geschickten Einsatz zu haben.)

Das Gefühl, das eine positive Bewertung begleitet, soll proportional sein, seine Empfindungsqualität soll der Bewertung entsprechen. Es fühlt sich so gut an, wie es die Bewertung über das fragliche Ding aussagt.[3] Dieses Gefühl repräsentiert den Wert (oder eine umfassendere Kategorie) in seiner Struktur und auch in seinem positiven Charakter. Der positive Charakter des Gefühls liefert in unserem Innern ein Analogmodell für den positiven Charakter des bewerteten Dinges. Weiter oben spekulierten wir, daß das Gefühl in seiner Struktur ein Analogmodell der *Struktur* dieses bestimmten Werts liefern könnte. Hier fügen wir hinzu, daß das Gefühl in seinem positiven Charakter eine analoge Repräsentation des positiven *Charakters* des Wertes liefert. Auf diesem Wege wird auf den Wert *als* wertvoll, als positiver Wert, eingegangen. Wenn dagegen negative Bewertungen von angenehmen Gefühlen begleitet wären, würde der (*positive*) Charakter dieser Gefühle keine (so vollständige) analoge Repräsentation des (negativen) Charakters dessen liefern, was sie bewerteten. Implizit, durch die Natur seiner Gefühle, würde der Mensch sagen, daß diese negativen Werte etwas Gutes seien; zumindest im Hinblick auf ihre Existenz als Objekte, die er negativ bewerten kann, wäre er froh.

Wenn es keine positiven Gefühle sein können, die negative Bewertungen begleiten, müssen es dann negative und unangenehme Gefühle sein – das war unsere Frage weiter oben –, oder läßt sich der Konflikt zwischen dem dritten Realitätsprinzip und unserer Abneigung gegen intensive

Unlustgefühle mildern? Müssen die negativen Bewertungen, selbst wenn sie in Emotionen verkörpert sind und nicht bloße Bewertungen darstellen, von Gefühlen begleitet sein, die in dem Maße *unangenehm* sind, wie die Bewertung negativ urteilt? Das würde sicher den Anreiz dazu beseitigen, korrekte negative Bewertungen vorzunehmen! Es gibt jedoch noch andere Dimensionen von Erfahrung als Unlust, die wir beim Eingehen auf negativen Wert und bei der Bereitstellung einer analogen Repräsentation für ihn heranziehen und benutzen können. Wir können Erfahrungen haben, die mächtig, bewegend, ergreifend oder denkwürdig sind. Durch ihre Größe in diesen und anderen Dimensionen können Emotionen auf negativen Wert eingehen, auf die Größe des Leidens oder des Verlustes oder der Tragödie oder der Ungerechtigkeit oder des Schreckens. Auch in einem Theater können wir auf eine Tragödie machtvoll und tief mit Emotionen eingehen, die zwar in ihren eigenen Dimensionen ein Analogon zu dem darstellen, was auf der Bühne geschieht, die wir aber nicht (direkt) als unangenehm empfinden.

Doch der Respons auf eine Tragödie im Theater unterscheidet sich von unseren Responsen auf die Tragödien des Lebens. Anders als Traurigkeit im Theater *fühlt* sich Traurigkeit im Leben unangenehm an, und das ist wirklich ein Unterschied darin, wie sich die Erfahrungen anfühlen, in ihrer Phänomenologie, und ist nicht einfach durch die verschiedenen Kontexte bedingt. (In einem Theater wissen wir ungefähr, wann die Erfahrung zu Ende gehen wird; kein Handeln unsererseits kann etwas ändern; wir wissen, daß wir in Sicherheit sind. Wenn in einem Horrorfilm die Erfahrung tatsächlich unangenehm wird, halten sich die Leute die Hände vor die Augen oder gehen.) Wenn gewisse Tatsachen oder Ereignisse im Leben uns unglücklich machen, ist dies nicht einfach die Abwesenheit von Glück (in einer seiner Bedeutungen), sondern eine existierende Emotion mit ihrem eigenen Begleitgefühl: traurig, flau, gedrückt. Wäre es nicht am besten, nicht *diese* Gefühle zu empfinden, wenn wir mit Emotionen auf Tatsachen antworten, die wir negativ bewerten? Vielleicht sind diese Gefühle einfach Teil des Programms unserer allgemeinen emotionalen Kapazität. Wäre es nicht trotzdem besser, wenn wir die Teile des Programms voneinander trennen könnten, so daß wir Glück als Respons auf positiv bewertete Tatsachen empfinden und, wie im Theater, eine starke Emotion als Antwort auf negativ bewertete Tatsachen – nur nicht Unglück? Ließe sich das dritte Realitätsprinzip durch diese Art von Erfahrung befriedigen, die ein Theaterpublikum hat, machtvoll und bewegend und sogar traurig, doch nicht unangenehm? (Aber doch beunruhigend?) Oder wäre dies noch eine weitere Art des Rückzugs aus der Wirklichkeit, der nach der Formulierung eines zusätzlichen Realitätsprinzips verlangte? Ist Unglück als angemessener Respons auf gewisse negative Tatsachen notwendig?

Lust ist jedenfalls ein zu verbrauchter Begriff für die wünschenswerten Empfindungsqualitäten von Erfahrung, sofern wir nicht ständig im Gedächtnis behalten, daß der technische Gebrauch von *Lust* keine einzelne Qualität bezeichnet, sondern alle Empfindungsqualitäten, die zum Teil um ihrer selbst willen erstrebt werden. Die Frage richtet sich dann auf die Aufzählung von Erfahrungsqualitäten, die um ihrer selbst willen angestrebt werden sollten. Emotionen und Erfahrungen können reich, vielfältig, tief, intensiv, nuanciert, komplex, veredelnd, anregend, machtvoll, echt, intim, denkwürdig, voll, erhebend und so fort sein. Es gibt viele wünschenswerte Dimensionen emotionaler Erfahrung; wenn man intensive positive Emotionen (die passend sind) haben will, so ist das nur eine Kurzform dafür, daß man sich ein emotionales Leben wünscht, das das ganze Inventar enthält.

Wir wollen einige Menschen lieben und daher jemand sein, dessen eigenes Wohlergehen mit dem ihren verknüpft ist. Wenn es ihnen schlechter geht, genügt es nicht, einfach eine leidenschaftslose negative Bewertung unserer selbst, denen es auch schlechter geht, vorzunehmen, denn in welcher Weise *geht* es uns dann schlechter? Können wir einfach sagen, daß die Art und Weise, in der es uns schlechter geht, eben die ist, daß es *ihnen* schlechter geht? Das erscheint nicht angemessen. So ist die Emotion des Unglücks, die wir empfinden, das, was uns dazu bringt, daß es uns schlechter geht, wenn es ihnen schlechter geht; sie stellt die Art und Weise dar, in der es uns schlechter geht, und verknüpft unser Wohlergehen direkt mit dem ihren.

Das erklärt, warum Unglück manchmal eine notwendige Antwort auf gewisse Situationen ist, in denen sich Menschen befinden, die wir lieben, aber es erklärt nicht, warum wir auch über unsere eigenen Situationen unglücklich zu sein haben. Wenn zum Beispiel eine Mutter oder ein Vater stirbt oder ein Vorhaben scheitert, ist dann nicht die Art und Weise, in der es uns schlechter geht, ganz einfach die, daß uns der Mensch nicht mehr lebend gegenwärtig ist oder das Vorhaben nicht mehr weitergeht? Wir brauchen keine weitere Emotion, die unser Befinden verschlechtert – es geht uns schon schlecht, einfach auf Grund der Tatsache. (Kann aber diese Tatsache unser Wohlergehen damit verknüpfen, daß die Mutter, der Vater ihr oder sein Leben verliert?) Warum wollen wir also als Wesen beschaffen sein, die über unsere eigenen Situationen *unglücklich* gemacht werden – würden uns andere starke Emotionen nicht genügend verbinden, dabei aber wünschenswerter sein?

Im eigenen Fall, dem eigenen Leiden gegenüber, könnte man danach streben, sich zu der Einstellung eines Theaterpublikums durchzuringen, dessen Emotionen tiefempfunden sind, aber nicht als schmerzhaft wahrgenommen werden. (Wir haben bereits gesehen, daß das gegenüber Menschen, die man liebt, nicht gehen würde. Bei ihnen haben wir nicht nur die eine oder andere Art einer tiefen Empfindung, wir leiden Schmerzen, wenn sie es tun; wenn man das nicht tut, so heißt das, daß man nicht mit ihnen im Band der Liebe verbunden ist.) Doch diese tiefen Gefühle belassen einen zwar nicht völlig abgeschnitten von den Ereignissen, aber doch als Zuschauer. Vielleicht ist es die Tatsache, daß man sich unglücklich (oder glücklich) über bestimmte Ereignisse fühlt, die diese Ereignisse zu einem Teil des *eigenen* Lebens macht oder die einem das Gefühl vermittelt, daß sie es sind. Die Frage, die sich dann stellen würde, wäre: Warum wollen wir unser Leben leben, anstatt es (zum Teil) als Zuschauer zu betrachten? Warum wollen wir die Art von Wesen sein, die ihr ganzes Leben leben? Vielleicht ist tatsächliches Unglück oder Glück das, was unser Leben zu etwas Ernsthaftem macht – zu mehr als einem Spiel. Doch warum wollen wir dann, daß unser Leben ernsthaft sein soll?

Ein Teil der Antwort liegt vielleicht in der Weise, in der wir auch aus intensiver Traurigkeit, ja Tragödie, etwas gewinnen können. Solche Erfahrungen prägen uns nachdrücklich; sie vertiefen uns. Warum habe ich dann überhaupt ein Gewicht auf *positive* Emotionen gelegt und nicht einfach darauf, daß man intensive Emotionen beliebiger Art hat? Die Wahrnehmung von positiven Aspekten in dem, was negativ ist, geschieht gewöhnlich im nachhinein. Sicher, wir würden, selbst wenn wir könnten, nicht die gesamte negative Vergangenheit verändern, die uns geformt und vertieft, die uns zu dem gemacht hat, was wir sind (auch wenn das nicht heißen soll, daß wir *nichts* daran ändern würden); aber wenige von uns streben deshalb noch mehr von dem Negativen an, um zu weiterer Vertiefung zu kommen. Intensive negative Emotionen werden also nicht *wegen* ihrer Negativität geschätzt, sondern nur wegen der Wirkung, die sie auf *uns* ausüben; wir suchen sie uns nicht aus.

12. Wirklicher sein

Wir sind nicht bloß leere Eimer, die mit Glück oder Lust vollgestopft werden; es kommt auch, ja noch mehr, auf das Wesen und den Charakter des Ich an. Es ist leicht, in eine »Endzustands«-Auffassung vom Ich zu verfallen und einen bestimmten Zustand für es abzugrenzen, den es erreichen und aufrechterhalten soll. Ebenso wichtig wie die Bestandteile und die Struktur des Ich sind jedoch die Wege, auf denen es sich verwandelt. Und das nicht einfach deshalb, weil es wichtig ist, dieses Endresultat zu erreichen. Genau wie eine Nation zum Teil von ihren verfassungsmäßigen Wandlungsprozessen, darunter den Mitteln zur Abänderung dieser Verfassung, gebildet wird, wird auch das Ich zum Teil durch *seine* Wandlungsprozesse gebildet. Das Ich macht diese Prozesse nicht einfach durch, es gestaltet und wählt sie, es initiiert sie und läßt sie ablaufen. Ein Teil des Wertes des Ich liegt in seiner Fähigkeit, *sich selbst* zu verwandeln und so (in beträchtlichem Umfang) selbstschöpferisch tätig zu sein; ein Teil ruht auch in der besonderen Beschaffenheit seiner eigenen Prozesse. Es ist, glaube ich, vorteilhaft für das Ich, wenn es sich selbst zum Teil als der nichtstatische Akteur seines eigenen Wandels identifiziert, als eine Stätte von Transformationsprozessen. Diese Prozesse können später durch wieder andere ersetzt werden. Auf der höchsten Ebene wird es vielleicht einige konstante Wandlungsprozesse geben, aber auch diese könnten eines Tages auf sich selbst angewendet werden und dadurch eine Selbstverwandlung durchmachen.

Weil unser Leben eine zeitliche Dauer hat, können wir experimentieren und Alternativen ausprobieren oder sie abwandeln. Wir können auch einige Charakteristika intensiv verfolgen, ohne daß wir auf andere für immer verzichten müssen; diese können auf eine andere Gelegenheit warten. Wir können so darauf zielen, ein Ich zu haben, das sich entwickelt, eines, das im Verlauf der Zeit die wichtigsten Charakteristika einschließt und integriert. Das kann den Sinn erklären, in dem gewisse Aufgaben und Charakteristika in einem bestimmten Alter oder Stadium am angemessensten sind. Wenn es viele gibt, die im Lauf der Zeit untergebracht werden müssen, lassen sich vielleicht einige vollständiger oder leichter ausführen, wenn sie vor (oder nach) anderen kommen; manche Abfolgen können leichter fließen als andere.[1]

Zu manchen Zeitpunkten fühlt sich ein Mensch für sich selbst wirklicher. Halten Sie jetzt inne, um folgende Frage zu stellen und zu beantworten: Wann fühlen Sie sich am wirklichsten? (Halten Sie jetzt inne und denken Sie tatsächlich darüber nach. Was ist *Ihre* Antwort?)

Jemand mag denken, daß die Frage wirr ist. Zu allen Zeiten, in denen ein Mensch existiert, existiert er dann und muß also dann wirklich sein. Auch wenn wir aber vielleicht noch nicht in der Lage sind anzugeben, welcher Begriff von Wirklichkeit in Betracht kommt, sind wir anscheinend doch fähig, Abstufungen von Wirklichkeit zu unterscheiden.

Betrachten wir als erstes literarische Gestalten. Manche literarischen Gestalten sind wirklicher als andere. Denken wir an Hamlet, Sherlock Holmes, Lear, Antigone, Don Quijote, Raskolnikov. Obwohl keiner von ihnen existiert, erscheinen sie sogar noch wirklicher als manche Menschen, die wir kennen und die existieren. Nicht, daß diese literarischen Gestalten wirklich sind, weil sie »lebensecht« sind, Menschen, denen wir glaubhafterweise begegnen könnten. Die Wirklichkeit dieser Gestalten besteht in ihrer Lebendigkeit, ihrer Detailschärfe, der ausgeglichenen Weise, in der sie auf ein Ziel hin fungieren oder in seiner Verfolgung gequält werden. Selbst wenn ihre eigene Konzentration nicht völlig klar ist, wollen sie sich unbedingt konzentrieren oder werden (wie Madame Bovary durch Flaubert) in klarer Konzentration dargestellt. Diese Gestalten sind »wirklicher als das Leben«, schärfer ausgeprägt, mit wenigen fremden Details, die nicht passen. In den Merkmalen, die sie aufweisen, sind sie konzentriertere Zentren psychischer Organisation. Solche literarischen Gestalten werden zu Musterbeispielen, Paradigmen, Modellen, Inbegriffen. Sie sind stark konzentrierte Teile der Wirklichkeit.

Dieselben Eigenarten, die einige literarische Gestalten wirklicher werden lassen als andere und ihnen eine paradigmatische Schärfe verleihen, gelten auch außerhalb des literarischen Bereichs. Kunstwerke, Gemälde oder Musikstücke oder Gedichte, erscheinen oft eindringlich wirklich; ihre scharf ausgeprägten Züge lassen sie vor dem gewöhnlichen Hintergrund verschwommener und vager Objekte hervortreten. In einer Organisationsform, die dichter und kohärenter ist oder die zumindest eine offensichtlichere und interessantere Gestalt besitzt, stellen sie ausgeglichenere Einheiten dar. Die Schönheit von Kunstwerken oder Bildern der Natur, das dynamische Gleichgewicht der Anordnung, macht es lebhafter, wirklicher als das übliche Durcheinander, dem wir uns gegenübersehen. Der Grund dafür ist vielleicht, daß schöne Dinge so, wie sie sind, richtig erscheinen; sie weisen eine Vollkommenheit eigener Art auf. Oder es ist vielleicht der, daß sie, an und für sich betrachtet, unsere Aufmerksamkeit dauerhafter festhalten und lohnen. Jedenfalls werden sie wie in schärferem Gleichgewicht und konzentrierter wahrgenommen; sie werden lebhafter wahrgenommen. Andere Züge als Schönheit wie etwa Intensität, Kraft und Tiefe führen auch zu einer Lebendigkeit der Wahrnehmung. Künstler versuchen, glaube ich, Gegenstände zu schaffen, die auf die eine oder andere Weise wirklicher sind.

Mathematiker beschreiben auch Objekte und Strukturen, in denen sich scharf umrissene Eigenschaften in einem dicht geschichteten Netz von kombinatorischen Möglichkeiten, Relationen und Implikationen verflechten. Die Frage »*Existieren* mathematische Entitäten?«, die von Mathematikphilosophen gestellt wird, erfaßt nicht den hervorstechenden Charakter ihrer lebhaften Wirklichkeit. Die Griechen konnten nicht umhin, von solchen Objekten und den komplizierten Mustern, die sie so eindeutig und scharf aufwiesen, gefesselt zu werden, selbst im Falle von »irrationalen« Zahlen, die inkommensurabel waren. Die Überlieferung berichtet, Platon habe die Ansicht vertreten, daß Ideen – seinen Theorien zufolge die wirklichsten Wesenheiten – (wie) Zahlen seien. Das Reich der Mathematik, das ein lebendiges Reich ist, fesselt unsere Aufmerksamkeit, weil es so wirklich ist.

Genau wie manche literarische Gestalten wirklicher sind, sind es auch manche Menschen. Sokrates, Buddha, Moses, Gandhi, Jesus – diese Figuren fesseln unsere Vorstellungskraft und Aufmerksamkeit durch ihre größere Wirklichkeit. Sie sind lebendiger, konzentrierter, schärfer umrissen, ausgeglichener, innerlich schöner. Im Vergleich zu uns sind sie wirklicher.[2]

Auch wir sind jedoch zu manchen Zeiten wirklicher als zu anderen, wirklicher in einigen Seinsweisen als in anderen. Menschen sagen oft, daß sie sich am wirklichsten fühlen, wenn sie mit intensiver Konzentration und Scharfeinstellung arbeiten, mit effektiv eingesetzten Kenntnissen und Fähigkeiten; sie fühlen sich am wirklichsten, wenn sie sich am schöpferischsten fühlen. Manche sagen, bei sexueller Erregung, manche sagen, wenn ihre Aufmerksamkeit gespannt ist und sie etwas Neues lernen. Wir sind wirklicher, wenn all unsere Energien gebündelt sind, unsere Aufmerksamkeit gerichtet ist, wenn wir wachsam sind, vollständig funktionieren, unsere (wertvollen) Kräfte nutzen. Eine intensive Bündelung bringt uns in schärfere Konzentration.

Betrachten Sie eine zweite Frage: Wann fühlen Sie sich am meisten Sie selbst? (Das ist etwas anderes als die Frage, wann man sich mehr als *ein* Selbst fühlt, und auch als die, wann man sich am *lebendigsten* fühlt.) Die Antwort wird nicht genauso ausfallen wie die auf die Frage danach, wann man sich am wirklichsten fühlt. Menschen fühlen sich am meisten als wirklich sie selbst, wenn sie mit Teilen ihrer selbst »in Kontakt« sind, die gewöhnlich in ihrem Bewußtsein nicht stark hervortreten, wenn sie in ungewohnten Emotionen verweilen und diese in engere Verbindung zu den vertrauteren Teilen ihrer selbst bringen. Auf nachdenklichen Waldspaziergängen, bei der Betrachtung des Meeres, in Meditation oder vertrautem Gespräch mit einem Freund werden tiefere Teile des Ich ins Bewußtsein gehoben und in die übrigen einbezogen, was zu einer größeren Heiterkeit des Ich, zu dem Gefühl eines substantielleren Ich führt.

Dieser Zuwachs an (Bewußtsein von) Integration zuvor isolierter Teile befähigt einen, mit größerer Kraft und einer breitergefächerten intensiven Konzentration zu handeln und sich so wirklicher zu fühlen.

Das Reich der Wirklichkeit, derjenigen Dinge, die in mehr als einem gewissen Grade Wirklichkeit besitzen, ist nicht dasselbe wie das, was existiert. Literarische Gestalten können wirklich sein, obwohl sie nicht existieren; existierende Dinge können nur den minimalen Grad an Wirklichkeit besitzen, der zum Existieren erforderlich ist. Es erscheint plausibel, die Untergrenze der Wirklichkeit bei der Existenz anzusiedeln; nichts, was *weniger* lebendig und konzentriert ist als das, was existiert, zählt als wirklich. Die Wirklichkeit tritt allerdings in Abstufungen auf, und die Wirklichkeit, die uns hier besonders interessiert, liegt oberhalb dieser minimalen Untergrenze.

Dieser Auffassung zufolge hat die Wirklichkeit viele Aspekte; es gibt verschiedene Dimensionen, die zu einem höheren Grad von Wirklichkeit beitragen können. Eine höhere Position oder Punktzahl in einer dieser Dimensionen zu haben (bei gleicher Position in den anderen relevanten Dimensionen) bedeutet, ein höheres Maß an Wirklichkeit zu haben. Diese anderen Dimensionen können mit der Klarheit der Konzentration und der Lebendigkeit der Organisation verbunden sein, aber sie sind nicht einfach Einzelfälle davon. Bei der Diskussion von Kunstwerken haben wir bereits von Schönheit gesprochen; je schöner etwas ist, desto mehr Wirklichkeit hat es. Eine weitere Dimension der Wirklichkeit ist, glaube ich, (größerer) Wert. Je größer der innere Wert einer Sache, desto mehr Wirklichkeit hat sie. Größere Tiefe bringt auch größere Wirklichkeit, ebenso wie größere Vollkommenheit und größere Ausdruckskraft. Wir werden diese und andere Dimensionen und ihre kombinierte Struktur später noch zu untersuchen haben.

Ich will sagen, daß Sie Ihre Wirklichkeit sind. Unsere Identität besteht aus denjenigen Eigenheiten, Aspekten und Aktivitäten, die nicht bloß existieren, sondern auch wirklich(er) sind. Je größer die Wirklichkeit, die eine Eigenheit hat, desto mehr Gewicht hat sie in unserer Identität. Unsere Wirklichkeit besteht zum Teil aus den Werten, die wir verfolgen und nach denen wir leben, aus der Lebendigkeit, Intensität und Einheitlichkeit, mit der wir sie verkörpern. Unsere Werte allein, selbst unser Wert, stellen jedoch nicht die Gesamtheit unserer Wirklichkeit dar; der Begriff der Wirklichkeit im allgemeinen umfaßt noch andere Dimensionen als Wert. Wenn ich sage, daß wir durch unsere Wirklichkeit konstituiert sind, meine ich, daß die Substanz des Ich die Wirklichkeit ist, die es zu erreichen vermag. Eine Auffassung von Unsterblichkeit könnte sein, daß das, was unseren Tod überlebt, unsere Wirklichkeit ist, das, was wir an Wirklichkeit zu realisieren vermögen.

Wir können jetzt ein viertes Realitätsprinzip formulieren; es empfiehlt, wirklicher zu sein. Die Figuren, die dies am meisten veranschaulichen, wie etwa Sokrates, Buddha, Moses, Jesus und Gandhi, hatten die größte und bleibendste Wirkung, eine Wirkung, die (zum großen Teil) auf ihre größere Wirklichkeit zurückging. Nicht jede Anwendung des vierten Realitätsprinzips ist allerdings so ehrgeizig: eine Beschäftigung mit den Aktivitäten des Erkundens, Eingehens und Schaffens ist eine Art, wirklicher zu sein; eine andere ist es, intensive positive Emotionen und enge Bindungen zu haben. Wir sollten hier die theoretische

Möglichkeit eines Konflikts zwischen dem zweiten und dem vierten Realitätsprinzip beachten; es ist möglich, zu einem wirklicheren Ich zu werden, indem man sich teilweise von der äußeren Wirklichkeit abschneidet; und ist es so, daß sich einige Wahnkranke, die sich beispielsweise für Napoleon halten, die größte ihnen zugängliche Wirklichkeit zu erreichen versuchen, indem sie einen sehr wirklichen Menschen simulieren, selbst auf Kosten des Abbruchs des Kontakts zur Wirklichkeit?[3]

Wenn man sagt, daß einige Menschen wirklicher sind oder werden als andere, so kann das unangebracht elitär erscheinen. Doch muß nicht diese Redeweise daraus folgen, daß ein Mensch urteilt, er selbst könne wirklicher werden, als er es war; wenn er dies wird, wird er dann nicht wirklicher sein als jemand anderer, der jetzt so ist, wie er vorher war? Dies folgt allerdings nicht in ganz strengem Sinne. Es ist möglich, eine intellektuelle Struktur zu haben, die Vergleiche für eine Person anstellt – sie kann eher auf die eine Weise wirklicher sein als auf eine andere –, ohne daß man *zwischen* verschiedenen Leuten Vergleiche in bezug auf den Grad der Wirklichkeit zieht. (Eine analoge Struktur wird von denjenigen Wirtschaftstheorien vorgelegt, die intrapersonale Vergleiche des Nutzens anstellen, ohne interpersonale Vergleiche zu ziehen.) Diese Situation könnte eintreten, weil bei Vergleichen, die nur eine Person betreffen, die sich auf zweierlei Weise verhält, davon ausgegangen wird, daß alle anderen Faktoren einschließlich etwaiger Geheimnisse, die es an der menschlichen Person gibt, konstant gehalten werden und daher gleich sind und sich daher aufheben. Beim Vergleich *zwischen* Menschen, die sich in der Wirklichkeit auf unbekannte oder nicht offensichtliche oder unvergleichbare Weise unterscheiden können, läßt sich das jedoch nicht voraussetzen. (Selbst diese Erklärung scheint jedoch einige Unterschiede in der jeweiligen Wirklichkeit von Menschen vorauszusetzen, ganz gleich, ob wir angeben können, in welche Richtung der Unterschied geht.) Es ist daher denkbar, daß Unterschiede an Wirklichkeit etwas *Intra*personales sein könnten und als Anleitung oder Ziel oder Maßstab im Leben jedes einzelnen Menschen dienen, daß sie aber keine Gültigkeit im Vergleich zwischen Menschen haben. Die meisten meiner Reflexionen würden bei dieser engeren Sicht unverändert bleiben; ich werde aber der weiteren interpersonalen Deutung folgen. Es wirkt alles andere als redlich, wenn man die größere Wirklichkeit von Gestalten wie Sokrates, Buddha, Jesus, Gandhi und Einstein nicht anerkennt. Und wenn wir bewußt diese größere Wirklichkeit honorieren, können wir das Vergnügen haben zu erkennen, daß wir wenigstens nicht *blind* sind!

Ich habe das vierte Realitätsprinzip als eines formuliert, das empfiehlt, wirklicher zu sein; es schreibt jedoch nicht vor, die eigene Wirklichkeit zu maximieren oder sie auch nur zu erhöhen. Vielleicht ist jemand bereits wirklich genug. Das Niveau der Ambition, das, was als wirklich genug zählt, ist eine gesonderte Frage, die jeder von uns für sich entscheiden muß.[4]

Die Umstände können jedoch unsere Aussichten und die zur Verfügung stehenden Wege zur Erreichung eines gewissen Wirklichkeitsniveaus beeinflussen. Es wäre schön zu denken, daß das, was am wichtigsten ist, nicht von äußeren sozialen Umständen beeinflußt werden kann, aber es würde die Ernsthaftigkeit gesellschaftlicher Ungleichheiten bagatellisieren, wollte man leugnen, daß sie die Aussichten von Menschen in äußerst wichtiger Hinsicht beeinflussen. Das bedeutet nicht, daß Klassenposition oder Einkommen oder familiäre Erziehung unabänderliche Grenzen setzen müssen – Leiden kann Menschen prägen, Würde kann in der Bewältigung von Schwierigkeiten bewiesen werden, und enormer Reichtum kann eine enorme Barriere für ein Wirklichwerden darstellen –, aber diese Dinge beeinflussen Chancen und machen einige Lebensläufe schon früh bestenfalls zu einem harten Kampf. Wir könnten also versucht sein, uns einem anderen Maß zuzuwenden, nicht dem Grad an Wirklichkeit eines Menschen, sondern vielmehr dem Grad, in dem er die höchstmögliche Wirklichkeit unter seinen besonderen Umständen erreicht hat. Bei diesem *prozentualen* Maß dafür, wie gut jemand seine Situation bewältigt hat, startet jeder gleich. Dies als das wichtigste Maß zu bezeichnen hieße jedoch leugnen, wie gewaltig die Kosten der Zugehörigkeit zu einer sozialen Klasse sein können. (Aus diesem Grunde wäre es auch nicht adäquat zu sagen, daß wir im Verhältnis zu anderen einfach auf das Maß an Wirklichkeit eingehen sollen, das sie haben; manchmal müssen wir versuchen, dieses zu erhöhen oder die besonderen Bedingungen oder gesellschaftlichen Strukturen zu verändern, die es beschränken.)

Da die Wirklichkeit eines Ich sich im Laufe der Zeit ändern kann, erhebt sich die Frage, wie man seine *Gesamt*wirklichkeit bestimmen soll. Nehmen wir an, wir könnten den Grad von Wirklichkeit eines Ich in jeder Zeitspanne graphisch darstellen – so wie wir uns oben graphische Darstellungen von Glück im Laufe eines Lebens vorstellten. Welches ist das wirklichste Ich; welches Muster im Zeitverlauf sollten wir zu verfolgen suchen? Das mit dem höchsten Scheitelwert irgendwo auf seiner Wirklichkeitskurve für das ganze Leben, selbst wenn es diesen höchsten Grad nur kurz aufrechterhält? Oder das mit der größten Summe von Wirklichkeit im Verlauf eines Erwachsenenlebens, gemessen durch die Fläche unter der Kurve? (Oder ist es, wenn man verschiedene Lebenslängen beachtet, das mit der größten *durchschnittlichen* Wirklichkeit?) Oder sollten wir nach einer aufwärts verlaufenden Wirklichkeitskurve streben, auch auf gewisse Kosten für den Gesamtwert?

Die Wirklichkeit des Ich im Zeitverlauf ist, glaube ich, der größte Block von Wirklichkeit, den es am konsistentesten aufrechtzuerhalten vermag. Wir können das schärfer formulieren. Ziehen wir auf unserer vorgestellten graphischen Darstellung der Wirklichkeit des Ich im Zeitverlauf eine waagerechte Linie (parallel zur x-Achse, der Zeitachse) und betrachten die Fläche unter dieser waagerechten Linie an den und nur den Stellen, an denen diese Linie auch unterhalb der Wirklichkeitskurve verläuft (oder mit ihr identisch ist). Wir können verschiedene waagerechte Linien in unterschiedlicher Höhe anordnen. Betrachten wir jetzt die waagerechte Linie A auf der Höhe, die für eine gegebene Kurve die größte von ihr begrenzte Fläche unter der Kurve ergibt. (In Abb. 1 ist dies die schraffierte Fläche.) Nennen wir diese größte Fläche die *primäre Masse* der Kurve. Diese primäre Masse wird unser Entscheidungskriterium darstellen. Für zwei Wirklichkeitskurven von zwei verschiedenen Lebensläufen (oder von Ichs im Laufe der Zeit) wollen wir festsetzen, daß die mit der größten primären Masse als diejenige mit der größten Gesamtwirklichkeit zählt. (Dann und nur dann, wenn zwei Kurven in ihrer primären Masse gleichziehen, können wir uns ihrer sekundären Masse zuwenden; diese ist durch die zweite waagerechte Linie bestimmt – sie muß oberhalb der ersten waagerechten Linie verlaufen –, die nach Abzug aller Flächenüberschneidungen mit der primären Masse ein

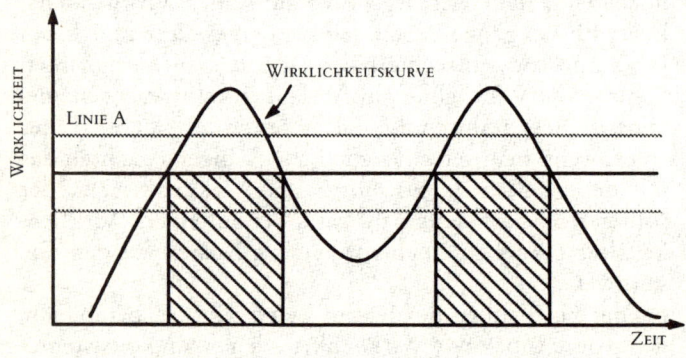

Abb. 1. Die Wirklichkeit eines Ich im Zeitverlauf. Die schraffierte Fläche ist die primäre Masse der Kurve – das größte Stück Wirklichkeit, das das Ich durchgängig aufrechtzuerhalten vermag.

Flächenmaximum *sowohl* unter sich *als auch* unter der Wirklichkeitskurve ergibt. Der Grenzwert für die Wiederholung dieses Prozesses – tertiäre Masse usw. – ist die Gesamtfläche unter der Kurve.) Die Wirklichkeit eines Ich ist das größte Stück Wirklichkeit, das es am konsistentesten beibehält.

Dieses Kriterium der primären Masse ist ein anziehendes Kriterium (im Vergleich zu den anderen Kandidaten). Fragen nach unserem zukünftigen Wirklichkeitsgesamt treten jedoch nicht stark hervor, wenn wir Entscheidungen treffen, vielleicht weil gerade das Treffen einer bestimmten Wahl unter mehreren Alternativen, die mit unterschiedlichen zukünftigen Wirklichkeitskonturen verbunden sind, bedeutend den Grad von Wirklichkeit beeinflußt, den man *jetzt* hat. Jede Vorstellung vom Grad der Wirklichkeit, den jemand zu einem bestimmten Zeitpunkt hat, muß außerdem auch signifikante Strecken seiner Vergangenheit und Zukunft berücksichtigen, wenn sie nicht riskieren will, inkohärent zu sein.[5]

Nebenbei könnten wir jetzt verstehen, weshalb Menschen oft in der Gegenwart von Berühmtheiten Aufregung empfinden. Zeitschriften, Fernsehen und Filme bringen uns viele Gesichter zur Kenntnis. Erscheinen uns diese Menschen wirklicher und lebendiger; erhöht das gebündelte Licht der öffentlichen Aufmerksamkeit ihre Wirklichkeit? Was Leute aufregend finden, ist nicht nur, einer Berühmtheit nahe zu sein, sondern von einer beachtet zu werden, in ihren oder seinen Gesichtskreis zu treten. Es ist, als werde, weil sie Gegenstand so großer öffentlicher Aufmerksamkeit sind, wenn sie von uns Kenntnis nehmen, all diese Aufmerksamkeit für einen Augenblick auf uns gewendet, zu uns hin abgelenkt. Wir baden, wie kurz auch immer, in der öffentlichen Aufmerksamkeit, die sie empfangen haben, und fühlen, daß unsere eigene Wirklichkeit erhöht wird. Die breite Öffentlichkeit, die nach erhöhter Wirklichkeit verlangt, sagt, auch wenn man ihr den hohlsten Prunk vorsetzt, nicht: »Der Kaiser hat keine Kleider an.« Warum aber schreit sie nicht heraus, daß in den Kleidern kein Kaiser steckt? Oder ist es gerade die Wirklichkeit ohne Substanz, was die Öffentlichkeit verlangt, erregt von der Macht ihrer eigenen Aufmerksamkeit, Wirklichkeit *ex nihilo* zu schaffen?

Ist »Wirklichkeit« die grundlegendste Bewertungskategorie, oder gibt es eine noch fundamentalere, die man gebrauchen kann, um sie zu verstehen und zu bewerten? Die grundlegendste Kategorie, wie ich sie sehe, ist die der Wirklichkeit.[6] Diese Kategorie hat verschiedene Unterdimensionen. Eine höhere Position in diesen Dimensionen macht etwas (wenn alle anderen Faktoren gleich sind) wirklicher. Betrachten wir jetzt die Frage, ob es wertvoller ist, wirklicher zu sein. Als eine der Teildimensionen von Wirklichkeit ist Wertvollersein *eine* Art und Weise, wirklicher zu sein. Es folgt jedoch nicht, daß etwas, wenn es wirklicher ist, immer auch wertvoller ist. Es kann seinen hohen Grad an Wirklichkeit wegen seiner hohen Position in einer anderen Dimension der Wirklichkeit besitzen, in einer anderen als Wert. Wert ist eine bestimmte Dimension, die zwar einen sehr umfassenden Charakter hat, die aber nicht alles Gute einschließt. Wenn man nur nach Wert sucht, so ist das, als suchte man in einem Kunstwerk nur nach Schönheit, ohne sich um die Kraft der Aussage, die Tiefe der Einsicht, um Überraschung, Energie oder Witz zu kümmern.

Wirklichkeit ist ein allgemeiner Begriff, der Wert, Schönheit, Lebendigkeit, Konzentration und Ausgeglichenheit einschließt. Von einem dieser Begriffe – der Schönheit zum Beispiel – zu sagen, daß sie größere Wirklichkeit ergibt, heißt nicht nur tautologisch zu sagen, daß mehr Schönheit mehr Schönheit bringt. Es gibt einen allgemeinen Begriff von Wirklichkeit, der Schönheit als ein Element einschließt; wenn man Schönheit als einen Weg sieht, wirklicher zu sein, so stellt sie das in das Muster dieses allgemeinen Begriffs, neben die anderen Elemente, zu ihrer gegenseitigen Erhellung. Warum soll man aber annehmen, daß all diese verschiedenen Dimensionen Aspekte eines

Dinges sind und nicht einfach voneinander getrennt; ist es nicht willkürlich, sie in einer Gruppe als Dimensionen unter einem Oberbegriff zusammenzufassen und diesen als Wirklichkeit zu bezeichnen? Diese Dimensionen stellen jedoch keine unzusammenhängende Liste dar. Wie wir sehen werden, sind sie in einer komplizierten Struktur von Querverbindungen verknüpft, die sie als dimensionale Aspekte eines Oberbegriffs zu einer Familie zusammenfassen.

Können wir aber wirklich Wirklichkeit von Tatsächlichkeit unterscheiden; ist nicht etwas genau dann wirklich, wenn es existiert, wenn es tatsächlich oder aktuell ist? Doch obwohl wir versucht sind, diesen Einwand zu erheben, eignet sich Wirklichkeit durchaus dazu, daß man davon in *graduellen* Kategorien spricht; während das eine Ding nicht mehr existiert als ein anderes (welches auch existiert) und nicht tatsächlicher ist als ein anderes, kann ein Ding wirklicher sein als ein anderes. Wir sprechen von jemandem als einem »wirklichen Freund«, und das nicht einfach im Gegensatz zu einem falschen Freund, denn es gibt auch Übergangsfälle von Freunden, die weniger als wirkliche Freunde sind. Wir sprechen auch davon, daß jemand ein wirklicher Ballspieler, ein wirklicher Dichter, ein wirklicher Mann ist, und in jedem Fall wird der Terminus *wirklich* als ein abstufender Begriff gebraucht, der vergleicht und Gradunterschiede zuläßt.

Platons Ideenlehre benannte verschiedene Grade von Wirklichkeit; die Ideen waren wirklicher als die besonderen existierenden Dinge, die ein Beispiel für sie darstellten oder die an ihnen teilhatten. Platons Lehre implizierte getrennte *Reiche* der Wirklichkeit – die Ideen existierten, wie man gern sagt, im »platonischen Himmel«; bei der Auffassung, zu der wir hier geführt werden, geht es nur um ein Reich, in dem sich Dinge darin unterscheiden können, wie wirklich sie sind. Auch religiöse Anschauungen sprechen manchmal davon, daß Gott »wirklicher« sei als wir, und Mystiker sagen, daß ihre Erfahrungen wirklicher seien als gewöhnliche – Erfahrungen von etwas Wirklicherem und auch selbst wirklicher. Ein Grund dafür, daß der Mystiker seiner Erfahrung solchen Glauben schenkt und sie für so wertvoll hält, ist der, daß sie so sehr wirklich ist (oder scheint). Mir geht es jetzt nicht darum, mir einen dieser besonderen Ansprüche zu eigen zu machen, sondern vielmehr um die Feststellung, daß sich die Wirklichkeit (der Wirklichkeitsbegriff) dazu eignet, in dieser Weise, in Stufen oder Ebenen, strukturiert zu werden; sie läßt sich recht gut dazu verwenden, Dinge abzustufen oder in eine Rangordnung zu bringen, sie vergleichend zu bewerten.

Selbst wenn dies noch kein völlig präziser Wirklichkeitsbegriff ist, sollten wir mit ihm Geduld haben und ihn nicht zu schnell verwerfen. In der Geschichte des Denkens gibt es viele Begriffe, bei denen man Jahrhunderte brauchte, um sie zu klären, zu schärfen oder gar von ihren Widersprüchen zu befreien, Begriffe von so unbestrittener Wichtigkeit und Fruchtbarkeit wie die mathematischen Begriffe *Grenze* und *Beweis*. Es kann mißlich erscheinen, daß dieser Wirklichkeitsbegriff anscheinend die Kluft zwischen Tatsache und Wert oder die zwischen Deskriptivem und Normativem übergreift, doch dieses Übergreifen ist ein Vorteil. Denn wie könnten wir je hoffen, diese Kluften zu überwinden, wenn nicht durch einen Grundbegriff, der fest mit einem Fuß auf jeder der beiden Seiten steht, einem Begriff, der zeigt, daß es keine Kluft bis ganz unten gibt, einem Begriff, der *unterhalb* der Ebene der Kluft lebt und funktioniert? Und der Wirklichkeitsbegriff *ist* gewiß grundlegend; er sieht auf der Faktenseite so grundlegend aus, wie es nur sein kann – daher die Versuchung, Wirklichkeit mit Tatsächlichkeit und Existenz zu identifizieren –, aber er hat auch eine bewertende und abstufende Rolle; was wirklicher ist, ist irgendwie besser. Daher bietet dieser Wirklichkeitsbegriff eine gewisse Hoffnung auf Fortschritte bei dem sonst hartnäckigen Tatsache-Wert-Problem. Es wäre also töricht, diesen Begriff zu schnell zu verwerfen oder ihn voreilig zuzuspitzen, so daß er nur auf eine Seite der Kluft fällt.

Ich habe jedoch Anlaß, mir Gedanken darüber zu machen, daß man größere Wirklichkeit als ein anzustrebendes und zu verfolgendes Ziel behandelt, denn was ist die Garantie dafür, daß Wirklichkeit etwas Positives ist? Ist das Positive einfach eine zusätzliche Dimension der Wirklichkeit, ein Aspekt unter anderen, so daß gewöhnlich verstärkte Wirklichkeit mit einer Wendung zum Positiven verbunden ist, aber nicht immer? War nicht Jago wirklich? War Hitler es nicht? Wie schließe ich also dunkle Pfade aus?

Zumindest in jedem unserer eigenen Fälle wollen wir nicht einfach die Quantität unserer eigenen Wirklichkeit erhöhen, wir wollen, daß diese Wirklichkeit in einer bestimmten Richtung wächst, daß sie höher oder tiefer wird. (Höhe und Tiefe sind keine polaren Gegensätze; das Gegenteil von tief ist oberflächlich, das von hoch niedrig.) Wir wollen, daß unsere Wirklichkeit höher oder tiefer wird, oder wir wollen jedenfalls ein Eintreten größerer Wirklichkeit ohne einen Verlust an Höhe oder Tiefe.

Ein *Ideal* ist ein Bild von etwas Höherem, und ein Ideal zu haben, es zu verfolgen, erhebt auch uns. Wir wollen Ideale – einige Ideale wenigstens – haben und nicht einfach Wünsche und Ziele; wir wollen etwas Höheres vor Augen haben und danach streben. Gibt es etwas, das zu Tiefe in dem Verhältnis steht wie ein Ideal zu Höhe, als ein Bild davon, das uns in diese Richtung treibt? Verstehen erfüllt diese Funktion. Etwas wirklich zu verstehen heißt, es in seiner Tiefe zu erkennen; das Verstehen macht auch uns tiefer. Emotionen können uns auch vertiefen, wenn sie mit etwas Tiefem in Verbindung stehen und aus unseren Tiefen kommen. Wenn wir wollen, daß unsere Wirklichkeit in den Richtungen Höhe und Tiefe wächst, so ist das gleichbedeutend mit dem Wunsch, daß unser Leben von Idealen, von Verständnis und tiefen Emotionen gekennzeichnet sein soll, um sich von ihnen leiten zu lassen und sie zu verfolgen.

Ist diese Rede von Höhe und Tiefe einfach eine räumliche Metapher, die in irreführender Weise extrapoliert worden ist, ist ihre besondere Bewertungsresonanz einfach eine Übertragung von einer anderen Situation?[7] Es ist, glaube ich, unwahrscheinlich, daß der Himalaya so erregend ist, sein Anblick (selbst auf Bildern) so – wie wir sagen – erhebend, einfach als Extrapolation aus gewissen Kindheitssituationen, oder daß hier der Grund liegt, weshalb wir einige musikalische Töne als höher bezeichnen als andere. Höhe und Tiefe sind unabhängige Dimensionen mit einer Bewertungspotenz. (Eine volle Entfaltung dieser beiden Begriffe würde erklären, weshalb wir von einem tiefen Verständnis, von Erhabenheit des Geistes, hohen Idealen und so fort sprechen.) Gerade die größten Dinge, die von Menschen geschätzt worden sind, sind mit Höhe *und* Tiefe in beträchtlichem Umfang verbunden: meditative Ekstase, religiöse Erfahrung, erhabene Musik, überwältigende Liebe. Ist das, was wir uns am meisten wünschen, dies: daß sich unsere tiefsten Teile mit den höchsten Dingen, die es gibt, verbinden?

Es ist wahrscheinlich, daß eine Ausrichtung auf Höhe und Tiefe zunehmende Wirklichkeit in böse Richtungen ausschließen wird; jemand kann zutiefst böse – das heißt: durch und durch so – sein, aber das Böse wird seine Tiefe nicht verstärken. Es ist jedoch noch nicht klar, warum Höhe und Tiefe selbst wichtig genug sein sollten, um eine Ausrichtung auf unsere größere Wirklichkeit hin vorzuschreiben. Was liegt diesen Richtungen zugrunde; was liegt an ihren Grenzen? Wir kehren zu diesen Fragen noch zurück.

13. Ichlosigkeit

Entwicklungsprozesse können das Ich wirklicher und ganzer machen, innige Bindungen verändern die Grenzen und die Topologie des Ich, und Erleuchtung läßt sich – wie wir noch sehen werden – als etwas auffassen, das das Ich in seinem Wesen und in seiner Beziehung zur Wirklichkeit radikal verwandelt. Doch nach der buddhistischen Auffassung existiert dieses Ich überhaupt nicht! Zur Rechtfertigung dieser »Nicht-Selbst-Lehre« berufen sich Buddhisten auf Argumente und auf disziplinierte meditative Beobachtung. Ihre Argumente haben durchaus ein gewisses Gewicht gegenüber einer Auffassung vom Ich als einem unwandelbaren Stück, einem Seelenkügelchen, nicht aber gegenüber einer Auffassung vom Ich als einer im Verlauf befindlichen, sich wandelnden und entwickelnden Vereinigung psychischer Züge, Pläne, körperlicher Merkmale usw., deren Identität auf der Ebene des im Verlauf befindlichen Ganzen gewahrt wird, nicht durch einen Teil, der sich nie verändert. (Im ersten Kapitel meines Buches *Philosophical Explanations* lege ich eine Theorie dieser Art, die *closest-continuer theory*, vor.) Selbst wenn es im Anfang eine solche Kügelchen-Seele gegeben hätte, würde sie im Laufe von Hinzufügungen und Wandlungen zu etwas werden, das nicht mehr wäre als ein Stück des Ich unter anderen; sie würde nicht vorherrschend bleiben, einfach weil sie allein sich nicht änderte. Selbst wenn das Sandkorn, um das herum sich eine Perle bildete, irgendwie der einzige Teil wäre, dessen Moleküle absolut konstant blieben, würde es nicht der wichtigste Faktor in der fortdauernden Identität der Perle bleiben.

Dennoch kann es eine befreiende Einsicht sein festzustellen, daß das Ich nicht wie eine Baukasten-Konstruktion organisiert zu sein braucht, bei der alle Stücke direkt an einem einzigen Mittelstück angebracht sind – selbst wenn die frühesten Bestandteile tatsächlich in dieser Relation begannen –, und daß kein einziges Stück unveränderlich zu bleiben braucht. Die erhellendste Auffassung der gegenwärtigen Zusammensetzung einer Stadt braucht nicht jeden Teil in bezug auf das anfängliche, heute möglicherweise ganz unbedeutende Zentrum zu sehen, aus dem sie herauswuchs. Hervorstechender sind die gegenwärtigen Wechselbeziehungen, und das aktuelle geographische Zentrum, ihr Kern, wäre möglicherweise nicht der alte Teil. Dementsprechend braucht die Psyche eines Menschen nicht so organisiert zu sein, daß jeder Zug direkt mit einem zentralen Merkmal verknüpft wird; ein Mensch kann ernsthaft sein, ohne daß alle seine Teile ernsthaft sind oder nur einen Schritt davon entfernt. Diese umfassendere Auffassung von Möglichkeiten zur Organisation eines Ich auf der Ebene des Ganzen ist jedoch nicht dasselbe wie die Leugnung der Existenz des Ich.

Der empirische Rückhalt für die Nicht-Selbst-Lehre ist in buddhistischer Meditationspraxis verwurzelt. Diese Praxis wird jedoch auch durch die Lehre selbst gelenkt – ein Teil der Praxis besteht darin, *über* verschiedene Stücke der Lehre zu meditieren –, und so sind die Berichte über das, was beobachtet wird, selbst bis zu einem gewissen Grade ein Produkt der Theorie, die man bereits hatte, und daher etwas gefärbt. Dies schließt nicht aus, daß diese Beobachtungen die Theorie in gewissem Umfang stützen, denn selbst wenn jemand mit dem Scheinwerfer einer Theorie sucht, gibt es keine Garantie für automatischen Erfolg beim Auffinden von Daten, die zu dieser Theorie passen; ein solches Auffinden kann daher dennoch einen gewissen Beweis darstellen.

Mehr zur Sache: Man kann nicht einfach annehmen, daß die Dinge so sind, wie sie sich in der Beobachtung darstellen, selbst bei einer sorgfältig disziplinierten Beobachtungsform. Diese Annahme selbst ist ein Stück Theorie, kein Beobachtungsdatum. Anhänger buddhistischer Meditationspraxis berichten beispielsweise von einem Flackern und von Lücken bei der Beobachtung der Außenwelt – alles existiert diskontinuierlich. Was ist die Erklärung für diese Beobachtung? Vielleicht, daß die Dinge diskontinuierlich sind, sei es wegen der Natur der Dinge oder wegen der der Zeit, und nicht so wirklich, wie wir dachten, nicht so wirklich, wie sie wären, wenn sie kontinuierlich wären. Doch eine andere und wahrscheinlichere Erklärung lautet, daß die Dinge tatsächlich kontinuierlich sind, auch wenn unser Wahrnehmungs- und Introspektionsapparat eben merkliche Unterschiede beinhaltet und Diskontinuitäten aufprägt.

Man vergleiche das Beispiel eines Kinofilms, der Bild für Bild einrastet. Das, was fotografiert wird, der Gegenstand des Films, existiert (so wollen wir annehmen) kontinuierlich. Es wird auf dem Film diskontinuierlich, in getrennten Bildern, repräsentiert, aber unsere *gewöhnliche* Wahrnehmungsweise sieht den Film bei der Projektion als etwas, das kontinuierliche Bewegung und Existenz abbildet. Unsere Wahrnehmungsschärfe ist einfach nicht groß genug, um die Lücken zwischen den Bildern zu entdecken. Nehmen wir aber an, daß sich jemand darauf trainiert, die Lücken zwischen den Bildern zu entdecken. Es wäre ein Fehler, wenn er auf dieser Grundlage den Schluß zöge, daß die gefilmten Objekte nur mit Unterbrechungen existierten oder daß die Wirklichkeit in Wirklichkeit grau wäre, wie die »Zwischenbild«-Projektionen, die er auf der Leinwand zu beobachten gelernt hat. Filmemacher, die von diesem psychischen Phänomen wissen, durch das wir Diskontinuitäten als Kontinuitäten erfahren, können die kontinuierlichen äußeren Dinge in einer diskontinuierlichen und lückenhaften Weise auf dem Film wiedergeben und darauf vertrauen, daß wir, wenn wir uns den Film ansehen, das alles als kontinuierlich erfahren werden. Wenn es ein teureres Filmverfahren gäbe, durch das die Objekte irgendwie kontinuierlich dargestellt würden, wäre es für Filmemacher nicht effizient, es zu benutzen, wenn das für die Erfahrungen und Annahmen des Betrachters gleichgültig wäre.[1]

In ähnlicher Weise können wir annehmen, daß die Prozesse der Evolution auch so wirksam waren. Sie gaben uns ein beschränktes Niveau von Wahrnehmungsschärfe zusammen mit einem diskontinuierlichen psychischen Mechanismus zur Repräsentation äußerer Objekte; in miteinander verzahnter Verbindung vermitteln uns diese beiden kontinuierliche Erfahrungen der äußeren Objekte, die tatsächlich kontinuierlich existieren. Die intermediäre diskontinuierliche Phase des Prozesses bleibt unbemerkt. Es wäre nun ein eleganter Trick, sich ein Bewußtsein für diese Diskontinuitäten in der psychischen Repräsentation anzutrainieren – vielleicht schärft die buddhistische Meditationspraxis tatsächlich die Wahrnehmung in dieser Weise –, aber es wäre nicht gerechtfertigt, hieraus den Schluß zu ziehen, daß die Dinge der Außenwelt wirklich diskontinuierlich sind oder weniger wirklich, als sie scheinen. Bestenfalls hätte die buddhistische Form der meditativen Beobachtung eine Tatsache darüber entdeckt, wie unsere Repräsentationen von Wahrnehmungen arbeiten, und nicht darüber, wie die physische Existenz Lücken enthält.

Die Unwirklichkeit der Außenwelt paßt genau zur buddhistischen Lehre von der Unwirklichkeit des Ich, und auch wenn die berichteten Wahrnehmungen im letztgenannten Falle unvollständiger sind als die, die wir erörtert haben, verfallen sie anscheinend ähnlicher Kritik. Trotz ihrer Ansprüche hat die Meditationspraxis nicht gezeigt oder entdeckt, daß das Ich nicht existent ist. Dennoch könnte eine solche disziplinierte Praxis zu einer Reorganisation des Ich führen oder zu größerer Kontrolle bei der Handhabung der Struktur des Ich.

In der Theorie könnte der Besitz eines Ich schließlich in eine Spannung zu den Realitätsprinzipien führen und die eigene Wirklichkeit bis zu einem gewissen Punkte verstärken, jenseits dieses Punktes aber die Erlangung noch größerer Wirklichkeit oder den Anschluß an sie behindern. Wenn jedoch das Ich nur eine der möglichen Organisationsformen ist, dann können wir untersuchen, ob eine andere Form struktureller Organisation eine Verbindung zur Wirklichkeit erleichtern könnte, die tiefer ist. (Die Frage, *wer* tiefer mit der Wirklichkeit verbunden werden soll, und ob das nicht ein Ich sein muß, soll für einen Augenblick unbeachtet bleiben.) Eine in der indischen Tradition verankerte Lehre besagt, daß es nicht die wirklichste Seinsweise und ebensowenig eine notwendige ist, ein (begrenztes) Ich zu sein. Ich möchte diese Lehre untersuchen und sie dabei in meinen Begriffen rekonstruieren.

Sehen wir uns die Organisation und die einzelnen Funktionen des Ich näher an. (Da dies ein gewisses Maß an abstraktem Theoretisieren über das Wesen und die zugrundeliegende Struktur des Ich erfordert, werden es einige Leser vielleicht vorziehen, die nächsten zehn, zwölf Abschnitte zu überschlagen.) Was das Ich ausmacht und organisiert, ist reflexives Selbstbewußtsein. Selbstbewußtsein ist reflexiv, wenn es sich selbst *als sich selbst* kennt, nicht nur dann, wenn es über das nachdenkt, was zufällig es selbst ist. Ein Mensch mit Gedächtnisschwund könnte wissen, daß jemand die Wand angestrichen hätte, ohne zu wissen, daß dieser Jemand er selbst gewesen wäre. Als Ödipus nach demjenigen suchte, dessen Taten Verderben über die Stadt Theben gebracht hatten, war ihm nicht bewußt, daß er eben dieser Mensch war; er suchte nicht nach sich selbst *als* sich selbst. Reflexives Selbstbewußtsein ist die Art von Bewußtsein, die jemand hat, wenn er an »ich«, »mich« oder »ich selbst« denkt und nicht nur an jemanden, auf den eine gewisse allgemeine Beschreibung paßt (über die er im Irrtum sein könnte).

Beginnen wir also mit vielen Stücken von Bewußtsein: Erfahrungen, Gedanken usw. – isolierten Stücken. Einige dieser Bewußtseinsstücke betreffen andere Stücke – zum Beispiel könnte ein Stück eine Erinnerung an ein früheres bewußtes Ereignis sein. Eines dieser Stücke von Bewußtsein jedoch ist von ganz besonderer Art. Dieses Stück ist ein Bewußtsein *von* einem großen Teil der anderen Stücke von Erfahrung und Denken *plus* einem Bewußtsein von sich selbst, ein reflexives Selbstbewußtsein. Nehmen wir an, daß das Ich dieses besondere Bewußtsein *ist* oder als es *beginnt*: mit einem Bewußtsein anderer Bewußtseinsinhalte und auch in einem reflexiven Bewußtsein seiner selbst *als* eines, der sich dieser anderen Bewußtseinsinhalte und auch seiner selbst bewußt ist. Es weiß sich selbst als anderer Dinge bewußt und auch als seiner selbst bewußt. Dieses besondere Stück Bewußtsein, dieses »Ich«, gruppiert verschiedene Erfahrungen und Stücke von Bewußtsein; sie sind es, derer es sich bewußt ist – einschließlich seiner selbst. Es kann auch andere Stücke von Erfahrung geben, deren es sich nicht bewußt ist; diese gehören nicht zu der Gruppe. Bis hierher ist das Ich lediglich dazu berechtigt zu sagen: »Ich bin mir bewußt, ich weiß von Stücken von Bewußtsein, Erfahrungen, Gedanken, Gefühlen usw., einschließlich eben dieses selbstreflexiven Stücks.« Irgendwie kommt es von da aus, daß man sich dieser Bewußtseinsstücke bewußt ist, zu dem Schritt dahin, daß man sie *hat* oder *besitzt*. Das Ich kommt dahin, an sie als an etwas zu denken, das ihm *gehört*. Das Ich wird also in einem Akt von Aneignung und Erringung geboren. Wie tut es dies? Und wenn es den Anspruch erhebt, der auf das Eigentumsrecht über diese anderen Bewußtseinsstücke hinausläuft, ist dieser Anspruch dann berechtigt?

Als gruppierendes Prinzip wird das Stück reflexiven Selbstbewußtseins als etwas Eigentümliches behandelt. Andere Stücke von Bewußtsein können noch andere kennen und sie dadurch gruppieren, aber das reflexive Stück ist darin besonders, daß es andere *und* sich selbst (das es als sich selbst weiß) zu einer Gruppe zusammenfaßt. Wenn viele andere Stücke in seinen Bewußtseinshorizont fallen, gruppiert es sie auf verwickeltere Weise, als sie nur auf eine ungeordnete Liste von Dingen zu setzen, derer es sich bewußt ist. Es setzt sie zueinander in Beziehung und integriert sie; es ist sich bewußt, wie einige auf andere folgen oder miteinander Untergruppen bilden usw. Indem es diese zusätzliche Strukturierung für die sonst ungeordneten Stücke von Erfahrung schafft, schafft es eine neue, zusammenhängende Einheit (oder wird sich ihrer bewußt). (Dies geht über die Einheit hinaus, die es ihnen allein dadurch verleiht, daß es jedes von ihnen weiß – das, was Kant die formale Einheit der Wahrnehmung nannte.) An der Phänomenologie oder dem Charakter von asymmetrischem Wissen – wenn das reflexive Stück Bewußtsein von allen anderen weiß, während jedoch viele von diesen nicht von ihm wissen – mag es etwas geben, das ihm das Gefühl verleiht, einer anderen und höheren Ordnung anzugehören, etwas zu sein, das dadurch verstärkt wird, daß es nicht bloß *von* den anderen weiß, sondern sie *zu* einer in komplexer Weise zusammenhängenden Einheit organisiert. Die Geschichte des Ich und seiner Organisationstätigkeit läßt sich über den bloßen Bewußtseinsinhalt hinaus auf den Körper und seine Teile weiterführen, aber das ist hier für unsere Zwecke nicht nötig.[2]

Genügt aber all dies, um einen *Besitz* auszumachen, um das Ich zu einer Wesenheit zu machen, die all jene anderen Erfahrungen *hat*? Welcher neue Faktor wird eingeführt, wenn das Ich, das Stück reflexiven Bewußtseins, den Schritt vom Bewußtsein anderer Stücke von Erfahrung und ihrer Wechselbeziehungen dahin tut, sie zu besitzen oder zu eigen zu haben? Vielleicht gibt es eine Behauptung von Überlegenheit über andere Erfahrungen oder von Macht über sie, aber worauf läuft dies tatsächlich hinaus, jenseits derjenigen Aktivitäten von Bewußtsein und Integration, mit denen das Ich bereits im Stadium vor der Besitzbeziehung beschäftigt ist?

Das Ich steht zu den Erfahrungen, die es »hat«, welche seine Inhalte sind, nicht nur in einer asymmetrischen Beziehung, sondern es steht als einziges in dieser Beziehung. Nichts anderes tut dies auch, nicht in bezug auf diesen besonderen Inhalt. Das Ich besitzt nicht nur seine Erfahrungen, es ist der einzige Eigentümer. Die Alleineigentümerschaft folgt nicht einfach daraus, wie reflexives Selbstbewußtsein Erfahrungen gruppiert, indem es sich ihrer bewußt ist. Diese Gruppierungen könnten sich über-schneiden. Sie könnten einen Gedanken haben, und ich könnte ihn auch haben; Sie könnten einen Schmerz wahr-nehmen, und ich könnte ihn auch wahrnehmen; Sie könn-ten einen Schmerz haben, und ich könnte ihn auch haben. Gegen diese letzte Aussage möchte man einwenden: »Nicht *genau denselben* Schmerz, vielleicht einen ganz ähnlichen, aber nicht denselben identischen Schmerz in dem Sinne, daß es, wenn wir Schmerzen zählen, nur einen von ihnen gibt und nicht zwei, und wir beide *ihn* haben.« Aber diese Unterscheidung zwischen dem, was Philosophen als nu-merisch identisch bezeichnen – es gibt nur *ein* Ding –, und der qualitativen Identität wird eingeführt, um Eigentums-ansprüche auf Erfahrungen zu erleichtern. Sie ist aus dem Wunsch geboren, getrennte Ichs etablieren zu können. Die Erfahrungen werden aufgeteilt, damit sie getrennt sind, so daß sie in getrennte und sich nicht überschneidende Grup-pen fallen.

Wie weiß ich, was ein anderer Mensch fühlt? Manchmal fühle ich es selbst, auf dem Wege der Einfühlung. Und manchmal teile ich meine Gefühle. »Sie können nicht ein und dasselbe Gefühl teilen; Sie können sich nicht direkt des seinigen bewußt sein. Das Ihrige gehört Ihnen, und das Seinige gehört ihm!« So ist es der Begriff des »Gehörens« und »Besitzens«, der eine Trennung zwischen Egos schafft, die total sein muß, und auf diese Weise auch das philosophische »Problem der anderen Egos« hervorruft.[3]

Da das Ich auf Reflexivität und Aneignung aufgebaut ist, ist es nicht überraschend, daß diese auf die äußeren Aktivi-täten des Ich übergreifen, und zwar oft in Formen, die un-glücklich sind. Die reflexive Energie des Ich erfreut sich an ihrer Ausübung; ein Ich denkt über sich selbst nach, über das, was andere von ihm sagen könnten, darüber, wie es sich anderen darstellen soll. Während eines großen Teils der Zeit, vielleicht während des größten, beschäftigt sich das Ich mit Selbstgespräch – wir könnten sagen, es ist da-von *abhängig*. Es eignet sich äußere Objekte und manchmal Menschen an; in manchen Fällen ist es anscheinend zu Aneignung ohne Unterlaß entschlossen. Die zentrale Stellung der Ausschließlichkeit beim Besitzen tendiert auch nicht dazu, das Ich dazu zu veranlassen, seine äußeren Güter oder inneren Gefühle zu teilen. All diese Überlaufeffekte sind nicht streng notwendig, aber angesichts der Ursprünge der besonderen Bildung, die das Ich darstellt, sind sie nicht überraschend. Sie sind einfach eine Erweiterung genau der Prozesse, die das Ich ursprünglich hervorgerufen haben. Die noch einfacheren Prozesse, die das reflexive Selbstbewußtsein bilden und ihm zugrunde liegen, das anfängliche Stück des Ich, verstärken diesen Punkt nur. Denn ein solcher Prozeß ist mit der *Macht* des reflexiven Selbstbewußtseins verbunden, auf sich selbst Bezug zu nehmen, und zwar vermöge der Tatsache, daß es ein Merkmal hat, das es in eben diesem Akt der Bezugnahme schafft und sich selbst verleiht – *aufprägt*.[4] Wir sind ein gutes Stück weitergekommen, um aus den Prozessen, durch die das Ich entsteht, zu erklären, warum es ein Eigeninteresse hat, oft sogar selbstsüchtig ist. Theoretisch befriedigend wäre es, wenn wir auch die Bindung des Ich an Lust erklären könnten: warum sollte ein so beschaffenes Ich dazu neigen, dem Lustprinzip zu folgen? Und warum sollte das Ich nicht nur Wünsche haben, sondern (um die Sprache östlicher Theorien zu gebrauchen) Bindungen? Ich sehe diese Probleme noch nicht klar genug.

Das Ich hat einen besonderen Charakter, den einer Wesenheit – und nicht etwa den eines Raumes; weiterhin ist es eine Wesenheit mit einer bestimmten unterteilten und aneignenden Struktur. Wenn das Ich nicht wir sind, sondern nur eine bestimmte Struktur, durch die wir die Welt erfahren, eine Kantsche Brille, die die Welt unserer Erfahrung strukturiert und uns die Außenwelt in einer Weise erfahren läßt, die auf das Ich als Zentrum und Schwerpunkt hin orientiert ist, dann können wir fragen, ob diese Struktur so bleiben sollte, wie sie ist.

Manche östlichen Theorien verdammen das Ich aus drei

Gründen: Erstens steht das Ich unserer Erfahrung der tiefsten Wirklichkeit im Wege und auch dem, daß wir die Dinge im allgemeinen so erfahren, wie sie sind; zweitens macht es uns unglücklich oder es hindert uns, das höchste Glück zu haben; drittens ist das Ich nicht unsere volle Wirklichkeit, doch wir halten es fälschlicherweise dafür.

Die knappe Empfehlung dieser östlichen Theorien ist also, dem Ich ein Ende zu machen. Das ist ungewöhnlich schwer zu erreichen (schwerer ist es nur, auch dem Leben ein Ende zu machen), und diese Schwierigkeit wird den Schlichen des Ich zugeschrieben. Wir sind an das Ich gebunden – eine Bindung, die das Ich fördert –, und wir wollen es nicht fahren lassen. Es gibt jedoch mindestens zwei weitere Erklärungen für die Hartnäckigkeit des Ich, die für das Ich mehr Respekt haben. Auch wenn das Ich vielleicht insgesamt nicht optimal ist, ist es möglicherweise eine ziemlich gute Struktur – das, was Ökonomen als lokales, aber nicht globales Optimum bezeichnen. Hier eine häufig gebrauchte Analogie: Stellen wir uns einen Menschen vor, der den Versuch macht, den höchsten Punkt in einem Gebiet zu erreichen, und der jetzt auf der Spitze eines kleinen Berges steht, in dessen Nähe sich ein anderer, höherer Berg befindet. Er steht auf einem lokalen Optimum: jede kleine Veränderung wird ihn abwärts führen; aber er befindet sich nicht auf einem globalen Optimum: eine größere Höhe ist erreichbar. Auch jemand, der der Spitze des ersten kleineren Berges nur nahe ist, könnte sinnvollerweise zu seiner Spitze weiterwandern und dadurch seine Situation verbessern, anstatt erst weit hinabzusteigen, um eine Wanderung zu dem weit entfernten allerhöchsten Punkt zu versuchen. Lokale Optima haben eine gewisse Stabilität. Zweitens, selbst wenn das Ich insgesamt suboptimal wäre, könnte es die allerbeste und effizienteste Struktur für gewisse beschränkte Funktionen sein, Funktionen, die wir nicht aufgeben möchten. Dem Ich ein Ende zu machen hätte daher bedeutende Nachteile.

Das Ich hat durchaus seine angemessenen und notwendigen Funktionen. Es fungiert als zentraler Monitor, als Trichter, durch den Informationen hindurchgehen können, in dem sie geprüft, verglichen und bewertet werden können und aus dem Entscheidungen bewußt getroffen werden können. Das Ich fungiert als Nachrichtenagentur, als der, der weiß und bemerkt und nachforscht; es prüft Wahrnehmungen, Beweggründe und Annahmen, bemerkt Diskrepanzen, reorganisiert ihre Struktur, bemerkt Reaktionen usw. Diese nachrichtendienstliche Funktion braucht jedoch nicht ständig stattzufinden. Das Ich ist keine allgegenwärtige Geheimpolizei. Die Bildung, die das Ich ist, steht zur Verfügung, um bei Bedarf gebraucht zu werden; sie betreibt immer sehr leichte Überwachung, um festzustellen, ob etwas eingetreten ist, das Aufmerksamkeit erfordert, und verstärkt gelegentlich ihre Aktivitäten für bestimmte Aufgaben und Ziele. (Wir könnten dies als die »Nachtwächter«-Theorie des Ich bezeichnen.) Das Ich verbindet auch sein explizites verbales Verständnis mit anderen Formen des Verstehens und übermittelt das Ergebnis intern an diejenigen halbautonomen Teile, die davon Gebrauch machen können. Vollständige zentrale Planung ist für ein Individuum ebensowenig angemessen oder effizient wie für eine Volkswirtschaft.

Auch wenn es für theoretische Zwecke nützlich sein könnte, alle legitimen und beschränkten Funktionen des Ich aufzulisten, die, die nur dann aufzurufen und zu verwenden sind, wenn sie echt helfen, ist es doch nicht notwendig, daß man hierzu in der Lage ist. Das Ich braucht nicht alles über seine eigenen richtigen Funktionen zu wissen, damit diese gebraucht werden können; wir können einiges Vertrauen in unser eigenes unbewußtes oder implizites Verständnis dafür setzen, wann solche Funktionen am meisten gebraucht werden. Vielleicht wird das Ich mißtrauisch gegenüber dem gewaltigen Vorrat seiner unbewußten Prozesse oder Inhalte im allgemeinen wegen des Charakters einiger von ihnen, derjenigen verdrängten Gedanken oder Emotionen, die es in das Unbewußte verbannt hat – das war schließlich der einzige Ort, von dem es wußte, daß es sie dorthin senden könnte, und dessen spezifischen Inhalt es dann nicht kennen würde. Solches verdrängte Material würde dann nicht nur weiter auf den von Freud beschriebenen Wegen wirksam sein können, das Bewußtsein könnte ganz spontan einen Argwohn gegen *alle Inhalte* des Unbewußten entwickeln – schließlich hat es *einiges* schreckenerregende Material dort abgelegt. Und obwohl es höchstens denjenigen Dingen zu mißtrauen braucht, die es dorthin verfrachtet hat, um sie los zu sein, kann es schließlich, weil es keine vollkommene Kontrolle darüber hat, welcher Teil des Unbewußten benutzt wird, dahin gelangen, *allem* Unbewußten zu mißtrauen und daher darauf zu bestehen, daß alles seine eigene bewußte Überprüfung und Kontrolle durchlaufen muß.

Das Zoomobjektiv-Prinzip, das wir in der Meditation über »Konzentration« für das Phänomen der Aufmerksamkeit formulierten, kann auch auf das Ich Anwendung finden. Auch die Ichstruktur kann unter unserer Kontrolle stehen, in ihren verschiedenen Formen je nach Bedarf und Anlaß gebraucht, ein Teil eines Repertoires, den man aufruft und handhabt. Vielleicht könnten Meditationstechniken dazu beitragen, das Ich festzulegen, es auf seine besten Aktivitäten und Funktionen hinzulenken und ihm auch Ruhe zu gönnen – sicher hat es einen Urlaub verdient –, wenn andere Bemühungen oder Seinsweisen am besten vor sich gingen, während es untätig ist. (Ist diese »Nicht-Ich«-Pose eine Rolle, die das Ich annehmen kann, oder ist das Ich eine Rolle, die das Nicht-Ich benutzen kann? Oder ließe sich beides mit gleicher Berechtigung sagen?) Diese Techniken könnten auch dämpfen oder eliminieren, was an häßlichen Merkmalen aus der Reflexivität und Exklusivität des Ich resultiert.

Unsere eigene Wirklichkeit wird innerhalb des Ich und durch es wirksam organisiert, selbst wenn es nach einem bestimmten Punkt den weiteren Weg versperrt. Wenn die höchsten Höhen der Wirklichkeit erklommen werden sollen, ist es vielleicht ein Hindernis, mehr Ich zu haben. Das Ich wäre dann ein lokales, kein globales Optimum, auf das man mit Bedacht nur für andere schwierigere Wege, noch wirklicher zu werden, verzichten sollte.

14. Haltungen

Es gibt unterschiedliche Werthaltungen, die eine Entscheidung darüber prägen, welche Dinge wichtig sind, und die Rolle bestimmen, die diese Dinge dann im Leben spielen.[1] Die drei Grundhaltungen sind die egoistische, die relationale und die absolute. (Später betrachten wir eine vierte, die diese drei integrieren könnte.) Die erste Haltung sieht den primären Ort von Wert (oder von allem, was als unter Wertgesichtspunkten gut betrachtet wird) innerhalb des Ich; die Dinge sind wegen der Art und Weise wichtig, in der sie das Ich fördern oder entwickeln oder erweitern oder ihm nützen. Eine Auffassung, nach der das eigene Glück das einzig Wichtige ist, siedelt das, was Wert hat, in einem selbst an – als etwas, das man hat (Glück), oder als einen Zustand, in dem man sich befindet (glücklich) –, und so gilt sie, wie nicht überrascht, als egoistisch. Die egoistische Haltung kann sich jedoch auch auf etwas Äußeres konzentrieren; wenn sie dies aber tut, siedelt sie das, was wertvoll ist, nicht in diesem Ding an, sondern vielmehr darin, daß das Ich es hat. Für diese egoistische Haltung liegt der Wert dessen, daß man etwas schafft, nicht im Wesen dessen, was geschaffen wird, oder in dem Akt des Schaffens selbst, sondern darin, daß *man selbst* schöpferisch ist; der Wert dessen, daß man jemanden liebt, liegt darin, daß man die Art von Mensch ist, welcher liebt, oder die Art von Identität hat, die man erwirbt, wenn man einen anderen liebt und von ihm geliebt wird. Das Ziel der egoistischen Haltung ist die eigene Wirklichkeit eines Menschen; er verfolgt diese Wirklichkeit, wie sie in seinem Ich ist (indem er Dinge wie Lust oder Glück erwirbt) oder wie sie sein Ich kleidet (indem er Dinge wie Macht, Reichtum oder Ruhm erwirbt), oder er verfolgt die Wirklichkeit des Ich direkt (in Selbstbeschreibung, im Ausdrücken seiner eigenen Persönlichkeit, in Aktivitäten der Selbstprojektion).

Die zweite Lebenshaltung sieht den primären Ort von Wert in Relationen oder Verbindungen, vor allem in Beziehungen des Ich zu anderen Dingen (oder anderen Ichs). Wert erhält einen Ort *zwischen* dem Ich und etwas anderem. Dieser relationalen Haltung zufolge liegt der Wert dessen, daß man jemandem hilft, nicht darin, daß man ein Helfer ist (oder allein in der gebesserten Lage des anderen), sondern in der Beziehung des Helfens; der Wert wissenschaftlicher Erkenntnis besteht in der Art und Weise, in der sie einen Menschen zu (Teilen der) Natur in Beziehung setzt. Die relationale Haltung sieht das Ziel eines Menschen als seine wirklichste Verbindung zur Wirklichkeit – zur äußeren Wirklichkeit, zu der anderer Menschen und zu seiner eigenen. Für die ersten beiden Haltungen, die egoistische ebenso wie die relationale, steht jedoch Wert in irgendeiner Verbindung mit dem Ich, entweder in ihm oder zwischen ihm und etwas anderem.

Wir können jedoch fragen: was macht das Ich oder seine Beziehungen wertvoll; was sind die Aspekte oder Züge, kraft derer diese Dinge Wert haben? Diese allgemeinen Züge könnten, sobald sie einmal identifiziert sind, sich auch anderswo als im Ich und seinen Beziehungen zeigen, und dann wird *jede* Situation, die für sie als Beispiel dient, als wertvoll gelten. Die dritte Haltung, eine absolute, ortet Wert als einen unabhängigen Bereich, nicht ursprünglich in uns oder unseren Beziehungen; das ist die Haltung der platonischen Tradition. Wir treten also zu wertvollen Dingen (und Merkmalen) in Beziehung oder erwerben sie, *weil* sie unabhängigen Wert haben. Der primäre Ort von Wert verschiebt sich dadurch aber nicht auf uns. Wie ein Affenbaby, das sich an das Fell seiner Mutter klammert, halten wir uns an dem fest, was wertvoll ist, und bewegen uns fort.

Der absoluten Haltung zufolge ist unser Ziel durch Wirklichkeit bestimmt, wo immer und wann immer sie auftritt, einschließlich der Dinge, von denen die anderen Haltungen sprechen, aber ohne Beschränkung auf sie. Wichtig ist die Wirklichkeit; unser Verhältnis zu ihr ist nur insofern wichtig, als dieses Verhältnis eine eigene Wirklichkeit hat. Wenn wir die absolute Haltung einnähmen, würden wir Wirklichkeit gleich bewerten, wo immer sie sich findet, nicht nur die Wirklichkeit anderer Leben und Ichs als unserer eigenen und die Wirklichkeit ihrer Beziehungen zur äußeren Wirklichkeit, sondern auch die von tierischem Leben, von Gemälden, Ökosystemen, Milchstraßenhaufen, Gesellschaftssystemen, historischen Kulturen, göttlichen Wesen. Das Ziel der absoluten Haltung wird durch den Gesamtbetrag von Wirklichkeit, den es an irgendeiner Stelle gibt, bestimmt.

Die drei Haltungen sind verschiedene Perspektiven, aus denen dieselben Dinge betrachtet werden, und auch wenn sie nicht dieselben Dinge in den Mittelpunkt stellen, hat jede von ihnen ihre Auffassung von dem, was für die anderen zentral ist. Die egoistische Haltung beispielsweise sieht die gegenseitigen Verbindungen und Beziehungen, die für die relationale Haltung zentral sind, als einen der Wege, auf denen sich ein Ich zur Geltung bringt, während die absolute Haltung diese Beziehungen als ein Beispiel für eine allgemeine und umfassendere Art von Wert sieht.

Wir sollten die Haltungen nicht einfach als Theorien darüber auffassen, wo Wert angesiedelt ist; auch wenn sie alle einräumen könnten, daß er streng genommen überall sein kann, liefern sie verschiedene Gewichtungen dafür, wie sehr wir ihn, je nachdem, wo er ist, berücksichtigen sollen. Jede Haltung legt fest, wie die Dinge für uns *gelten* sollen. Die egoistische Haltung neigt allerdings dazu, als Theorie über das, was wir *schätzen* sollen, sich selbst zu untergraben. Wenn die Wirklichkeit es wert ist, daß man zu ihr in Beziehung tritt, daß man sie hat, dann ist sie auch dann wertvoll, wenn ein Mensch sie nicht hat oder nicht in Beziehung zu ihr steht. Warum sollte man sich sonst darum bemühen, zu *ihr* in Beziehung zu treten, und versuchen, *sie* zu gewinnen? Da der Egoist danach strebt, seine eigene Wirklichkeit zu erhöhen, ist die größere Wirklichkeit anderer Menschen auch etwas auf dieselbe Weise Lohnendes;

und da seine Bezugnahme auf solche Wirklichkeit dazu führt, daß er sie schätzt, sie fördert, auf sie eingeht usw., muß er dies auch mit der Wirklichkeit anderer Menschen tun. Wenn er die Wirklichkeit anderer Menschen herabsetzt oder verachtet, so untergräbt das die Annahme, auf der die *eigene* Lebensrichtung des Egoisten aufgebaut ist. Es besagt, daß Wirklichkeit etwas ist, das keine Steigerung und Respektierung verdient – ganz zu schweigen davon, wie dieses Verhalten auch seine eigene Wirklichkeit und das Ausmaß herabsetzt, in dem er zu fremder Wirklichkeit in Beziehung tritt. Wenn er nach der egoistischen Haltung handelt, sagt er daher, daß sein eigenes Leben in seinem ihm innewohnenden Charakter und auch in dem, woran und worauf es sich orientiert, ohne Wert und Bedeutung ist, denn er verkündet, daß die Wirklichkeit, die diese Dinge ausmacht, ganz allgemein keinen Respekt und keinen Respons verdient.

Die Antwort auf eine egoistische Haltung ist also nicht, daß sie als Theorie von *Bedürfnissen* notwendig inkonsistent ist, sondern daß sie sich selbst als *Wert*theorie, als Philosophie dessen, was im Leben wichtig ist, untergräbt (dies zusätzlich zu der Art und Weise, in der sie den Egoisten verkrüppelt). Weil die philosophische Tradition dem Egoismus – der Aufgabe, seine besonderen Mängel zu verstehen und zu isolieren – große Aufmerksamkeit geschenkt hat, wollen wir hier auf dieses Thema näher eingehen. Die Frage, was wichtig ist, läßt sich nur unter Bezugnahme auf einen Wert (wie etwa Wirklichkeit) beantworten, der allgemein ist; wichtig ist, in eine Verbindung zu diesem Wert zu gelangen und damit durch eine positive Beziehung zu ihm einiges von dem zu verwirklichen, was auch anderswo, im Leben anderer Menschen, verwirklicht werden kann. Das, was Wichtigkeit oder Wert verleiht, kann nicht nur im Leben eines einzigen Menschen wertvoll sein, »denn warum ist das Blut des einen röter als das der anderen?«. Es muß etwas sein, das unter allen Umständen Wert verleiht; das Leben jedes beliebigen Menschen ist dadurch wertvoll, daß es zu diesem Wertgeber gehört, daß es an ihm teilhat, mehr von ihm erfüllt wird. Wenn der Egoist seinen Wert anderswo leugnet, leugnet er seine Fähigkeit, Wert zu verleihen, und daher untergräbt er seinen eigenen, der nur darauf beruhen kann. Um ihr Ich als wertvoll abzugrenzen und nicht nur Wünsche zu gestalten, muß die egoistische Haltung ihre eigene egoistische Orientierung transzendieren.[2]

Die absolutistische Haltung bestimmt den Ort des Wertes als die Gesamtheit der Wirklichkeit auf der Welt; hierzu gehören, wenn auch nur als winzige Teile, die eigene Wirklichkeit und die der Verbindungen, die man hat – das, worum es dem Egoisten und dem Relationisten geht. In ihrer maximierenden Form gebietet sie, so zu handeln, daß man die gesamte Wirklichkeit im Universum (ihren Betrag und Grad) maximiert. Durch die Breite und Neutralität ihres Interesses, das sich auf Wirklichkeit überall und allerorten richtet, dehnt die absolutistische Haltung ihren Bereich weit über den traditionellen Schwerpunkt der Ethik aus. Planetensysteme, Sterne, Galaxien, unendliche und ausgedehnte Intelligenzen – wer weiß, was das Universum an Dingen enthalten könnte, deren intensive Wirklichkeit größer ist als unsere und in Konfliktsituationen unsere eigene (die eines einzigen Menschen oder gar die der gesamten Menschheit) der absolutistischen Haltung zufolge aufwiegen könnte. Ich sage nicht, daß man diese Haltung nicht einnehmen und der Auffassung sein kann, die Menschheit solle sich und den Rest ihrer Geschichte für eine weit größere nichtmenschliche Wirklichkeit opfern, doch auch wenn es edel sein könnte, daß wir alle uns dazu entschieden, scheint es kaum erforderlich! (Könnte die absolute Haltung die angemessene Konzentration unserer Aufmerksamkeit und Wertschätzung, wenn auch nicht unserer Ziele, benennen?)

Von solchen makrokosmischen Kontexten abgesehen – lassen sich die drei Haltungen miteinander in Einklang bringen? Wir können die Wirklichkeit der Welt erhöhen, indem wir sehr wirkliche Wesenheiten schaffen, indem wir diejenigen, die es gibt, bewahren oder zur Geltung bringen, indem wir anderen Menschen dabei helfen oder sie dazu befähigen, ihre eigene Wirklichkeit zu erhöhen, und auch, indem wir die unsere verstärken. Die absolute Haltung kann daher manchmal ein Tandem mit den anderen Haltungen bilden. Diese Beziehungen, die darin bestehen, daß man die Wirklichkeit der Welt steigert oder bewahrt oder eine Wirklichkeit schafft, werden natürlich in der relationalen Haltung eine hohe Geltung besitzen. Interessanter ist, daß die Gradunterschiede von Wirklichkeit, für die ein Mensch in der Welt verantwortlich ist, die äußere Wirklichkeit, die er schafft oder verstärkt, ihm rückwirkend auch als Zuwachs an seiner eigenen Wirklichkeit zugeschrieben werden.[3] Dadurch, daß er diese Dinge tut, daß er sie als wichtige Ereignisse und Leistungen in seiner Biographie hat, fügt er seinem Leben und seiner eigenen Wirklichkeit etwas hinzu. Eine Steigerung der gesamten Wirklichkeit auf der Welt könnte daher auch sein Weg sein, um seine eigene am stärksten zu steigern.

Auch wenn ein Handeln nach der absolutistischen Haltung die eigene Wirklichkeit eines Menschen erhöhen und daher der egoistischen Haltung dienlich sein könnte, ohne daß dies das Ziel der Handlungen wäre, läßt sich dadurch doch nicht jeder Konflikt zwischen diesen beiden Haltungen vermeiden. Im allgemeinen wird zwar die produzierte Wirklichkeit rückwirkend *dem* Ich angerechnet, aber sie wird nicht gänzlich als Merkmal *des* Ich eingestuft. Und wenn das Ich an Wirklichkeit gewinnt, könnte dieser Gewinn auch geringer sein als der, den die egoistische Haltung erbringen würde. Man stelle sich zwei alternative und zunehmend divergierende Handlungsabläufe vor, von denen der eine mit geringer Anstrengung, aber großem Gewinn an Wirklichkeit auf der Welt verbunden ist, während der andere das Ich mehr zum Ausdruck bringt oder entwickelt, aber nach außen hin weniger produktiv ist. Allein der Akt, sich in Anerkennung dieser Tatsachen für den ersten

Weg zu entscheiden, könnte zu einem Gewinn in der Wirklichkeit des betreffenden Individuums führen, der aber geringer wäre als der Verlust beim Verzicht auf den zweiten Handlungsablauf. Die absolutistische Haltung macht mit der relationalen Haltung viel kürzeren Prozeß. Sie ermutigt nicht dazu, beim Handeln dem Partner, Kindern oder Freunden besonderes Gewicht einzuräumen oder die besondere Wirklichkeit, die diese Verbindungen haben, aufrechtzuerhalten. (Sie könnte versuchen, ihnen ein gewisses abgeleitetes spezielles Gewicht einzuräumen, indem sie sagte, daß jemand der totalen Gesamtwirklichkeit am besten dient, indem er speziell denen dient, die ihm nahestehen, weil er hier über größeres Spezialwissen verfügt und dies eine geeignetere Einflußsphäre ist.) Außerdem heißt sie zu leicht relational unerwünschte unmoralische Handlungen gut, wenn diese der größeren Summe von Wirklichkeit insgesamt dienen.

Auch wenn jede dieser Haltungen für sich mangelhaft ist, hat jede, glaube ich, ihre Anziehungskraft und auch ihren legitimen Anspruch. »Wenn ich nicht für mich bin«, fragte Hillel, »wer wird es sein? Und wenn ich nur für mich bin, was bin ich?« Jeder Teil der Wirklichkeit hat Wert, Sinn, Intensität, Lebendigkeit, Heiligkeit, Tiefe usw. für sich; jeder Teil ist es wert, daß man ihn zur Geltung bringt, bewahrt, schafft oder erkennt (indem man ihn erkundet und auf ihn eingeht). Dies ist die Anziehungskraft der absoluten Haltung. Doch unsere eigene Wirklichkeit scheint allerdings für jeden von uns eine gewisse Priorität zu haben, und das zu Recht. Wir glauben nicht, daß wir gezwungen sind, jedem anderen Stück Wirklichkeit, wo immer es sein mag, dasselbe Gewicht zu geben wie der Wirklichkeit unseres Ich (oder derer, die wir lieben, und unserer Beziehungen zu ihnen) und uns auf unser eigenes Leben nur insoweit zu konzentrieren, als es einen kleinen Teil des Ganzen darstellt.[4] Gibt es einen Weg, auf dem sich die drei Haltungen verbinden lassen, so daß die Stärken jeder einzelnen eingefangen werden? Ein unbefriedigender Weg wäre, den

194

absoluten Primat einer der Haltungen aufrechtzuerhalten und die anderen erst zuzulassen, nachdem diese völlig befriedigt worden wäre. Das läßt die nachgeordneten allzu untergeordnet werden; ohne genügendes Gewicht, um je das Urteil der primären Haltung umzustoßen, würden sie in der Praxis selten überhaupt Aufmerksamkeit auf sich lenken. Ein zweiter Weg zur Verbindung dieser Haltungen wäre, zwischen ihnen abzuwechseln, jede in seinem Repertoire zu behalten und zu verschiedenen Zeiten verschiedene Haltungen einzusetzen. Das ermöglicht einem zwar, sich zu verschiedenen Zeitpunkten voll in eine Haltung zu werfen, aber die Kombination erscheint *ad hoc*.

Ein adäquateres Verfahren zur Verbindung der Haltungen würde jeder ein gewisses Gewicht bei der Festlegung des Gesamtziels einräumen. Wie sollte dies durchgeführt werden? Die drei Teilziele sind die eigene Wirklichkeit, die Wirklichkeit der eigenen Beziehung zu anderen Dingen und die Summe der Wirklichkeit, die es gibt (von der wir, um eine Doppelzählung zu vermeiden, die ersten beiden abziehen können). Sollen wir sie einfach zusammenzählen und uns von der sich ergebenden Summe leiten lassen? Da die Gesamtwirklichkeit weit größer ist als unsere eigene oder die unserer Beziehungen – sie umfaßt die Wirklichkeit anderer Menschen und ihrer Beziehungen und ebenso alles andere, was es gibt –, würde in der obengenannten einfachen Summe diese Gesamtwirklichkeit den Rest erfolgreich an die Wand drücken. Wenn man alternative Handlungen oder Lebensläufe danach bewertet, wie sie die einfache Summe dessen beeinflussen, woran die drei Haltungen interessiert sind, so gibt das den ersten beiden Haltungen letztlich überhaupt kein Gewicht; es erweist sich in der Praxis einfach als die absolute Haltung.

Man kann jedoch jedem der drei Teilziele *einiges* Gewicht geben, ohne daß diese Gewichte gleich sind. (Viele Leser würden vielleicht gern den Rest dieses Abschnitts, der die Form der Gewichtung behandelt, schnell überfliegen.) Erstens normalisiere man die Maße der drei Teilziele und verbinde sie erst im Anschluß daran mit Gewichtungen. Bei normalisierten Maßen werden die verschiedenen Meßskalen so eingerichtet, daß sie dieselben Maximal- und Minimalwerte haben. Dem größten Betrag von Wirklichkeit, den jemand für sein Ich, für seine Verbindungen und Beziehungen oder im gesamten Universum hervorbringen kann, wird jeweils dieselbe positive Zahl, sagen wir 100, zugewiesen, und dem kleinsten Betrag jeder solchen Art von Wirklichkeit wird dieselbe Zahl zugewiesen, sagen wir 0. (Die Skalen sind verschieden, denn da die gesamte Wirklichkeit im Universum weit größer ist als die eigene Wirklichkeit, preßt es in der Folge die Wirklichkeit des Universums stark zusammen oder bläht die eigene erheblich auf, wenn man jede von ihnen auf Skalen mißt, die denselben Höchstwert 100 haben.) Sobald die Maße normalisiert sind, so daß kein Typ von Wirklichkeit automatisch die anderen überrunden kann, stehen wir vor der Frage, welches Gewicht wir diesen drei verschiedenen Faktoren geben sollen, um das Ziel als ihre gewichtete Summe zu erhalten. Verschiedene Gewichte werden uns in die Lage versetzen, eine gewisse Verschiebung in Richtung auf die eine oder andere Haltung vorzunehmen.

Da alle Kombinationen von Gewichten möglich sind, kann es so aussehen, als ob die korrekte Position dort irgendwo enthalten sein muß. (Die einfachen und reinen Haltungen – die egoistische, die relationale und die absolute – lassen sich als Grenzfälle betrachten, die ihrem eigenen Faktor ein positives Gewicht zubilligen, während sie den beiden anderen Faktoren das Gewicht Null geben.) Und tatsächlich kann, sobald positiv relevante Dinge oder Dimensionen identifiziert sind, eine lineare Gewichtung oft eine gute Annäherung an das sein, was wir wollen. Im vorliegenden Fall jedoch würde unabhängig davon, welche Gewichtungen zugewiesen würden, die einfache gewichtete Summe der drei Faktoren nicht unser Gefühl für sich einnehmen, daß jeder der Faktoren vorhanden sein sollte. Ein Leben, das einen der Faktoren vernachlässigt, selbst wenn dieser Mangel numerisch durch eine Menge der beiden anderen Faktoren ausgeglichen wird, ist unzulänglich.

Jeder Faktor – die eigene Wirklichkeit, die Wirklichkeit der Beziehungen, die man hat, und die gesamte Wirklichkeit, die es gibt – wird durch das Vorhandensein und die Größe anderer verstärkt. Wenn ein Maß der drei Faktoren auf einer normalisierten Skala gegeben ist, haben wir die Faktoren miteinander zu *multiplizieren*, nicht sie zu addieren, oder vielleicht müssen wir die Faktoren erst gewichten und sie dann multiplizieren. Dadurch vergrößern das Vorhandensein und die Größe jedes einzelnen die Größen der anderen. Wir können diese vierte Haltung als kombinierte Haltung bezeichnen. Sie läßt sich präziser in der folgenden Formel ausdrücken (die manche Leser vielleicht lieber überschlagen). Wenn ein gegebener Mensch bei einem gegebenen Anlaß zur Wirklichkeit in Beziehung tritt, so wollen wir annehmen, daß es drei Maße gibt: ein Maß dafür, wie die Wirklichkeit seines Ich in diesem Fall von Bezugnahme zum Einsatz kommt, ein Maß auch für den Teil der gesamten Wirklichkeit, zu der er sich verhält, und schließlich ein Maß dafür, wie wirklich seine Beziehung zu dieser Wirklichkeit ist. (Alle diese Maße sind normalisiert, mit denselben möglichen Maximal- und Minimalwerten.) Dann wird die Wirklichkeit seiner so gearteten Bezugnahme auf diesen Teil der Wirklichkeit in diesem Fall das arithmetische Produkt dieser drei Maße sein, die drei (gewichteten) Maße miteinander multipliziert, die Wirklichkeit seines eingesetzten Ich multipliziert mit der Wirklichkeit der Beziehung multipliziert mit der Wirklichkeit, auf die Bezug genommen wird. Und die Wirklichkeit *all* seiner Bezugnahme auf die Wirklichkeit ist dann eine Summe von drei Produkten, die vereinigte Gesamtheit dessen, was mit jedem der individuellen Fälle verbunden ist, an denen er partizipiert: das Produkt im ersten Fall plus dem Produkt im zweiten plus ... (Wenn jedoch in einem gegebenen Fall die drei Faktoren nicht alle eine Rolle spielen, gibt es immer noch das früher erwähnte Maß für diejenigen getrennten Faktoren, die wirksam sind; diese gewichtete Summe [unter Verwendung angemessener Gewichtungen] sollte zu der Summe der vorangegangenen Produkte hinzugezählt werden, um die Formel zu vervollständigen.)

Diese kombinierte Haltung vereint die drei vorherigen Haltungen auf eine Weise, in der sie sich gegenseitig verstärken. (Ich wünschte, ich könnte diese kombinierte Haltung als *integrale* Haltung bezeichnen, doch obwohl sie die drei Haltungen zusammenbringt, stellt sie sie nicht genügend in ein einheitliches Konzept, um diesen Titel zu verdienen. In der Meditation über Finsternis und Licht werden wir einen Weg untersuchen, auf dem sich die Haltungen fester integrieren lassen als mit einer Multiplikationsformel.) Das Ganze, um das es in dieser Haltung geht, nicht nur in jedem Fall von Bezugnahme, sondern in der Summe eines ganzen Lebens, könnte man als persönlichen Wirklichkeitsbezug bezeichnen. Angesichts der starken gegenseitigen Verstärkung, die die Faktoren in der obigen Summe ihrer Produkte ausüben, würde eine Konzentration nur auf einen Faktor (wie sie jede der drei früheren Haltungen empfahl) zu einem großen Verlust bei der Gesamtgröße führen, einem Verlust, der nicht durch die (unmultiplizierte) Addition einer signifikanten Quantität nur eines Faktors ausgeglichen wird. Die kombinierte Formel verlangt von uns nicht, zu *aller* äußeren Wirklichkeit in Beziehung zu treten, auch wenn sie uns dazu ermutigen mag, dies so weit wie möglich zu tun, aber sie verlangt von uns, auf einen Teil der bedeutsamen äußeren Wirklichkeit Bezug zu nehmen, intensiv und mit einem erheblichen Teil unseres Ich, um einen großen Multiplikationsfaktor hinzuzufügen.[5]

Jemand, der die kombinierte Haltung einnimmt, wird sie über die oben beschriebene Form hinaus ausdehnen. Genau wie die egoistische Haltung, wenn sie eine Position über Wert sein soll, Wirklichkeit und Wert überall und nicht nur innerhalb der Grenzen eines Ich anerkennen und schätzen muß, wird auch jemand, der die kombinierte

Haltung einnimmt, schließlich dazu veranlaßt werden, sich nicht einfach auf *seinen* Wirklichkeitsbezug zu konzentrieren, sondern auf *unseren* Wirklichkeitsbezug. Was die Grenzen dieses »Wir« bestimmt, ist eine komplizierte Frage; letztlich kann es zu all jenen Wesen werden, die die Fähigkeit besitzen, zu den Merkmalen von Wirklichkeit *qua* Wirklichkeit in Beziehung zu treten, sie zu schätzen und auf sie einzugehen. Während wir jedoch anderen Menschen dabei helfen können, zur Wirklichkeit *qua* Wirklichkeit in Beziehung zu treten, können wir sie nicht dazu *zwingen*; die daraus folgende Beziehung wäre nicht wirklich: sie würde keine extensive Wirklichkeit ihrerseits heranziehen, und sie würde sie nicht zur Wirklichkeit *qua* Wirklichkeit in Beziehung setzen.

Eine erste Verallgemeinerung der kombinierten Haltung, während sie das Ziel in Richtung auf die unpersönliche Intention unseres Wirklichkeitsbezugs verschiebt, bewahrt bei diesem neuen Ziel noch eine persönliche Perspektive; ein Mensch handelt, um *sein* In-Beziehung-Treten zu unserem Wirklichkeitsbezug zu steigern. Er würde daher versuchen, seine eigene Verbindung zu diesem allgemeinen Ziel zu maximieren. Eine zweite Verallgemeinerung betrifft nicht speziell *sein* In-Beziehung-Treten zu diesem allgemeinen Ziel. Schwerfällig formuliert, konzentriert sie sich auf *unser* In-Beziehung-Treten zu unserem Wirklichkeitsbezug. Ein Mensch würde es, wenn er diese letztgenannte Perspektive einnimmt, für ebenso gut halten, falls jemand anders das allgemeine Ziel förderte. Die erste Verallgemeinerung ließe sich als ein Kompromiß sehen, der einige Kraft aus der egoistischen Haltung und einige aus der absoluten bezieht.

Die allgemeinste Version der kombinierten Haltung verallgemeinert die vorige Formel dahingehend, daß sie jetzt alle Menschen und ihre Beziehungen zu Teilen der Wirklichkeit umfaßt. Für jeden einzelnen Menschen nimmt sie – wie vorher – die Summe der Produkte, die die Fälle repräsentieren, in denen dieser Mensch auf die Wirklichkeit Bezug nimmt, und dann zählt sie diese Summen für alle Menschen gemeinsam zusammen. Sie ist eine doppelte Summierung derjenigen Faktoren, die sich gegenseitig dadurch verstärken, daß sie miteinander multipliziert werden. Diese allgemeine kombinierte Haltung betrifft die Bezugnahme jedes einzelnen Menschen auf die Wirklichkeit; das Ganze, das sie fördert, ist unser Wirklichkeitsbezug.

Die Wirklichkeit, die jemand hervorbringt oder bei anderen unterstützt, wird rückwirkend seiner eigenen Wirklichkeit zugeschrieben. Könnte ein Egoist dazu veranlaßt werden, dieser verallgemeinerten Formel, die auch ein Interesse an der Bezugnahme anderer auf die Wirklichkeit beinhaltet, allein deshalb zu folgen, weil er rechnet, daß, wenn die produzierte Wirklichkeit seinem eigenen Ich rückwirkend gutgeschrieben wird, dies am besten seiner eigenen Wirklichkeit dient? Wir können jedoch bezweifeln, ob eine aus *diesem* Grunde produzierte Wirklichkeit in genügendem Maße rückwirkend zugeschrieben werden kann. (Wie in anderen Fällen kann allerdings ein unehrenhaftes ursprüngliches Motiv im Laufe der Zeit verblassen, wobei dann das tatsächliche Verhaltensmuster sein eigenes angemessenstes Motiv erzeugt und entfaltet.) Das Einnehmen der egoistischen Haltung ist nicht der wirksamste Weg zu irgend jemandes größter Wirklichkeit; diese Haltung ist kein globales Optimum – selbst wenn man sie an der Haltung selbst beurteilt!

Ein Reden über verschiedene Haltungen wirft neues Licht auf das Problem des freien Willens. Dieses Problem entstammt der Sorge, daß frühere ursächliche Faktoren – unsere Erziehung oder neurophysiologische Verfassung oder die vergangenen Zustände der Welt – unsere Handlungen antreiben und kontrollieren. Wir könnten uns jedoch fragen, ob es die egoistische Haltung selbst ist, die das traditionelle Problem des freien Willens verursacht. Wenn ich die Frage danach stelle, wie ich frei sein kann, ist dann nicht genau dieser Begriff von Freiheit – Unabhängigkeit von Außendingen – ein Konzept, das in der egoistischen

Haltung wurzelt? Die relationale Haltung würde diese Unabhängigkeit nicht schätzen oder in ihr Wert finden, und so würde sie nicht fragen, wie man sie erlangt, oder sich darüber Gedanken machen, wie sie möglich sein könnte. Stattdessen fragt die relationale Haltung, wie man zu anderen Dingen und zur äußeren Wirklichkeit in Beziehung stehen kann. Durch spezifische ursächliche Faktoren zum Handeln veranlaßt zu sein könnte außerdem eine besonders starke Form von Bezogensein auf diese Faktoren sein! Determiniertheit des Handelns könnte daher etwas sein, das die relationale Haltung schätzt. Diese Haltung könnte nach möglichst weiter Verursachung von Handeln streben – das heißt, nach Determiniertheit durch möglichst viele Faktoren in so starker Form wie möglich. *Ihr* höchstes Ziel wäre Determiniertheit durch den gesamten Zustand der Wirklichkeit, ohne daß etwas ausgelassen wäre, wobei jede von unseren Handlungen auf die stärkste und vielfältigste Weise mit allem anderen verbunden wäre. Was im Rahmen dieser Haltung bedauerlich wäre, wäre ein Determinismus, der nur partiell wäre, einer, der nicht vollständig genug wäre.

15. Wert und Sinn

Der Begriff der Wirklichkeit hat verschiedenartige Aspekte oder Dimensionen. Intensiver und lebendiger zu sein heißt wirklicher zu sein (bei gleichbleibenden sonstigen Umständen), wertvoller zu sein heißt wirklicher zu sein, und so fort. Eine höhere Punktzahl in einer der verschiedenen Dimensionen zu haben, die die Wirklichkeit ausmachen, heißt (wenn alles andere konstant bleibt) wirklicher zu sein. Die Dimensionen spezifizieren den Begriff Wirklichkeit, indem sie seine Aspekte beschreiben, und eben diese Dimensionen liefern auch die Kriterien für die Bewertung jedes einzelnen Gegenstandes. Ich möchte die Dimensionen unter ihrem Aspekt oder in ihrer Rolle des Bewertens prüfen und mich dann ihrem metaphysischen Status und ihren Wechselbeziehungen als Aspekten der Wirklichkeit zuwenden. In dieser Meditation werde ich zwei Dimensionen betrachten – als erste die des Wertes.

Der Begriff Wert ist nicht nur einfach ein vager lobender Ausdruck. Manche Dinge haben Wert nur als Mittel zu etwas anderem, das wertvoll ist. Und manche Dinge haben einen eigenen Wert, einen intrinsischen Wert. (Manche Dinge haben beide Arten von Wert, Wert als Mittel zu etwas anderem und auch einen eigenen Wert.) Dieser Begriff des intrinsischen Wertes ist der grundlegende; andere Arten von Wert existieren durch ihre Beziehung zu intrinsischem Wert. Worin besteht aber intrinsischer Wert; was ruft ihn hervor?

Betrachten wir Dinge, von denen häufig gesagt wird, sie seien an sich wertvoll. Wir beginnen mit Kunstwerken. Erinnern wir uns, was in Seminaren über Kunstbetrachtung geschieht. Es wird einem gezeigt, wie die verschiedenen Teile und Komponenten eines Gemäldes zueinander in Beziehung stehen, wie das Auge durch Formen und Farben von Ort zu Ort geführt wird, wie es zum thematischen

Mittelpunkt des Bildes gebracht wird, wie diese Farben, Formen und Strukturen zum Thema passen usw. Es wird einem gezeigt, wie das Bild eine Einheit ist, wie die verschiedenen Elemente, die es ausmachen, ein ausgeglichenes und geeintes Ganzes bilden. Ein Gemälde hat ästhetischen Wert, so haben Theoretiker behauptet, wenn es – oft auf lebendige und auffällige Weise – eine große Vielfalt des Materials in eine dichte Einheit zu integrieren vermag. Solch eine »Einheit in Vielfalt« wurde als *organische Einheit* bezeichnet, weil man annahm, daß Organismen in der biologischen Welt dieselbe Einheit aufwiesen, wobei verschiedene Organe und Gewebe in Wechselbeziehungen stehen, um das Leben des Organismus aufrechtzuerhalten. (Eine extreme Form dieser Lehre behauptet, daß sich kein Teil des Kunstwerks entfernen oder verändern lasse, ohne seinen Charakter zu zerstören oder seinen Wert zu vermindern.)

Frühere Autoren hatten eine Stufenleiter von Wert in der ganzen natürlichen Welt zutage treten sehen, an deren tiefstem Punkt die Steine standen, dann kamen die Pflanzen, die niederen und die höheren Tiere, die Menschen, und sie setzten die Stufenleiter fort mit Engeln und schließlich mit Gott. Die Rangplätze in dieser traditionellen »großen Kette des Seins« lassen sich auch über den Grad organischer Einheit verstehen, den jedes Ding aufweist. Je weiter aufwärts man auf der Skala geht, desto mehr Vielfalt ist da, die auf noch dichtere Weise vereint wird. Felsen weisen intermolekulare Kräfte auf; Pflanzen weisen daneben organische Prozesse auf; Tiere zeigen die meisten hiervon (wenn auch nicht Photosynthese) und fügen Fortbewegung hinzu; bei höheren Tieren sind die Aktivitäten im Zeitverlauf durch Intelligenz und Bewußtsein integriert, und im Fall von Menschen geschieht diese Integration auf noch festere Weise durch Selbstbewußtsein. (Vieles hiervon entspricht auch einer evolutionären Stufenleiter. Es geht jedoch nicht darum, daß das Entwickeltere wertvoller ist, *weil* es entwickelter ist; vielmehr paßt der Begriff des Grades an organischer Einheit zu der Werteinstufung, die wir vornehmen, einer, die in groben Zügen evolutionär ist, und diese Tatsache einer derartigen Übereinstimmung belegt, daß der Begriff der organischen Einheit tatsächlich unser Gefühl für das, was wertvoll ist, erfaßt.)

Auch in der Wissenschaft werden Theorien unter Heranziehung eines Begriffs von Einheit in Vielfalt bewertet. Naturwissenschaftler sprechen von dem Grad, in dem eine große Masse von Daten und verschiedenen Phänomenen vereinheitlicht wird, indem sie durch eine kleine Anzahl einfacher wissenschaftlicher Gesetze erklärt wird. Es war ein Triumph der Newtonschen Gesetze, daß sie sowohl die Bewegung von Körpern auf der Erde als auch die scheinbar nicht damit zusammenhängenden Bewegungen von Himmelskörpern erklärten; ein ähnliches Ziel veranlaßt heute Physiker dazu, nach einer einheitlichen Feldtheorie zu suchen, um eine Erklärung für die wichtigsten Kräfte der Natur geben zu können.

Es wäre eine bedeutende Aufgabe, diesen Begriff des Grades organischer Einheit genau zu definieren und einen Weg anzugeben, um ihn zu messen. Für unsere Zwecke hier können wir mit einem groben und intuitiven Verständnis vorgehen. Je größer die Verschiedenheit, die vereinheitlicht wird, desto größer die organische Einheit; und auch je fester die Einheit, in die die Vielfalt gebracht wird, desto größer die organische Einheit. Eine einfarbig bemalte Leinwand würde einen hohen Grad von Einheit zeigen, aber da dadurch keine Vielfalt von Farbe, Form oder Thema vereinheitlicht worden wäre, würde sie keinen hohen Grad organischer Einheit besitzen. Eine organische Einheit, die sich ergibt, hängt also von zwei Dingen ab, dem Grad der Vielfalt und dem Grad der Einheit, zu der diese Vielfalt geführt wird. Die Aufgabe, organische Einheit zu erzielen, ist schwierig, weil diese beiden Faktoren dazu tendieren, invers zu variieren, und so in entgegengesetzte Richtungen ziehen. Je größer die Vielfalt, desto schwieriger ist es, sie zu einem gegebenen Grad von Einheit zu führen. Organische Einheiten lassen sich aus Elementen aufbauen, die selbst keine organische Einheit haben; es kann vereinheitlichte »Moleküle« geben, ohne daß es organisch vereinheitlichte »subatomare Partikel« gibt.

Etwas hat, behaupte ich, intrinsischen Wert in dem Grade, in dem es organisch vereinheitlicht ist. Seine organische Einheit *ist* sein Wert. Jedenfalls ist es eine Struktur organischer Einheit, die die Struktur des Wertes ausmacht. Vielleicht spielen auf einigen besonderen Gebieten zusätzliche spezifische Merkmale (wie etwa eine lustvolle hedonistische Tönung) beim Wert auch eine Rolle, aber die allgemeine Struktur von Wert über verschiedene Bereiche hinweg und die Hauptdimension, die fast allem Wert zugrundeliegt, ist der Grad der organischen Einheit.

Unter dieser Voraussetzung können wir verstehen, warum wir bestimmte andere Dinge als wertvoll an sich betrachten – zum Beispiel ganze ökologische Systeme mit ihrem komplex verzahnten Gleichgewicht. Wir können auch verstehen, warum es uns schwerfällt, Gemälde und Planetensysteme und Menschen und Theorien in einer einzigen Reihe von Werten anzuordnen. Auch wenn derselbe strukturelle Begriff organischer Einheit zum Tragen kommt, sind wir nicht in der Lage, den Grad organischer Einheit (oder den darin enthaltenen Grad von Vielfalt) für so verschiedene Dinge zu vergleichen. Unsere Vagheit beim Vergleich dieser Grade organischer Einheit paßt zu unserem Zögern, diese Wertvergleiche vorzunehmen (und erklärt es).

Ein Hauptproblem, das von Philosophen diskutiert wird, das »Leib-Seele-Problem«, fragt, was für eine Verbindung zwischen mentalen Ereignissen und neurophysischen Ereignissen im Gehirn und im Körper besteht. Sind diese lediglich aufeinander bezogen, oder sind es zwei Aspekte derselben Sache, oder sind sie in Wirklichkeit dieselbe Sache, auf die mit verschiedenen Worten Bezug genommen wird? Bisher ist keine befriedigende Lösung gefunden worden. Das Problem wird besonders schwierig durch den anscheinend extremen Unterschied zwischen Leib und Seele, der Descartes zu der Auffassung veranlaßte, daß Geist und Materie getrennte Substanzen seien. Der scheinbare Unterschied zwischen Seele und Leib würde jedoch kein solches Problem schaffen, wenn da nicht die Festigkeit der Einheit wäre, die zwischen ihnen besteht. Das Bewußtsein und die Seele befähigen einen Organismus nicht nur, seine Aktivitäten im Zeitablauf zu vereinheitlichen; zu jedem gegebenen Zeitpunkt ist das Bewußtsein fest mit den physischen/biologischen Prozessen, die in diesem Moment stattfinden, vereint. Was wir also haben, ist eine anscheinend enorme Vielfalt, die in einem sehr hohen Grade vereinheitlicht ist – das heißt, wir haben einen äußerst hohen Grad organischer Einheit und daher etwas äußerst Wertvolles. Wenn Wert (sein Grad) organische Einheit (ihr Grad) ist, dann zeigt das Leib-Seele-Problem, daß Menschen sehr wertvoll sind. Eine Lösung dieses Problems wird ein Verständnis dafür erfordern, wie dieser sehr hohe Grad von Wert möglich ist.

Wenn wir wollen, daß wir selbst von Wert sind und daß unser Leben und unsere Aktivitäten Wert haben, dann wollen wir damit, daß diese einen hohen Grad organischer Einheit aufweisen sollen. (Platon sah den richtigen Zustand der Seele als eine hierarchische Anordnung dreier Teile – des verstandesmäßigen, des tapferen und des triebhaften –, wobei jeder Teil dem vorhergehenden untergeordnet war und harmonisch seine angemessene Funktion ausübte. Wenn eine solche Sicht ansprechend ist, so deshalb, weil uns dies als eine wertvolle Art zu sein erscheint, nicht deshalb, weil sich diese Seele als glücklich erweisen muß. Was Platon beschreibt, ist allerdings nur eine organisch vereinheitlichte Seinsform; es gibt weitere, die einen anderen Charakter haben.) Wir möchten eine Vielfalt von Zügen und Phänomenen umfassen, diese durch viele Querverbindungen auf fest integrierte Weise vereinheitlichen und sie produktiv in unsere Aktivitäten einfließen lassen. Manche Wesenheiten werden die Bewirker ihrer eigenen organischen Einheit oder eines Teils davon sein und sie von innen heraus gestalten und entwickeln, während sie für andere völlig von außen angeordnet werden wird; das kann einen Unterschied in der Art oder dem Ausmaß des Wertes ausmachen, den die Wesenheit hat. Man beachte, daß eine reglementierte Gesellschaft von Individuen nicht den höchsten Grad von organischer Einheit oder Wert haben wird. Sie wird weniger wert sein als eine freie Gesellschaft, in der die wichtigsten Beziehungen zwischen Menschen freiwillig eingegangen und in Respons auf die besonderen sich wandelnden Bedingungen um sie herum abgewandelt werden, was zu komplex verzahnten und ständig sich verschiebenden Gleichgewichten führt, wie sie die ökonomische Theorie beschreibt. Darin ist die größte Vielfalt von Aktivitäten in komplizierter Weise vereinheitlicht. (Es müssen jedoch einige Komplikationen eingeführt werden, um diejenigen Wesenheiten behandeln zu können, deren Ziel oder Absicht die Zerstörung gewisser anderer unschuldiger oder nichtzerstörerischer organischer Einheiten ist.) Werden Formen der Solidarität, des Gemeinschaftsgefühls und der Teilhabe in das Gefüge der Gesellschaft eingebaut, so fügt das der Einheit, für die der Markt sorgt, noch größere Einheit hinzu.

Wert ist eine besondere Art von Ding; es gibt auch andere Dimensionen der Bewertung. Wir können aber verstehen, warum es der übliche Brauch ist, den Ausdruck *Wert* anders zu gebrauchen, in der Bedeutung einer übergreifenden Kategorie für alles Gute; die unterschiedlichen Weisen, auf die etwas gut sein kann, werden dann als verschiedene Arten von Wert gezählt, nicht als etwas anderes, das nicht Wert ist. Ist dies nur ein verbales Problem? Etwas zu werten heißt, dazu in einer besonderen engen, positiven psychischen und einstellungsmäßigen Beziehung zu stehen, einer Beziehung, die selbst von hoher organischer Einheit gekennzeichnet ist. Etwas *werten* heißt, diese besondere relationale Aktivität ausüben. Man könnte dann sagen, daß jedes Ding oder Merkmal, auf das wir diese spezifische Aktivität richten, daher »Wert« hat, aber das bedeutet, die Einheit der psychischen Bewertungsaktivität auf diejenigen verschiedenen Objekte zu projizieren, auf die diese Aktivität gerichtet war. Die Auffassung von Wert als Grad organischer Einheit dagegen hält Wert als nur eine Art von Phänomen fest, wobei die Aktivität des Wertschätzens ein Beispiel dafür ist.

Wert ist nicht die einzig relevante bewertende Dimension. Wir wollen auch, daß unser Leben und unsere Existenz Sinn haben. Bei Wert geht es darum, daß etwas in seinen eigenen Grenzen ausgeglichen ist, während Sinn damit zu tun hat, daß es eine Verbindung über diese Grenzen hinaus hat. Das Problem des Sinns selbst wird durch die Gegenwart von Grenzen aufgeworfen. So machen sich Menschen typischerweise Gedanken über den Sinn ihres Lebens, wenn sie ihre Existenz als begrenzt sehen, vielleicht weil der Tod ihnen ein Ende machen und so ihre letzte Grenze markieren wird. Das Streben danach, dem Leben Sinn zu geben, ist das Streben danach, die Grenzen des eigenen individuellen Lebens zu transzendieren. (Gibt es zwei Wege, unsere gegenwärtigen Grenzen zu transzendieren, und daher zwei Formen von Sinn: sich mit äußeren Dingen zu verbinden, die äußerlich bleiben, und sich mit Dingen so zu verbinden, daß man sich diese irgendwie einverleibt, entweder sich selbst oder einer erweiterten Identität?) Manchmal geschieht dies dadurch, daß man Kinder hinterläßt, manchmal dadurch, daß man ein größeres Ziel fördert, das einen selbst übersteigt, wie etwa die Sache der Gerechtigkeit oder der Wahrheit oder der Schönheit.

Doch für jedes derartige größere Ziel (oder Ziel in Verbindung mit einer Person) können wir wiederum die Grenzen davon feststellen. Selbst wenn wir das Universum als Ganzes betrachten, können wir sehen, daß es begrenzt ist. So fragen sich manche Leute, wie etwas an der menschlichen Existenz Sinn haben kann, wenn schließlich, in Millionen von Jahren, alles in einem gewaltigen Hitzetod der Galaxie oder des Universums enden wird. Vor jedem gegebenen Ding, wie umfassend es auch sein mag, können wir anscheinend zurücktreten und fragen, was sein Sinn ist. Um einen Sinn dafür zu finden, werden wir also anscheinend dazu gezwungen, eine Verknüpfung zu einem weiteren Ding jenseits seiner Grenzen zu finden. Und so wird ein Regreß in Gang gesetzt. Um diesen Regreß zu unterbrechen, brauchen wir anscheinend etwas, das intrinsisch sinnvoll ist, etwas an sich, nicht kraft seiner Verbindung zu etwas anderem, Sinnvolles; oder aber wir brauchen etwas, das unbegrenzt ist, wovor wir selbst in der Phantasie nicht zurücktreten können, um zu fragen, was *sein* Sinn ist. So kam es, daß die Religion einen Haltepunkt für Fragen nach Sinn, eine letzte Grundlage für Sinn zu liefern schien, indem sie von einem unendlichen Wesen sprach, das nicht eigentlich als begrenzt gesehen wurde, einem Wesen, vor dem man nicht an irgendeinen Ort zurücktreten konnte, um seine Grenzen zu sehen, so daß die Frage nach *seinem* Sinn nicht einmal aufkommen konnte.

Sinn läßt sich nicht durch jede beliebige Verknüpfung über Grenzen hinweg, beispielsweise mit etwas völlig Wertlosem, gewinnen. Doch das Ding, mit dem die Verknüpfung stattfindet, um Sinn zu gewinnen, braucht nicht selbst *sinnvoll* zu sein. (Auf diese Weise beginnt der Regreß.) Wir sahen bereits, daß es noch einen anderen Weg gibt, wie etwas lohnend sein kann: Es kann *Wert* haben. Wert ist eine Sache der inneren vereinheitlichten Kohärenz eines Dinges. Dieses Ding braucht nicht mit etwas anderem, etwas Größerem, verknüpft zu sein, um Wert zu haben. Wir brauchen nicht über etwas hinaus zu blicken, um seinen (intrinsischen) Wert zu finden, während wir allerdings über ein Ding hinaus blicken müssen, um seinen Sinn zu entdecken. Wenn wir aber darüber hinaus blicken, ist das, was wir vielleicht finden, eine Verbindung zu Wert, zu etwas, das seine eigene organische Einheit hat. Der Regreß des Sinns wird dadurch unterbrochen, daß man etwas mit einer Art von Wert erreicht, die nicht Sinn ist – daß man nämlich etwas von Wert erreicht. (Andere Dimensionen, die in späteren Kapiteln betrachtet werden, können auch Wert darstellen und so eine Begründung für Sinn liefern.)

Sinn und Wert, wie wir sie hier erklärt haben, sind gleichgeordnete Begriffe, die zueinander in interessanter und verwickelter Beziehung stehen. Sinn läßt sich erreichen, indem man sich mit etwas von Wert verknüpft. Wichtig ist jedoch das Wesen der Verknüpfung. Ich kann meinem Leben nicht dadurch Sinn verleihen, daß ich sage, ich bin damit verknüpft, Gerechtigkeit in der Welt zu fördern, wenn dies bedeutet, daß ich jeden Tag oder jede Woche die Zeitungen lese und auf diese Weise feststelle, wie es um Gerechtigkeit und Ungerechtigkeit bestellt ist. Das ist eine zu triviale und zu unbedeutende Verknüpfung. (Dennoch kann es eine nichttriviale Verknüpfung darstellen, äußere Dinge zu wissen und zu verstehen, wie sie wertvoll sind.) Je größer die Verbindung ist, je enger, je stärker, je intensiver und ausgedehnter, desto größer ist der Sinn, den man erhält. Je fester die Verbindung zu Wert, desto größer der Sinn. Diese Festigkeit der Verbindung bedeutet, daß man mit dem Wert auf eine vereinheitlichte Weise in Wechselbeziehung steht; es gibt mehr an organischer Einheit zwischen einem selbst und dem Wert. Die Verbindung, die man zu dem Wert hat, ist also selbst wertvoll; und Sinn erhält man durch solch eine wertvolle Verbindung zu Wert.

Sinn und Wert können sich auch im Zeitverlauf miteinander verflechten. Betrachten wir die Prozesse in den Künsten oder den Wissenschaften, in denen auf einer gewissen Stufe eine Einheit erzielt wird, nur um durch neue Elemente, die nicht hineinpassen, über den Haufen geworfen zu werden, woraufhin eine neue Einheit gebildet wird, um diese neuen Elemente (zuzüglich der meisten alten) in sich aufzunehmen, und so fort. Die neuen Elemente könnten auf wissenschaftlichem Gebiet neue Daten sein, oder neue Materialien oder Themen auf künstlerischem. Viele werden den Kern und das Ziel des Prozesses in der Erlangung der Einheiten sehen und daher das Auseinanderbrechen der früheren Einheiten lediglich als ein Mittel zu besseren und angemesseneren neuen Einheiten betrachten (ich spreche hier von Veränderungen, bei denen diese weitergehenden Einheiten tatsächlich erreicht werden, nicht von Fällen, die wir als Verfall einstufen würden), während andere das Transzendieren der früheren Einheiten und Grenzen als den Kern des Prozesses sehen könnten, in dem Menschen ihre Natur als Wesen, welche streben und transzendieren, ausüben und demonstrieren. Wir können natürlich jedes Stadium als etwas sehen, das von gleichgeordneter Wichtigkeit ist, und in keinem Falle einfach ein Mittel zur Erreichung des anderen. Beide alternieren, um das zu bilden, was das Wichtigste ist, den fortwährenden Prozeß selbst.[1]

Sind diese beiden Begriffe Wert und Sinn eine hinreichende Basis für die Bewertung eines Ich, seines Lebens, seiner Werke und Beziehungen zu anderen Menschen und Dingen? Oder schließen einige wichtige Bewertungen weitere Begriffe ein? Wert und Sinn sind Begriffe von solcher Allgemeinheit, daß es den Anschein haben könnte, ihnen ließe sich alles unterordnen. Selbst dann wäre es nicht erhellend, andere Bewertungsbegriffe gerade unter diese Kategorien zu setzen, wenn dies ihre hervorstechendsten Züge verzerrte oder verbärge.

16. Wichtigkeit und Gewicht

Wir wollen auf irgendeine Weise wichtig sein, in der Welt Geltung haben und für sie von Bedeutung sein. Wichtigkeit ist eine zusätzliche, getrennte Dimension der Wirklichkeit. Es könnte überflüssig erscheinen, Wichtigkeit getrennt zu zählen. Ein Ausüben von Wirkung bedeutet, daß man mit anderen Dingen verbunden ist, fallen da nicht alle Merkmale von Wichtigkeit unter den Begriff Sinn? Müssen nicht außerdem die Wege, auf denen etwas gilt, und die Arten von Wirkungen, die es wichtig werden lassen, selbst wertvoll und sinnvoll sein? Wie kann also Wichtigkeit eine besondere und zusätzliche Dimension von Wirklichkeit sein? Der Begriff Wichtigkeit läßt sich jedoch nicht auf die Begriffe Wert und Sinn zurückführen. Manche Aktivitäten können Wert haben, ohne wichtig zu sein, während andere wichtige, wirkungsvolle Aktivitäten weder Wert noch Sinn haben.

Ein Beispiel für Wert ohne Wichtigkeit ist Schach. Beim Schach ist es möglich, wertvolle, ja schöne Strukturen zu schaffen, indem man Themen aus früheren Spielen vereint, bekannte Strategien abwandelt und Kühnheit oder Schläue oder Geduld beweist. Für manche klingen in dem Spiel auch Themen von Kampf zwischen widerstreitenden Kräften an. Durch die Herstellung von Zusammenhängen zu allgemeineren Kampfthemen ließe sich von Spielen über den Wert ihrer besonderen Entwicklungen, Kombinationen und Überraschungen hinaus auch sagen, daß sie Sinn haben. Das Spiel ist aber, glaube ich, nicht wichtig. Es hat keine Wirkung, die über es selbst hinausgeht, auch wenn es eine Aktivität ist, die jemandes Leben beherrschen kann; sein Anspielen auf allgemeinere Kampfthemen verändert nicht die Art und Weise, in der wir andere Kämpfe sehen oder uns auf sie einlassen. Ich will nicht sagen, daß Schach überhaupt keine weitere Wirkung hat, sondern daß es angesichts des gewaltigen Betrages von intellektueller Kraft und Energie, der hineingesteckt wird, unverhältnismäßig wenig Wirkung hat. Für die Menschen, die wunderbare Schachpartien kennen und schätzen, wird das Leben nicht vertieft oder die Wahrnehmung verändert; es gibt nur die würdigende Wahrnehmung des Spieles selbst und die Erinnnerung daran. (Damit soll – nicht zu vergessen – nicht geleugnet werden, daß Schach *Wert* besitzt.) Mathematik, ein ähnliches strukturelles Unternehmen, wird in wissenschaftlichen Theorien benutzt, und selbst wenn sie nicht zu praktischer Anwendung kommt, kann sie eine große Menge anderer mathematischer Details und Fakten vereinheitlichen und ein tieferes Verständnis dieser Strukturen vermitteln. (Der britische Mathematiker G. H. Hardy jedoch sonnte sich darin, daß er *deshalb* im Bereich der Mathematik arbeitete, weil sein Spezialgebiet seiner Ansicht nach keine weiteren Anwendungen oder Verbindungen hatte.)

Es ist am wünschenswertesten, Wert und Wichtigkeit zusammmen zu haben, aber auch wenn das nicht möglich ist, wollen wir zu manchen Zeiten von Bedeutung sein und eine Wirkung ausüben, und so werden wir uns damit begnügen, daß wir für etwas Wirkung haben und wichtig sind, selbst wenn dieses Etwas nicht wertvoll oder sinnvoll ist und unsere Wirkung auch nicht. Besser einige Wichtigkeit als überhaupt keine. Ein Mangel der Erfahrungsmaschine ist, daß sie uns keine Wirkung auf die Welt ermöglicht – sie gibt uns keine Wichtigkeit. Eine andere Maschine, die uns, anders als die Erfahrungsmaschine, einen passiven Kontakt zur Wirklichkeit gäbe, hätte diesen Mangel ebenfalls. Diese würden ein weiteres Realitätsprinzip nicht befriedigen, das mit den anderen auf einer Ebene steht – nennen wir es das fünfte Realitätsprinzip – und das danach verlangt, mit der Wirklichkeit auf eine Weise in Verbindung zu treten, die eine Wirkung darauf ausübt.

Nicht daß man Wichtigkeit höher stellen sollte als Wert und Sinn und sie um jeden Preis maximieren sollte. (Es wäre ein schwacher Trost, wenn die Ungeheuer der Geschichte nicht auf Böses in seinem Charakter als Böses bedacht wären, sondern vielmehr große Wirkung auf andere auf dem einzigen Wege, der ihnen zur Verfügung stand, anstrebten.) Die beste Sorte von Wichtigkeit hat auch Wert und Sinn. Doch ein Ausüben von Bedeutung hat einen eigenen Anspruch; es ist ein eigenständiger Bewertungsbegriff. Wir bemerken das besonders, wenn Menschen Wichtigkeit in Abwesenheit von Wert und Bedeutung heranziehen und anstreben, aber der Anspruch ist selbst in Verbindung mit ihnen gegenwärtig.

Wir können jedoch – eine weitere Komplikation – den Begriff Wichtigkeit nicht völlig von den Konzepten Wert und Sinn loslösen. Ein wichtiges Ereignis oder eine wichtige Aktion brauchen nicht selbst positiven Wert oder Sinn zu haben oder irgend etwas positiv zu beeinflussen, aber sie müssen eine Auswirkung auf Wert oder Sinn haben; in diesem Falle liegt ihre Wichtigkeit also in ihrer großen *negativen* Auswirkung auf Wert und Sinn. Wenn man sagt, daß etwas Einfluß hat, so zählt man nicht lediglich die *Zahl* seiner Wirkungen. Jede Handlung hat vielleicht eine unendlich große Zahl von Wirkungen; wenn ich spreche, bewege ich Millionen von Luftmolekülen und verändere ihre Position, und diese Wirkungen setzen sich im Zeitverlauf kaskadenartig fort. Doch das garantiert der gemachten Äußerung für sich allein keine Wichtigkeit. Wenn man eine Sache als etwas identifiziert, das Einfluß hat, kommt es also nicht auf die Zahl, sondern auf die Art der Wirkungen an. Die Angabe dieser Art von Wirkung greift auf die Begriffe Wert und Sinn oder auf noch andere bewertende Dimensionen zurück. Ein wichtiges Ereignis ist, glaube ich, eines mit Wirkungen, auf die es ankommt, die von großer Bedeutung für (den Betrag oder Charakter von) Wert oder Sinn oder für eine andere bewertende Dimension sind. (Dieser Unterschied kann, erinnern wir uns, in einer negativen Richtung wirken. Der Begriff Wichtigkeit bezieht sich auf die anderen bewertenden Dimensionen, läßt sich aber nicht auf sie zurückführen.) Es ist nicht möglich, die Bezugnahme auf Wert, Sinn oder eine sonstige bewertende Dimension zu tilgen.[1]

Das Gefühl von Wichtigkeit kann seltsame Formen annehmen. Manche Menschen fühlen sich wichtig nicht wegen der Wirkungen, die sie hervorbringen, sondern wegen der Ursachen, die sie hervorgebracht haben, wenn etwa Nachkommen bemerkenswerter Leute auf diese Tatsache stolz sind. Glauben sie, daß die früheren Leistungen eine genetische Grundlage hatten, und fühlen sie sich deshalb berechtigt, auf rezessive Züge stolz zu sein, die sie besitzen, aber nicht zeigen? Oder haben sie das Gefühl, daß eine biologische Verknüpfung mit Leistung ihnen Sinn verleiht, auch wenn die Verknüpfung in die weniger bevorzugte Richtung geht? Man beachte meine Annahme, daß es besser ist, eine Ursache von etwas Wundervollem zu sein als eine Wirkung davon. Wundervolle Ursachen können triviale Wirkungen haben, während es ein triviales Ereignis weniger leicht hat, ein wunderbares zu verursachen; dann wird das Wundervolle der Wirkung zum Teil rückwirkend ihrer Ursache zugeschrieben. Das Wundervolle einer Ursache jedoch wird nicht vorwärts ihren Wirkungen zugeschrieben. Tatsache ist, der Begriff Einfluß ist eine grundlegende bewertende Dimension; sie ist nicht nur von den Verbindungen abgeleitet, die unter dem Begriff Sinn auftreten.

Die Art von Einfluß, die wir uns am meisten wünschen, hat eine große positive Bedeutung für den Wert oder den Sinn (oder für eine andere passende bewertende Dimension) von etwas. Wir möchten, daß diese Bedeutung auf etwas Nichttriviales in uns zurückgeht. Es genügt nicht, daß man zufällig mit jemandem zusammenstößt und das dann große, kaskadenartige Wirkungen hat. Wir wollen, daß die große Wirkung auf ein Merkmal zurückgeht, das wir schätzen, besser noch, auf eine integrierte Kombination von Merkmalen. Wenn etwas durch unser Handeln verursacht ist, so wollen wir, daß dieses Handeln mit Absicht geschieht und ein Ausdruck unserer selbst ist, daß es aus wertvollen Merkmalen hervorgeht und sie sichtbar werden läßt. Das kommt vielleicht daher, daß alle sich ergebenden Bedeutungen für Wert und Sinn selektiv früheren Zügen und Aktivitäten, die selbst Wert und Sinn haben, zugeschrieben werden. Jedenfalls gewinnen wir mehr an Wichtigkeit, wenn solche Züge die verursachende Rolle spielen. Im großen und ganzen wird Einfluß durch Handeln bewirkt, nicht durch Enthaltung davon. Wenn man es unterläßt, jemanden zu verletzen, so zählt das nur dann als eine wichtige Wirkung, wenn aus irgendeinem Grund der erwartete oder angemessene Handlungsablauf der ist, daß man diesen Menschen verletzt. Man hat nicht ständig wichtige Wirkungen auf vorbeigehende Fußgänger allein dadurch, daß man sie nicht überfährt.

Ich möchte Wichtigkeit einschließlich materiellem Reichtum und Macht als Formen davon näher betrachten. Wie die philosophische Tradition habe ich dazu geneigt, diese Formen von Wichtigkeit ungeachtet der Tatsache, daß viele Menschen eifrig danach streben, geringschätzig zu behandeln. Philosophen sind Menschen, die es schätzen, Denker und Schriftsteller zu sein. Wenige Bücher sagen, daß das Schreiben von Büchern völlig wertlos ist, genau wie wenige intellektuelle Argumente den Wert intellektueller Argumentation verächtlich machen. Wenn man das glaubt, macht man solche Dinge einfach nicht. Die Menschen, die glaubten, daß es nur auf Reichtum und Macht ankäme, nicht aber auf intellektuelles Verständnis und Klarheit, hinterließen keine Essays, in denen sie (überzeugend) ihre Sache vortrugen. Mein Impuls ist immer noch, weltlichen Reichtum und Macht gering zu schätzen, aber ich möchte genauer hinsehen.

Wichtigkeit hat zwei Aspekte. Der erste hat damit zu tun, daß man äußeren Einfluß oder äußere Wirkung hat, daß man eine ursächliche Quelle äußerer Wirkungen ist, ein Ort, aus dem Wirkungen hervorgehen, so daß andere Menschen oder Dinge durch die eigenen Handlungen beeinflußt werden. Der zweite Aspekt von Wichtigkeit hat damit zu tun, daß man in Betracht gezogen wird, daß man etwas gilt. (Selbst wenn es eine Art von Wirkung ist, in Betracht gezogen zu werden, verdient es gesonderte Erwähnung.) Wenn der erste Aspekt von Wirklichkeit damit verbunden ist, eine ursächliche Quelle zu sein, aus der Wirkungen hervorgehen, so ist der zweite damit verbunden, ein Ort zu sein, auf den Response zukommen, Response auf die eigenen Handlungen und Eigenschaften oder die eigene Gegenwart. In gewisser Weise schenken die Menschen einem Aufmerksamkeit und ziehen einen in Betracht. Einfach Aufmerksamkeit zugewendet zu erhalten ist etwas, das wir wollen.

Das Ziel der Aufmerksamkeit anderer Menschen zu sein ist oft ein Vorrecht der Mächtigen;[2] der Wunsch nach Macht, Ruhm und Reichtum ist zum großen Teil ein Wunsch nach Wichtigkeit. Macht, Ruhm und Reichtum werden natürlich zum Teil als Mittel zu dem begehrt, was auf sie folgt – materielle Güter, lustvolle Erfahrungen, interessante gesellschaftliche Begegnungen. Über diese Einzeldinge hinaus haben Macht, Ruhm und Reichtum aber auch wesentlich mit Wichtigkeit in ihren beiden Formen – Wirkung zu haben und in Betracht gezogen zu werden – zu tun. Sie sind außerdem auch ein Symbol dafür, daß man wichtig *ist*. Eine Verbindung zu Wichtigkeit ist am klarsten im Falle von Macht; ein mächtiger Mensch ist in der Lage, Ergebnisse in der Natur, bei sich selbst oder anderen Menschen zu beeinflussen. Es ist möglich, die verschiedenen Formen von Macht zu klassifizieren – etwas, das ich hier in eine Fußnote verweise –, und vielleicht kann es, wenn eine bestimmte Form von Macht auf uns ausgeübt wird, sogar hilfreich oder etwas tröstlich sein, ihren Ort in einem Muster von Alternativen zu sehen.[3]

Die Sozialwissenschaftler, welche Macht – die Fähigkeit, Ergebnisse zu beeinflussen – erforschen, konzentrieren sich oft auf Situationen, in denen andere Menschen zu diesen Ergebnissen in diametralem Widerspruch stehen. Max

Weber ging so weit, Macht als die Chance zu definieren, »innerhalb einer sozialen Beziehung *den eigenen Willen auch gegen Widerstreben durchzusetzen*«.[4] Sicher kann die Situation eines unabänderlichen Widerstands eine sein, die vorkommt, aber es wird zu häufig sofort angenommen, daß dieser Fall vorliegt. Die Fähigkeit, Ergebnisse zu beeinflussen, kann auch auf andere Weise ausgeübt werden: dadurch, daß man den anderen Menschen überzeugt, kooperative Kompromisse vorschlägt, eine neue Alternative vorbringt, die den Wünschen beider Seiten besser Rechnung trägt, und so fort, dadurch, daß man an der zahllosen Menge von Abänderungen teilnimmt (und deren Richtung beeinflußt), die Parteien in einer fortdauernden Verbindung durchmachen. Sozialwissenschaftler sprechen von der Macht, Handlungen und Verhalten zu beeinflussen; es gibt auch die Macht, Emotionen, Ideen und Wahrnehmungsweisen zu beeinflussen – das Reich der Künstler und Denker – und Menschen in ihrem Kern-Ich zu beeinflussen – das Reich spiritueller Lehrer.

Auch Reichtum wird ebenso wegen der Wichtigkeit begehrt, die er mit sich bringt, wie wegen der Dinge, die sich damit kaufen lassen. In der westlichen wie in den meisten Gesellschaften macht Reichtum einen Menschen wichtig; ein Reicher wird (im allgemeinen) als jemand Wichtiges behandelt und kann große Wirkung ausüben. Für viele Leute ist Reichtum außerdem ein Symbol dafür, daß man wichtig ist; wir könnten sagen, er ist die Währung der Wichtigkeit. Auch Luxus ist, abgesehen von seinen tatsächlichen Annehmlichkeiten, eine symbolische Repräsentation von Wichtigkeit. Es ist, als dächten die Menschen: Jeder, den die Welt so gut behandelt, muß wichtig sein. (Die relative Knappheit eines Luxusgegenstandes befähigt ihn – wie Veblen sah – dazu, für etwas Spezielles zu stehen und Wichtigkeit zu symbolisieren.)

Ich will sagen, daß niemand, weder andere noch der betreffende Mensch selbst, jemandes Wichtigkeit nach seinem Reichtum beurteilen sollte. Ist es so, daß der bloße

Besitz von Geld nicht Ausdruck eines Ich sein kann, anders als Handlungen, die von persönlichen Qualitäten Gebrauch machen? Geld könnte man aber ausgeben, um sich ein Heim zu schaffen, das ein Ausdruck eines Ich ist; diese Ausgaben können auch einen Einfluß auf Architekten, Bauleute und Möbelhersteller haben. Und können nicht die Aktivitäten des Geldanhäufens in einer Weise vorgenommen werden, in der eine Persönlichkeit zum Ausdruck kommt und die auch einen Einfluß auf andere hat? Doch in dem Maße, wie ein Mensch seine Aufmerksamkeit mehr auf das Geld, auf ein Mittel, konzentriert als auf die Substanz seiner produktiven Aktivitäten oder die Ausübung seiner Talente, wird sein Geist mit Inhalten beschäftigt sein, die keinen inneren Wert haben. Geld und Reichtum für sich sind kein Mittel zu nuanciertem Ausdruck; ihnen fehlen die Windungen und die Struktur, um etwas Kompliziertes widerzuspiegeln.

Warum halten wir es für unehrenhaft, wenn Geld das primäre Motiv für eine Tätigkeit ist? (Das bedeutet nicht, daß wir das Motiv, die eigene Familie oder sich selbst zu ernähren, für unehrenhaft halten.) Bei einer Tätigkeit primär durch Geld motiviert zu sein heißt, das, wozu das Geld führt, höher zu stellen als den Wert und den Sinn der Tätigkeit selbst. Das setzt also diejenigen Aktivitäten herab, deren Wert und Wichtigkeit wir für höher halten als die von Geld. Wenn uns ein Philosoph erzählt, daß er für Geld denkt, eine Ärztin, daß sie dafür Krankheiten heilt, ein Geigenbauer, daß er wegen des Bargelds arbeitet, dann haben wir das Gefühl, daß ihre Tätigkeit irgendwie befleckt ist. Und wenn sie den Sinn und den Wert ihrer Arbeit so schlecht verstehen, daß sie sie geringer achten als Geldverdienen, wie können sie dann fähig sein, qualitätvolle Arbeit zu verrichten? Selbst die Schriftsteller, von denen Freud spricht, die durch den Wunsch nach Ruhm und die Liebe zu schönen Frauen motiviert sind – Freud gab nicht an, was an erster Stelle steht –, begehren Ruhm dafür, daß sie diese Art von Literatur schreiben; die Qualität wohnt ihrem Wunsche inne. Geld dagegen ist gesichtslos und braucht nichts Wertvolles zu repräsentieren oder zum Ausdruck zu bringen. Es ist daher nicht einfach so, daß Geld als vorherrschende Motivation die Aufmerksamkeit des Handelnden von den Konturen und der Qualität seiner Tätigkeit ablenkt, auch wenn es das durchaus tun mag. Der höhere Rang, der dem Geld eingeräumt wird, zeigt ihn mit einer verzerrten Auffassung von seiner Tätigkeit, einer Verzerrung, die die Art und Weise beeinflussen muß, in der sie ausgeführt wird. Könnte die Verzerrung aber nur in seiner Auffassung von Geld liegen und nicht in seiner Auffassung von der Tätigkeit? Das Leben läßt sich so nicht aufteilen. Es ist ein einheitlicher Mensch, der diese anderen Dinge bewertet und diese Tätigkeit ausübt; die Tätigkeit ist also die Art von Tätigkeit, die von dieser Art Mensch mit diesem Wertmaßstab ausgeführt wird. Jemand, der Geld mehr liebt als einen Menschen, liebt diesen Menschen nicht.

Macht läßt sich expressiv auf Wegen gebrauchen und ausüben, die große Wirkungen auf andere haben. Wenn Wichtigkeit tatsächlich eine Dimension von Wirklichkeit ist, müssen wir dann sagen, daß der bloße Besitz von Macht jemandem größere Wirklichkeit verleiht, selbst wenn diese Macht dazu ausgeübt wird, andere zu beherrschen oder ihnen Alternativen zu verschließen, nur weil der Machthaber ihnen seinen Willen aufzwingen und sie dazu *veranlassen* will, in einer gewissen Weise zu handeln? Wenn es jemandem größere Wirklichkeit bringen mag, durch den Besitz und die Ausübung von Macht selbst eine Wirkung auszuüben, kann es seine Wirklichkeit auf andere Weise in noch größerem Maße verringern. Das ist ein Stück der Korruption, die Macht tendenziell mit sich bringt – niemand kann sich sehr viel davon erlauben. (Man sehe sich nur die Gesichter der Menschen an, die Macht ausüben oder ihr Leben der Anhäufung von Geld oder Einfluß oder Prestige widmen.)

Die Tatsache, daß Wichtigkeit neutral – als Einflußnahme gleich welcher Art – definiert wurde, hat uns durch dieses Dickicht von Gründen gezwungen, um das Naheliegende zu zeigen: daß gewisse Formen solcher Wichtigkeit jemanden nicht wirklicher machen. Wäre es nicht einfacher, zu Anfang anzugeben, daß nur gewisse Arten von Einfluß und nur gewisse Typen von Gründen dafür, daß man in Betracht gezogen wird, eine »Wichtigkeit« darstellen, die wichtig ist? In einer späteren Meditation über Finsternis und Licht werden wir die gegenwärtige neutrale Spezifizierung des Inhalts von Wirklichkeit noch einmal überdenken.

Auf gleicher Ebene mit Wert, Sinn und Wichtigkeit gibt es einen vierten bewertenden Aspekt oder eine vierte bewertende Dimension der Wirklichkeit, die des *Gewichts*. Das Gewicht einer Sache ist ihre innere Substantialität und Stärke. Es ist vielleicht hilfreich, an das Gegenteil zu denken. Was ist damit gemeint, wenn man einen Menschen als »Leichtgewicht« bezeichnet? Es könnte hier von Einfluß und Wichtigkeit die Rede sein, aber was gemeint ist, sind, glaube ich, gewöhnlich diejenigen Qualitäten, auf denen Wichtigkeit beruht (oder beruhen sollte). Die Leute äußern sich dazu, wie substantiell der Mensch ist, wie wohlüberlegt seine Gedanken, wie verläßlich sein Urteil, wie sich dieser Mensch in Schicksalsschlägen oder bei näherer Prüfung behauptet. Ein gewichtiger Mensch wird von Winden der Mode oder der genaueren Untersuchung nicht umgeworfen. Die Römer nannten das *gravitas*.

Wir könnten Gewicht als einen Widerstand gegen äußerliche Veränderungen gewisser Art bestimmen. (Eine genauere Ausarbeitung setzt drei Komponenten fest: Etwas hat Gewicht in einer bestimmten Eigenschaft im Hinblick auf bestimmte Veränderungen angesichts bestimmter Kräfte.) Gewicht wäre ein Gleichgewichtsbegriff. Etwas, das sich in stabilem Gleichgewicht befindet, widersteht äußeren Kräften oder etabliert sich wieder in seinem früheren oder einem ihm ähnlichen Zustand. So haben auch ein Mensch, eine Meinung, ein Prinzip oder eine Emotion Gewicht, wenn sie sich angesichts von Bedrängnissen oder

Kräften von außen aufrechterhalten und wiederherstellen. Das charakterisiert den innerlichen Begriff Gewicht äußerlich, durch die Feststellung, wie es äußeren Kräften widersteht. Wir haben nicht gesagt, wie die innere Substanz beschaffen ist, die etwas dazu befähigt, sich in dieser Weise aufrechtzuerhalten.

Manchmal wird Gewicht davon abhängen, wie fest etwas in ein Geflecht von Beziehungen integriert ist. Eine gewichtige Meinung ist eine, die wohlüberlegt ist und viele Tatsachen, allgemeinere Probleme und mögliche Einwände, die sich erheben ließen, berücksichtigt. Eine Emotion hat Gewicht, sie ist keine vorübergehende Laune, wenn sie sich mit den anderen Bestrebungen, Plänen, Zielen und Wünschen des Menschen verbindet und in sie integriert wird; vielleicht hat die Emotion eine solche Abwandlung durchgemacht, daß sie dazu genau und gut paßt. Ein solches Geflecht von mannigfaltigen Verbindungen hält etwas fest trotz äußeren Drucks. Außerdem hat dieses Ding mit Gewicht bereits viele von den Dingen, die es sonst umstoßen könnten, berücksichtigt und ist so in sie integriert worden.

Es wäre schön, eine allgemeine innere Charakterisierung von Gewicht zu finden, eine, die für einen Menschen, eine Annahme und eine Emotion brauchbar wäre. Von (einem Betrag von) Substanz oder Dichte zu sprechen bedeutet einfach, das Phänomen zu bezeichnen, nicht es zu charakterisieren. Vielleicht sind verschiedene Typen von Dingen auf verschiedene Weise substantiell und haben nur einige äußere Merkmale und die Fähigkeit gemeinsam, sich trotz äußeren Zwängen aufrechtzuerhalten und wiederherzustellen. Gewicht ist jedoch ein inneres Phänomen, auch wenn wir dafür ein Kriterium liefern, das äußerlich ist. Grundlage der Aufrechterhaltung von Gleichgewicht ist die innere Eigenart, ganz gleich, welche das in einem besonderen Fall sein mag.

Wichtigkeit ist genau wie Sinn mit äußeren Verbindungen oder Beziehungen verbunden. Gewicht ist ebenso wie

Wert mit innerer Organisation verbunden. Gewicht steht zu Wert in demselben Verhältnis wie Wichtigkeit zu Sinn. Wichtigkeit ist äußere oder relationale Stärke oder Macht, während Gewicht innere, inhärente Stärke ist. Wert ist die inhärente Integration von etwas, während Sinn dessen Beziehung zu äußeren Dingen und seine Integration in sie ist. Aus der übersichtlich aussehenden Formel Gewicht / Wert = Wichtigkeit / Sinn können wir also eine Tabelle bilden:

	Inhärent	*Relational*
Integration	Wert	Sinn
Stärke	Gewicht	Wichtigkeit

Dieses einfache Bild dieser vier bewertenden Dimensionen der Wirklichkeit – Wert, Sinn, Wichtigkeit und Gewicht – stellt sie in eine erhellende und befriedigende Beziehung zueinander. Wir könnten also hoffen, alles, was es gibt, allein unter dem Gesichtspunkt dieser vier dimensionalen Kriterien zu erörtern und zu bewerten. Zum Unglück für theoretische Zwecke – aber vielleicht zum Glück für das Leben – erschöpfen diese vier die relevanten Arten von Bewertungen, die wir vornehmen wollen, jedoch nicht.

Tiefe ist eine Qualität, die wir ebenfalls schätzen. Ob bei einem Kunstwerk, einer Emotion, einer wissenschaftlichen Theorie, einem mathematischen Satz, einer Person oder einer Form des Verständnisses – je tiefer, desto besser. Menschen, die sich auf einem spirituellen Weg befinden, suchen eine Verbindung zur allertiefsten Wirklichkeit. Seichtheit und Oberflächlichkeit sind nicht im allgemeinen wünschenswerte Qualitäten, auch wenn es Gelegenheiten geben mag, bei denen nichts Tieferes gebraucht wird.

Der Versuch ist verlockend, Tiefe auf Weite zu reduzieren und so alles flach zu lassen. Eine tiefe wissenschaftliche Theorie verbindet sich mit vielen anderen Theorien und

Problemen, eine tiefe Emotion strahlt über viele andere hinweg zurück und bringt zahlreiche Veränderungen hervor. Können wir also Tiefe allein als Verknüpfung weitreichender Verbindungen verstehen, die alle auf derselben Ebene liegen? Alles liegt auf derselben Fläche, aber wenn einige Dinge weitreichendere und ausgedehntere Flächenverbindungen haben als andere, projizieren wir diesen Aspekt als Tiefe. (Man vergleiche, wie die Einwohner von Flächenland Krümmung aus Eigenheiten der Flächengeometrie erschließen.)

Warum sollen wir uns aber um diese eine Reduktion bemühen, wenn so viele andere Dimensionen schnell auf uns einstürmen? Wenn Tiefe eine angemessene Dimension ist, was ist dann mit Weite, dem Umfang und der Ausdehnung von etwas? Ein größeres Werk, ein größerer Bereich, ein größeres Ich – bei all diesen Dingen ist der bloße Umfang, die erweiterte Kapazität zum Umfassen, die ihn begleitet, ein positiver Zug. Bei der Bewertung eines Ich können wir uns für seine Geräumigkeit und sein Volumen, den Umfang seines inneren Raumes, interessieren. Wenn wir bereit sind, über Wert, Sinn, Wichtigkeit, Tiefe und Weite zu sprechen, sollten wir unserer Liste dann auch Höhe hinzufügen, weil es höhere Emotionen, höhere Kunstwerke und höheres Vergnügen gibt? Wenn Höhe, warum dann nicht auch Intensität?

Wenn wir darangehen, alle bewertenden Dimensionen zu erfassen, nach denen wir vielleicht etwas – ein Ich, sein Leben, seine Emotionen oder Aktivitäten und seine Beziehungen zu anderen – beurteilen möchten, sollten wir dann nicht auch Originalität, Lebhaftigkeit, Vitalität und Vollständigkeit aufführen? Und wenn alle diese, warum dann nicht Kreativität, Individualität und Ausdruckskraft? Warum nicht – wenn alle Hemmungen beiseitegelassen werden – auch Schönheit, Wahrheit und Güte?

Wenn wir die Zahl der bewertenden Dimensionen vergrößern, so beeinflußt das unsere Auffassung intensiver positiver Emotionen, denn Emotionen sind positiv genau dann, wenn sie positive Bewertungen verkörpern. Eine positive Bewertung zieht die Dimension des Wertes heran, aber wir können etwas auch positiv bewerten, weil es Sinn, Gewicht, Wichtigkeit, Tiefe, Intensität, Lebhaftigkeit usw. besitzt. Nicht nur beruhen Emotionen auf der Bewertung von Dingen in diesen verschiedenen Dimensionen, sondern die Tatsache, daß wir diese intensiven positiven Emotionen haben, trägt selbst zum Wert, zum Sinn, zur Intensität und Tiefe unseres Lebens bei. Das liefert die richtigste Antwort auf das Spock-Problem. Diese Emotionen reagieren nicht nur auf bewertende Dimensionen, sie tragen dazu bei, *uns* in diesen Dimensionen zu konstituieren.

Es überrascht nicht, daß wir einer Überfülle von bewertenden Dimensionen, einer Explosion begegnet sind. Die wachsende Liste dieser Dimensionen erfaßt einfach die Dimensionen der Wirklichkeit. Dies sind die Dimensionen, die etwas wirklicher machen. Eine höhere Position in einer dieser Dimensionen einzunehmen heißt (bei sonst gleichbleibenden Werten), wirklicher zu sein. Und Emotionen sind unser analoger Respons auf die Wirklichkeit. Wir sahen zuvor, daß die Wirklichkeit viele Aspekte, viele Dimensionen besitzt. Warum sollten wir also erwarten, daß nur einige davon relevante Dimensionen der Bewertung darstellen? Wird nicht jede einzelne Dimension der Wirklichkeit für die Bewertung und für unser Streben relevant sein?

In der vorigen Meditation haben wir die Liste von Dimensionen der Wirklichkeit über die ursprünglichen vier – Wert, Sinn, Wichtigkeit und Gewicht – hinaus so erweitert, daß sie auch noch viele andere einschloß. Betrachten wir die längstmögliche Liste relevanter bewertender Dimensionen. Sie umfaßt (atmen Sie tief durch): Wert, Sinn, Wichtigkeit, Gewicht, Tiefe, Weite, Intensität, Höhe, Lebhaftigkeit, Reichhaltigkeit, Ganzheit, Schönheit, Wahrheit, Güte, Erfüllung, Energie, Autonomie, Individualität, Vitalität, Kreativität, Konzentration, Zielstrebigkeit, Entwicklung, Heiterkeit, Heiligkeit, Vollkommenheit, Ausdruckskraft, Authentizität, Freiheit, Unendlichkeit, Geduld, Ewigkeit, Weisheit, Verständnis, Leben, Adel, Spiel, Großartigkeit, Größe, Ausstrahlung, Integrität, Persönlichkeit, Erhabenheit, Idealität, Transzendenz, Wachstum, Neuartigkeit, Expansivität, Originalität, Reinheit, Einfachheit, Kostbarkeit, Bedeutsamkeit, Unermeßlichkeit, Tiefgründigkeit, Integration, Harmonie, Gedeihen, Macht und Schicksal. (Wir wollen nicht fragen, ob etwas ausgelassen ist. Relevant ist allerdings die Frage, welche von diesen Dimensionen von der Erfahrungsmaschine realisiert werden können und welche dazu dienen, sie auszuschließen.)

Diese Liste von Dimensionen ist ermüdend. Eine lange Liste kann uns nicht viel Verständnis vermitteln, wenn sie ungeordnet, wenn sie ein Durcheinander bleibt. Wir müssen die Liste strukturieren, um zu einer gewissen intellektuellen Kontrolle zu kommen. Die Liste ist allerdings nicht sakrosankt. Im Laufe der Bemühung um ihre Strukturierung können wir dazu veranlaßt werden, einige Dimensionen wegzulassen, die nicht in die sich abzeichnende Form passen, oder einige weitere einzubeziehen, die diese Form erforderlich machen könnte.

Wie sollen wir diese vielen Dimensionen der Wirklichkeit anordnen und kategorisieren? Ich würde die Dimensionen gern in einer Tabelle aufführen, in einer Matrix mit Zeilen und Spalten. (Gibt es einen anderen Grund als Vertrautheit für die Wahl einer Matrix? Welche Konfiguration würden die Dimensionen der Wirklichkeit Ihrer Erwartung nach haben: ein Pfannkuchen in einem vierzehndimensionalen Raum oder eine unendlich- dimensionale Kugel, die Strahlen aussendet?) Mit nur vier Dimensionen hatten wir die folgende 2 x 2-Matrix:

	Inhärent	*Relational*
Integration	Wert	Sinn
Stärke	Gewicht	Wichtigkeit

Wenn man eine größere Matrix konstruiert, die alle Dimensionen umfassen soll, so dient das vielen theoretischen Zwecken. Die Etiketten für ihre Zeilen und Spalten sind dann die Kategorien der Wirklichkeit. (In der 2 x 2-Matrix erhielten die Spalten die Etiketten *inhärent* und *relational*, die Etiketten der Zeilen waren *Integration* und *Stärke*.) Wir können dann wiederum die Frage untersuchen, warum es gerade diese Benennungen für die Zeilen und Spalten gibt. Wie ist die Wirklichkeit beschaffen, wenn ihre grundlegendere Kategorisierung mit diesen Etiketten und Benennungen verbunden ist? Wenn die Matrix, die wir konstruieren, einige leere Felder enthält, können wir fragen, was für andere Dimensionen, die noch nicht auf unserer Liste stehen, sie richtig ausfüllen würden. (So bekommen wir eine Kontrolle für die Vollständigkeit unserer Dimensionenliste.) Wir könnten auch feststellen, daß eine bestimmte Kategorie wichtig ist, wenn wir sie als das passende Etikett für eine bereits ausgefüllte Zeile oder Spalte sehen. Die Matrix kann außerdem Beziehungen zwischen den Dimensionen offenbaren, die wir vorher nicht gesehen hatten, nämlich die Ähnlichkeiten, auf Grund derer mehrere davon in derselben Spalte (oder Zeile) stehen. Wir können auch jede einzelne Dimension unter den beiden Aspekten sehen, die den Benennungen der zugehörigen Spalte und Zeile entsprechen. Das Organisieren einer chaotischen Liste zu einer Matrix ist erhellend; es vermittelt uns ein besseres Verständnis für die beteiligten Dimensionen, wenn wir sie in neuen Beziehungen sehen und untersuchen, warum die Matrix diese Struktur besitzt. Das Organisieren von Dimensionen zu einer Matrix sollte ohne zu große Gewaltanwendung vor sich gehen, ohne zu viele willkürliche Entscheidungen über genaue Plazierung. Es wäre jedoch zuviel erwartet, wollten wir hoffen, daß wir *ganz* ohne Forcieren oder Willkür auskommen werden.

Wir können mit der Konstruktion der neuen Matrix beginnen, indem wir die bisherige 2 x 2-Matrix verwenden, die angemessen und erhellend war, als wir nur die vier Dimensionen Wert, Sinn, Wichtigkeit und Gewicht betrachteten. Wir können diese Matrix als den Kern einer erweiterten Matrix verwenden und an sie anbauen. Passen irgendwelche anderen Dimensionen auf der Liste zwanglos in Spalten mit der Überschrift *inhärent* oder *relational*? Wenn ja, was für neue Zeilen legen sie nahe? Passen andere Dimensionen zwanglos in Zeilen mit der Benennung *Integration* oder *Stärke*? Wenn ja, was für neue Spalten legen sie nahe? Positive Antworten ergeben eine größere Matrix; ähnliche Fragen lassen sich dann wiederholen, um den Bau der Matrix fortzusetzen. Manchmal kann uns die Hinzufügung einer Dimension, die zwanglos neben andere zu passen scheint, dazu veranlassen, die Etikettierung einer Zeile oder Spalte zu modifizieren, um die erweiterte Gruppierung prägnanter zu erfassen.

Es gibt noch andere Funktionen, die das Konstruieren einer Matrix der Dimensionen der Wirklichkeit erfüllt, andere als streng theoretische Funktionen. Wenn wir nur eine glatte und befriedigende Matrix konstruieren könnten – ein Blick nach vorn zeigt, daß wir das noch nicht getan haben –, dann könnten wir diese anderen Funktionen als ästhetische bezeichnen. Die Matrix verkörpert den Wunsch, daß die verschiedenen Dimensionen der Wirklichkeit vereint und in erhellender Weise zueinander in Beziehung gesetzt werden sollen, daß das Reich der Wirklichkeit seine eigene organische Einheit erkennen läßt. Wir könnten uns diese Matrix als *Wertetafel* denken. Ich bin mir nicht sicher, daß das Diagramm, das folgt, auf dem richtigen Weg ist. Der Rest dieses Kapitels enthält, das gebe ich zu, seltsame und manchmal verwirrende Stücke theoretischer Erörterung, die den Tendenzen zeitgenössischer Philosophie stark zuwiderlaufen. Es würde mir viel Kummer von seiten der anerkannten philosophischen Gemeinschaft ersparen, wenn ich ihn wegließe – ihn zu schreiben hat mich bereits Unbehagen gekostet.

Doch wie exzentrisch das Diagramm auch sein mag, es ist auch eine symbolische Repräsentation der Einheit in der Wirklichkeit oder unseres Wunsches nach ihr, ganz gleich, ob sie eine richtige Theorie dieser Einheit ist oder nicht. Betrachten wir also das Diagramm als so etwas wie eine Metapher oder ein Objekt, das die innere Strukturierung der Wirklichkeit repräsentieren und schildern soll, oder zumindest als etwas, das so lange als Platzhalter für ein adäquateres Symbol der Wirklichkeit dienen soll, bis dieses erscheint. Die hier vorgestellte Wirklichkeitstabelle ist vielleicht nicht richtig, aber sie muß wirklich sein.

Jetzt zur Aufstellung der Wirklichkeitsdimensionen in einer Matrix.[1] Zwei der anderen Dimensionen, Vollständigkeit und Vollkommenheit, scheinen zwanglos unter das Etikett *Integration* zu fallen. Vollständigkeit ist anscheinend das *telos* oder Ziel von Integration, seine Erfüllung, während Vollkommenheit etwas mehr zu sein scheint. Noch jenseits der Erfüllung eines Dinges liegt seine ideale Grenze. (Die ideale Grenze selbst kann eine Art Erfüllung sein, es läßt sich aber auch Erfüllung finden, die hinter dieser idealen Grenze zurückbleibt.) Vollständigkeit ist eine Erfüllung von etwas in seinem Aspekt der Integration, während Vollkommenheit eine Integration ist, die zu ihrem weitestmöglichen Punkt getrieben wird und vielleicht sogar darüber hinaus zu ihrer idealen Grenze.

Unsere ursprüngliche 2 x 2-Matrix wird jetzt zu der folgenden erweitert:

	Inhärent	Relational	Erfüllung oder Telos	Ideale Grenze
Integration	Wert	Sinn	Vollständig-keit	Vollkommen-heit
Stärke	Gewicht	Wichtigkeit		

Was könnte die beiden leeren Felder ausfüllen? Die ideale Grenze von Stärke ist ein Zug, der traditionell Gott zugeschrieben wird, Allmacht. Es ist nicht überraschend, daß die Spalte mit der Überschrift *Ideale Grenze* viele Merkmale beinhalten wird, die von Theologen diskutiert worden sind, denn ein göttliches Wesen oder die Idee von einem solchen repräsentiert und verwirklicht die ideale Grenze vieler Attribute und Formen von Sein.

Was ist das Ziel oder die Erfüllung von Stärke? Zwei Dinge auf der Liste könnten passen: Macht – aber ist diese letztere nicht einfach ein umfassenderer Begriff, um Stärke zu beschreiben? – und Größe. Unsere Erörterung der Wichtigkeit unterschied ihre beiden Aspekte: äußerer Einfluß und Berücksichtigtwerden. Wir könnten versuchen, diese Unterteilung in die Zeile Stärke fortzusetzen. Größe, die Erfüllung von Stärke, hätte daher zwei Aspekte. Macht erfüllt Stärke in ihrem Aspekt Wirkung; was erfüllt, wie etwas berücksichtigt wird? Sind Autonomie und Geliebtwerden die Erfüllung von Berücksichtigtwerden? Allmacht ist die ideale Grenze des Einflußaspekts von Stärke; was ist die ideale Grenze ihres Berücksichtigtwerdens? Ich glaube, es ist Verehrtwerden.

Wenn Verehrtwerden und Geliebtwerden als Untereintragungen in die Zeile eingetragen werden, dann erscheint *Stärke* nicht mehr als das beste Etikett für diese Zeile. *Sub-*

stantialität oder *Substanzhaftigkeit* würden besser passen. Wie substantiell ist etwas? Die inhärente Natur seiner Substantialität ist sein Gewicht, die relationale Natur seiner Substantialität ist seine Wichtigkeit, die Erfüllung ist seine Größe usw. Vielleicht sollten wir einfacher nicht von der Substantialität einer Sache sprechen, sondern von ihrer *Substanz*. Wenn Sie nicht sicher sind, was Substanz ist, hilft vielleicht dies: Die inhärente Natur der Substanz von etwas ist sein Gewicht, die relationale Natur ist seine Wichtigkeit, die Erfüllung von Substanz ist Größe usw.

Im allgemeinen können wir die Benennung einer Zeile durch ein Verständnis der Spaltenbenennungen und der Matrixeinträge für diese Zeile klarstellen; Substanz zum Beispiel ist das, was diese Einträge für diese Spalten hat. In ähnlicher Weise könnten wir unser Verständnis einer Spaltenbenennung klären, indem wir auf unserem klareren Verständnis des Etiketts einer Zeile und den Matrixeinträgen dieser Spalte aufbauen; Erfüllung beispielsweise ist das, was Integration erreicht, wenn sie vollständig ist. Selbst ein Umkreisen der Matrix kann unser Verständnis erhöhen, genau wie wir ein Thema lernen können, indem wir etwas lesen, das wir nur undeutlich verstehen, und dieses spärliche Verständnis dazu benutzen, eine zweite und dritte Abhandlung ein wenig zu begreifen, dann zu der ersten zurückkehren und sie besser verstehen, danach uns wieder der zweiten und dritten zuwenden und sie noch besser verstehen. Das Konstruieren und Strukturieren dieser Matrix kann sich jedoch, das muß ich gestehen, wie die Errichtung eines Kartenhauses anfühlen. Selbst wenn es steht, scheint es bedenklich zu schwanken.

Drei der Dimensionen auf unserer Liste werden oft zu einer Gruppe vereint und in einem Atemzug genannt: Schönheit, Wahrheit und Güte. Es wäre erfreulich, diese miteinander in dieselbe Zeile setzen zu können. Das Vorhandensein von Wahrheit in dieser Gruppierung ist jedoch angesichts der gängigen Auffassungen der Philosophen verwirrend. Diese wenden den Terminus *wahr* auf Behauptungen oder Sätze oder Aussagen an – das heißt, auf etwas wie einen sprachlichen Gegenstand; ein solcher ist wahr, wenn er den Tatsachen entspricht, wenn er beschreibt, wie die Dinge sind. Die allerbescheidenste deklarative Aussage kann wahr sein – beispielsweise der Satz, daß auf der vorigen Seite mindestens einmal der Buchstabe *a* vorkam. Da für jede wohlgeformte Aussage entweder diese oder ihre Negation wahr ist, haben wir mehr wahre Aussagen, als wir gebrauchen können oder in näheren Augenschein nehmen wollen. (Man erwäge die folgenden: »Der vorige Satz enthielt nicht 942 Wörter.« »Es ist nicht der Fall, daß ein Elefant in diesem Augenblick an meinem Federhalter kaut.«) Gehören so bescheidene und alltägliche Dinge wie wahre Sätze auf eine Liste mit Schönheit und Güte? Vielleicht sind nur die fundamentalen oder wichtigen wahren Sätze gemeint, die, die sehr wissenswert sind. Wenn jedoch der Terminus *Wahrheit* leicht mit *Schönheit* und *Güte* über die Lippen kommt, glaube ich nicht, daß man ihn überhaupt am besten als etwas Metasprachliches auffaßt, als Eigenschaft eines Satzes oder einer Behauptung oder etwas Derartigem. Ganz gleich, ob Keats damit recht hatte, daß er Wahrheit und Schönheit für identisch hielt, oder nicht, Wahrheit ist auf dieselben Arten von Dingen anwendbar wie Schönheit und Güte; sie ist nicht nur auf Sätze und Behauptungen beschränkt.[2] Tatsächlich glaube ich nicht einmal, daß Wahrheit am besten als primär relational aufzufassen ist, ob es bei dieser Relation nun um Entsprechung geht oder um Zusammenhang oder um Bekanntmachung.

Die Wahrheit eines Dinges ist sein inneres Sein. Seine Wahrheit ist sein inneres Wesen, welches hervorleuchten kann (auch wenn es das nicht immer tut). Seine Wahrheit sind die tiefsten Wahrheiten darüber – man kann das metasprachlich verstehen, wenn das eine Hilfe ist –, Wahrheiten über seine innere Natur. Die Wahrheit eines Dinges ist sein inneres Licht. (Deshalb leuchtet Wahrheit hervor.) Kann nicht aber die innere Natur eines Dinges, sein tiefstes Wesen, Finsternis sein? Wenn Erik Erikson über »Gandhis Wahrheit« schreiben kann, können wir dann auch von Stalins oder Hitlers Wahrheit sprechen? Es wäre besser, dies zu vermeiden, aber nicht einfach dadurch, daß man *festsetzt*, daß die Wahrheit eines Dinges seine bewundernswerte oder wünschenswerte Natur ist (sofern es eine hat).

Für eine Zeile, die auf dem Diagramm unter Integration und Substantialität steht – eine Kategorie oder Form, deren Etikett wir noch nicht kennen –, kommt Wahrheit in die erste Spalte der Matrix unter *inhärent*. Wenn Güte und Schönheit daneben angeordnet werden sollen, dann gehört Güte in die relationale Spalte. Für die Kategorie, deren inhärente Natur ihre Wahrheit und deren relationale Natur ihre Güte ist, ist die Erfüllung Schönheit. Es erscheint sogar schön, daß dies so sein sollte. Die Hinzufügung von Schönheit zu Wahrheit und Güte erscheint nicht nur als Fortsetzung dieser Liste, sondern als ihre Erfüllung.

Wir haben eine Kategorie oder Seinsform postuliert, deren inhärenter Aspekt die Wahrheit (eines Dinges) ist, deren relationaler Aspekt Güte ist, deren Erfüllung Schönheit ist. Was wäre die ideale Grenze einer so hohen Kategorie, was *könnte* ihre ideale Grenze sein? Die ideale Grenze ist, glaube ich, Heiligkeit. Diese Reihe kann ohne Enttäuschung bestehen bleiben: Wahrheit, Güte, Schönheit, Heiligkeit.

Welches ist die Kategorie, die mit Wahrheit als ihrem inhärenten Aspekt beginnt und an ihrer idealen Grenze mit Heiligkeit endet? Man erfaßt die Sache nicht ganz richtig, wenn man ihr das Etikett *Vortrefflichkeit* oder *Essenz* gibt. Ich bin geneigt zu sagen, daß es die Kategorie *Licht* ist. Das inhärente Licht eines Dinges ist seine Wahrheit, das relationale Licht ist seine Güte, die Erfüllung von Licht ist seine Schönheit, während Heiligkeit die ideale Grenze seines Lichts ist. Diese Redeweise ist beziehungsreich, aber, das gebe ich zu, unklar. Anstatt sie zu verwerfen, warten wir auf volleres Verständnis.

Einige der Dimensionen betreffen den Umfang und die

Reichweite eines Dinges, seine Tiefe, Höhe, Weite, Unendlichkeit. Tiefe scheint inhärent, Unendlichkeit eine ideale Grenze, Höhe eine Erfüllung, setzen wir also versuchsweise (wenn auch zögernd) Weite als relational. Andere Dimensionen beziehen sich auf die *Energie* eines Dinges, auf seine Intensität und Vitalität; Intensität stelle ich mir als etwas Inneres vor, Vitalität ergießt sich nach außen. Vielleicht paßt Kreativität als die Erfüllung von Energie hierher. (Für die ideale Grenze von Energie, unendliche Energie, ist mir kein spezieller Terminus bekannt.) Unsere ursprüngliche Erörterung der Wirklichkeit (in der Meditation »Wirklicher sein«) begann damit, daß wir die Schärfe von Konzentration und Lebhaftigkeit betrachteten, den Grad, in dem etwas als Gestalt auf dem Boden steht, und *Konzentration* sollte unserer Matrix als allgemeine Kategorie hinzugefügt werden. Ich bin mir nicht sicher über die Erfüllung oder das *telos* von Konzentration, von Ausgeprägtsein als Gestalt; vielleicht ist es Individualität in Abgrenzung von Hintergrund und von anderen. Wenn ja, dann könnte die ideale Grenze absolute Spezifizität und absolute Einzigartigkeit sein, ein Sein *sui generis*. Eine weitere Kategorie von Dimensionen schien von Fülle, Überfluß, Reichhaltigkeit und Ganzheit zu handeln. Die ideale Grenze hiervon könnte Allumfassendheit sein. Die genaue Anordnung dieser Dimensionen ist jedoch unklar. Versuchen wir es mit *Fülle* als der allgemeinen Kategorie, mit Ganzheit als ihrer Erfüllung, Reichhaltigkeit als ihrem relationalen Aspekt; ihr inhärenter Aspekt wäre vielleicht Struktur oder Gefüge. Auf diese Weise sind wir zu der folgenden Matrix gelangt – oder auf sie gestoßen:

	Inhärent	Relational	Erfüllung oder Telos	Ideale Grenze
Integration	Wert	Sinn	Vollkommenheit	Vollendung
Substanz	Gewicht	Wichtigkeit	Größe	Allmacht
Licht	Wahrheit	Güte	Schönheit	Heiligkeit
Reichweite	Tiefe	Weite	Höhe	Unendlichkeit
Energie	Intensität	Vitalität	Kreativität	Unendliche Energie
Konzentration	Schärfe	Lebhaftigkeit	Individualität	Sui Generis
Fülle	Struktur	Reichhaltigkeit	Ganzheit	Allumfassendheit

In die Vielfalt der ungeordneten Liste von Dimensionen der Wirklichkeit bringt diese Matrix, wie zerbrechlich sie auch sein mag, eine gewisse Einheit.

Es gibt noch weitere Zeilen, die wir hinzufügen könnten, um einige von den anderen Dimensionen einzubeziehen, die genannt wurden. Wir könnten eine Zeile mit dem Etikett *Unabhängigkeit* und den Einträgen selbstbestimmend, frei, autonom und selbstwählend haben. (Diese und die folgenden Zeilen werden in der jetzt zum Standard gewordenen Ordnung der Spalten – inhärent, relational, Erfüllung oder *telos* und ideale Grenze – aufgeführt.) Wir könnten eine Zeile mit der Benennung *Friedlichkeit* haben, die Heiterkeit, Friedfertigkeit (oder Einklang mit der Außenwelt), Harmonie und die ideale Grenze, die höher ist als alle Vernunft, umfaßt. Wir könnten eine Reihe mit der Bezeichnung *Entwicklung* haben, die (inneres) Reifen, Wachstum (nach außen), Zielstrebigkeit und Schicksal umfaßt. Schließlich könnten wir eine Zeile mit dem Etikett *Existenz* haben, die zeitliche Existenz als ihren inhärenten Aspekt enthält, räumliche Existenz als ihren relationalen

Aspekt, kausale Interaktion als ihr *telos* oder ihre Erfüllung und, als ihre ideale Grenze, ein notwendiges Wesen oder *causa sui* zu sein. Diese vier zusätzlichen Zeilen werden folgendermaßen angeordnet:

	Inhärent	Relational	Erfüllung oder Telos	Ideale Grenze
Unabhängigkeit	Selbst-lenkend	Frei	Autonom	Selbst-wählend
Friedlichkeit	Heiterkeit	Friedfertig-keit	Harmonie	Friede, der höher ist…
Entwicklung	Reifung	Wachstum	Zielstrebig-keit	Schicksal
Existenz	Zeitliche Existenz	Räumliche Existenz	Kausale Interaktion	Causa Sui

Würden wir diese vier Zeilen (mit ihren sechzehn zusätzlichen Dimensionen) unserem ersten Diagramm hinzufügen, so ergäbe das ein erweitertes Diagramm von elf Zeilen und vier Spalten. Elf ist für ein bloßes Aufzählen ohne weitere Strukturierung eine ziemliche Zahl; sieben war es vielleicht auch. Wir können den Prozeß jedoch einen Schritt weiter führen. Wenn wir eine zusätzliche Zeileneintragung (mit vier weiteren Dimensionen) fänden, die bei Anfügung an das erweiterte Diagramm eine 4 x 12-Matrix ergibt, dann ließen sich vielleicht die resultierenden zwölf Zeilen selbst in einer weiteren 4 x 3-Matrix anordnen. Das würde zu einem besseren Verständnis dafür führen, in welcher Beziehung diese zwölf zueinander stehen, und es würde die zweidimensionale 4 x 12-Matrix in eine dreidimensionale Struktur verwandeln, in einen rechteckigen Polyeder 4 x 4 x 3. Ein solcher Polyeder würde 48 Teildimensionen enthalten und in eine enge Beziehung zueinander bringen.

Untersuchen wir, wie das funktionieren könnte, wobei wir zugeben, daß diese Spekulationen in der Tat dürftig sind. Die Etiketten der elf Zeilen, die wir (zusammen mit einem zwölften, bisher unbenannten) in eine 4 x 3-Anordnung zu bringen haben, sind: Integration, Substanz, Licht, Reichweite, Energie, Konzentration, Fülle, Unabhängigkeit, Friedlichkeit, Entwicklung und Existenz. Wie lassen sich diese in aufschlußreicher Weise in Gruppen ordnen? Die Zeilen Reichweite, Integration, Fülle und Substanz fallen unter die allgemeinere Kategorie *strukturelle Komposition* oder Organisation; die Zeilen Licht, Energie und Konzentration dagegen sind alle mit einer konzentrierten Bewegung oder einer *vektoriellen Richtung*, einer Art Handlung, verbunden. Außerdem ergeben sich im Rahmen dieser Organisation anscheinend zwanglos einige Paarbildungen. Energie als vektorielle Richtung bildet ein Paar mit Fülle als struktureller Komposition; man kann das kontrollieren, indem man sieht, wie in jeder der vier Spalten des Diagramms die Zeilen Energie und Fülle einander entsprechen, wie die Energiedimension eine konzentrierte Form dessen ist, was die Dimension der Fülle als ausgebreitete strukturelle Organisation ist. Ähnliches gilt für die Paarbildungen Konzentration und Integration sowie Licht und Reichweite. Ein Paar mit Substanz bildet dann die unbenannte zwölfte Kategorie. Eine dritte Gruppierung der Etiketten der Zeilen hat mit Manier oder Stil oder *Modus* zu tun. In diese Gruppe könnten wir (in einer Ordnung, die der obengenannten entspricht) Unabhängigkeit, Entwicklung und Friedlichkeit stellen, während Existenz eine Gruppe mit Substanz und der unbenannten Kategorie bildet.

Wir erhalten so den folgenden Kern einer weiteren Matrix:

Vektorielle Richtung	Strukturelle Komposition	Modus
Energie	Fülle	Unabhängigkeit
Konzentration	Integration	Entwicklung
[Unbenannt]	Substanz	Existenz
Licht	Reichweite	Friedlichkeit

Diese neue Gruppe aus drei Überschriften – strukturelle Komposition, vektorielle Richtung und Modus – gibt anscheinend das Wesen des Funktionierens eines Dinges an, die Art und Weise, wie es *wirkt*. Sie gibt (in Richtung und Modus) die strukturelle Basis und die Handlungsart des Funktionierens an; wir könnten daher auch sagen, daß sie die *Funktionsnatur* von etwas benennt. Die vier Spalten unseres Diagramms (inhärent, relational, *telos* und ideale Grenze) dagegen bestimmen anscheinend eine Intentionalität (um den philosophischen Terminus zu gebrauchen), eine nach außen gehende Geschichte. Diese Entfaltung braucht sich jedoch nicht in der Zeit abzuspielen, so daß wir sie uns als die *Potentialität* von etwas denken könnten. Neutraler können wir sie als eine Art *Gerichtetheit* auffassen. Wir haben jetzt zwei der drei Seiten unseres Polyeders: die Funktionsnatur und die Gerichtetheit (oder Potentialität).

Was ist dann die dritte Seite des Polyeders? Wir können das herausfinden, indem wir die zwölf Zeilenbenennungen unserer erweiterten Matrix umgruppieren, diesmal in vier Gruppen (die sich dann mit den drei Gruppen strukturelle Komposition, vektorielle Richtung und Modus kreuzen). Unabhängigkeit, Energie und Fülle scheinen in eine Gruppe zusammenzupassen, die wir *Lebendigkeit* nennen könnten; Licht, Reichweite und Friedlichkeit passen anscheinend gemeinsam in eine Gruppe, der wir die Bezeichnung *Geist* geben könnten; Konzentration und Integration scheinen miteinander in eine Gruppe zu passen, die wir *Konzentriertheit* nennen könnten, und vielleicht sollten wir auch Entwicklung als eine Art von Konzentriertheit in der Zeit hierher stellen; Existenz und Substanz schließlich passen anscheinend zusammen in eine Gruppe, der wir in Ermanglung eines besseren Begriffs den Namen *Dortheit* geben könnten. Diese vier allgemeineren Kategorien – Geist, Konzentriertheit, Lebhaftigkeit und Dortheit – beschreiben zusammen (greifen wir nach einem großen Wort) das *Sein* von etwas. Sein wird also die dritte Seite des Polyeders.

Abbildung 2 zeigt, wie unser (rechtwinkliger) Polyeder, angeordnet nach seinen drei Achsen Gerichtetheit, Funktionsnatur und Sein, aussieht. In diesem 4 x 3 x 4-Polyeder sind 48 Dimensionen der Wirklichkeit aufgeboten. Die Abbildungen 3 bis 6 segmentieren den Polyeder, so daß alle Dimensionen zu sehen sind.

Der englische Philosoph J. L. Austin hat behauptet, daß es ein Fehler ist, in der sehr allgemeinen Weise, in der wir es getan haben, über den Begriff Wirklichkeit zu sprechen, selbst wenn wir sie weniger allgemein machen, indem wir ihre dimensionalen Aspekte bestimmen. Man betrachte das bescheidenere Wort *wirklich*, sagt er. Wir sprechen davon, daß etwas ein wirkliches Exemplar einer Art ist, etwa von einer wirklichen Uhr oder einer wirklichen Ente. Nach Austin wird *wirklich* einfach gebraucht, um einen Kontrast zu anderen, negativen Zuständen zu bezeichnen, dazu, daß etwas ein Lockvogel oder ein Spielzeug oder künstlich oder gefärbt oder sonst etwas ist. Diese andere Seinsweise ist das, was unabhängigen Inhalt hat; wenn ein Sprecher etwas »wirklich« nennt, so soll das nur eine (oder mehrere) dieser anderen Weisen, die der Sprecher im Sinn hat, ausschließen.[3] Jede dieser anderen Seinsweisen – daß es sich bei etwas um ein Spielzeug handelt oder um etwas Künstliches, Gefärbtes oder was auch immer – ist jedoch eine Weise, ein unwirkliches Ding dieser Art zu sein oder ein weniger wirkliches oder einfach kein wirkliches dieser

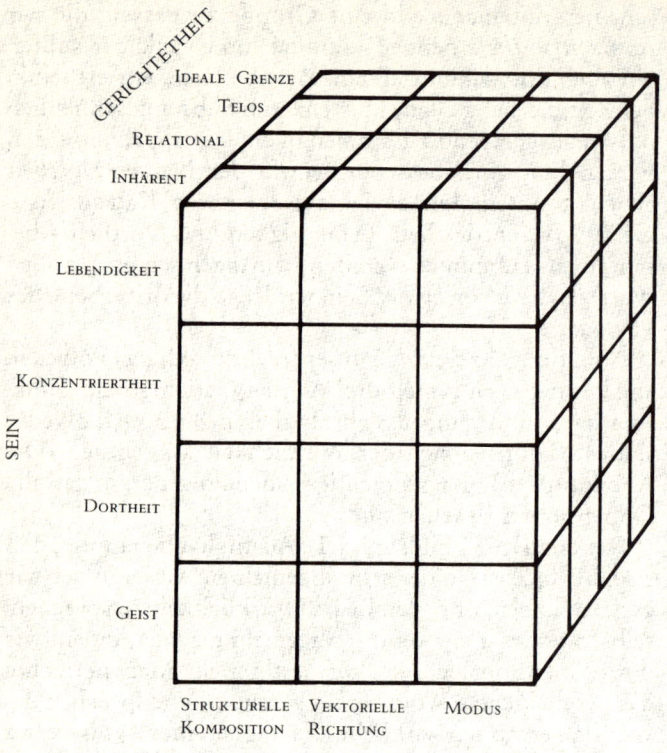

Abb. 2. Der Polyeder der Wirklichkeit.

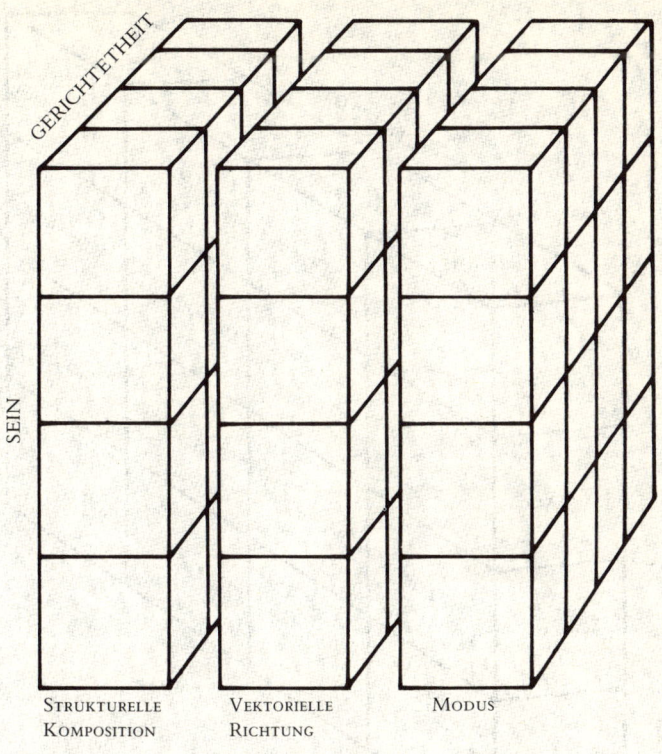

Abb. 3. Die Zerlegung des Polyeders in Segmente zur Sichtbarmachung aller seiner Teile.

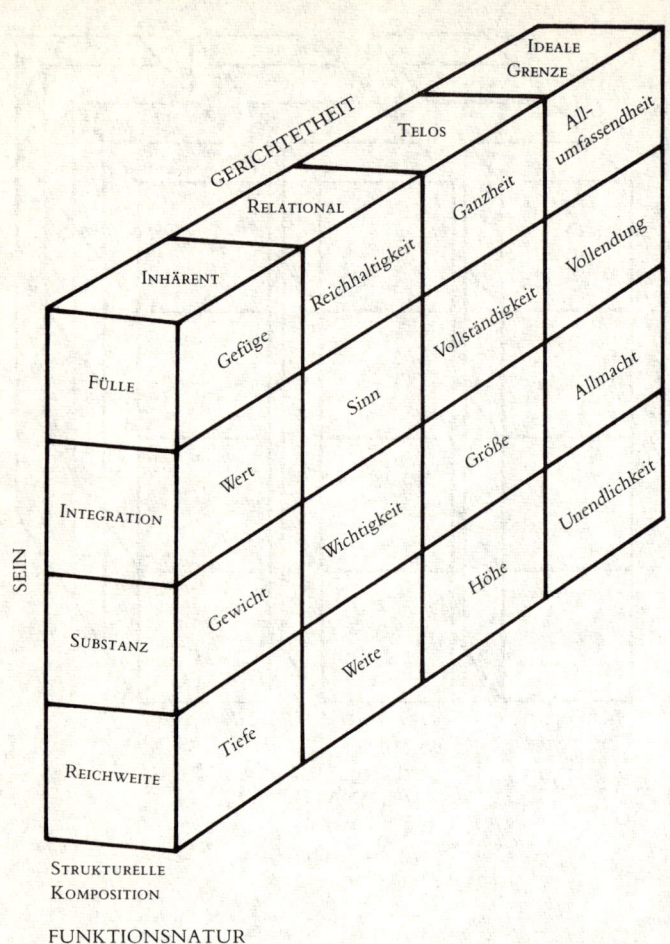

Abb. 4. Das vollständige Segment »Strukturelle Komposition« des Polyeders.

242

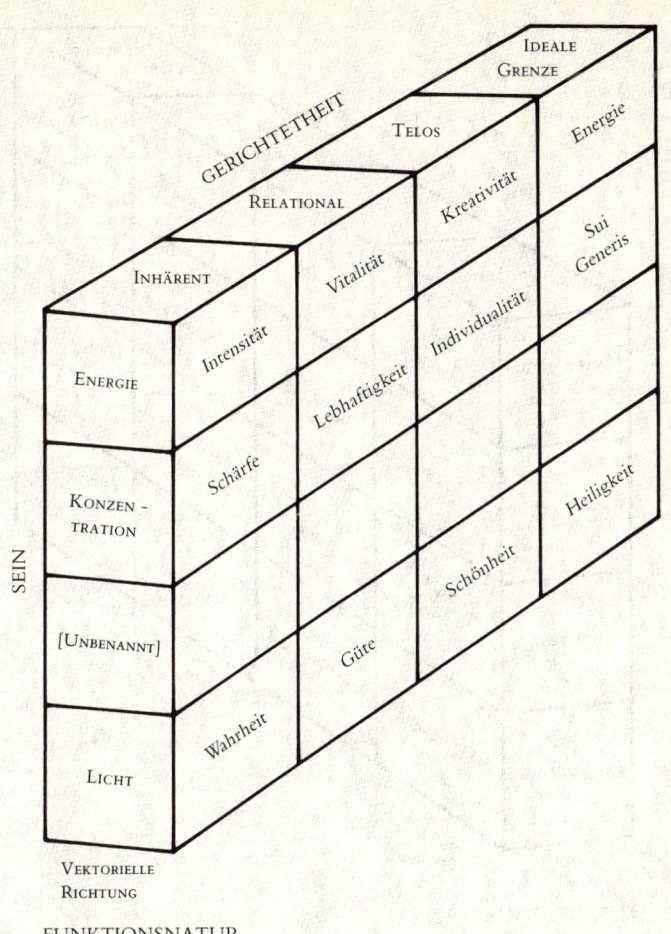

Abb. 5. Das Segment »Vektorielle Richtung« des Polyeders.

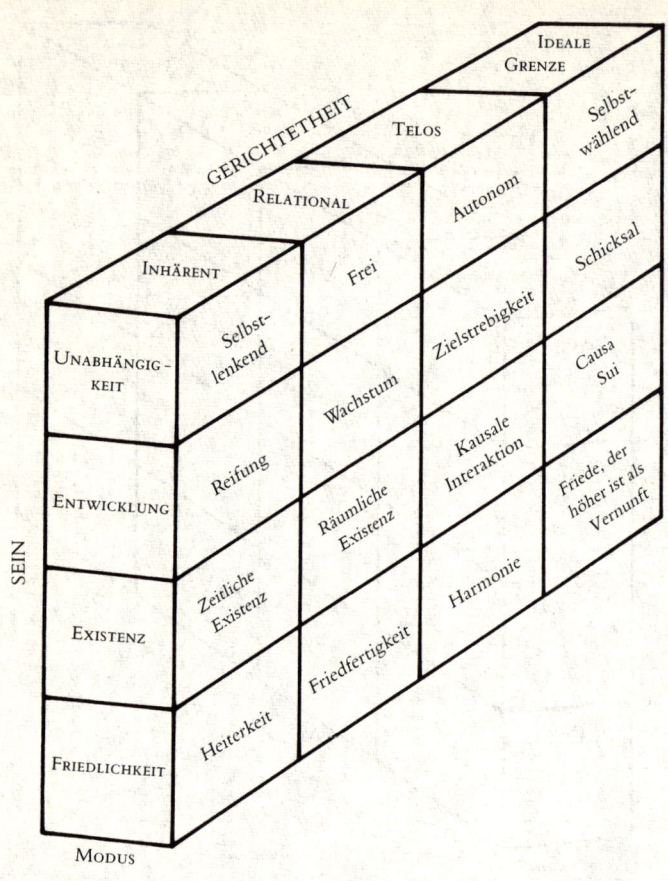

Abb. 6. Das vollständige Segment »Modus« des Polyeders.

Art. Die Liste der Weisen, auf die etwas es verfehlen kann, ein völlig wirkliches Ding der angegebenen Art zu sein, ist lang und läßt sich verlängern. Ihr Inhalt hängt zum Teil von der Natur der jeweiligen Art ab, aber wir müssen doch fragen: Warum sind das alles Weisen, in denen etwas das Ziel verfehlt, völlig wirklich zu sein? Nach Austins Auffassung gibt es keinen positiven Inhalt für den Begriff »wirklich«; dieser dient lediglich dazu, negative Weisen auszuschließen. Warum sind aber die Weisen »negativ«? Und warum sind sie (und nicht andere Dinge) auf dieser Liste zu einer Gruppe zusammengefaßt, als Dinge, die durch den Begriff »wirklich« ausgeschlossen werden sollen? Was erzeugt diese Liste? Wir haben, so scheint es, selbst nach Austins Auffassung, eine Möglichkeit zu wissen, welche Weisen als weniger wirklich oder unwirklich oder nicht wirklich, zumindest von einer gewissen Art, gelten. Sobald wir jedoch diese verschiedenen Weisen zu einer Gruppe zusammengefaßt haben, scheint es keinen zwingenden Grund für die Behauptung zu geben, daß »wirklich« einfach im Gegensatz zu der Gruppe verschiedener Weisen des Unwirklichseins steht und daß nicht vielmehr diese Gruppe als in Kontrast zu dem inhaltvollen Begriff des Wirklichseins stehend identifiziert (und gebildet) wird. Das führt uns zu der Aufgabe zurück, die Natur der Wirklichkeit zu betrachten (oder zumindest zur Betrachtung des gemeinsamen Fadens in dem, was als mindere Wirklichkeit gilt). Wir können Austin allerdings darin zustimmen, daß es viele verschiedene Weisen gibt, wirklicher und weniger wirklich zu sein; die Liste der dimensionalen Aspekte der Wirklichkeit bezeichnet diese Weisen.

Dennoch, ist es nicht willkürlich, hier die allgemeine Kategorie Wirklichkeit heranzuziehen? Wird dadurch, daß man all die Dimensionen (Wert, Sinn, Gewicht, Wichtigkeit, Intensität usw.) in eine Gesamtkategorie einordnet und diese als Wirklichkeit bezeichnet, etwas Bestimmtes hinzugefügt? Wäre es nicht besser, einfach von diesen spezielleren Dimensionen zu sprechen oder für sie einen anderen allgemeinen Terminus zu verwenden, besonders da die Verwendung des Terminus *Wirklichkeit* hier seine Bindung zu Tatsächlichkeit lockert? Ich hoffe allerdings, daß es der Leser empfunden hat (wie ich es getan habe), daß die gemeinsame Eingruppierung dieser Dimensionen als Dimensionen der Wirklichkeit sowohl sie als auch die Natur der Wirklichkeit erhellt. Die Anordnung der Dimensionen in dem verschlungenen Gewebe des (zweidimensionalen) Diagramms beläßt sie außerdem nicht als unzusammenhängende Liste; nicht zueinander in Beziehung stehende Dinge könnten nicht so gut ineinandergreifen, und die Vermutung scheint berechtigt, daß sie daher aufeinander bezogene Aspekte *eines* Begriffes bilden. Weshalb sonst würden sie so gut zusammenpassen? (Dieses Argument gilt selbst dann, wenn wir einräumen, daß einiges an der Plazierung in der Matrix weitgehend von »Gefühl« abhing; das Argument hat allerdings vielleicht weniger Gewicht im Falle des dürftigeren Polyeders.) Es wäre hilfreich, die zusammenhängende Struktur der Matrix oder des Polyeders (wie die Dimensionen angeordnet werden, die Benennungen der Zeilen und Spalten und die allgemeinen Kategorien, unter die sie fallen) einer weiteren theoretischen Anwendung zuzuführen, vielleicht im Hinblick auf die Tatsache-Wert-Frage oder in empirischen Zusammenhängen – zum Beispiel bei der Behandlung der Frage, was bleibende Wirkungen im Gedächtnis hinterläßt, oder beim Verstehen psychisch kranker Patienten, die angeben, daß sie selbst sich unwirklich fühlen oder daß die Welt ihnen unwirklich vorkommt. Es ist eine Aufgabe für die Metaphysik, sie auch an anderer Stelle anzuwenden.

Doch selbst wenn man wegen ihrer Verflechtung zugesteht, daß die Dimensionen Aspekte eines einzigen Begriffs umfassen, warum soll man diesen Begriff Wirklichkeit nennen? Eine vollständigere Antwort könnte fruchtbarerweise damit beginnen, die traditionellen Kriterien für Wirklichkeit aufzuführen, Kriterien wie die, daß etwas unter gewissen Transformationen unveränderlich (oder weniger veränderlich) ist, ein stabiles Gleichgewicht hat, ein Gegenstand von Wert oder Verehrung ist, beständiger ist, ein Ziel angibt, auf das sich Dinge zubewegen, anderen Phänomenen zugrunde liegt, andere Dinge im Kontrast irgendwie untergeordnet erscheinen läßt oder was auch immer.[4]

Ich kenne jedoch kein befriedigendes Verfahren, um diese Dinge zu einem deutlichen und befriedigenden Bild zu vereinen oder zu erklären, warum dies Kriterien für *Wirklichkeit* sind, warum die Wirklichkeit *diese* Kriterien veranschaulicht. So täte ich gut daran, noch einmal die ganz vorläufige Natur dessen zu betonen, was in diesem Kapitel dargestellt worden ist. Es besteht ein Bedarf für die Entwicklung eines angemesseneren Diagramms, einer besseren Strukturierung der Dimensionen der Wirklichkeit und besonders eines besseren Verständnisses der zugrundeliegenden Geschichte, die das Diagramm erzählt, und daher der Wirklichkeit, die es schildert, und unseres Ortes in dieser Wirklichkeit. Einige weitere Gedanken über die zugrundeliegende Natur der Wirklichkeit verweise ich in den Anhang zu diesem Kapitel.

Anhang: Die Metaphysik der Wirklichkeit

Welche Natur der höchsten Wirklichkeit ruft die spezielle Ordnung hervor, die wir skizziert haben? Keine Theorie, die ich kenne, ob Naturwissenschaft, abendländischer Theismus, Vedanta, Madhyamika-Buddhismus oder die von Philosophen vertretenen metaphysischen Systeme, begründet die Matrix oder den Polyeder, die hier entwickelt wurden; keine derartige Theorie erklärt, warum die Wirklichkeit diese Dimensionen enthält, warum sie nach den Kategorien organisiert ist, die die Spalten und Zeilen benennen. (Um so schlimmer für die Matrix?) Ich möchte über die Natur der Wirklichkeit spekulieren, die sich in der Matrix verbirgt; das, wozu ich habe gelangen können, ist

ist jedoch weniger erhellend und weniger prägnant, als ich es mir wünschen würde.

Der Begriff der höchsten Wirklichkeit kann sich in den genannten Theorien auf verschiedene Dinge beziehen: auf den Grundstoff, aus dem sich alles zusammensetzt; auf die fundamentale Erklärungsebene, die alle laufenden Ereignisse erklärt; auf den Faktor, aus dem alles andere entstanden ist; auf das Ziel, zu dem sich alles hin entwickelt; auf das, was am wirklichsten ist. Diese verschiedenen Modi von höchster Stellung haben allerdings einen Zug gemeinsam. Die höchste Stellung markiert immer das äußerste Ende einer Ordnung. Diese Ordnung kann auf einer Kette von Erklärungen, einer Kette von Ursprüngen, einer Kette von immer weiteren Zielen usw. beruhen. In jedem Falle kommt das, was am höchsten ist, am äußersten Ende einer Ordnung, einer wichtigen und äußerst langgezogenen, vielleicht sogar unendlichen Ordnung – seine Position in ihr ist es, die es zum Höchsten macht. Es ist das bessere oder wichtigere Ende der Ordnung, das seine höchste Seite darstellt. Höchste Wirklichkeit ist am tiefsten Ende der Ordnung, nicht am oberflächlichsten angesiedelt. Der Philosoph Heinrich Rickert vertrat die Ansicht, das Wort *wirklich* werde »mit dem Höchsten, Tiefsten, Innersten, Wesentlichsten oder mit anderen Superlativen identifiziert, jenseits derer nichts mehr denkbar ist«.[5]

Die höchste Wirklichkeit kennzeichnet das bessere äußerste Ende einer wichtigen, langgezogenen Ordnung. Die dimensionalen Aspekte der Wirklichkeit (wie Wert, Sinn, Gewicht, Intensität usw.) sind selbst Dimensionen, auf denen Dinge angeordnet und geordnet werden können. In jeder dieser Dimensionen ist mehr besser, und es ist auch wirklicher. Am meisten ist am wirklichsten. Die Dimensionen der Wirklichkeit sind verschieden von aristotelischen Tugenden, bei denen die beste Position in der (goldenen) Mitte, nicht an einem von beiden Extremen liegt. Mut, behauptete Aristoteles, liegt an der besten Stelle *zwischen* Feigheit und Tollkühnheit, während in den grundlegenden bewertenden Dimensionen mehr weiterhin besser ist. Diese bewertenden Dimensionen sind auch die grundlegenden Dimensionen von (zunehmender) Wirklichkeit; ein höherer Wert in ihnen bringt weiterhin größere Wirklichkeit. Die grundlegenden Dimensionen der Wirklichkeit und der Bewertung steigen kontinuierlich an, ohne Rückgang. Eine adäquate Theorie der Natur der Wirklichkeit wird erklären, warum das so ist.

Wirklichkeit ist ohne Grenze, unendlich. Es gibt keinen Haltepunkt, keinen Sättigungspunkt in ihren Dimensionen. Es gibt keine Grenze dafür, wie deutlich Wirklichkeit in Erscheinung treten kann, für ihre Energie oder Fülle oder Konzentration oder Integration oder...; es gibt keine endgültige oder fundamentale Ebene, keinen Haltepunkt. (Ist das das Höchste an der Wirklichkeit, daß es nichts Höchstes gibt?) Die letzte Spalte mit der Benennung *ideale Grenze* sollte nicht so aufgefaßt werden, als markiere sie einen Haltepunkt; auch hier kann es Gradunterschiede geben. Einige Mystiker berichten von neuen Erleuchtungserfahrungen, die, wie sie behaupten, weit über ihre früheren hinausgehen, die sie aufrichtig als unendlich und unübertrefflich betrachtet hatten. Diese früheren Erfahrungen werden jetzt als beschränkt gesehen, auch wenn es angemessen war, sie im Vergleich zu gewöhnlicher Erfahrung mit den eindringlichsten Worten zu beschreiben. Eine unendliche Wirklichkeit würde verschiedene Ebenen oder Ordnungen von Unendlichkeit umfassen. Wenn die Grundtatsache an der Wirklichkeit die ist, daß sie unendlich ist, dann wird es nicht überraschend sein, wenn sie in Gradabstufungen auftritt. Ihre Teilaspekte werden daher Dimensionen sein, Aspekte, die Gradunterschiede haben.

Dennoch möchten wir verstehen, warum sich die Wirklichkeit zu dieser speziellen Matrix, zu diesem Polyeder anordnet, warum sich ihre Dimensionen gerade zu diesen Zeilen und Spalten verbinden. Gibt es eine allgemeine Beschreibung oder Schilderung, die wir für die Etiketten dieser Zeilen und Spalten anbieten können?

Die vier Spalten der Matrix liefern ein Profil, das die Potentialität eines Dinges angibt. Wenn man den inhärenten Charakter oder die Natur eines Dinges kennt, seine relationale Natur, das, was seine Erfüllung darstellt, und das, was seine ideale Grenze bildet, dann kennt man sein direktionales Potential, seine Karriere, das, worauf es *gerichtet* ist. Die Spalten sind in einer Ordnung aufgeführt: inhärent, relational, Erfüllung, ideale Grenze. Ist die Richtung hier einfach die der Erweiterung nach außen oder steht dahinter eine kompliziertere Geschichte?

Die Etiketten der elf Zeilen der Matrix (vor ihrer Anordnung im Polyeder) – Integration, Substanz, Licht, Reichweite, Energie usw. – bieten (in ihren Abstufungen) eine Beschreibung des Zustands von etwas, einen Querschnitt seines Seinsmodus (seiner Seinsmodi), seiner metaphysischen *Beschaffenheit*. Nach der Umformung der Matrix zum Polyeder können wir zusätzlich sagen, daß sich diese Zustandsbeschreibung in zwei Teile oder Aspekte teilt: eine Beschreibung der Funktionsnatur von etwas, davon, wie es wirkt, und auch eine Beschreibung seines Seins.

Die drei allgemeinsten Achsen, Sein, Wirken und Gerichtetheit, lassen sich kohärent miteinander verbinden. Sein hat einen Modus des Funktionierens und Wirkens, der gerichtet ist, der auf etwas weist. *Sein wirkt gerichtet auf.* Wir haben ein Subjekt, *Sein*, ein Verb, *wirkt*, und einen präpositionalen Ausdruck, *gerichtet auf*. Aber wie ist es mit einem Objekt? Gerichtet auf *was* wirkt Sein?

Hier lohnt es sich, vier Möglichkeiten aufzuführen. Die erste ist die, daß die Grundnatur der Wirklichkeit im gerichteten Wirken, in der Wirkungsintentionalität des Seins besteht. Das ist die metaphysische Grundtatsache, daß es Sein gibt, das sich irgendwie bewegt oder wächst oder sich verwandelt oder wirkt, und zwar nicht willkürlich, sondern in einer Richtung, gerichtet. (Das wäre dem Handeln eines Menschen in Richtung auf ein Ziel analog, aber ihm nicht gleich). In diesem Wirken in Richtung auf gibt es eine immanente Teleologie. Im Rahmen dieser metaphysischen

Grundtatsache über die Wirklichkeit, daß Sein gerichtet wirkt, könnte Wert geboren werden. (Hier ist *Wert* nicht als Grad organischer Einheit gebraucht, sondern in seiner allgemeinsten Bedeutung all dessen, was evaluativ gültig ist.) Denn wir könnten sagen: Wert ist das, in Richtung worauf Sein wirkt. Wert wird dadurch hervorgerufen, daß Sein eine gerichtete Wirkung hat; wenn Sein statisch wäre oder seine Bewegung willkürlich, gäbe es keinen Wert. Nicht, daß Sein sich in Richtung auf etwas bewegt, *weil* es in dieser Richtung präexistierend Wert gibt. Es gibt Wert, weil Sein sich gerichtet bewegt. *So* herum. All diese drei Komponenten – das Sein, sein Wirken, seine Gerichtetheit – sind so fundamental, daß es keine Möglichkeit gibt zu fragen, ob Sein nicht in einer *falschen* Richtung wirken könnte; es gibt keine niedrigere Ebene, auf die man beim Stellen dieser Frage treten könnte. Ein solches Bild ist vielleicht auf einer abstrakten Ebene anziehend, aber wir möchten doch einen Einwand erheben: Wenn das Größte, das wir kennen, das Universum, sich in Richtung auf Hitzetod und Zerfall bewegte, würde *diese* Richtung die Natur von Wert im Universum angeben oder bestimmen? Warum sollte es dann anders sein, wenn es Wirklichkeit oder Sein sind, die sich in Richtung auf etwas bewegen?

Die zweite Möglichkeit gibt dem, in Richtung worauf Sein wirkt, einen spezifischeren Inhalt. Die Richtung der Gerichtetheit verläuft von intern zu relational zu *telos* zu ideale Grenze, und so ist der Maßstab durch die ideale Grenze am Endpunkt festgelegt. Diese Spalte, erinnern wir uns, enthielt die Dimensionen Vollendung, Allmacht, Heiligkeit, Unendlichkeit, unendliche Energie, *sui generis*, Allumfassendheit, selbstwählend, der Friede, der höher ist als alle Vernunft, Schicksal und *causa-sui*-Sein. Dies sind natürlich viele der traditionellen Attribute Gottes. Das, worauf sich also das Sein dieser zweiten Möglichkeit zufolge zu bewegt, wird Gott. Gott ist nicht der Ursprung des Seins oder seine frühere Ursache, sondern er ist vielmehr dessen *Ziel*, das, woraufhin es sich bewegt und wirkt.

Was das Sein vorhat, ist, Gott zu werden! (Sehr anregend – aber hätten wir nicht dieselben Spalten andersherum anordnen können?)

Die dritte Möglichkeit, die mehr traditionell theologischen Charakter hat, sieht Gott als den Ursprung des Seins. Nichtsdestoweniger kann das Sein immer noch in Bewegung daraufhin sein, Gott gleich zu werden, (fast) alle idealen Grenzqualitäten Gottes zu haben, vielleicht um eine neue Gemeinschaftsidentität mit Gott zu bilden, eine, die einen Grad von Wirklichkeit besitzt, der Gott allein nicht zugänglich ist. (Und könnte dieses *Wir* dann etwas Neues als *seine* »Nachkommenschaft« erschaffen?)

Eine frühere Meditation über Gott und Glauben endete mit der Feststellung, daß sie den Begriff Gott, aber nicht die Natur Gottes beschrieben habe. Kann metaphysische Spekulation eine Hilfe sein? Wenn Gott die ideale Grenze der Funktionsnatur des Seins ist, dann wird der Natur Gottes in den speziellen Dimensionen, die an dieser idealen Grenze stehen, ein bestimmter Inhalt gegeben. Allein der Begriff Gott erfordert jedoch – wie wir bereits sahen – nicht die größtmögliche Vollendung; damit also eine metaphysische Theorie für Gottes Natur einen Inhalt bestimmte, müßte es einen – vielleicht in den höchsten oder tiefsten Erfahrungen von Menschen zutage tretenden – Grund zu der Annahme geben, daß Gott tatsächlich an dieser idealen Grenze wohnt.

Die vierte Möglichkeit sieht die Bewegung des Seins in Richtung auf etwas als einen Prozeß, der iterativ oder rekursiv ist. Der Querschnitt der Wirklichkeit, der sich auf der Ebene der idealen Grenze selbst befindet, läßt sich als etwas auffassen, das die *erste* Spalte einer *neuen* Matrix einnimmt, wovon wir wiederum fragen können: was sind relationale Natur, *telos* und ideale Grenze *hiervon*? Das kann etwas anderes sein. Der Begriff »ideale Grenze« braucht nicht transitiv zu sein; die ideale Grenze der idealen Grenze von etwas braucht nicht selbst die ideale Grenze dieses Dinges zu sein. Hier ein Beispiel: Die ideale Grenze der Folge endlicher positiver ganzer Zahlen könnte die kleinste unendliche Zahl sein, aber die ideale Grenze verschiedener unendlicher Zahlen, die sich aus dieser konstruieren lassen, ist, ganz gleich was sie ist, selbst nicht die ideale Grenze der positiven ganzen Zahlen. Die erste unendliche Zahl ist vom Endlichen eine Kategorie nach oben gesprungen, und die ideale Grenze dieser neuen Kategorie ist vom Endlichen zu weit entfernt, um auch dessen ideale Grenze sein zu können. Die Folge der Spalten der Matrix oder des Polyeders der Wirklichkeit könnte also einen iterativen Prozeß beschreiben. Es stimuliert die Phantasie, eine solche Möglichkeit zu erwägen. Doch auch wenn die Verallgemeinerung eines Problems häufig einen Weg zu seiner Lösung weist, scheint uns diese iterative Möglichkeit nicht zu einem adäquateren Verständnis dessen zu verhelfen, worauf zu sich Sein bewegt, wie es in der Matrix oder dem Polyeder beschrieben ist, die wir bisher betrachtet haben, dem allerersten, noch nicht iterierten.

Das Thema des Seins, das gerichtet wirkt, ist beziehungsreich, aber dunkel. Zu einem tieferen und adäquateren Verständnis der Natur und der Anordnung der Wirklichkeit müssen wir erst noch gelangen.

Die Wirklichkeit, wie ich sie hier gezeichnet habe, ist nicht
völlig rosig; sie kann in bestimmten Dimensionen auf
schmerzhafte oder unmoralische Weise vermehrt werden.
Böses kann umfassend sein, Schmerz kann intensiv sein.
Ist es also nicht gefährlich, wenn man empfiehlt, sich tief
mit der Wirklichkeit zu verbinden und wirklicher zu werden? Diese Gefahr wird durch die allgemeine kombinierte
Haltung verringert, aber könnte nicht selbst sie zulassen,
daß unsere Bezugnahme zur Wirklichkeit dadurch vermehrt wird, daß wir eine negative Richtung einschlagen?

Man beachte, daß es das Problem des negativen Weges
nicht beseitigen würde, wenn man »dem Positiven« selbst
den Status einer Dimension der Wirklichkeit gäbe und es in
die Matrix einführte. Je positiver etwas ist, desto wirklicher wäre es – unter sonst völlig gleichen Bedingungen –,
so daß ein Gehen in eine positive Richtung ein Weg wäre,
um wirklicher zu werden. Dies beläßt das Positive jedoch
immer noch in einer fragwürdigen Position; als nur eine
Position unter anderen könnte es von Gelegenheiten zur
Entfaltung in diesen anderen Dimensionen aufgewogen
werden, so daß der Weg eines Menschen zur größten Wirklichkeit dennoch ein negativer sein könnte.

Einige Dimensionen der Wirklichkeit haben eine entschieden positive Tönung – zum Beispiel Wert und Sinn,
Güte und Heiligkeit. Sie alle treten in der Zeile Licht auf.
(Es gibt auch noch andere, die positiv sind, und manche
Dimensionen in der Matrix erscheinen moralisch neutral.)
Könnte es auch eine andere Kategorie von Dimensionen
geben, eine Zeile *Finsternis*, die sich zwar nicht speziell auf
moralische Fragen konzentriert, die aber doch ausdrücklich einige Dinge einschließt, die wir als negativ bezeichnen – zum Beispiel Leiden und Tragik? (Ließe sich Finsternis mit Leiden als inhärentem, existenzieller Verzweiflung

und Angst als relationalem Aspekt sowie Tragödie als Erfüllung darstellen? Was stünde dann an ihrer Grenze?) Sind dies nicht ebenso Aspekte oder Dimensionen nicht einfach der Tatsächlichkeit, sondern der Wirklichkeit, zusammen mit Streit, Widerstand und Konflikt?

Nietzsche betrachtete das kraftvolle Spiel und den Kampf zwischen solchen Kräften als entscheidend für das Leben, oft als lebensfördernd. Eine Konzentration nur auf das Positive und auf Güte verkürzt seiner Ansicht nach den Menschen: »Es ist mit dem Menschen wie mit dem Baum. Je mehr er hinauf in die Höhe und Helle will, um so stärker streben seine Wurzeln erdwärts, abwärts, in's Dunkle, Tiefe, – in's Böse.«[1] Finsternis sollte nicht mit Bösem vermengt werden, das nur eine Form davon ist: »Aus dem Tiefsten muß das Höchste zu seiner Höhe kommen.« Schließlich: »Ich glaube, daß aus dem Vorhandensein der Gegensätze, und aus deren Gefühle, gerade der große Mensch, der Bogen mit der großen Spannung, entsteht.«[2] Nietzsche meint nicht einfach, daß das Negative ein notwendiges instrumentelles Mittel zum Positiven ist, sondern daß die beiden gemeinsam ein dynamisches Ganzes in fortwährender Spannung bilden; dieses Ganze und seine Spannung schätzte er, die Hindernisse ebenso wie ihre Überwindung.

Rilke schrieb in einem Brief:

Wer nicht der Fürchterlichkeit des Lebens irgendwann, mit einem endgültigen Entschlusse, zustimmt, ja ihr zujubelt, der nimmt die unsäglichen Vollmächte unseres Daseins nie in Besitz, der geht am Rande hin, der wird, wenn einmal die Entscheidung fällt, weder ein Lebendiger noch ein Toter gewesen sein. Die *Identität* von Furchtbarkeit und Seligkeit zu erweisen, dieser zwei Gesichter an demselben göttlichen Haupte, ja dieses einen *einzigen* Gesichts, das sich nur so oder so darstellt, je nach der Entfernung aus der, oder der Verfassung, in der wir es wahrnehmen...: dies ist der wesentliche Sinn und Begriff der Elegien und der Sonette an Orpheus.[3]

Ich finde, ich kann den Schritt, das Negative mit dem Positiven gleichzustellen – ein Schritt, der sich zweifellos erregend und befreiend anfühlt –, nicht tun. Es gibt zwei andere Wege, die man einschlagen kann; der eine beginnt mit der Wirklichkeit im allgemeinen und gibt dem Negativen darin seine untergeordnete Berechtigung, der andere baut von Anfang an auf dem Positiven auf. Ich beginne mit dem ersten, formalistischeren Versuch, das Negative unter Kontrolle zu bringen.

Tragik und Leiden können ein Weg zu größerer Wirklichkeit sein, wenn sie jemanden nicht vollkommen überwältigen oder zerstören, und sie haben ihre eigene Intensität. Das Negative ist jedoch begrenzt, möchte ich behaupten. Das kommt nicht einfach daher, daß es dazu neigt, andere Dimensionen der Wirklichkeit (einschließlich solcher, die nicht in der Zeile Licht stehen) erheblich zu stören, so daß das Negative ein schlechtes Geschäft ist, eines, das den Wirklichkeitswert insgesamt vermindert, selbst wenn es ihn in bestimmter Hinsicht erhöht. Das Negative ist aufgrund seiner eigenen Natur beschränkter. Wenn es in der Matrix eine Zeile *gäbe*, die zu Recht die Bezeichnung Finsternis trüge, dann wären die Werte für diese Zeile niedriger als für die Zeile des Lichts. Auf einer angemessenen Meßskala bleiben die höchsten möglichen Wirklichkeitswerte für das Negative hinter dem zurück, was das Positive erreichen kann. Der Maßstab der Wirklichkeit lenkt uns nicht in gleicher Weise zum Negativen hin.

In jeder Wirklichkeitsdimension auf der Matrix – Wert zum Beispiel – macht eine Verschiebung auf eine höhere Position für sich allein etwas wirklicher, während eine Zunahme an Finsternis – an Leiden oder Bösem beispielsweise – an sich etwas nicht wirklicher macht; sie tut dies nur im Gefolge einer anderen gegebenen Dimension der Wirklichkeit wie Intensität oder Tiefe und erhöht die Punktzahl eines Dinges in dieser Dimension. Böses *qua* Böses macht etwas nicht wirklicher; Wert *qua* Wert tut es. Einige negative Aspekte unterscheiden sich jedoch nicht nur von einer der (positiven) Dimensionen, sondern sie sind das *Gegenteil* von ihr. Zunehmende Wirklichkeit durch Böses etwa verringert daher nicht nur zufällig auch das Wirklichkeitsergebnis in einer anderen Dimension; es tut direkt das Gegenteil und wird teilweise dadurch definiert, wie es sich in dieser Dimension abwärts bewegt. Das Negative, das die Wirklichkeit eines Dinges nur dadurch erhöhen kann, daß es die Position dieses Dinges in einer positiven Dimension erhöht, wirkt direkt für sich – zumindest ein Teil davon tut dies – dahingehend, noch einer anderen positiven Dimension entgegenzuarbeiten und sie zu schwächen. Es scheint ein plausibles Prinzip, jeden derartigen Versuch auszuschließen, den Wirklichkeitsgrad durch direkte Opposition gegen eine der Dimensionen der Wirklichkeit zu erhöhen. (Der Zustand des *Verständnisses* für das Negative kann allerdings selbst etwas Positives und Tiefes sein und ein Profil in den Dimensionen der Wirklichkeit haben.)

Zur dunklen oder negativen Seite gehört auch das, was selbst nicht (moralisch) böse oder das direkte *Gegenteil* einer Wirklichkeitsdimension ist – zum Beispiel Leiden und Tragik. Mit einem gewissen Zögern sage ich, daß diese Dinge Wirklichkeit nur dadurch erhöhen können, daß sie ein Ding in einer *anderen* Dimension weiterbewegen, denn ein Teil von mir möchte anerkennen, daß *diese* Bestandteile der Finsternis selbst gesonderte und unabhängige Aspekte der Wirklichkeit sind und nicht untergeordnet. Ist das nicht eine tiefere und weniger verkürzte Auffassung der Wirklichkeit? Ich bin unschlüssig.

Der untergeordnete Status des Negativen wird jedoch durch den Charakter der beabsichtigten Verbindung zur Wirklichkeit verstärkt. Konflikt und Streit, Antagonismus und Zerstörung sind auch Verbindungen, aber nicht die Art von Verbindungen *zur* Wirklichkeit, die jemand anstrebt. Wenn aber das, was angestrebt wird, eine positive Verbindung ist, so kann diese voller und vollständiger zu einer Wirklichkeit hergestellt werden, die selbst positiv ist.

Selbst wenn die negative Seite der Wirklichkeit ebenso tief und groß wäre – etwas, das wir vorhin bestritten haben –, könnte zu dieser Seite durch eine negative Verbindung keine so tiefe und volle Verbindung hergestellt werden und durch eine positive auch nicht. Der Typ von Verbindung zur Wirklichkeit, auf den wir zielen, beeinflußt den Charakter der Wirklichkeit, zu der wir eine Verbindung herstellen, ebenso wie die Art, die wir selbst haben. Die allgemeine kombinierte Haltung zielt außerdem nicht auf das Negative. Ein negatives Einwirken auf jemanden verringert seinen Gesamtbezug zur Wirklichkeit (selbst wenn es seine Wirklichkeit in *mancher* Hinsicht vergrößert) und wird daher durch die Bemühung der kombinierten Haltung um unsere Bezugnahme zur Wirklichkeit (als Ganzes) ausgeschlossen.

Vielleicht ist die allergrößte Wirklichkeit, die wir haben oder zu der wir in Verbindung treten können, positiv – das Positive ist ein globales Optimum –, aber könnten nicht kleine Veränderungen in Richtung auf das Negative unsere Wirklichkeit (unsere Verbindung zur Wirklichkeit) etwas verbessern? Auch hier würde ich gern die optimistische Position verfechten, wenn auch mit etwas stärkerem Zögern. Auch wenn dunkle Schritte jemanden in die Lage versetzen könnten, größere Wirklichkeit zu erreichen, als er gegenwärtig hat oder weiß, bringen sie ihn nicht zu der größten Wirklichkeit, die er durch ebenso kleine Schritte erreichen kann, die in Einklang mit der kombinierten Haltung stehen.

Was ist die Basis der Kategorien des Positiven und des Negativen selbst? Existiert diese Unterscheidung *auf* der fundamentalsten Ebene oder tritt sie später auf? Anstatt diese Kategorien aus dem Wechselspiel der Einträge *in* der Wirklichkeitsmatrix hervorgehen zu lassen, wäre es theoretisch befriedigender, sie mit den Etiketten der Zeilen und Spalten verbunden zu haben, die diese Matrix strukturieren. Wenn es uns gelingt, die Geschichte zu finden, die hinter den Etiketten dieser speziellen Zeilen und Spalten steht, dann wird vielleicht die grundlegende Unterscheidung zwischen dem Positiven und dem Negativen begründet werden.

Eine Bewegung hin zu größerer Wirklichkeit braucht keinen dunklen Wegen zu folgen und kann doch vom Glücksprinzip wegführen. (Es ist schwer, die Individuen, die wir uns als die wirklichsten denken – Sokrates, Gandhi, Einstein, Jesus, Napoleon und Lincoln –, für *glücklicher* zu halten als andere Menschen.) Glück hat jedoch ein interessanteres Verhältnis zum Begriff Wirklichkeit als das eines möglichen Konflikts. Augenblicke des Glücks sind Zeiten, in denen wir uns besonders wirklich fühlen; ein Glück, das intensiv, konzentriert, dauerhaft und passend ist, ist selbst sehr wirklich und macht, daß auch wir uns sehr wirklich fühlen. Glücksgefühle werden also vielleicht nicht allein deshalb begehrt, weil sie sich *gut* anfühlen, sondern auch, weil sie einen klaren Weg dazu darstellen, sich wirklich zu fühlen. Doch wenn ein Teil der Anziehungskraft und der Grundlage des Glücks seine Verbindung dazu ist, wirklicher zu sein und sich wirklicher zu fühlen, dann wird, wenn ein anderer Weg mehr Wirklichkeit, aber weniger Glück bringt, der Konflikt nicht so ausgeprägt sein, denn dieser andere Weg wird dann mehr von dem bringen, *weswegen* wir uns das Glück (zum Teil) wünschen. Einiges Glück gegen andere Dimensionen der Wirklichkeit einzutauschen, die sich von denen unterscheiden, die das Glück aufweist, wird kein derartiges Opfer darstellen. Ich will jedoch nicht ein Sich-wirklich-*Fühlen* über alles loben, auch wenn es wertvoll ist. Primär ist es, wirklich zu *sein;* das Gefühl ohne das Sein ließe sich durch die Erfahrungsmaschine vermitteln.

Weiter oben haben wir Existenz (oder Tatsächlichkeit) als Zeile der erweiterten Matrix aufgestellt (mit den Einträgen zeitliche Existenz, räumliche Existenz, kausale Interaktion und *causa sui*). Die allerersten Realitätsprinzipien, die wir formulierten, waren Tatsächlichkeitsprinzipien, die eine Verbindung zur Tatsächlichkeit als Mittel zu Lust (das

Prinzip Freuds) und als wichtig und wertvoll an sich empfahlen. Da Tatsächlichkeit eine Zeile der (erweiterten) Matrix ist, ist Verbindung zu Tatsächlichkeit selbst eine Art und Weise, wirklicher zu sein. Können wir daher auf jene frühen Realitätsprinzipien verzichten? Während Tatsächlichkeit in *einigen* Dimensionen der Wirklichkeit eine Rolle spielt, läßt die Matrix jedoch die Möglichkeit offen, größere Wirklichkeit durch andere Dimensionen, ohne eine Verbindung zur Tatsächlichkeit, zu erreichen. Diesem Problem könnte man ausweichen, oder man könnte es zumindest minimieren, wenn die Tatsächlichkeitszeile besonders großes *Gewicht* in der Wirklichkeitsmatrix erhielte.

Die Anordnung der Wirklichkeitsdimensionen in einer Matrix vermittelt uns eine Vorstellung von der Struktur und den Wechselbeziehungen, in denen sie stehen, aber sie gibt keine Rangordnung dieser Dimensionen. Es ist kein Verfahren bestimmt, um zu entscheiden, welches von zwei Dingen größere Wirklichkeit hat, sofern nicht eines von ihnen in *allen* Wirklichkeitsdimensionen einen höheren Rang einnimmt als das andere. Von hier ist es also noch weit bis zu einem Verständnis dafür, wie man anfangen soll, den formalen Apparat von Rangeinstufung, Indifferenzkurven und Kompromissen, mit dem der Ökonom arbeitet, zu benutzen. Und wenn wir glauben, daß Dinge wirklicher sind, wenn sie signifikante Werte in *vielen* von den Dimensionen haben, so daß Abgerundetheit zählt, dann wird eine Gesamtformel zur Bewertung von Wirklichkeit das in Betracht ziehen müssen (zum Beispiel durch Einbeziehen eines Ausdrucks für die primäre Masse der aufgewiesenen, vielleicht gewichteten Dimensionen).

Ich selbst würde gerne der gesamten Lichtzeile mit ihren Einträgen Wahrheit, Güte, Schönheit und Heiligkeit besonders großes Gewicht für das Leben von Menschen geben. Wir sind jedoch weit von einer vollständigen linearen Rangordnung der Dimensionen entfernt, und sie ist vielleicht einfach unmöglich. Doch selbst eine bloße Aufzählung der Dimensionen kann hilfreich sein und einen daran erinnern, was zu berücksichtigen ist, was relevant sein *kann*. Die Matrix fügt der ursprünglichen Aufzählung beteiligter Dimensionen eine Struktur hinzu; sie liefert ein beziehungsreiches Modell der Wirklichkeit, das für die korrekte zusammenhängende Theorie einspringen soll, und auch ein Modell der Integration des Ich.

Es wäre schön zu denken, daß das Reich der Wirklichkeit selbst nicht schon von vornherein in einer hierarchischen Ordnung fixiert ist, sondern für neue Wege der Kombination und Integration seiner Dimensionen offen ist. Da wir die vollständige Ordnung nicht kennen, bleibt auf jeden Fall Spielraum für kreative Bemühungen unsererseits. Wir werden am wirklichsten nicht dadurch, daß wir uns auf einer vorgegebenen Skala aufwärts bewegen, sondern indem wir unseren eigenen neuen Weg finden und erfinden, die Dimensionen der Wirklichkeit zu kombinieren und in Erscheinung treten zu lassen. Durch den Gebrauch unserer speziellen Eigenschaften und Möglichkeiten gestalten wir uns und unser Leben als besondere Flugbahn durch die Dimensionen der Wirklichkeit, als eine Bahn, die andere so nicht vorhergesehen hätten, die sie aber, wenn sie sie vor sich sehen, als unsere besondere Weise, Wirklichkeit zu leben, erkennen und annehmen können.

Freier Wille (in einer nicht völlig deterministischen Welt) liegt einer Auffassung zufolge darin, daß wir Gründen Gewicht einräumen.[4] Ob etwas ein Grund für oder gegen die Ausführung einer Handlung ist, hängt nicht von uns ab – es könnte durch die Natur der Überlegung bestimmt sein, und welche Überlegungen uns zur Verfügung stehen, könnte durch soziale Faktoren geformt sein, aber das Gewicht, das jeder einzelne von diesen Gründen erhält, ist nicht vorab durch einen äußeren Faktor festgelegt. Wenn wir uns entschließen, eine Handlung zu tun, überdenken wir diese Gründe und entscheiden, welche das größte Gewicht haben – das heißt, wir *geben* diesen Gründen größeres Gewicht; und wir halten uns weiterhin an diese größere Gewichtung, ähnlich wie sich das Gesetz an

Präzedenzfälle hält. Nach der Entscheidung können andere (und wir auch) sagen, daß wir diese Handlung getan haben, weil die Gründe zu ihren Gunsten gewichtiger waren, aber hätten wir eine andere Handlung ausgeführt (und das hätten wir tun *können*), so würde auch von diesem Tun gesagt werden können, daß es von den verschiedenen Gründen zu *seinen* Gunsten verursacht worden sei. Wenn wir die Handlung tun, so erhebt das die Hintergrunderwägungen zu seinen Gunsten in den Status einer Ursache; wir könnten sagen, daß die Handlung verursacht, aber nicht kausal determiniert war. In einem gewissen Spielraum hängt das, was wir tun, von uns ab, weil das Gewicht der Gründe, die uns bewegen, etwas ist, das wir verleihen. Die Tatsache, daß die (bewertenden) Dimensionen der Wirklichkeit nicht von vornherein in einer festgelegten Hierarchie geordnet sind, ist daher nichts, was man beklagen muß, sondern gerade dies gestattet uns und macht uns fähig, in Freiheit zu handeln.

Extremer noch vielleicht, als unseren eigenen Weg zu finden, wie wir die Dimensionen der Wirklichkeit gewichten und sichtbar werden lassen, müssen wir jeder zumindest implizit unsere eigenen Diagramme machen, unser eigenes Verständnis von der zusammenhängenden Natur der Wirklichkeit leben und neue Dimensionen ausmachen, die dazu bestimmt sind, in das Diagramm eingefügt, erkundet, aufgenommen und in unser Leben einbezogen zu werden. (Sollte Reinheit auf das Diagramm gesetzt werden? Anmut?) Keine einzige Matrix, zu der wir gelangen, braucht als endgültig betrachtet zu werden; jeder von uns erwägt und lebt die umfassendste und beststrukturierte Matrix, die wir bisher zu verstehen vermochten, genau wie wir bereit sind, sie zu verwandeln.[5]

Wir begannen dieses Kapitel mit dem Bedenken, daß ein Interesse an größerer Wirklichkeit jemanden in eine negative oder unethische Richtung führen könnte; es wird hilfreich sein, auf die Ethik selbst einen Blick zu werfen. Die Ethik ist kein einfaches Gebilde; sie ist in vier Schichten gebaut. Die erste Schicht, die Ethik des Respekts, gebietet es, das Leben und die Autonomie eines anderen Erwachsenen (sowie die potentielle Erwachsenheit eines jüngeren Menschen) zu respektieren; ihre Regeln und Prinzipien beschränken die Einmischung in den Entscheidungsbereich des Menschen, sie verbieten Mord oder Versklavung und münden in eine allgemeinere Liste zu respektierender Rechte. Die zweite Schicht, die Ethik der Responsivität, gebietet es, in einer Weise zu handeln, die auf die Wirklichkeit und den Wert anderer Menschen eingeht, in einer Weise, die ihre Wirklichkeit berücksichtigt und in komplizierter Weise daran orientiert ist. Ihr Leitprinzip ist, die Wirklichkeit *als* wirklich zu behandeln, und auch sie mündet in Leitlinien: Zerstöre oder vermindere nicht die Wirklichkeit eines anderen Menschen und sei responsiv gegenüber der Wirklichkeit eines anderen und handle so, daß du sie vergrößerst.[6]

Was geht vor, Respekt oder Responsivität? Was soll man beachten, wenn beide auseinandergehen? Responsivität ist die höhere Schicht, aber sie ruht auf der Schicht des Respekts. Damit meine ich, daß Respekt zusammen mit seinen Prinzipien und Regeln geboten ist; wenn in einer bestimmten Situation Responsivität etwas anderes erfordert, so ist dies allerdings zu tun, aber in einer Weise, die mit dem *Minimum* an Abweichung von diesen Regeln des Respekts verbunden ist. Die Schichten sind miteinander durch ein Prinzip der minimalen Verletzung verbunden: Folge den Prinzipien des Respekts, und wenn es nötig ist, von ihnen abzuweichen, um Responsivität zu erzielen, so tue dies in einer Weise, die mit der geringsten Verletzung oder Störung der Normen des Respekts verbunden ist.

Man beachte, wie sich diese Struktur von einer anderen unterscheidet, die die Maximierung von Responsivität an erste Stelle setzte und unter den Strategien oder Handlungen, die im Hinblick auf ihre Maximierung gleichwertig sind, dann diejenige auswählte, die die Prinzipien des Respekts am besten erfüllt. Das Prinzip der minimalen Verletzung heißt Abweichungen von den Regeln des Respekts gut, um Responsivität zu erzielen, aber es ist nicht darauf festgelegt, maximale Responsivität ohne Rücksicht auf die Kosten für den Respekt zu erzielen. Jeder zusätzliche Gewinn an Responsivität würde die zusätzlichen Kosten für den Respekt aufwiegen müssen. Es könnte sich manchmal herausstellen, daß eine responsive Handlung gewählt wird, die das Gewebe der Regeln des Respekts etwas zerreißt, daß aber die am meisten responsive Handlung nicht gewählt wird, weil sie ein zu massives Zerreißen bedeuten würde.[7] Dies ist also keine Struktur, die Responsivität maximiert oder die ohne Abweichung Respekt gebietet. Sie erlaubt ein Abweichen von Respekt um der größeren Responsivität willen, aber nur dann, wenn dieses *genügend* größer ist, um den Verlust im Vergleich zur völligen Befolgung der Normen des Respekts aufzuwiegen. Die Abweichungen, die es gutheißt, beinhalten die minimale Verletzung, die notwendig ist.

Die dritte Schicht ist die Ethik des Sorgens. Die Einstellung des Sorgens kann von Fürsorge und Besorgtheit bis hin zu Zärtlichkeit, zu tieferem Mitgefühl und zu Liebe gehen. Auch Responsivität könnte dies manchmal beinhalten oder gebieten – das hängt von der besonderen Natur der Wirklichkeit ab, der die Responsivität gilt –, aber diese Einstellungen sind spezifisch genug, um eigenständige Betrachtung zu verdienen. Auch diese Schicht hat ihre Werte und Prinzipien; in ihrer intensiveren Form gebietet sie *ahimsa*, Nichtverletzung aller Menschen (und vielleicht aller Lebewesen), und Liebe (»Handelt an anderen, wie ihr an denen handeln würdet, die ihr liebt«). Hier finden wir oft religiöse Grundlagen für diese Einstellungen – buddhistisches Mitleid, jüdische *Zedaka*, christliche Liebe –, und auch nichtreligiöse Formen sind möglich. Die Ethik des Sorgens steht zu den vorangegangenen in derselben Beziehung wie Verständnis zu Respekt; sie ist zu befolgen, wenn ihre Empfehlung von den anderen abweicht, aber nur in Übereinstimmung mit dem Prinzip der minimalen Verletzung.

In gewissem Sinne sind die nachfolgenden Schichten *höhere*; sie können Abweichungen von den früheren rechtfertigen, und ihre Maßstäbe scheinen erleuchteter. Doch die früheren Maßstäbe sind die grundlegenderen; sie müssen zuerst erfüllt werden, und sie üben eine starke Anziehungskraft auf alle Abweichungen aus und ziehen sie in Richtung auf Konformität mit dem Prinzip der minimalen Verletzung. Innerhalb einer Schicht könnte die von Respekt (oder Verständnis oder Sorgen) für den einen Menschen erforderte Handlung anders sein als die Handlung, die durch diese Einstellung einem anderen gegenüber erfordert würde, und selbst demselben Menschen gegenüber könnte genau dieselbe Einstellung verschiedene Handlungen zu gebieten scheinen. Diese Unterschiede ließen sich auflösen, indem man eine Schicht höher geht – wenn der Fall in der Schicht des Respekts eintritt, sehe man nach, ob das Problem durch die Schicht der Responsivität gelöst wird, und wenn nicht, wende man sich der Schicht des Sorgens zu; und wenn die Aufwärtsbewegung durch die Schichten es nicht löst, könnte eine Abwärtsbewegung um eine (oder um zwei) Schichten das leisten.

Es gibt eine weitere Schicht, die Ethik des Lichts. Die Kategorie Licht erschien als Zeile in der Matrix der Wirklichkeit; ihre Einträge waren Wahrheit, Güte, Schönheit und Heiligkeit. Hat man auf dieser Schicht die Einstellung, das Licht derer zu vergrößern, die wir zu beeinflussen vermögen, oder unser eigenes zu verstärken? Wenn sich eine Einstellung (und Verhaltensweise) anderen gegenüber von einer Art des eigenen Seins unterscheiden läßt, tritt das Problem auf, wie man ethisches Verhalten anderen gegenüber mit der besten Seinsweise verbindet. Die Schicht des Lichts löst diesen Unterschied auf.

Die Ethik des Lichts verlangt, daß ein Wesen Gefäß des Lichts ist. Ein Wesen des Lichts zu sein heißt, sein Übermittler zu sein. Die Divergenz zwischen Ich und Anderem wird überwunden; Licht läßt sich nicht von seinem Leuchten trennen, sein Sein nicht von seiner Manifestation.

Ein Medium des Lichts sein heißt, sein *unpersönliches* Medium sein. Der Versuch, ihm einen persönlichen Stempel aufzudrücken, würde es verzerren und in die eigenen Grenzen ablenken. Die *Bhagavadgita* spricht von antriebslosem Handeln, und damit meint sie, glaube ich, daß man sich zu einem reinen und unpersönlichen Medium macht, durch das etwas anderes wirken und übermittelt werden kann. Eine Opernsängerin könnte sich als Medium für die Übermittlung der Musik betrachten und die vollen Ressourcen und Resonanzen ihres Körpers gebrauchen, um diese Musik rein durch sich fließen zu lassen. Es gibt einen Unterschied zwischen jemandem, der eine Interpretation der Musik zu geben *versucht* und einer Darbietung seinen persönlichen Stempel aufdrückt, und jemandem, der versucht, sie rein geschehen zu lassen, selbst wenn natürlich auch der letztere ein bestimmter Mensch ist, dessen Singen wir als etwas hören, das sein Gepräge trägt. Der Unterschied ist vielleicht, daß *er* es nicht so hört oder nicht so konturiert, daß er oder wir es hören können.

Ein Medium des Lichts wird seine oder ihre zentrale Konzentration von Wachsamkeit und Offenheit darauf richten, Belege oder Beispiele von Wahrheit, Güte, Schönheit, Heiligkeit zu bemerken, es wird sie hegen, ihnen volle Freiheit geben, ihr verwandelndes Werk zu tun, und dann mit Spontaneität handeln. Die Art und Weise, in der Wahrheit, Güte, Schönheit und Heiligkeit durch Sie wirken und Sie verwandeln, wird *Ihr* Weg des Lichts. Wir können jetzt ein weiteres Realitätsprinzip, das sechste, formulieren: Werde ein Gefäß des Lichts.

Oben haben wir versucht, die drei Haltungen zu Wert – die egoistische, die relationale und die absolute – durch eine Multiplikationsformel zu kombinieren, aber das war eigentlich eine künstliche Verschmelzung ohne ein anderes spezifisches Grundprinzip als das Bedürfnis, die Haltungen irgendwie zu kombinieren. Ein Gefäß des Lichts zu sein jedoch integriert *tatsächlich* die Haltungen, genau wie es sie weiter spezifiziert.

In der bis hier dargestellten Theorie der Wirklichkeit lassen die meisten Dimensionen (Intensität und Lebhaftigkeit zum Beispiel, Wichtigkeit und selbst Wert als Grad organischer Einheit) so ziemlich alles als etwas zu, das den Inhalt der Wirklichkeit darstellt. Bei einer so formalistischen Theorie trat das Problem auf, ob das Böse, Schmerz, brutale Macht oder schierer Reichtum nicht Wirklichkeit vergrößern könnten – denn die Wirklichkeit selbst wurde als etwas beschrieben, das keinen bestimmten Inhalt erfordert. Das führte zu etwas überzeugungsschwachen Versuchen, zu zeigen, wie diese formalistische Wirklichkeitstheorie von dunklem Inhalt weg weisen könnte. Stattdessen können wir die Zeile Licht – das heißt, Wahrheit, Güte, Schönheit und Heiligkeit – zum Inhalt der Wirklichkeit machen, während alle anderen Dimensionen der Wirklichkeit dann (und nur dann) Wirklichkeit vergrößern, wenn sie *diesen* Inhalt umfassen. Intensität oder Lebhaftigkeit vergrößern Wirklichkeit, wenn sie Wahrheit, Güte, Schönheit oder Heiligkeit intensivieren oder lebhafter machen; Wert ist eine Vereinigung der Vielfalt einiger Teile von Wahrheit, Güte, Schönheit oder Heiligkeit; Tiefe führt zu mehr Wirklichkeit, wenn sie die Tiefe dieser Dimensionen ist; und so fort. Oder vielleicht können wir, anstatt zu fordern, daß diese anderen Dimensionen mit dem Inhalt Licht gefüllt werden, sie im allgemeinen als wirklichkeitsvergrößernd sehen, sofern sie nicht mit dem *Gegenteil* von Licht gefüllt sind; neutraler Inhalt wird in ihnen genügen.

Wir würden jedoch nicht mehr versuchen, das Gute aus dem Innern einer weitgehend neutralen Theorie der Wirklichkeit heraus zu rechtfertigen; die Wirklichkeit wird von Anfang an auf Wahrheit, Güte, Schönheit und Heiligkeit aufgebaut. Warum wollten wir aber überhaupt eine neutrale Grundlage für das Gute liefern? Warum sollen wir nicht einfach zugeben, daß wir auf das Gute und auf Licht festgelegt sind? Wenn wir eine neutrale Geschichte erzählten, von der sich herausstellte, daß sie *nicht* zum Guten führte – zum Beispiel weist, soweit wir wissen, deduktive

267

Logik ganz für sich allein nicht in diese Richtung –, dann würden wir doch sagen, daß dies nicht die richtige neutrale Geschichte sei. Vielleicht wünschen wir uns eine neutrale Geschichte, um jemand anderen zu überzeugen, aber die Geschichte läßt keinen großen Erfolg auf diesem Weg erkennen, und wenn diese Geschichte *tatsächlich* zum Guten führte, würde ein genügend gründlicher Kritiker ihre anfängliche nichtneutrale Färbung oder die Stelle, an der die Nichtneutralität eingefügt wurde, entdecken – wenn sie durch und durch neutral wäre, wäre sie schließlich nicht in der Lage, immer zum Guten und nicht zum Bösen zu führen.

Kant wollte, daß die Pflicht auf etwas anderem als auf einer guten Neigung beruhen sollte, um die Neigung zu binden. Er wünschte sich eine *sicherere* Basis für die Moralität – denn was wäre, wenn die gute Neigung fehlte oder nicht stark genug wäre?[8] Viele Konstruktionen theoretischer Ethik beruhen auf einer Furcht vor unseren eigenen Neigungen oder auf einem Mißtrauen gegen sie und sind dazu gedacht, sie zu binden. Für das Gute wird eine Basis gesucht, eine faktische Existenz, um es zu unterstützen, weil die Anziehungskraft der Güte ohne zusätzliche Autorität nicht als stark genug angesehen wird. Ähnlich setzen die, die Güte in Rationalität zu verankern versuchen, voraus, daß Rationalität die sicherere von den beiden ist.

Wie würden wir Ethik auffassen, wenn wir unseren Neigungen trauten? Wir könnten sie dann als Erweiterung unserer guten Neigungen sehen, als etwas, das sie vergrößert, reguliert und kanalisiert, das uns sagt, wie wir Gefäß und Übermittler des Lichts werden sollen. Wenn das theoretische Gebäude von Fundamenten für die Ethik aus Mißtrauen gegen die Anziehungskraft des Lichts geboren ist – das heißt, aus Mißtrauen gegen unsere Konstellation von Wünschen –, dann besteht die Aufgabe nicht darin, dieses Licht durch Argumente zu stützen, sondern uns in Wesen zu verwandeln, die dann ihren Neigungen trauen können.

Es wäre wünschenswert, etwas Erhellendes über die Dimensionen des Lichts zu sagen, über innere Wahrheit (und ihre Klarheit und Durchsichtigkeit), über Güte, über innere Schönheit und Keats' Gleichsetzung von Schönheit und Wahrheit, über Heiligkeit und darüber, warum Licht als ihre angemessene Konstituente oder Metapher erscheint. Wie kann das Gesicht eines Menschen vor Güte zu leuchten scheinen, warum erschienen Heiligenscheine in religiöser Kunst angemessen, warum haben die Quäker von einem »inneren Licht« gesprochen? Eines Tages werden wir vielleicht in der Lage sein, das Ethischsein zu verstehen – nicht seine Grundlagen oder seine Konsequenzen, sondern das, was Ethischsein *bedeutet*.

Nicht nur die Metaphysik, auch die Theologie hat mit der Finsternis gerungen. Eine traditionelle theologische Frage lautet, warum Gott es zuläßt, daß es auf der Welt das Böse gibt. Ich möchte einige außerhalb der Tradition stehende Antworten betrachten. Für die Religionsanhänger ist dies ein drängendes Problem, doch auch die Nichtreligiösen können es interessant finden oder zumindest als reizvolle intellektuelle Übung betrachten.[1]

»Das Problem des Bösen« wird dadurch aufgeworfen, daß Gott, wie man ihn traditionell auffaßt, bestimmte Attribute hat: Allmacht, Allwissenheit und Güte. Und doch existiert das Böse. Man beseitige eines dieser Attribute, und es bleibt kein harter intellektueller Konflikt zurück. Wenn Gott nicht allmächtig wäre, dann könnte das Böse existieren, weil er (oder sie) es nicht verhindern könnte. Wenn Gott nicht allwissend wäre, dann könnte das Böse existieren, weil Gott nicht wußte, daß er es bei der Erschaffung der Welt erschuf. Wenn Gott nicht gut wäre, wenn Gott nichts dagegen hätte, daß es das Böse gibt (zumindest wie wir es auffassen), oder wenn Gott bösartig wäre, dann könnte gleichfalls das Böse existieren, und es gäbe kein (intellektuelles) Problem. Es scheint keine Möglichkeit zu geben, diese Merkmale Allmacht, Allwissenheit und Güte mit der Existenz des Bösen in der Welt zu vereinbaren, ob es sich nun um Böses in Menschen handelt, die anderen Böses tun, oder in Ereignissen – das Standardbeispiel sind Erdbeben –, die Menschen, die es nicht verdienen, großes Leid verursachen. Es scheint keine religiöse Erklärung zu geben, die für eine Welt, die das Böse enthält, angeboten werden kann. Jedenfalls ist bisher noch keine adäquate und in sich befriedigende religiöse Erklärung (oder Theodizee) angeboten worden.

Ein Weg hat darin bestanden zu leugnen, daß das Böse

überhaupt existiert. Manchen Auffassungen zufolge ist das Böse kein positives Ding, es ist eine Entbehrung. Das Böse ist das Fehlen von Güte und nichts als dies. Es ist nicht so, daß Gott das Böse gemacht hat – er hat nur nicht überall genug Gutes eingebaut, er hat nicht alles mit Güte angefüllt. (Diese Theoretiker müssen gedacht haben, daß Gott, wenn er nicht das Böse geschaffen hätte, sondern nur nicht genug Güte, um Güte genug darzustellen, moralisch dann weniger für das Böse verantwortlich wäre, das existiert.)

Die Auffassung, daß das Böse lediglich ein Mangel an Güte sei, schien nie sehr plausibel, besonders nicht für diejenigen, die es durchgemacht oder darunter gelitten haben. Wenn Güte ein Wert über Null ist, dann ist das Böse nicht Null, nicht nur ein Mangel an Güte, sondern ein Wert unter Null. Es ist eine Sache für sich, etwas Negatives. Eine Lehre hat das Böse als etwas gesehen, das eine Rolle in der Welt hat, das uns erziehen soll. Die Welt ist eine große Schule, das, was Keats als Tal der Seelenerschaffung bezeichnete. Wir erdulden Böses und gewinnen Weisheit durch Leiden. So hat ein göttliches Wesen freundlicherweise für unsere Bildung gesorgt.

Das wirft eine sehr ernste Frage danach auf, warum man uns bestimmte Klassen nicht überspringen ließ. Warum wurden wir nicht vorgefertigt gemacht oder mit einem fortgeschritteneren Status, so daß wir nicht tatsächlich diesen vollständigen Lernprozeß durchmachen mußten?

Eine weitere traditionelle Lehre sieht das Böse als etwas, das aus dem freien Willen hervorgeht. Ein göttliches Wesen schuf menschliche Wesen mit freiem Willen und war sich darüber im klaren, daß sie ihn manchmal gebrauchen würden, um Böses zu tun. Doch nicht alle schlechten Dinge widerfahren Menschen als Ergebnis des Handelns anderer Menschen; es gibt Naturkatastrophen, Erdbeben, Stürme usw. Der Theoretiker des freien Willens könnte im Prinzip diese Ereignisse den Handlungen anderer Wesen zuschreiben, denen Gott freien Willen gab – (gefallenen) Engeln oder Dämonen; dadurch würde auf die eine oder andere

Weise alles Böse durch die Handlungen von freien Akteuren erklärt.

Wenn aber Gott Wesen mit freiem Willen schaffen wollte, hätte er dann nicht gleich vorhersagen können, welche von ihnen ihren freien Willen dazu (miß)brauchen würden, Schlechtes zu tun, und sie dann einfach bei der Schöpfung auslassen können? (Eine umfangreiche und feingesponnene Literatur debattiert darüber, ob dies wirklich eine Möglichkeit ist.) Freier Wille ist wertvoll; nur autonome Akteure haben moralischen Wert, wenn sie sich für das Gute und nicht für das Böse entscheiden. Doch ein Theoretiker, der das Böse über den freien Willen erklärt, muß nicht nur die Ansicht vertreten, daß freier Wille gut und lohnend ist, sondern daß er bei weitem wertvoller ist als die nächstbeste Alternative. Nehmen wir an, die nächstbeste Alternative zu freiem Willen seien Wesen, für die Güte Teil ihres Wesens ist, so daß sie selbstverständlich und unweigerlich das Gute wählen. Das ist vielleicht nicht *so* gut wie Wesen mit freiem Willen, die sich Versuchungen gegenübersehen und autonom das Gute wählen. Aber wieviel schlechter ist es? Ist der Unterschied so groß und wichtig, daß er es rechtfertigen würde, all das Böse und das Leiden zu haben, das diese Welt enthält? Ist der zusätzliche Wert, der dadurch erzielt wird, daß man Wesen mit freiem Willen hat, im Vergleich zu der nächstbesten Alternative hinreichend, um alles Böse und alles Leiden aufzuwiegen, das (der Hypothese zufolge) der freie Wille nach sich zieht? Das ist, gelinde gesagt, unklar.[2]

Erinnern wir uns an einige andere Positionen, die zu diesem Problem eingenommen worden sind. Es gibt die Ansicht, daß die Welt aus präexistentem Material, nicht *ex nihilo* (wie gemeinhin angenommen) geschaffen worden sei. Platon vertritt (im *Timaios*) die Auffassung, daß ein göttlicher Handwerker auf diese Weise handele. Eine kabbalistische Anschauung in der jüdischen mystischen Tradition nimmt an, daß es frühere Schöpfungen gegeben habe; Scherben, die von diesen früheren Schöpfungen übriggeblieben seien, üben negativen Einfluß auf die gegenwärtige aus. So ist Gott eigentlich kein Vorwurf für Böses oder Mangelhaftes in der Schöpfung zu machen, weil solche Dinge durch den Charakter des übriggebliebenen früheren Materials bedingt sind. Was konnte man angesichts des Stoffes, mit dem er zu arbeiten hatte, erwarten? Diese Auffassung unterwirft jedoch die Macht Gottes einer Beschränkung. Selbst wenn bereits existierendes Material verwendet wurde, warum hätte Gott es nicht verwandeln können, um nicht den späteren Rückstand von Bösem zu hinterlassen?

Nach Plotin und den Neuplatonisten strömt ein göttliches Wesen (das Eine) niedere Ebenen aus. Es bringt diese Ebenen unwillkürlich hervor, weiß aber nichts von ihnen – man könnte sagen, es sondert sie ab. Da das göttliche Wesen nichts von diesen niederen Ebenen weiß, tut es nichts, um sie zu verhindern. Mehr und mehr Ebenen werden hervorgebracht, und jede Ebene stößt eine andere aus. Wenn man sich weit genug vom Göttlichen entfernt, erreicht man die Ebene, auf der das Böse existiert. Und unglücklicherweise ist dies die Ebene, die *wir* bewohnen, oder zumindest tut dies unsere materielle Natur. Ob die neuplatonische Auffassung als Theorie richtig ist oder nicht, sie läßt keinen Gott übrig, dessen Verehrung sich lohnt. Uns wird ein Wesen vorgestellt, das nicht weiß, was es tut, das unwillkürlich Dinge entsendet, das nicht weiß, was abläuft. Es ist durchaus denkbar, daß eine solche Theorie als Metaphysik ihren Zweck erfüllen könnte, aber als Religion reicht sie nicht.

Die Gnostiker (deren Lehren zusammen mit dem Neuplatonismus Eingang in die Kabbala fanden), waren der Meinung, daß die Gottheit, die unsere Welt schuf, nicht allvollkommen und allweise gewesen sei; sie war auch nicht die höchste Gottheit, die es gab. Es existiert ein Gott, der höher ist als unser Schöpfer, und dieser Gott ist von unserer Welt weiter entfernt. Unsere Welt wurde von einem Helfer oder einem rebellischen göttlichen Geist erschaffen –

auf jeden Fall von jemandem, der die Sache irgendwie verpfuschte. Das führte gnostische Theoretiker zu der Annahme, es sei ihre Aufgabe, dieser Welt zu entfliehen und über das Reich des örtlichen Herrn hinauszugelangen, um irgendwie Kontakt zu der höheren allgütigen Gottheit aufzunehmen.

Dualistische Auffassungen der einen oder anderen Art hat es in der Geschichte des Denkens häufig gegeben. Wenn man mehr als einen Gott hat, so versetzt einen das in die Lage zu sagen, daß es einen gibt, der allgütig ist – er ist einfach nicht derjenige, mit dem man zu tun hat, der für dies alles verantwortlich ist. Doch das verschiebt lediglich das Problem; es verlagert dasselbe Problem auf eine andere Ebene. Wenn der höhere Gott wirklich eine oberste Gottheit ist (begnügen wir uns mit zweien und quälen wir uns nicht mit drei oder unendlich vielen Ebenen), warum läßt es dann dieses höhere Wesen zu, daß dasjenige, welches unsere Welt beherrscht, so mit ihr herumpfuscht, wie es das getan hat? Wenn dieses allerhöchste göttliche Wesen allgütig ist und nicht will, daß Leiden oder Böses geschehen, warum gestattet es dann dieser niederen Gottheit, hier bei uns so eine Schweinerei anzurichten? (Hat es nicht die Macht, der anderen Gottheit Einhalt zu gebieten?) Wenn das höhere Wesen das niedere erschuf, warum erschuf es dieses dann nicht als eines, das nicht unrecht handeln würde? Es ist klar, daß gnostische Positionen die Fragen nur verschieben, auch wenn es ohne Zweifel befriedigend ist, eine Zeitlang anzunehmen, daß es *irgendwo* einen Gott gibt, dem man nichts vorwerfen kann.

Ein Zweig der jüdischen Tradition, die Kabbala, vertritt die Auffassung – ich folge hier den Darstellungen des großen Gelehrten Gershom Scholem –, daß es innerhalb des göttlichen Wesens, innerhalb von *En-Sof* (übersetzt als: das Unendliche), Attribute, Bereiche (*Sefiroth*) gibt. Das Böse in der Welt ergibt sich in der klassischen kabbalistischen Auffassung durch eine Spannung zwischen verschiedenen göttlichen Attributen. Diese Attribute sind alle an

sich gut. Kein Attribut ist schlecht oder böse oder tadelns-
wert. Nur bei ihren Wechselwirkungen klappt die Sache irgendwie nicht so gut. Es ist, glaube ich, kein Zufall, daß
sich die kabbalistischen Autoren auf Urteil (*Din*) und liebevolle Freundlichkeit oder Gnade (*Chessed*) als die beiden Attribute konzentrierten, die nicht so gut funktionier-
ten. Sie waren in Spannung, sie konnten irgendwie nicht
das richtige Gleichgewicht finden; wegen ihrer Spannung
und Unausgeglichenheit kommt es in der geschaffenen
Welt zu Schwierigkeiten.

Man könnte fragen: Warum konnte sie das göttliche Wesen nicht in das richtige Gleichgewicht bringen? Ist das
nicht eine Unvollkommenheit in dem höchsten Wesen?
Doch wer weiß, was das richtige Gleichgewicht zwischen
Urteil und liebevoller Freundlichkeit, zwischen Gerechtigkeit und Gnade sein sollte? Diese Dinge sind immer in
Spannung. (Bei gewissen Auffassungen läßt sich schwer erkennen, wie es überhaupt Raum für Gnade geben sollte,
wenn es Gerechtigkeit gibt. Wenn Gnade bedeutet, daß
man Menschen weniger gibt, als sie verdienen – das heißt,
weniger Strafe, als sie verdienen –, kann das dann überhaupt gerecht sein, wenn sie tatsächlich etwas Schlechtes
verdienen? Ich frage dies nicht, um der Unvereinbarkeit
von Gnade und Gerechtigkeit beizupflichten, sondern um
die Spannung sichtbar zu machen, eine Spannung, die erhalten bleibt, wenn man ihnen getrennte Sphären zuweist:
der Gerechtigkeit den Versuch, die Vergangenheit richtig-
zustellen, der Gnade den Versuch, die Zukunft zu heilen.)

Da es in der Geschichte des Denkens immer eine Spannung zwischen Gerechtigkeit und Gnade gegeben hat, taten die kabbalistischen Denker recht daran, sich diese als
die Faktoren auszusuchen, die in Ungleichgewicht sind.
Das würde auf keinen Fehler in der göttlichen Natur
schließen lassen; eben diese Attribute selbst ließen sich angesichts *ihrer* Natur nicht leicht miteinander vereinbaren.
Dennoch sollte ein göttliches Wesen beide in sich schließen.

Trotzdem, warum hat das göttliche Wesen nicht das vollkommene Gleichgewicht bewerkstelligt? Man könnte dafürhalten, daß es selbst für Gott einfach kein einheitliches richtiges Gleichgewicht gibt, das er hätte bewerkstelligen können, aber die klassische kabbalistische Theorie besagte, daß *Din*, Gerechtigkeit oder Urteil, seine Grenzen im richtigen Gleichgewicht überschritt. Wenn es, so die Anschauung von Isaak Luria, zur Erschaffung der Welt eine Zusammenziehung des göttlichen Wesens in sich selbst gibt, verfestigt oder konzentriert sich etwas von dem *Din* und wird übersehen, ein kleiner Fleck, der schließlich alles hervorbringt, was uns an bösen Dingen begegnet. Später behauptete Nathan von Gaza, ein Anhänger des angezweifelten vorgeblichen Messias Sabbatai Zwi, daß es bei Gott verschiedene Bestandteile gäbe. Es gebe Gott, der völlig selbstzufrieden sei und keineswegs die Welt erschaffen wollte – er wollte nur mit Kontemplation zu tun haben, wie ein guter Aristoteliker. Ein anderer Teil Gottes jedoch wollte die Welt erschaffen. Der selbstzufriedene Teil Gottes widersetzte sich der Schöpfung, und deshalb gibt es in ihr das Böse.

All diese kabbalistischen Theorien besitzen folgenden Vorzug: Sie versuchen, die Existenz des Bösen in der Welt auf der Basis einer Spannung, eines Konflikts oder eines interaktiven Prozesses innerhalb der göttlichen Natur zu erklären. Auf diese Weise sind sie, wie Scholem hervorhob, theosophische Auffassungen insofern, als sie über die innere Natur und das Leben – »Psyche« ist nicht ganz richtig – und die laufende Existenz eines göttlichen Wesens reden. In diesem Bereich finden sie reichlich Spielraum, wobei sie von mystischen Erfahrungen und Interpretationen traditioneller Texte, die oft esoterischer Natur sind, Gebrauch machen. Solche Theorien sind besonders tiefgründig.

Durch seine Vertreibung aus Spanien im Jahre 1492 erlitt das jüdische Volk ein enormes Trauma. Das kabbalistische Bild von der *Schechina* (einem Aspekt der göttlichen Natur), die vertrieben, die im Exil sei und zurückkehren müsse, spiegelte die irdische Situation des jüdischen Volkes in der Vertreibung aus Jerusalem und aus seinem heiligen Land wider. Als Leiden traumatischster Sorte das jüdische Volk auf Erden heimsuchte, waren die Kabbalisten der Ansicht, daß im göttlichen Reich auch nicht alles harmonisch sei. (Ein großer Teil der Anziehungskraft, die die Kabbala damals auf das jüdische Volk ausübte, behauptet Scholem, beruhte auf diesem Parallelismus.) Anders als die klassischen Auffassungen, wonach Gott aus seinen eigenen Motiven das Böse auf der Erde geschaffen hat (er wollte Wesen mit freiem Willen erschaffen oder was auch immer) und einfach glücklich vor sich hinpfeift, sagten die Kabbalisten, daß es auch da oben Schwierigkeiten gebe. Es gab eine Parallele zwischen dem menschlichen Bereich, in dem schlimme Dinge geschahen, und Ereignissen im göttlichen Bereich, die diesen Bereich nicht unberührt ließen. Ein göttliches Trauma entsprach dem Exil des jüdischen Volkes; ein Aspekt Gottes war in der Verbannung und nicht an seinem richtigen Ort. Es wurde angenommen, daß das jüdische Volk eine besondere Funktion zu erfüllen habe und daß es dadurch dazu beitragen könne, daß die göttliche *Schechina* an ihren richtigen Ort zurückkehre. Wir kommen auf einige Besonderheiten der kabbalistischen Auffassung noch zurück.

Die Auffassung, die Leibniz vom Problem des Bösen hatte, ist vor allem aus Voltaires satirischer Behandlung in *Candide* bekannt. Leibniz sagte, daß Gott die beste aller möglichen Welten geschaffen habe. Voltaire führt uns einen Charakter vor, dem eine Katastrophe nach der anderen begegnet und der lächerlicherweise sagt: »Ja, es ist die beste aller möglichen Welten.« Wie konnte ein so kluger Mensch wie Leibniz, der Miterfinder der Infinitesimalrechnung, etwas so Dummes sagen wie das, was Voltaire ihm zuschreibt? (Erinnern wir uns an den Witz: Der Optimist glaubt, daß dies die beste aller möglichen Welten ist, und der Pessimist stimmt ihm zu.)

Was meinte Leibniz tatsächlich? Leibniz glaubte, daß

Gott im Begriff sei, die vollkommenste aller möglichen Welten zu erschaffen. Die möglichen Welten sind die, die keinen Widerspruch beinhalten; eine Welt, in der jemand in diesem Augenblick liest und zu gleicher Zeit nicht liest, ist keine mögliche Welt. Im Rahmen des logisch Möglichen wählte Gott, Leibniz zufolge, die beste und vollkommenste aus – aber die beste und vollkommenste in welcher Hinsicht?

Leibniz' Vorstellung von der Vollkommenheit der Welt war eine, wonach eine einfache Menge von Prinzipien und Gesetzen den Reichtum der Einzelheiten der Welt hervorrief. Die vollkommenste Welt wäre die, in der die größte Vielfalt auf die einfachstmögliche Weise hervorgerufen worden wäre – das heißt, sie hätte die größte organische Einheit. Beim Einrichten einer Welt braucht man einfache, natürliche Gesetze, aber durch ihr Wirken kommt es gelegentlich zu Erdbeben und Unfällen der Natur, und manchmal geraten Menschen da hinein. Gott hätte das jedoch vermeiden können. Er hätte Wunder einstreuen können – wie Rosinen in einen Rosinenkuchen –, die immer im richtigen Moment dazwischengetreten wären. (Maimonides erörtert die Frage, ob Wunder eingebaut oder vorprogrammiert sind oder ob sie später hereingeplatzt sind.) Jede Katastrophe wird durch eine eigene kleine Unebenheit vermieden, wenn nicht durch ein Wunder, dann durch eine gesonderte kleine Komplikation in den ursprünglichen Naturgesetzen. Auch wenn das hätte gemacht werden können, hätte es nach Leibniz' Auffassung zu einer höchst unvollkommenen und unästhetischen Welt geführt. Eine rosinengefüllte Welt wäre nicht vollkommen oder wünschenswert gewesen. So schuf nach Leibniz' Ansicht Gott bei der Schöpfung die vollkommenste aller möglichen Welten; er – Leibniz ebenso wie Gott – sah als beste eine Welt an, in der der größte Reichtum und die größte Vielfalt von Tatsachen (einschließlich einer Menge guter Dinge) auf eine sehr einfache Weise hervorgerufen würden.

Dies ist offensichtlich nicht der Gedanke, auf den der Voltaire seine Satire schrieb. Dennoch könnten wir uns fragen, weshalb wir ein göttliches Wesen anbeten sollten, dem nur an einer so ästhetischen Vollkommenheit gelegen ist. Wenn schlechte Dinge geschehen, moralisch schlechte Dinge, dann kümmert sich dieses Wesen überhaupt nicht darum, es sei denn insofern, als sie die ästhetische Vollkommenheit der Welt beeinträchtigen. (Er könnte sich in folgendem Umfang darum kümmern: Wenn zwei Welten einander darin gleichkämen, daß sie die ästhetischste Vollkommenheit besitzen, würde er diejenige bevorzugen und auswählen, die für uns das geringste Leiden verursacht.)

Wir können jedoch Leibniz' Anschauung dahingehend abwandeln, daß sie (wie die Wirtschaftswissenschaftler sagen) Kompromisse beinhaltet. In dieser veränderten Sicht erschafft Gott nicht die beste aller möglichen Welten (die, die die größte Vielfalt auf die einfachste mögliche Weise hervorruft), sondern er erschafft die siebzehntvollkommenste aller möglichen Welten. Er opfert ein Maß an metaphysischer Vollkommenheit, um eine große Menge von Leiden zu lindern, das sonst geschehen würde. Ein solcher Gott sorgt sich um uns; er hat nicht einfach jene vollkommenste Welt gewählt, die aus den einfachsten möglichen Gesetzen erwächst. Er hat hier und da ein paar Rosinen eingefügt und die Dinge kompliziert. Sicher hat er nicht die moralisch beste Welt für uns geschaffen. Das würde den Einbau sehr vieler kleiner Wunder und Rosinen bedeuten, und diese Welt, die 1695stvollkommenste, ist für ihn *zu* unästhetisch und unvollkommen. Aber er hat auch nicht die beste Welt aus seiner Sicht geschaffen. Er hat einige Opfer gebracht und eine Welt auf einer niedrigeren Stufe seiner Vollkommenheitshierarchie geschaffen, um moralische Güte bei uns zu steigern. Ein solches Wesen sollte man nicht dafür verachten, daß es sich überhaupt nicht um das Wohlergehen der Menschen kümmert – es hat um unseretwillen bedeutende Opfer gebracht, auch wenn es sich nicht allein dafür interessiert. Ich glaube jedoch nicht, daß selbst diese modifizierte Leibnizsche Auffassung eine angemessene religiöse Erklärung für die Existenz des Bösen geben kann, und zwar aus einem Grund, auf den ich gleich zu sprechen komme.

Seit Leibniz' Zeiten haben viele Philosophen mögliche Welten, wenn auch nicht immer die besten, diskutiert. Ein neuerer Philosoph, George Schlesinger, hat behauptet, daß es so etwas wie die beste aller möglichen Welten nicht gibt. Das einzige, was das Beste sein könnte, wäre eine Welt von unendlichem Wert, aber das einzige, das unendlichen Wert hat, ist ein göttliches Wesen, Gott. (Gott wird aus Gründen, auf die wir jetzt nicht einzugehen brauchen, kein zweites Wesen mit unendlichem Wert genau wie er selbst erschaffen.) Alles, was Gott bei der Erschaffung einer Welt tun kann, ist also, eine von begrenztem Wert zu schaffen.

Warum will Gott aber überhaupt eine Welt schaffen? (Wir sind uns der Warnungen bewußt, daß man über bestimmte Dinge nicht spekulieren sollte und daß diejenigen Leute, die das tun, zu der Einsicht kommen werden, daß es besser gewesen wäre, wenn sie nicht geboren worden wären.) Gewöhnlich werden theologische Erörterungen der Schöpfung von Diskussionen über das Böse getrennt durchgeführt. Die Menschen nehmen an, daß es gesonderte Fragen gibt: Warum soll man eine Welt erschaffen? Warum soll man eine mit Bösem darin erschaffen? Doch wenn wir die Gründe für die Schöpfung verstünden, warum ein vollkommenes göttliches Wesen überhaupt eine Welt erschaffen würde, anstatt einfach ganz für sich allein zufrieden zu bleiben, dann würden wir vielleicht verstehen, warum diese Welt den Charakter hat, den sie hat, das Böse eingeschlossen.

Gott will keine Welt erschaffen, um seinem oder ihrem Wert etwas hinzuzufügen (da er oder sie bereits vollkommen selbstzufrieden und unendlich wertvoll ist), und auch nicht aus Not (auch wenn die jüdische Tradition oft Funktionen beschreibt, die von einzelnen Menschen oder vom jüdischen Volk als ganzem erfüllt werden können). Ein göttliches Wesen versucht nicht, dem gesamten Wert, den es gibt, etwas hinzuzufügen – dieser ist auf Grund von Gottes eigener Gegenwart bereits unendlich –, sondern anderen Wert um seiner selbst willen zu schaffen, und jede geschaffene Welt kann nur endlichen Wert haben.

Gott bringt bei der Erschaffung der Welt eine gewisse Wertgröße zustande, eine endliche Größe. Es ist, als ob Gott eine Zahl wählte. Gott wählt eine Zahl aus – nehmen wir an, 1 000 563 –, und das ist die Summe von Wert, Verdienst und Güte auf der Welt. Darauf fragen wir Gott: »Warum hast du keine höhere Zahl gewählt?« Er fragt, welche Zahl er hätte wählen sollen. Wir sagen: »Warum nicht 5 000 222?« Er sagt: »Wenn ich die gewählt hätte, würdet ihr sagen: ›Warum hast du keine höhere Zahl gewählt?‹ Unter der Voraussetzung, daß eine Welt, die ich erschaffe, keinen unendlichen Wert haben kann, wird sie von endlichem Wert sein. So wäre jede Welt, die ich erschaffen würde, in gleicher Weise dafür kritisierbar, daß sie nicht besser ist.« In der Theorie gibt es keine beste aller möglichen Welten – genau wie es keine höchste positive ganze Zahl gibt. Zu jeder Welt, die Gott erschafft, könnte es immer eine bessere geben. Gott mußte sich für irgendeine Welt entscheiden, wenn er eine Welt schaffen wollte, und er hat diese gewählt.

Schlesingers Antwort auf das Problem des Bösen fragt also (es hört sich wie ein technischer Trick an): Worüber beklagen wir uns? Warum beklagen wir uns über diese Welt und fragen, warum Gott sie nicht besser gemacht hat, warum es darin Böses gibt? Hätten wir nicht zu jeder Welt, die er geschaffen hätte, dasselbe gesagt?[3]

Wir möchten antworten, daß wir es nicht getan hätten, weil es eine natürliche Grenze gibt, die wir ziehen können und auf deren Basis wir dann fragen können, warum Gott die Welt nicht wenigstens besser als diese gemacht hat. Wir könnten eine Grenze bei der Existenz des Bösen ziehen. Vielleicht ist diese Welt ohne Böses keine ganz so prächtige Welt, wie man sie sich vorstellen kann; vielleicht gibt es keine Grenze dafür, wie prächtig eine Welt sein kann. (Vielleicht, wenn Gott die Welt wirklich prächtig machte, würde sie uns gar nicht enthalten!) Aber zumindest hätte Gott eine Welt ohne all den unendlichen Schmerz und das unendliche Leid, die jetzt existieren, erschaffen können.

Es gibt eine Grenze, die durch die Existenz des Bösen markiert ist, aber die Welt steht mit ihrer Punktzahl und mit ihrem Wert unter dieser Grenze. Warum hat Gott nicht wenigstens diese Grenze überschritten? Die Gegenantwort hierauf lautet in Schlesingers Art der Beweisführung, daß es eine unendliche Zahl von Grenzen gibt. Wir nehmen nur eine Grenze wahr, die Abwesenheit von Bösem, und fragen, warum Gott diese Grenze nicht überschritten hat. Aber Gott hat eine Menge anderer Grenzen überschritten. Es gibt viele katastrophale Weisen, wie die Welt hätte sein können, aber nicht ist – sie wurde nicht so erschaffen. Er überschritt diese Grenzen. Wenn er auch diese Grenze überschritten hätte (daß es in ihr kein Böses gäbe), würden wir eine andere Grenze weiter oben bemerken und fragen, warum er die nicht überschritten hat. Das Argument hat sich jetzt eine Ebene höher verlagert, nur diesmal mit Grenzen, die man ziehen kann, anstatt den Betrag des Wertes für die Schöpfung zu variieren.

Jemand könnte fragen, warum Gott nicht wenigstens enorme Quantitäten von Bösem verhindert hat. Die Antwort könnte in ähnlicher Weise lauten, daß er *durchaus* die gewaltigsten Quantitäten verhindert hat; zum Beispiel ist er vielleicht tätig gewesen, um Ereignisse und Kriege zu vermeiden, die 100 Millionen Menschen getötet hätten. Was auch immer die größten von den Übeln sind, die übrigbleiben, nachdem Gott die gewaltigsten beseitigt hat, sie werden uns gewaltig erscheinen, weil sie an der Spitze der Skala stehen, mit der wir tatsächlich vertraut sind; so werden wir dann zu Unrecht fragen, warum Gott nicht wenigstens die gewaltigsten Übel fortgenommen hat. Er hat es getan.

Vielleicht erfüllt diese Theorie die intellektuellen Kriterien, die wir zuerst beim Nachdenken über eine befriedigende Lösung für das Problem des Bösen aufgezählt hätten. Wir hätten nur etwas gewollt haben können, das göttliches Allwissen, Allmacht und Güte logisch mit der Existenz des Bösen in der Welt vereinbaren würde. Wir hätten denken können, daß jede Theorie, die diese miteinander versöhnte, eine befriedigende Lösung sein würde. Außer daß diese es nicht ist.

Eine Bedingung, die man einer adäquaten religiösen Auffassung von der Existenz des Bösen auferlegen muß, ist, daß sie etwas bietet, das man jemandem sagen kann, der tatsächlich Leiden oder Schmerz oder Böses durchmacht. Das bedeutet nicht, daß das, was gesagt wird, den Leidenden unbedingt trösten müßte. Vielleicht ist die wahre Geschichte keine tröstliche. Aber es kann nicht etwas sein, das einen verlegen mit den Achseln zucken läßt. Was die Theorie, die wir betrachtet haben, liefert, ist nichts Mögliches, nichts Anständiges, das man jemandem sagen kann.

Eine weitere Auffassung von der Existenz des Bösen hat denselben Defekt, ist aber wert beschrieben zu werden. Betrachten wir den Grund, warum Gott überhaupt eine Welt erschaffen will, anstatt allein in der jeweiligen Situation, in der er sich befindet, zu verharren. Ist das ein Grund dafür, nur *eine* Welt zu schaffen? Erinnern wir uns an die Geschichten von einer Folge von Schöpfungen, die unzulänglich waren, und auch an die Science-Fiction-Themen paralleler nicht aufeinander einwirkender Universen.[4]

Gott hat nicht vor, eine Welt zu erschaffen, um seinen eigenen Wert oder seine Güte oder was auch immer zu steigern – die sind bereits unendlich. Ebensowenig läßt sich der Gesamtbetrag des Wertes, den es gibt, erhöhen; wenn man einem bereits unendlichen Betrag einen endlichen Betrag hinzufügt, macht ihn das nicht größer. Der Grund muß sein, diese Welt von endlichem Wert um ihrer selbst willen, wegen ihres eigenen Wertes zu schaffen. Warum dann aber nur *eine* schaffen? Warum nicht viele Welten, viele nicht aufeinander einwirkende Universen schaffen?

Wenn ein göttliches Wesen vorhätte, das zu tun, wie würden diese Welten aussehen? Würde er dieselbe mit denselben Details immer wieder und wieder und wieder erschaffen? Vielleicht hat das keinen Zweck, oder vielleicht würde er es fünfmal oder zwölfmal oder eine Million Mal tun. Doch die Hinzufügung einer anderen Welt würde auch einige Vielfalt einführen, einen eigenen Wert, ohne dem, was bereits geschaffen wäre, etwas zu nehmen. Vielleicht würde ein göttliches Wesen also alle Welten erschaffen, deren Nettowert positiv ist. (Eine Welt hat einen positiven Nettowert, wenn nach Bestimmung der Summe von Güte oder Wert oder was auch immer, die dieser Welt zukommt, und nach Abzug ihrer Summe von Schlechtigkeit das Resultat immer noch positiv ist.) Eine Welt würde erschaffen werden, wenn das Existieren dieser Welt besser wäre als ihr Nichtexistieren. Somit können wir uns ein göttliches Wesen vorstellen, das daran geht, eine Vielzahl von Universen zu schaffen, die alle wertvoll sind.

Sie sagen, Sie sehen eine Menge von Defekten hier bei uns in diesem Universum, und Sie fragen, warum Gott das Universum nicht besser gemacht hat. Er hat ein besseres gemacht; er hat ein anderes gemacht, das besser war, genau in der Weise, wie Sie es sich vorstellen. Er hat jenes gemacht, *und* er hat dieses auch gemacht. »Schön, warum hat er nicht *nur* jenes gemacht?« Wäre es besser gewesen, wenn er nur jenes gemacht hätte und nicht sowohl jenes als auch dieses? Nein, nicht, wenn dieses auch wert ist zu existieren. »Aber warum hat er mich nicht in jenes gesetzt, statt mich in dieses zu setzen?« Natürlich würde jeder, den er in dieses gesetzt hätte, dieselbe Frage stellen. (Außerdem wäre es möglich, daß dieses Universum oder Sie selbst so strukturiert wären, daß Sie nur in ihm oder in ähnlichen existieren könnten.)

In diesem Bild gibt es ein gutes, göttliches Wesen, das alle Welten von positivem Nettowert erschafft, und unsere Welt, auch wenn sie einiges Böse enthält, ist eine von ihnen. Es ist besser, daß unsere Welt existiert, als daß sie nicht existiert, und die Antwort auf die Frage, warum ein gütiger Gott die Welt nicht besser gemacht hat, lautet, daß er eine bessere Welt *auch* gemacht hat. Er erschuf alle möglichen guten Welten, nicht nur die beste aller möglichen Welten (wie Leibniz dachte), nicht nur irgend *eine* Welt. Er schuf eine Vielzahl möglicher (guter) Welten. Ja, wenn er eine unendliche Zahl schuf, dann könnte dies sein Weg zur Erschaffung unendlichen Werts sein. Denn auch wenn der Wert jeder einzelnen geschaffenen Welt endlich (und positiv) ist, kann die unendliche Summe dieser endlichen Werte selbst unendlich sein.

Zwar läßt sich diese Theorie jemandem, der Böses erleidet, vielleicht etwas leichter vorlegen, aber es ist nicht klar, daß sie der Gottheit ein moralisch akzeptables Verhaltensmuster zuschreibt. Wenn eine Welt einen positiven Nettowert hat, ist es dann deshalb automatisch in Ordnung und moralisch zulässig, sie zu erschaffen? Betrachten wir, wie sich das vergleichbare Prinzip auf die Erschaffung von Kindern anwenden läßt. Nehmen wir an, es gebe ein Paar, das im übrigen kein Kind haben wollte, aber meinte, es wäre praktisch, einen kleinen Diener im Haus zu haben. Die beiden denken: »Wir würden dieses Kind sonst nicht erschaffen, da wir mit Karrieren oder Vergnügungen beschäftigt sind, aber wenn wir das Kind hätten und es dann halb als Sklaven zu unserer Bedienung hielten, so wäre selbst dann seine Existenz von positivem Nettowert. Niemand könnte uns dafür kritisieren, daß wir ihm die Existenz verschaffen, denn es ginge ihm besser, wenn es lebte, und sei es auch auf diese Weise, als wenn es überhaupt nicht existierte. Es ist also vollkommen in Ordnung, das Kind zu haben und es auf Dauer als Diener zu halten. Wir verfolgen nur die Strategie, etwas zu erschaffen, solange seine Existenz wertvoller ist als seine Nichtexistenz.«

Doch es ist offensichtlich nicht in Ordnung, daß das Paar das Kind auf diese Weise hat. Ganz gleich, welche Erklärung wir letztlich dafür geben, warum es nicht in Ordnung ist, sie können kein Kind in eine solche Existenz bringen und dann Kritik zurückweisen, indem sie sagen: »Aber sonst hätten wir es überhaupt nicht existieren lassen. Seine

Existenz hat positiven Nettowert, worüber beklagt es sich also?« Sobald das Kind existiert, hat es einen gewissen moralischen Status. Andere Menschen einschließlich der Eltern können es nicht einfach auf jede beliebige Weise behandeln, die damit vereinbar ist, daß seine Existenz einen positiven Nettowert hat.

Entscheidungen, die die Größe zukünftiger Bevölkerungen beeinflussen, werfen diese Probleme in akuter Form auf. Und Moraltheoretiker finden es nicht leicht, die korrekten moralischen Prinzipien, die dabei anzuwenden sind, zu entwerfen.[5] Selbst wenn jeder Mensch in der wachsenden Bevölkerung Indiens sein oder ihr Leben für besser hält, als überhaupt nicht zu existieren, glauben wir, daß es für die Bevölkerung dort besser wäre, wenn sie kleiner wäre, mit weniger Menschen, die besser leben. Wir glauben nicht, daß die Gesamtsumme an Glück maximiert werden sollte, wenn das dazu führte, weiterhin große Mengen von Menschen hinzuzufügen, von denen jeder kaum positiv glücklich ist oder kaum besser daran ist, wenn er existiert, als wenn er nicht existiert. Das würde das durchschnittliche Glück um einen zu großen Betrag vermindern. Doch wir halten eine Situation auch nicht nur deshalb für wünschenswert, weil das durchschnittliche Glück ein Maximum hat – das könnte eintreten, weil überhaupt nur ein oder zwei Menschen existieren, *extrem* glückliche Menschen!

Parallel zu Problemen bei der Hervorbringung neuer Menschen, die bisher nicht existent waren, sind Probleme (vor denen diesmal eine Gottheit steht) bei der Erschaffung neuer Universen. Die Frage: »Wie gut muß ein Universum sein, um es erschaffenswert zu machen?« ist parallel zu der Frage: »Wie muß das Leben eines Menschen beschaffen sein, damit wir im voraus denken, daß es besser wäre, wenn dieser Mensch hier wäre?« (Im nachhinein ist die Frage jedoch anders; wir werden nicht von jedem Menschen, der jenseits der Grenzen der ersten Frage steht, sagen, daß es besser wäre, wenn diese bestimmte Person nicht hier wäre.)

Die Themen sind verschieden, das eine hat mit Menschen zu tun, die daran denken, neue Menschen zu schaffen, das andere hat mit einem göttlichen Wesen zu tun, das daran denkt, Universen zu schaffen, aber die Probleme haben eine ähnliche Struktur. Es ist sehr schwierig herauszubekommen, was die richtigen moralischen Prinzipien für solche Situationen sein sollten. Aber es scheint, daß folgendes *kein* akzeptables Prinzip ist: Es ist immer moralisch zulässig, etwas zu erschaffen, wenn seine Existenz von positivem Nettowert ist. So können wir das Problem des Bösen nicht lösen, indem wir sagen, daß Gott alle Universen von positivem Nettowert erschaffen hat und das unsere, auch wenn es viel Böses enthält, eines von ihnen ist.

Vielleicht wäre es aber akzeptabel, alle Universen zu erschaffen, die einen Nettowert haben, der größer ist als eine bestimmte einigermaßen große Menge. Es genügt nicht einfach, wenn der Nettowert eines Universums größer als Null ist; er muß auch auf einem bestimmten nennenswerten Niveau über Null liegen. Es ist schwierig herauszufinden, was der Schwellenwert genau sein sollte. Aber plausiblerweise erfüllt unser Universum diese strengere Bedingung und liegt über dem Abschaltwert.

Wenn wir nicht sicher sind, was für Prinzipien für Entscheidungen über Bevölkerungszahlen maßgebend sein sollten, können wir dann Moralphilosophie betreiben, indem wir uns der Theologie zuwenden? Sollten wir, um die richtige Bevölkerungspolitik zu finden, ein allgemeines moralisches Prinzip formulieren derart, daß, wenn Gott es bei der Erschaffung von Universen verfolgte, er dieses hier erschaffen hätte? Können wir ein moralisches Prinzip für einen strukturell parallelen Bereich überprüfen, indem wir sehen, ob es ein Prinzip ist, das Gott bei der Erschaffung unserer Welt hätte befolgen können? Das würde der Religion eine Rolle in der ethischen Theorie zuweisen, die auf der religiösen Prämisse basierte, daß Gott bei der Erschaffung dieses Universums annehmbar handelte. Eine ethische Theorie ließe sich dann dadurch überprüfen, ob sie diese Konsequenz hätte, und nur diejenigen Theorien, die diesen Test bestünden, wären Kandidaten für die Anwendung bei der Entscheidung über andere schwierige moralische Fragen.

Können wir also das Problem des Bösen lösen, indem wir sagen, daß Gott alle möglichen Welten von sehr beträchtlichem positiven Nettowert erschaffen hat und daß unsere eine von ihnen ist? (Warum hat er keine Welt geschaffen, die besser ist? Auch das hat er getan.) Es scheint mir, daß man auch dies schwer zu Menschen sagen könnte, die Leiden durchmachen. (»Diese Welt ist eine aus einem ganzen Korb voller Welten, die Gott erschaffen hat. Beklage dich nicht, daß er keine bessere gemacht hat. Er hat es getan. Er hat eine Menge von besseren geschaffen und ebenso auch ein paar schlechtere. Du und dein Leiden, das ist einfach irgendwo im Rahmen.«) Wir könnten auch die Auffassung betrachten, daß Gott nicht alle Welten erschafft, deren *Wert* über einer bestimmten Schwelle liegt, sondern vielmehr alle Welten, deren *Wirklichkeit* dies tut. Das könnte natürlich mehr Raum für das Eindringen von Bösem lassen, aber es ist nicht klar, ob Gott danach dann noch ein angemessener Gegenstand unserer Anbetung wäre.

Andere ethische Unterscheidungen ließen sich verwenden, um hier einen gewissen Spielraum zu gewinnen: Es gibt die Unterscheidung zwischen dem Fall, in dem man etwas tut, und dem, in dem man es geschehen läßt (oder nicht verhindert); und die Unterscheidung zwischen dem Versuch, das beste Endresultat zu maximieren, und der bloßen Verfolgung gewisser moralischer Einschränkungen. Jemand könnte sagen, daß Gott nicht wirklich verpflichtet ist, die beste aller möglichen Welten oder das beste Universum für uns zu maximieren und zu erschaffen; solange er nichts allzu Schreckliches *tut* und von verschiedenen Dingen Abstand nimmt, ist er moralisch aus dem Schneider, selbst wenn er *zuläßt*, daß bestimmte schlimme Dinge geschehen. Die Unterscheidung dazwischen, das Geschehen von etwas zu veranlassen, und dem bloßen Zusehen ist jedoch keine klare, wenn es um den Schöpfer des ganzen Universums geht.

Was für Kriterien muß also jede befriedigende Antwort auf das Problem des Bösen erfüllen? Erstens das naheliegende, daß sie irgendwie die besagten drei Attribute Gottes – Allwissenheit, Allmacht und Güte – mit der Existenz des Bösen in der Welt vereinbaren muß. Eine Antwort muß diese Dinge intellektuell zusammenbringen.

Zweitens muß die Antwort etwas sein, das wir tatsächlich aussprechen und jemandem vermitteln können, der Leiden durchmacht oder der einen geliebten Menschen hat, der leidet, oder der Leid in der Welt erfahren hat und es kennt.

Ich bin mir nicht so sicher über das dritte Kriterium, das eine psychologische Spekulation beinhaltet. Es scheint mir, daß wir tatsächlich keine religiöse Erklärung befriedigend finden werden, sofern nicht etwas ihr Analoges auch dazu dienen würde, die persönlichere Frage zu beantworten, warum unsere Eltern, die uns einst allmächtig erschienen, zu uns nicht besser oder gar vollkommen waren. (Ich behaupte nicht, daß religiöse Glaubensvorstellungen nur Familienleben in Großprojektion sind.) Es ist, glaube ich, eine Antwort gesucht, die auch auf diesem Niveau befriedigen würde.

Viertens – und hier schöpfe ich aus der kabbalistischen Tradition – sollte die Erklärung des Bösen ein göttliches Wesen nicht unberührt lassen. Es reicht nicht, wenn man sagt, daß er oder sie einfach fröhlich weitermacht und tut, was am besten ist (irgendeine gute Funktion maximiert, die beste aller möglichen Welten erschafft, uns freien Willen gibt oder was sonst), und es sich dann so ergibt, daß eine Konsequenz daraus, daß er das tut, was am besten ist, die ist, daß die Dinge für uns hier unten manchmal ziemlich schrecklich stehen. Gott kann nicht einfach fröhlich weitermachen. Damit eine Erklärung befriedigend ist, zumindest im Hinblick auf die traumatischen Übel, die sich ereignen, muß sie irgendwie zeigen, wie sich dieser Makel oben im göttlichen Reich widerspiegelt.

Diese Bedingung wird nicht von Leibniz' Auffassung befriedigt, daß Gott die beste aller möglichen Welten erschafft, und auch nicht durch verschiedene raffinierte Abwandlungen wie die Auffassung, daß Gott nicht nur ein Universum erschafft, sondern *alle* hinreichend guten Universen einschließlich des unseren (und die daher auf die Frage, warum er keine bessere Welt geschaffen hat, unbekümmert antworten: Das hat er auch getan). In all diesen Theorien bleibt das göttliche Wesen zu distanziert gegenüber unserer bedrängten Lage.

Fünftens muß eine befriedigende Erklärung von einem göttlichen Wesen reden, das sich anzubeten lohnt, von einem, über das man eine Religion haben kann. (Plotins Theorie, wonach dies ein niederes Reich ist, das irgendwie von einem Gott ausgin, der davon nicht einmal weiß, besteht diese Prüfung nicht.) Sie kann nicht einfach eine distanzierte metaphysische Theorie sein. Nicht nur darf Gott nicht von dem distanziert sein, was hier geschieht, die Erklärung muß uns in gewisser Hinsicht an Gott gebunden lassen und nicht nur besagen, daß wir von ihm erschaffen sind. Die »Objektbeziehungen« müssen in beiden Richtungen funktionieren.

Eine weitere Bedingung für eine Antwort auf das Problem des Bösen wird uns durch den Holocaust aufgedrängt. In der Theorie wirft alles und jedes Böse, wie geringfügig auch immer – das Leiden eines Kindes –, die theologische Frage auf, warum ein allmächtiger, allwissender und gütiger Gott es zuläßt. Doch auch wenn das intellektuelle Problem dasselbe ist, wenn das Böse die traumatische Größe des Holocaust hat, das emotionale Problem ist es nicht. Das wirft ein besonderes Problem auf.

Es ist außerdem speziell ein Problem für die jüdische Tradition, die behauptet, daß das jüdische Volk in einer besonderen Beziehung zum göttlichen Wesen steht. Es genügt nicht, wenn die jüdische Theologie irgendeine Geschichte oder Erklärung bietet, die ein göttliches Wesen mit der Existenz des Bösen vereinbart; dieses besondere gewaltige, dem jüdischen Volk angetane Böse muß in ein religiöses Bild eingepaßt werden. Manche haben sich gefragt, ob die Schaffung des Staates Israel, so kurze Zeit danach, nicht alles wiedergutmachen könnte, aber (auch wenn das keine leicht zu behandelnden Dinge sind) das scheint keine akzeptable Antwort zu sein, und sie ist Überlebenden des Holocaust, die in Israel leben, auch nicht als solche erschienen.

Die jüdische Theologie der Zukunft wird, glaube ich, das für den Holocaust tun müssen, was die Kabbala für die Vertreibung aus Spanien tat, wo die Situation der *Schechina* im Exil die Situation des jüdischen Volkes widerspiegelte und von ihr widergespiegelt wurde.

Der Holocaust stellt eine Art Riß im Universum dar. Er muß einen Widerhall im göttlichen Leben oder Reich finden. Es muß auch dort eine Art Trauma geben. Gott ist nicht unberührt geblieben.

Wir können drei Möglichkeiten anführen, die zwar nicht völlig befriedigend sind, die sich aber doch dem Stil der Art von Erklärung nähern, die gebraucht wird. Da der Holocaust *fast* der Existenz des jüdischen Volkes ein Ende setzte, könnte eine theologische Auffassung behaupten, daß er einem Ereignis gleicher Größe in Gott entspricht, einem Vorgang, der fast die göttliche Existenz beendete. Zum Beispiel – und ich will hier nichts Anstößiges sagen – einem Versuch zur Selbstzerstörung von seiten Gottes.

Warum würde etwas Derartiges geschehen? Könnte das göttliche Wesen beschließen, seine eigene Existenz zu beenden? Hat es die Macht, das zu tun? In der philosophischen Literatur gibt es eine etwas trickreiche Frage, die als das Paradoxon der Allmacht bekannt ist: Könnte Gott einen Stein erschaffen, der so schwer ist, daß Gott ihn nicht aufheben könnte? Wenn Gott den Stein nicht erschaffen könnte, gibt es etwas, das er oder sie nicht tun könnte, also ist Gott nicht allmächtig. Wenn Gott diesen Stein erschaffen könnte, dann gibt es etwas anderes, das Gott nicht tun kann, nämlich ihn aufzuheben. In beiden Fällen scheint es also, daß Gott nicht allmächtig ist. Da das ein verzwicktes Problem ist, will ich hier nicht innehalten, um einen Überblick über die Versuche zu geben, die zu seiner Bearbeitung gemacht worden sind.

Es ist nicht sehr klar, ob ein göttliches Wesen seinen eigenen allmächtigen Kräften ein Ende machen könnte. (Ich will daraus nicht – à la Allmachtsparadoxon – schnell den Schluß ziehen, daß es, wenn es das nicht kann, nicht allmächtig ist.) Was die Eigenschaften angeht, die Gott unserer Meinung nach hat, könnte Gott aufhören, sie zu haben? Könnte Gott aufhören, allmächtig zu sein? Könnte Gott aufhören zu existieren, wenn es ihm oder ihr gefiele? Die Antwort ist nicht nur uns nicht klar, sie ist vielleicht auch dem göttlichen Wesen selbst nicht klar. Man *definiere* nicht einfach das göttliche Wesen als allwissend; es könnte gewisse Fakten über die Grenzen seiner Kräfte auf dieser Ebene geben, die es nicht weiß. Ob es seine ganze Existenz beenden könnte oder nicht, könnte das Letzte sein, was es von sich nicht weiß. Es könnte jedoch etwas sein, was es wissen oder versuchen müßte, um eine andere Aufgabe zu erfüllen.

Ein Versuch Gottes, seine eigene Existenz zu beenden, wird also nicht schon allein durch den Begriff von Gott ausgeschlossen, und er hat die richtige Größenordnung, um einem beispiellosen Riß in unserem Universum zu entsprechen. Auch wenn sie die richtige Größe hat, ist diese Theorie jedoch unzulänglich. Wenn Gottes Versuch einer Selbstzerstörung ein Experiment ist, das er aus intellektueller Neugier auf seine möglichen Grenzen unternimmt, dann ist das so motivierte Ereignis, wie folgenschwer auch immer, nicht die richtige Entsprechung zum Holocaust, der das jüdische Volk wider seinen Willen überkam. Vielleicht könnte ein anderes nicht mit seinem Ego vereinbares Motiv Gott zum Versuch einer Selbstzerstörung veranlassen, aber ich habe nichts Geeignetes vorzuschlagen.

Hier ein zweiter, ebenfalls unzulänglicher Versuch. Gott, wie er traditionell aufgefaßt wird, hat unendliche Macht, alles zu tun, was ihm beliebt; er ist allwissend und weiß daher jede Tatsache, die es gibt, und jede Tatsache, die es geben wird. Doch auch wenn Gott unendliche Kenntnis aller Wahrheiten hat, besitzt er vielleicht keine unendliche Weisheit. Weisheit ist etwas anderes, nicht dasselbe wie (gewöhnliches) Wissen. Man denke an die Arten von Situationen, in denen Leute sagen: »Wenn du nicht in einem Krieg gewesen bist, weißt du nicht wirklich, wie das ist.« Man kann darüber lesen, man kann Filme sehen, man kann es sich beschreiben lassen, aber es gibt immer noch etwas, das man nicht weiß. Es gibt eine Art von Wissen, die man nicht hat, Erfahrungswissen, das, was die philosophische Tradition manchmal als »Wissen durch Bekanntschaft« bezeichnet.

Gibt es Dinge, die Gott nur wissen kann, indem er (oder sie) sie selbst durchmacht oder indem er erfährt, was seine Geschöpfe durchmachen? Weisheit, behaupteten die Griechen, könnte vielleicht nur zu erlangen sein, indem man gewisse Leidenserfahrungen durchmacht. Könnte ein göttliches Wesen das Bedürfnis haben, auf ähnliche Weise Weisheit zu erlangen? Bei Erlangen dieser Erfahrung bliebe Gott nicht unberührt; die Leiden, die Menschen hier erfahren, würden irgendwie auch das göttliche Wesen beeinflussen. Auch er macht diese Erfahrungen durch, um eine Art von Wissen zu erlangen, die auf keine andere Weise zu gewinnen ist, ein Wissen, das er möglicherweise für eine andere wichtige Aufgabe braucht. Macht es ein göttliches Wesen unvollkommen, wenn es nicht von Anfang an allweise ist? Vielleicht ist es für ein göttliches Wesen besser, Weisheit zu erwerben, als in ihrem Vollbesitz anzufangen; vielleicht ist es für es in gewisser Weise besser, Weisheit zu verdienen.

Eine dritte Auffassung würde besagen, daß Gott (nicht den Menschen, sondern) die Welt nach seinem Bild erschaffen habe, als materielle Repräsentation seiner selbst, vielleicht als Akt, mit dem er seine eigene Persönlichkeit zum

Ausdruck brachte. (Ist die Gesamtheit der materiellen Welt eine Repräsentation der Emotionen des göttlichen Wesens? Leben wir in Gottes emotionalem Leben, leben wir einen Teil davon?) Ohne daß seine Güte geringer würde, könnte Gott untergeordnete Teile haben, deren Tendenz dem Ganzen zuwiderläuft, die aber wohlkontrolliert sind, genau wie gute Menschen Leidenschaften oder unbewußte Wünsche, die nicht oder nur auf akzeptable Weise zum Ausdruck kommen, unter Kontrolle haben können. Was wird also der Charakter eines Universums sein, das nach dem Bilde Gottes erschaffen ist? Dieses gewaltige Universum wird kleine dissonante Teile enthalten, die es nicht daran hindern, in seiner Gesamtheit vorzüglich zu sein. Gott versucht nach dieser dritten Auffassung nicht, die vollkommenste Welt zu erschaffen, die möglich ist, sondern vielmehr eine Welt nach seinem eigenen Bilde zu erschaffen. (Oder vielleicht erschafft er viele solche Welten, die alle auf unterschiedliche Weise treffende Repräsentationen seiner selbst sind.) Auch wenn die kleinen Teile, die Gott unter Kontrolle hält, ihn nicht unvollkommen machen, stellt ihre Repräsentation in diesem Universum allerdings hier eine (moralische) Unvollkommenheit dar. Dieses Universum ist kein vollkommenes Abbild; es ist nur ein mögliches Bild Gottes, das viele, aber nicht alle hervorstechenden Aspekte erfaßt. Die Abbildung, die unser Universum zu einer Repräsentation Gottes macht, bewahrt keine Vollkommenheit. (Nichtsdestoweniger können wir uns vielleicht begeistert fühlen, wenn wir zu einer Repräsentation Gottes beitragen, als Tupfer in seinem Porträt, als Vokal in seinem Namen.)

Diese dritte Auffassung bezieht immerhin etwas im göttlichen Bereich auf das Böse hier bei uns. Dieses Etwas ist jedoch dort vielleicht nicht beunruhigend genug. Eine befriedigende Lösung für das Problem des Bösen muß uns anscheinend in ein Universum versetzen, in dem das Bild der repräsentierenden Abbildung den beunruhigenden Charakter bewahrt (aber nicht verstärkt). Was außerdem bewahrt werden muß, ist, wie beunruhigt *wir* uns fühlen – das Universum als ganzes ist vielleicht über das Böse, das es darin gibt, nicht schrecklich beunruhigt. (Ist nicht aber an diesem Punkt unsere Forderung nach einer befriedigenden Lösung für das Problem des Bösen zu humanozentrisch geworden?)

Diese drei Alternativen, bei denen es um Selbstzerstörung, Weisheit und Erschaffung der Welt nach Gottes Ebenbild geht, sind keine befriedigenden Theorien des inneren Lebens und der Motivation des göttlichen Wesens. Der Begriff Gott ist, wie wir bereits sahen, nicht das vollkommenste mögliche Wesen, ist nicht hierauf beschränkt. Oben haben wir den Begriff so formuliert: das vollkommenste tatsächliche Wesen, das dem nächstvollkommensten weit überlegen ist und auch in einer außerordentlich bedeutsamen Beziehung zu dieser Welt steht (wie etwa der, ihr Schöpfer zu sein). Eine etwas andere Definition würde den Begriff »vollkommenste« durch »wirklichste« ersetzen. Gott wäre dann das wirklichste tatsächliche Wesen, dessen Wirklichkeit die des nächstwirklichen Wesens weit übersteigt, das in einer überaus bedeutsamen Beziehung zu dieser Welt steht usw. Scheinbare Mängel in Gottes Vollkommenheit oder Güte könnten dann zu seiner größeren *Gesamtwirklichkeit* beitragen. Auf jeden Fall ist die nächste Aufgabe einer Theologie (speziell einer jüdischen Theologie), daß man, wie es die Kabbalisten früher getan haben, über die innere Existenz eines göttlichen Wesens zu spekulieren wagt. Es wird eine kühne Theorie gebraucht, um auf die eine oder andere Weise Probleme des Bösen tief in das Reich oder die Natur des Göttlichen zu verfolgen und dieses zutiefst in Mitleidenschaft zu ziehen, ohne daß es selbst böse wird.

Die Ermordung von zwei Dritteln der europäischen Juden während des Zweiten Weltkriegs als Teil des entschlossenen Versuchs, sie vollständig zu vernichten – heute als der Holocaust bezeichnet –, ist ein Ereignis von solcher Tragweite, daß wir seine volle Bedeutung noch nicht erfassen können. Es ist schwierig genug, auch nur aufzuzeichnen, was geschah – die Kenntnis eines großen Teils des Leidens und der bestialischen Grausamkeit ist mit ihren Opfern verschwunden –, und die einfache Lektüre der Einzelheiten erschüttert und betäubt den Geist: die unbarmherzige Grausamkeit der deutschen Täter bei unaufhörlichem Prügeln, das gewaltsame Zusammentreiben von Menschen in Synagogen, die dann in Brand gesteckt wurden, um sie darin bei lebendigem Leibe zu verbrennen, Männer in Gebetsmänteln, die mit Benzin überschüttet und anschließend verbrannt wurden, Kinder, die man mit dem Schädel gegen eine Mauer schlug, während ihre Eltern gezwungen wurden zuzusehen; sogenannte »medizinische Experimente«, Maschinengewehrsalven, die Menschen in Gräber streckten, die sie selbst hatten graben müssen, alte Männer, denen man den Bart abriß, Menschen, die man verspottete, während man Greuel an ihnen verübte, der unerbittliche und unnachgiebige Prozeß, der jeden einzelnen Juden zu zerstören und ihn in diesem Prozeß völlig zu erniedrigen suchte, die Lügen von Umsiedlung in den Osten, um eine gewisse Hoffnung und teilweise Kooperation aufrechtzuerhalten, die Benennung der Straße vom Bahnhof Treblinka zu den Gaskammern, durch die die Juden nackt zu gehen gezwungen wurden, als Himmelfahrtsstraße – die Liste ist endlos, und es ist unmöglich, ein bestimmtes Ereignis oder einige wenige zu finden, die alles, was geschah, zusammenfassen und symbolisieren.[1]

Wie sollen wir diese Ereignisse verstehen? Sozialwissenschaftler und Historiker können versuchen, ihre Ursachen zu verfolgen, zu erfahren, wie es geschehen konnte, daß ein Land, das auf der Höhe der abendländischen Kultur steht – das Land Goethes, Kants und Beethovens, wie jeder sagt –, ein Volk aus seiner Mitte reißen konnte, um es auszulöschen, und auf diesem Ziel mit solcher Grausamkeit beharren konnte; wie es dazu bereit sein konnte, sich von einem Mann mit so nagenden Haßgefühlen, die so offen ausgedrückt wurden, führen zu lassen. Andere Phänomene werden jetzt unvermeidlich in seinem Licht gesehen, so etwa der frühere Antisemitismus oder Gefühle rassischer Überlegenheit in jeder Kultur. Und wir können die weiteren Konsequenzen des Ereignisses verfolgen, wie Ost- und Mitteleuropa ihrer Juden beraubt wurden, wie Kernwaffen entwickelt wurden; und wir können auch die entmutigenden Folgen dabei untersuchen, wie wir heute über die abendländische Kultur und über die Linie der Hoffnung denken, die sich von Griechenland über die Renaissance und die Aufklärung noch bis in die jüngste Vergangenheit zieht.

Der Holocaust ist etwas, worauf wir in bedeutsamer Weise eingehen müssen. Doch es ist nicht klar, was für Response angemessen wären: sich zu erinnern, ständig verfolgt zu sein, daran zu arbeiten, daß sich Derartiges nie wieder ereignet, ein Meer von Tränen?

Die Bedeutung des Holocaust ist noch folgenschwerer, als diese Nachforschungen wissen und diese Response umfassen können. Ich glaube, daß der Holocaust ein Ereignis wie der Sündenfall ist, wie ihn das traditionelle Christentum auffaßte, etwas, das die Situation und den Status der Menschheit radikal und drastisch ändert. Ich selbst glaube nicht, daß es tatsächlich jenes Ereignis von Eden gegeben hat, seit dem der Mensch in Erbsünde geboren ist, aber etwas Ähnliches ist jetzt geschehen. Die Menschheit ist gefallen.

Ich erhebe nicht den Anspruch, die volle Bedeutung dieser Tatsache zu verstehen, aber hier ist, glaube ich, ein

Stück davon: Es wäre jetzt keine *besondere* Tragödie, wenn die Menschheit ein Ende nähme, wenn die menschliche Spezies in einem Atomkrieg vernichtet würde oder die Erde durch eine Wolke hindurchginge, die es der Spezies unmöglich machte, sich weiterhin fortzupflanzen. Ich will nicht sagen, die Menschheit *verdiene* es, daß dies geschieht. Ein solches Ereignis wäre mit einer Vielzahl von individuellen Tragödien und Leidensgeschichten, mit Schmerzen und dem Verlust von Leben und dem Verlust von Fortdauern und Sinn, welche Kinder geben, verbunden, und so wäre es falsch und ungeheuerlich, wenn jemand dies herbeiführte. Was ich meine, ist, daß es früher eine *zusätzliche* Tragödie dargestellt hätte, über diejenige hinaus, die es für die beteiligten Individuen bedeutete, wenn die menschliche Geschichte und die menschliche Spezies zu Ende gegangen wären, daß aber jetzt, da diese Geschichte und diese Spezies befleckt worden sind, ihr Verlust kein *spezieller* Verlust über die die beteiligten Individuen betreffenden Verluste hinaus wäre. Die Menschheit hat ihren Anspruch auf Fortbestehen verloren.

Warum sollen wir sagen, daß es des Holocausts bedurfte, um diese Situation herbeizuführen, wenn wir wissen, was eine entwickelte abendländische Kultur schon alles gutgeheißen hatte: Sklaverei und den Sklavenhandel, Belgier im Kongo, Argentinier, die ihre indianische Bevölkerung ausrotteten, US-Amerikaner, die die ihre dezimierten und verrieten, europäische Länder, die im Ersten Weltkrieg brutal Leben vernichteten, ganz zu schweigen vom Rest des monströsen Strafregisters, das die Welt aufzuweisen hat. Es hat keinen Sinn, über Vergleichsfälle von Grausamkeit und Katastrophen zu diskutieren. (China, Rußland, Kambodscha, Armenien, Tibet ... wird dieses Jahrhundert als das Zeitalter der Greueltaten in die Geschichte eingehen?) Was geschehen ist, ist vielleicht, daß der Holocaust die Situation *besiegelt* und klar vor Augen geführt hat.

Doch der Holocaust allein, ganz für sich, wäre genug gewesen. Wie ein Verwandter, der einer Familie Schande macht, haben die Deutschen, unsere menschlichen Verwandten, uns allen Schande gemacht. Sie haben unseren gesamten Ruf ruiniert, nicht als Individuen – sie haben das Ansehen der menschlichen Familie ruiniert. Auch wenn wir nicht alle für das verantwortlich sind, was diejenigen taten, die handelten und die zusahen, sind wir alle befleckt.

Stellen wir uns Wesen aus einer anderen Galaxie vor, die auf unsere Geschichte blicken. Es würde ihnen, glaube ich, nicht unangebracht erscheinen, wenn diese Geschichte ein Ende nähme, wenn die Spezies, die sie mit dieser Geschichte sehen, zu Ende ginge, sich in einem Atomkrieg vernichtete oder auf andere Weise nicht mehr in der Lage wäre weiterzubestehen. Diese Beobachter würden die damit verbundenen *individuellen* Tragödien sehen, aber sie würden in der Beendigung der Spezies – das will ich sagen – keine darüber hinausgehende Tragödie sehen. Diese Spezies, die, die *das* begangen hat, hat ihren würdigen Status verloren. Nicht – das möchte ich wiederholen –, daß es die Spezies verdient, vernichtet zu werden; sie verdient es einfach nicht mehr, *nicht* vernichtet zu werden. Die Menschheit hat sich entweiht. Wenn ein Wesen aus jener anderen Galaxie unsere Geschichte läse, mit allem, was sie enthält, und diese Geschichte dann in Vernichtung zu Ende ginge, würde das die Geschichte nicht zu einem befriedigenden Abschluß bringen, wie ein Akkord, der aufgelöst wird?

Der Holocaust stellt, das sagte ich bereits, ein spezielles Problem für die jüdische Theologie dar, die die Handlungen Gottes zu verstehen versucht, aber er beeinflußt, glaube ich, auch die christliche Theologie in radikaler Weise. Ich spreche hier nicht davon, daß die Christenheit ihren Anteil an Verantwortung für antijüdische Lehren durch die Jahrhunderte hindurch überprüft, nicht von der tatsächlichen Rolle ihrer organisierten Institutionen während des Holocaust oder auch nur von der Tatsache, daß es ihr nicht gelungen ist, eine Kultur zu schaffen, in der kein

Holocaust geschehen würde. Ich meine, daß die theologische Situation selbst verwandelt worden ist.

Die christliche Theologie hat die Auffassung vertreten, daß es in der Situation der Menschheit zwei entscheidende Verwandlungen gegeben hat, zuerst den Sündenfall und dann die Kreuzigung und Auferstehung Christi, der die Menschheit erlöste und ihr einen Weg aus ihrem gefallenen Stand heraus wies. Ganz gleich, welche verwandelte Situation oder Möglichkeit die Kreuzigung und Auferstehung herbeiführen sollte, sie sind zu Ende; der Holocaust hat die Tür geschlossen, die Christus geöffnet hatte. (Ich selbst bin kein Christ, aber das hindert mich nicht daran zu sehen – vielleicht hilft es mir, dies klarer zu sehen –, was die tiefsten Implikationen für das Christentum sind.) Der Holocaust ist eine dritte entscheidende Verwandlung. Es bleiben immer noch die ethischen Lehren und das Beispiel des Lebens Jesu vor seinem Ende, aber es ist nicht mehr die erlösende Botschaft Christi wirksam. In diesem Sinne hat die christliche Ära aufgehört.

Es ließe sich denken, daß Christus das, was er der christlichen Theologie zufolge vollbrachte, für immer vollbrachte, ein für allemal. Er starb für alle unsere Sünden, vergangene und zukünftige, kleine und große. Aber nicht für *diese*, glaube ich. Denken wir an die theologische Auffassung, daß Gott, wenn er den Menschen den freien Willen gibt, absichtlich seine Allwissenheit beschränkt, so daß er nicht mehr vorhersieht, wie sich die Menschen entscheiden werden. Vielleicht hatte er, als er seinen einzigen Sohn sandte, um die Menschheit zu erlösen, als das, wovon die Menschheit Erlösung brauchen würde, nichts dem Holocaust Vergleichbares im Sinn. Doch welches Leiden Jesus auch durchmachte oder Gottvater, als er dem zusah, das konnte keinesfalls hinreichen, um die Menschheit im Angesicht des Holocaust zu erlösen – das muß die christliche Theologie, glaube ich, behaupten. Oder vielmehr, ganz gleich, wie die gegenwärtige Situation von Individuen, jedem für sich, sein mag, der Holocaust hat eine radikal neue

Situation, einen radikal neuen Status für die Menschheit als ganze geschaffen, eine Situation, die das Opfer Jesu nicht heilen konnte und zu deren Heilung es nicht bestimmt war. Die menschliche Spezies ist jetzt entweiht; wenn ihr heute ein Ende gemacht oder sie ausgelöscht würde, würde ihr Ende keine besondere Tragödie mehr darstellen.

Ist die Menschheit auf Dauer in diesen entweihten Status versetzt? Gibt es etwas, das wir durch unser Verhalten im Laufe der Zeit bewirken können, so daß es wieder eine besondere und zusätzliche Tragödie wäre, wenn unsere Spezies ein Ende fände oder vernichtet würde? Können wir uns erlösen? Keine »zweite Ankunft« könnte unseren Status ändern, jedenfalls nicht, wenn sie so etwas wie eine Wiederholungsaufführung wäre. Nur menschliches Handeln könnte uns erlösen, wenn je etwas dies vermag. Vermag dies aber überhaupt etwas?

Würden Jahrhunderte friedlicher Güte auf seiten unseres Kollektivs genügen, wenn ihnen eine gemeinschaftliche Reue für das vorausginge, was unsere Geschichte enthalten hat? Was wir tun müssen, ist vielleicht, daß wir dazu beitragen, eine *andere*, bessere Spezies zu produzieren oder ihr den Weg freizumachen; können wir den Status, daß wir es verdienen fortzubestehen, nur dadurch wiedererlangen, daß wir beiseitetreten?

Vielleicht müssen wir vielmehr unsere eigene Natur ändern und uns in Wesen verwandeln, die unglücklich sind und die leiden, wenn andere es tun, oder wenigstens in Wesen, welche leiden, wenn sie anderen Leid zufügen oder sie leiden lassen oder wenn sie zusehen und das Zufügen von Leid zulassen. Dieser letztere Wandel, wie immer es zu ihm käme, würde wenigstens den Umfang des von Menschen zugefügten Leidens stark einschränken. Doch es gibt so viel Leiden auf der Welt; wenn wir immer unglücklich wären, wenn andere aus irgendeinem Grunde litten, würden wir ständig unglücklich sein müssen; und wenn wir immer unglücklich wären, wenn Menschen anderen Leid zufügten, würde Unglück unser ständiges Los werden, sofern nicht alle Menschen auf diese Weise verändert würden. Oder ist es so, daß wir nur unglücklich sein sollten, wenn andere *massives* Leid zufügen und wenn wir selbst überhaupt welches zufügen? Doch wenn andere Ereignisse wie Antisemitismus in früherer oder späterer Zeit oder die Behauptung rassischer Überlegenheit durch irgendeine Gruppe jetzt durch das Prisma des Holocaust gesehen werden müssen, muß nicht dann – so ungeheuer und intensiv und vielfältig war das Leiden, das damals zugefügt und durchgemacht wurde – von nun an jedes menschliche Leiden an jedem Orte auch als Teil dieses Holocaust gesehen und *empfunden* werden?

Vielleicht können wir nur dadurch, daß wir selbst leiden, wenn Leid zugefügt oder gar wenn es empfunden wird, die Spezies erlösen. Früher konnten wir möglicherweise isolierter sein; jetzt genügt das nicht mehr. Die christliche Lehre hat behauptet, daß Jesus das Leiden der Menschheit auf sich genommen und sie erlöst habe, und man forderte andere zwar dazu auf, Christus nachzufolgen, erwartete von ihnen aber nicht, daß sie in ähnlicher Weise mit erlösender Wirkung Leiden auf sich nähmen. Wenn die christliche Ära zu Ende gegangen ist, ist sie durch eine ersetzt worden, in der wir jetzt jeder das Leiden der Menschheit auf uns zu nehmen haben. Was Jesus vor dem Holocaust angeblich für uns getan hatte, muß die Menschheit jetzt für sich selbst tun.

Hierdurch ließe sich auch der Riß zwischen Judentum und Christentum heilen. Was auch immer Christus einst vollbracht haben mag – darüber könnten sich Juden und Christen einigen –, das ist jetzt nicht mehr so; wir leben in einem unerlösten Zustand. Der Status der menschlichen Spezies läßt sich, wenn überhaupt, nur dadurch erlösen, daß jetzt (fast) jeder das Leiden anderer auf sich nimmt. Christen könnten dies als eine neue Ära auffassen, die wahrhaftiger die christliche Botschaft fortführt und verkörpert; Juden könnten andere jetzt wahrhaft über ein Leiden weinen sehen, das so bedeutend und so monströs zugefügt worden ist, daß von nun an jeder anders sein muß. Der Holocaust hat die Frage der Erlösung von neuem vor uns gestellt, nur daß jetzt die Erlösung von uns selbst, der Menschheit als ganzer, kommen muß, wobei das Ergebnis ungewiß ist.

Jemand könnte meinen, daß er, anstatt das Leiden anderer auf sich zu nehmen, lieber die Menschheit als Spezies unerlöst ließe, so daß es eben keine Tragödie wäre, wenn die menschliche Spezies ein Ende fände. Er könnte sogar glauben, daß das insgesamt besser wäre, denn diese Gedanken über das Enden der Menschheit sind schließlich abstrakt und beinhalten nur eine hypothetische Tragödie, während es, wenn wir alle *tatsächlich* das Leiden der Menschheit auf uns nehmen, viele zusätzliche Ereignisse tatsächlichen Leidens beinhaltet. Wenn das also der einzige Weg wäre, auf dem sich die Menschheit erlösen könnte, wäre es dann nicht besser, sie unerlöst zu lassen? Wieviel an Tragödie bedeutet es, wenn das Zuendegehen der Menschheit keine zusätzliche Tragödie wäre – und ist das nicht eine Tragödie, mit der zu leben wir lernen können?

Doch Teil eines fortbestehenden menschlichen Unternehmens zu sein, das es wert ist weitergeführt zu werden, ist vielleicht kein trivialer Teil unseres Lebens und des Sinns, den es unserer Ansicht nach hat. Vor diesem Hintergrund, der bisher als selbstverständlich genommen wurde, fanden viele Tätigkeiten ihren Sinn oder ihre Bedeutung und viele andere einen Ort, an dem sie sich erlaubt befinden konnten. Man kann diesen Kontext nicht auflösen oder zerreißen und dabei alles andere lassen, wie es war.

Ich habe hier eine Interpretation des Holocaust umrissen, die ihm angemessenes Gewicht gibt, aber ich möchte andere Interpretationen nicht ausschließen oder auf dieser beharren, komme, was da wolle. Die volle Bedeutung und die Implikationen dieses Traumas – das so kurze Zeit her ist – übersteigen das Verständnis eines einzelnen; ganz gewiß übersteigen sie das meine.

Der Holocaust ist eine massive Umwälzung, die alles um

sich herum verzerrt. Physiker sprechen manchmal von gravitierenden Massen als Verdrehungen und Verzerrungen der ebenen Geometrie des umgebenden physischen Raums; je größer die Masse, desto stärker die Verzerrung. Der Holocaust ist eine massive und fortbestehende Verzerrung des menschlichen Raumes, will ich sagen. Seine Wirbel und knorrigen Verdrehungen werden sehr weit reichen. Auch Hitler stellte eine Kraft dar, die das Leben der Menschen in seiner Umgebung – seiner Anhänger, seiner Opfer und derer, die ihn überwältigen mußten – verzerrte. Der Wirbel, den er schuf, ist nicht verschwunden. Vielleicht stellt jedes Böse ganz gleich welcher Größe eine Verzerrung des menschlichen Raumes dar. Es bedurfte einer Katastrophe, damit wir dies wahrnahmen.

Auf die Frage, was das allerhöchste Ziel der menschlichen Existenz ist, antworten verschiedene östliche Traditionen, es sei *Erleuchtung*. Diese Traditionen unterscheiden sich darin, wie sie dieses Ziel spezifizieren (und welchen Terminus sie dafür verwenden, *nirvana, satori* oder *moksha*), aber alle sind sie der Ansicht, daß es eine vierfache Struktur hat. Es gehört dazu eine Erfahrung, ein Kontakt zur tiefsten Wirklichkeit, ein neues Verständnis des Ich und auch eine Verwandlung dieses Ich.

Die, die die Erleuchtungserfahrung beschreiben, warnen, daß ihre Beschreibungen unzulänglich sind. Die Erfahrung (oder Erfahrungen – wir sollten nicht annehmen, daß jeder genau dieselbe hat) soll selig sein, unendlich, ohne Schranken oder Grenze, ekstatisch, voller Energie, rein, leuchtend und außerordentlich mächtig. Sie fühlt sich außerdem an wie eine Erfahrung *von* etwas, eine Erfahrung, die die Natur einer tieferen Wirklichkeit offenbart. Diese Wirklichkeit kann äußerlich sein, eine unendliche reine Substanz, die das Universum darstellt; sie kann die tiefere Natur des Ich sein; oder sie kann im Falle der Vedanta-Tradition, die behauptet, daß die tiefste Wirklichkeit, *brahman*, mit dem tiefsten Ich, *atman*, identisch sei, beides sein. Diese Erfahrung scheint die Wirklichkeit als etwas zu offenbaren, das ganz anders beschaffen ist, als es gewöhnlich erscheint. Wenn die Erfahrung nicht als völlig illusorisch hingestellt werden soll – etwas, was die, die sie haben, nicht zu tun geneigt sind, teils wegen ihrer anderen Qualitäten, teils wegen ihrer Offenbarungskraft –, stellt sie ihre Befürworter vor ein schwieriges Problem: Sie müssen erklären, warum ihnen die Wirklichkeit vorher nicht so erschien, wie sie wirklich war. Diese Aufgabe der theoretischen Erklärung ist es, die zu bestimmten Theorien und Hypothesen über die gewöhnliche Welt führt, welche nicht in der Autorität der Erfahrung selbst verankert sind, so etwa zu der Auffassung, sie sei Illusion, Traum, fiktive Schöpfung usw.

Daß die Erleuchtungserfahrung die Empfindung oder den Eindruck erweckt, sie offenbare eine tiefere Wirklichkeit, ist keine Garantie dafür, daß es eine derartige Wirklichkeit gibt, die unabhängig von der Erfahrung existiert oder deren Charakter in ihr offenbart wird. Selten lassen sich die Erfahrungen wiederholen oder genau reproduzieren, selbst durch den Menschen, der sie gehabt hat, und so ist dieser Weg dahin, ihre objektive Gültigkeit zu zeigen, verschlossen. Einige Prozeduren machen jedoch diese ungewöhnlichen und offenbarenden Erfahrungen wahrscheinlicher; dazu gehören Meditation, Yoga-Atemtechniken usw. Manche Menschen sehen diese Prozeduren als etwas, das Illusionen erzeugt, während andere sie als Vorgänge betrachten, die den Schleier von der Wirklichkeit ziehen. Es könnte scheinen, daß wir diesen Prozeduren und der Gültigkeit der ungewöhnlichen Erfahrungen, die sie manchmal produzieren, aus evolutionären Gründen mißtrauen sollten. Die Organismen, deren Bewußtseinszustand der Wirklichkeit schlecht entsprach, vermochten nur wenige oder gar keine Nachkommen zu hinterlassen, und so ist es unser gewöhnlicher Bewußtseinszustand und nichts Ungewöhnliches, der gut darauf eingerichtet ist zu sagen, wie die Dinge wirklich sind. Das Höchste, was wir aus dem evolutionären Argument schließen können, ist jedoch, daß unsere gewöhnlichen Bewußtseinszustände ziemlich gut darauf geeicht sind, diejenigen Eigenheiten der Wirklichkeit zu entdecken, die für unser Überleben als Organismen bis zum Alter, in dem man Kinder aufzieht, relevant sind. Das wären die gewöhnlichen physischen Eigenschaften makroskopischer mittelgroßer stofflicher Objekte, die sich bewegen. Wenn es eine tiefere spirituelle Wirklichkeit gäbe, die Erkenntnis ihrer Natur aber für unser körperliches Überleben und unsere Fortpflanzung – das ist alles, woran der Evolution »liegt« – irrelevant wäre, dann gäbe es keine evolutionäre Selektion im Hinblick auf Bewußtseinszustände, die diese zugrundeliegende Wirklichkeit erkennen oder mit ihr in Verbindung treten könnten. Die Tatsache, daß unsere üblichen Bewußtseinsformen diese tiefere Wirklichkeit nicht offenbaren, ist also kein Argument gegen sie.

Sind aber die ungewöhnlichen und außerordentlichen Erfahrungen, die Menschen haben und von denen sie berichten, ein Argument *für* diese tiefere Wirklichkeit? Ob sie es sind, hängt von der Antwort auf die folgende Frage ab: Was für Erfahrungen würden Menschen haben – was für Erfahrungen würde man bei ihnen erwarten –, wenn sie solche Dinge wie Yoga-Atemübungen und Meditation praktizierten, es aber keine tiefere Wirklichkeit gäbe? Wenn es keine tiefere Wirklichkeit gäbe, sondern nur die gewöhnliche, die des gesunden Menschenverstandes, was würden diese Menschen statt dessen erfahren? Wenn sie dann genau dasselbe erfahren würden – nämlich Erlebnisse einer unendlichen reinen Substanz, das Gefühl, selbst eine solche Substanz zu sein, usw. –, dann zeigt es, wenn man diese Erlebnisse hat, nicht, daß eine tiefere Wirklichkeit so beschaffen *ist*, und es ist dafür kein Beweis. Wenn sie (beim Praktizieren dieser Dinge) genau dieselben Erlebnisse hätten, ganz gleich wie sich die Dinge verhalten, dann können die Erlebnisse nicht zeigen, wie die Dinge sind. Und es gibt einigen Grund zu der Annahme, daß dieselben Erfahrungen auftreten *könnten*, selbst in Abwesenheit einer zugrunde liegenden außerordentlichen Wirklichkeit. Denn wenn Menschen ihre Gedanken ruhigstellen, nicht zulassen, daß eine Vorstellung, ein Begriff oder ein Bild in ihr Bewußtsein treten, wenn sie sich auf überhaupt nichts konzentrieren, würden wir dann nicht erwarten, daß sie eine Erfahrung haben, die keine Grenzen zu haben scheint? Schließlich ist alles, was ihr Grenzen oder Konturen oder Differenzierung verleihen könnte, beseitigt oder unterdrückt worden. Um zu wissen, wieviel Glauben wir den außerordentlichen Erfahrungen schenken sollen, müssen wir – und die, die diese Erfahrungen haben, auch – gesagt bekommen, was die Alternative ist: das heißt, was für Erfahrungen statt dessen erwartet werden sollten, wenn die Wirklichkeit nicht tief ist, sondern vielmehr so, wie es die meisten Menschen normalerweise annehmen. Da noch niemand diese alternative Ausgangslinie angegeben hat, läßt sich schwer sagen, was man auf der Grundlage der (Berichte von) außerordentlichen Erleuchtungserfahrungen glauben soll.

Die Wirklichkeit, die dieses Erleuchtungserlebnis zu offenbaren scheint, wird als die allertiefste Wirklichkeit empfunden, nicht nur als eine, die tiefer ist als die, die man gewöhnlich erlebt. Es ist allerdings schwer zu sehen, wie der Charakter der Erfahrung selbst ihre äußerste Tiefe garantieren kann. Könnte nicht eine weitere verborgene Ebene von überraschend anderem Charakter unter der Ebene liegen, die erfahren wird? Ein Zen-Meister berichtete von einer späteren, tieferen Erleuchtungserfahrung, die seine erste übertraf, umstieß und in ein anderes Licht rückte; und der im 20. Jahrhundert wirkende indische Philosoph und Mystiker Aurobindo berichtete von einer Erfahrung der pulsierenden Leere – eine Erfahrung, die Buddhisten als die tiefste bezeichnen – und sagte, daß es ihm durch sie gelungen sei, eine noch tiefere (Vedanta-)Erfahrung einer vollen und unendlich seligen, bewußten Wirklichkeit zu erreichen. Ich zweifle nicht, daß es buddhistische Weise gibt, die auch berichten, daß sie beide Erfahrungen haben – in umgekehrter Reihenfolge, so, daß die der Leere unter der anderen einer vollen unendlichen Wirklichkeit liegt.

Ob nun das Erleuchtungserlebnis eine Erfahrung der *aller*tiefsten Wirklichkeit ist oder nicht, es wird – zum Teil wegen der eigenen intensiven Wirklichkeit der Erfahrung (Wirklichkeit im speziellen Sinne dieses Begriffs) – so empfunden, als offenbare es eine, die außerordentlich tief ist. Diese Wirklichkeit wird als ganz und gar positiv erlebt oder – vielleicht ist dies wirklich eine Schlußfolgerung aus der Erfahrung – als etwas, das allem, was im Universum negativ erscheint, einen erlösenden Ort und Zweck gibt. Die Realitätsprinzipien stellen also einen Weg zur tiefsten Verwirklichung des Glücksprinzips dar.

Das Ich wird dann anders erfahren, nicht mehr in die alltäglichen Konstituenten des Bewußtseins gehüllt oder gänzlich von ihm gebildet. Es kann als ein beobachtendes Bewußtsein außerhalb der Zeit erfahren werden, ein unendlich reines Bewußtsein ohne Anfang oder Ende, ein reiner Spiegel und Beobachter aller Dinge, die vor ihm stehen, eine Leere, die von dem umfassenderen Universum nicht getrennt ist, eher ein unendlicher Raum als eine Wesenheit im Raum, oder als identisch mit der tiefsten unendlichen Wirklichkeit selbst. In jedem Falle werden die Grenzen des Ich erweitert oder aufgehoben.

Dieser ganz andere Charakter des Ich, wie er erfahren wird, hat manche östlichen Theorien, glaube ich, in unnötige Schwierigkeiten geführt. Wenn das Ich ganz anders und soviel wunderbarer ist, warum hatten wir das dann nicht früher erkannt? Wenn es so reich ist, wie kommt es, daß es nicht klug ist? Die Erklärung, die die östlichen Theorien anbieten, lautet, daß die früher vertretene gewöhnliche Auffassung so etwas wie eine Illusion oder Verblendung ist; unwahrscheinliche Theorien werden aufgestellt, um zu erklären, wie es zu der Illusion kam (oder warum sie immer existiert hat), um zu erklären, wie etwas so Wunderbares wie das tiefe Ich (der *atman* oder *purusha*) eine solche Illusion durchmachen konnte, und um zu erklären, warum diese, wenn sie einmal zerstreut ist, nicht wiederkehren wird.

Diese Theoretiker täten vielleicht besser daran zu behaupten, daß das Ich verwandelt worden sei; einst *war* es begrenzt, und jetzt ist es das nicht mehr. (Die Alternative, die sie stattdessen verfolgen, ist zu sagen, daß es *immer* unbegrenzt gewesen sei, sich aber vorher über seine eigene Natur geirrt habe.) Noch treffender könnten sie sagen, daß das Ich einst nicht mit einer unendlichen reinen Substanz (*brahman*) identisch gewesen, jetzt aber mit ihr identisch geworden sei.[1] Stellen wir uns die Wasser eines Nebenflusses vor, der in einen großen und mächtigen Strom fließt. Nachdem diese Wasser sich mit den anderen vereinigt haben, sind sie Teil eines gewaltigen Stroms; wir blicken zurück, und da ist ein gewaltiger Strom, so weit das Auge reicht. (Sie bemerken den unbedeutenden Fluß kaum.) Die Wasser sind jetzt identisch mit dem Strom geworden, auch wenn sie es vorher nicht waren. Der Strom war immer da; diese Wasser sind jetzt identisch mit ihm (in diesem Stadium flußabwärts oder zu diesem Zeitpunkt), doch vorher, stromaufwärts, waren diese Wasser nur mit einem Nebenfluß identisch, nicht mit dem großen Strom. Die Identität der Wasser hängt von dem Zeitpunkt ab, zu dem wir fragen. Wenn sich Identität mit der Zeit verändern kann, dann erübrigt das eine Illusionstheorie. So könnten diese Theoretiker die Auffassung vertreten, daß *brahman* immer existiert habe und das Ich jetzt identisch mit ihm sei, vorher aber nicht mit ihm identisch gewesen sei. (Sie müssen nicht mehr sagen, daß das Ich auch vorher mit dem *brahman* identisch gewesen, aber in einer Illusion befangen gewesen sei, daß es dies nicht gewesen sei.) Was also gebraucht würde, ist eine Theorie der Verwandlung, eine Theorie darüber, wie ein Ich, das zu einem Zeitpunkt nicht mit einer unendlichen reinen Substanz identisch ist, mit ihr später identisch werden kann, und diese Theorie ersetzt die Illusionstheorie.

Der Mensch fühlt während des Erleuchtungserlebnisses nicht nur, daß sein tiefstes Ich ganz anders ist, häufig wird er als Ergebnis der Erfahrung verwandelt. Das Erleuchtungserlebnis von einer ganz anderen Form der Ich-Organisation ermöglicht es ihm, auch der alltäglichen Welt anders, nunmehr weniger von den Interessen des begrenzten Ich überschattet oder verzerrt, zu begegnen.

Drei Dinge an einem Erleuchtungserlebnis könnten den Menschen dazu bringen, weniger egozentriert zu werden: erstens die Erfahrung des Ich als weniger beschränkt, als ein unendliches und reines Bewußtsein, aus dessen Perspektive die gewöhnlichen Sorgen des abgesonderten Ego an Wichtigkeit verlieren; zweitens die Erfahrung der tiefsten Wirklichkeit, aus deren Perspektive allzu gewöhnliche Ego-Interessen von geringer Bedeutung sind; und drittens, und vielleicht am hervortretendsten, das Erleuchtungserlebnis selbst, das als Ereignis erfahren wird, das in seinem Wert und in seiner Wichtigkeit nicht zu übertreffen ist und somit andere Ego-Interessen total dem Wert und der zentralen Stellung unterordnet, die es selbst im Leben hat. Dieses Erleuchtungserlebnis wird als das Allerwirklichste und Wertvollste empfunden. Die Menschen, die es haben, sind daher nicht geneigt, andere Dinge höher zu stellen oder seinen Offenbarungscharakter als gänzlich illusorisch abzutun.

Die Beschreibungen dieser Menschen – ich denke hier besonders an die Geschichten von Zen-Meistern und anderen östlichen Lehrern – schildern sie als absolut konzentriert, klar, sicher, zuversichtlich, scharf umrissen, häufig etablierte Muster durchbrechend, um direkt an Ziele zu gelangen. Sie wissen, was sie wollen, ihre Sicht ist klar und ungetrübt. Sie sind so wirklich, wie nur irgend möglich.

Das Erleuchtungserlebnis macht nicht nur dem ein Ende, daß man sich mit dem Ich als besonderer abgegrenzter Wesenheit identifiziert, es könnte eine Erfahrung davon sein, daß man überhaupt keine Wesenheit, sondern mehr wie ein Raum ist. Das existentialistische Motto lautet, daß die Existenz der Essenz vorausgeht; jeder Mensch ist also frei, seine oder ihre eigene Essenz zu wählen. Das Erleuchtungserlebnis ist eine Erfahrung, daß man nichts Bestimmtes ist; es gibt keine selbstverständliche Art, wie man notwendig ist. Man muß also überhaupt keine Essenz besitzen oder sich für eine entscheiden; wenn man meint, man habe eine, so ist das ein Fehler. Eine Essenz oder Identität zu haben ist dazu da, daß es einige Eigenschaften gibt, die man *notwendig* hat, Eigenschaften, die man haben *muß*, und auch, damit es richtige Maßstäbe gibt, die für Wesenheiten dieser Art herangezogen werden. Eine Voraussetzung dafür, daß man sich völlig frei fühlt, ist also, keine Identität in diesem Sinne zu haben; keiner von den Zügen, die man hat, gilt notwendig, es gibt nichts wie auch immer Geartetes, was man notwendig ist.[2] Erstreckt sich dies auch auf die Begriffe eines »Ich« und eines »Selbst«? Sind nicht wenigstens diese Teil der empfundenen Identität des erleuchteten Wesens? Wenn das Problem des Sinns des Lebens durch unsere Grenzen geschaffen wird und wir Sinn zu gewinnen versuchen, indem wir in Verbindung zu anderen Dingen jenseits dieser Grenzen treten und diese dadurch überschreiten, und wenn das Erleuchtungserlebnis eine Erfahrung ist, daß man ohne alle Grenzen ist, ohne daß einem eine bestimmte Identität ihre notwendigen Merkmale und Maßstäbe aufzwingt, dann wird das als äußerst sinnvoll empfunden werden. Genauer gesagt, es wird sich entweder vollkommen (unendlich) sinnvoll anfühlen, oder es wird überhaupt das Problem des Sinns transzendieren, da es das ausgelöscht hat, was der notwendige Hintergrund oder die Voraussetzung dafür ist, daß es überhaupt ein Sinnproblem gibt, nämlich die Existenz der einen oder anderen Grenzen.

Ist die Anziehungskraft der Erleuchtung ein Wunder? Die Erfahrung ist äußerst wirklich, sie beinhaltet einen Kontakt mit dem, was die tiefste Wirklichkeit zu sein scheint, der Mensch wird so verwandelt, daß er wirklicher und völlig frei wird – all das und ekstatische Seligkeit auch. Außerdem gelangt der Mensch zu einer neuen und korrekteren Auffassung von der Wirklichkeit – wenn man annimmt, daß die Erfahrung wahrheitsgemäß ist – und wird ein adäquateres expressives Analogon der tiefsten Wirklichkeit.[3] Erleuchtung, wie verlockend sie auch als Zweck sein mag, ist möglicherweise kein Ziel, das sich direkt verfolgen läßt. Die Mittel des Strebens und einige der Motive dafür könnten selbst gerade diejenigen Ichstrukturen stärken, die die Erleuchtung verwandeln soll. Selbst wenn keine Schritte zu machen wären, wenn die Erleuchtung das höchste Gut *wäre*, wäre es wichtig, das eigene Leben in Relation dazu zu sehen.

Während viele das Ziel der Erleuchtung als Flucht in ein anderes Reich sehen, wobei man den Kreislauf von Wiedergeburt und Leiden hinter sich läßt, sehen es einige – Aurobindo ist einer von ihnen – als die Verwandlung der materiellen Existenz. Es scheint allerdings einige Kosten mit sich zu bringen, an persönlicher Bindung, an Liebe und Freundschaft. »So blendend ist selbst ein Schimmer dieser höchsten Existenz«, sagt Aurobindo, »und so verzehrend in seiner Anziehungskraft, daß wir uns, wenn wir ihn einmal gesehen haben, ohne weiteres berechtigt fühlen, alles andere für das Streben nach ihm zu vernachlässigen.«[4]

Eine plausible Interpretation des Zen sieht auch Erleuchtung oder *satori* als etwas, das eine ganz andere und doch besondere Sicht *dieser* Welt und daher eine andere Beziehung zu ihr beinhaltet, also keine Flucht in ein anderes Reich darstellt. Die *Koans* des Zen sind keine sinnlosen und unbeantwortbaren Fragen, die darauf angelegt sind, daß man dazu kommt, die Grenzen des rationalen begrifflichen Denkens einzusehen – warum sollten sie dies mehr tun als andere offensichtlich sinnlose Fragen? –, sondern sie haben festgelegte Antworten, die sinnvoll sind, wenn man die ganz andere Auffassung von dieser Welt voraussetzt, zu der sie hinzuführen bestimmt sind. Man betrachte die vertrauten Diagramme der Gestaltpsychologen. Eine Figur können wir als eine Vase sehen oder als zwei Gesichter, die sich ansehen; was in dem einen Darstellung ist, wird Hintergrund in dem anderen. Oder das junge Mädchen und die alte Frau, wo die Nase der alten Frau Kinn und Wange des jungen Mädchens ist. Oder die verschiedenen Weisen, einen gezeichneten Würfel zu sehen; ist der Punkt unten rechts ein vorderer oder ein hinterer Knotenpunkt? Wir können jemanden, der die Figur auf die eine Weise sieht, dazu bringen, sie anders zu sehen, indem er sich für eine Besonderheit entscheidet, die die andere Sichtweise herbeiführen kann – zum Beispiel »statt einer Kurve rechts von einer Vase sieh diesen Teil der Linie als das Profil einer Nase, die nach links gerichtet ist«. Die Zen-Sicht, behaupte ich, ist von dieser Welt, nicht von einem anderen Reich, aber von der üblichen Anschauungsweise ebenso verschieden, wie es die Vase von den beiden Gesichtern ist. Tatsächlich führt die übliche Sicht vielleicht einen bestimmten Zug, das Ich, herbei und lagert sich an ihn an. Sobald wir die Welt mit einer objektiven oder subjektiven Wesenheit bevölkern, die unser Ich ist, fällt der Rest der Welt an seinen (perspektivischen) Ort. Man vergleiche: Sobald man das als eine Nase sieht, ordnet sich der Rest des Bildes zu zwei Gesichtern. Die Zen-Praktiken – Meditationen, Koans, plötzliche Laute, Schläge – sind dazu bestimmt, den Griff des Ich zu lockern, einen dazu zu bringen, daß man aufhört, sich mit dieser Wesenheit zu identifizieren, und dadurch die Welt *völlig* anders sieht. In dieser Interpretation beinhaltet Zen einen Wandel in der Gestalt der tatsächlichen Welt, wobei unsere Sicht von dem Bild losgelöst wird, das um das Ich herum organisiert ist, nicht einen Eintritt in ein anderes und völlig gesondertes Reich. Unter der Voraussetzung dieses Wandels haben die Koans vollkommen klare Antworten.

Ein Weg zur Erleuchtung kann auch Wege bieten, um Schmerz und Leiden im Leben zu verringern, nicht nur dadurch, daß man sich von Aktivitäten abwendet, die dazu tendieren, solches zu produzieren. Hier folgt ein Stück empirischen Beweises. Zuerst ist es schmerzhaft, lange Zeit mit untergeschlagenen Beinen in Meditationshaltung zu sitzen. Die Knie schmerzen, die Knöchel schmerzen, die Empfindungen sind intensiv. Die Dinge ändern sich aber, wenn man sich auf diese Empfindungen mit derselben Form der Aufmerksamkeit konzentriert, die die Meditation auf andere Dinge richtet – zum Beispiel auf das Einatmen und Ausatmen. Man konzentriere sich auf die Empfindung als Empfindung, nicht als *eigene* Empfindung, nicht als *schmerzhafte* Empfindung, sondern einfach auf sie als intensive Empfindung; man gehe mit dem Bewußtsein in sie hinein, und dann ändert sich überraschenderweise – zuerst unglaublicherweise – die Qualität der Empfindung. Sie ist kein homogenes Stück Schmerz mehr, sie ist in Teile zerlegt, mit Empfindungen hier und da, aber nicht an allen Stellen dazwischen. Man bleibt in einer gewissen Entfernung von den Empfindungen; sie werden nicht so sehr als *eigene* betrachtet, sondern einfach als vorhanden. Die Empfindungen sind außerdem nicht mehr schmerzhaft; sie werden zwar noch als intensiv gefühlt, manchmal in einer anderen Wahrnehmungsweise wie etwa der optischen, aber sie tun nicht *weh*. Es ist, als sei die Frage, ob etwas schmerzhaft ist, zumindest in diesem einen Fall davon abhängig, daß man es als Eigenes betrachtet und in einer Perspektive, die gewisse Qualitäten auf die Empfindung projiziert. Wenn die Aufmerksamkeit auf die Empfindungen an sich gerichtet wird, wird ihre schmerzhafte Qualität aufgelöst, und sie werden anders wahrgenommen. Wie weit kann sich dieses »Nichtschmerz«-Phänomen erstrecken? Vielleicht nicht auf Empfindungen, die viele Stunden andauern, vielleicht nicht vollständig auf gewisse Intensitäten. Ich behaupte nicht, daß man keinen Schmerz gegen seinen Willen durchzumachen braucht, aber einfache Meditationstechniken sind in der Lage, einige Schmerzen für eine gewisse Zeitspanne zu reduzieren oder zu beseitigen. Die Annahme scheint vernünftig, daß bei Praxis und Übung noch weitere Reduzierungen möglich wären, und noch größere Reduzierungen könnten jemandem zu Gebote stehen, der Erleuchtungserlebnisse nutzen könnte. Eine gewisse Befriedigung eines Lustprinzips – das Nichtschmerz-Prinzip – wird daher im Gefolge der Erleuchtung auftreten.

Letztlich sind das Universum und unser Platz in ihm vollkommen – so will es die Erleuchtungsstory. Sie erklärt uns, daß wir alles, was sich zu haben lohnt, haben *können*, in höchstem Grade, und alles sein *können*, was sich zu sein lohnt; unsere Natur entspricht dem schon. Die Erleuchtungslehre leugnet daher die letzte Wirklichkeit der Tragödie und die Notwendigkeit, manchmal ein äußerst wichtiges Gut wirklich zu opfern oder für immer zu verlieren, um ein Übel zu vermeiden. Enthält diese Lehre dadurch die tiefste Weisheit oder ist sie die allerhöchste und schönste Torheit? Sollten wir nicht den Verdacht haben, daß die Erleuchtung und ihre ganze Hintergrundtheorie zu schön sind, um wahr zu sein? Sollte man mangels schlagender Beweise für ihre Möglichkeit und Machbarkeit nicht skeptisch bleiben und nicht sein ganzes Ego auf die Erleuchtungskarte setzen? Ist die harte und höchste Weisheit nicht vielmehr die: daß es ein Entrinnen aus der menschlichen Lage nicht gibt und daß der Glaube daran letztlich oberflächlich ist? Oder ist dies vielmehr ein Fall, in dem Weisheit eine Tugend aus etwas macht, das sie einst zögernd und unter Schmerzen, aber zu Unrecht als etwas betrachtete, das eine Not sei? Wenn die Weisheit auf harten Realismus und Illusionslosigkeit stolz ist, *klammert* sie sich dann an Tragik wie ein Neurotiker an seine Symptome, wegen des Sekundärgewinns?

Manchmal tendieren wir dazu, Möglichkeiten, darunter auch solche, über die wir sehr wenig wissen, geringzuschätzen, weil wir nicht *wollen*, daß sie wahr sind, selbst wenn sie ganz wunderbar erscheinen oder sein mögen. Sie würden eine zu große Umorganisation unseres allgemeinen Bildes von der Welt und unseres Lebens, unserer Gewohnheiten, Denkweisen und Ziele erfordern. Wir haben uns an die scheinbaren Grenzen unserer (persönlichen, intellektuellen und kulturellen) Nischen angepaßt, und wir wollen nicht mehr glauben, daß diese Grenzen dehnbar sind. Darum verwerfen wir schnell diese Möglichkeit mit einem flotten Argument, und wir sind beruhigt und erleichtert – die Notwendigkeit einer drastischen Veränderung ist vermieden! Ein weiser Mensch dagegen wäre offen, neue Dinge zu lernen, ohne übertrieben vertrauensselig zu sein. Er würde neuen und überraschenden Möglichkeiten sorgfältige Aufmerksamkeit schenken, sie probeweise erkunden, experimentieren. Wenn eine Möglichkeit unterwegs Bestätigungen bietet – seien es aufschlußreiche und machtvolle Erlebnisse, wünschenswerte persönliche Verwandlungen oder Begegnungen mit eindrucksvollen anderen Menschen, die dieselbe Möglichkeit weiter verfolgt haben –, dann wird er mit größerer Zuversicht, aber immer noch mit einiger Zurückhaltung fortfahren. Pascal empfahl, alles im Leben auf die Möglichkeit unendlichen Gewinns zu setzen, aber wir tun besser daran, uns an die beiden Typen von Fehlern zu erinnern, die die Statistiker beschreiben – etwas zu verwerfen, wenn es wahr ist, oder es gelten zu lassen, wenn es falsch ist –, und unseren Weg zu nehmen, manchmal kühn, aber immer noch vorsichtig, wobei wir unser Bestes tun, um in dieser wichtigen Sache Fehler in beiden Richtungen zu vermeiden.

22. Jedem Ding sein Teil geben

Die großen spirituellen Lehrer der Menschheit – Buddha, Sokrates, Jesus, Gandhi und andere – sind Modelle, leuchtende persönliche Beispiele. Sie üben ihre machtvolle Wirkung nicht nur durch die Behauptungen und Prinzipien aus, die sie verkünden, sondern auch durch ihre eigene lebendige Gegenwart. Wir begegnen ihnen und nicht nur ihren Lehren, und wir wollen mehr wie sie sein, in dem geringen Umfang, in dem wir das vermögen. Sie erscheinen wirklicher als wir, und ihre lebendige Wirklichkeit inspiriert uns. Mehr wie sie zu sein heißt für uns, auch wirklicher zu sein. Die Gegenwart und das Leben dieser Lehrer sind Verkörperungen ihrer Lehren. Wir lernen, was sie sagen, wir lernen, was ihre Worte bedeuten, indem wir ihr Leben ansehen. Ihr Leben – manchmal ihr Tod – ist ihr Lehren in Aktion; es konkretisiert ihre Abstraktionen.

Sie erzählen uns Geschichten, sie verkünden uns Gleichnisse, sie geben uns beziehungsreiche Knoten, zu denen wir uns verhalten können. Sie erzählen nicht nur Geschichten, heutzutage begegnen wir ihnen in Geschichten: in Platons Frühdialogen, im Pali-Kanon, in den Evangelien, in den Erzählungen vom Baal Shem Tov. Aus diesen Erzählungen formen wir uns Bilder von ihnen, davon, wie sie handeln, was sie sind. Ihr Leben spielt eine entscheidende Rolle dabei, uns von dem zu überzeugen, was sie sagen. Es ist nicht so, daß wir ihre Lehre oder die Tatsache, daß sie recht haben, von einer anderen Sammlung vorformulierter Aussagen ableiten. Wenn wir ihre Ansichten auf Grund ihrer Autorität akzeptieren, so ist doch diese Autorität nur von dem abgeleitet, was sie sind und was sie in ihrem Leben zeigen, wie es in den Geschichten über sie dargestellt wird. Wir beginnen nicht damit, Prinzipien zu vertreten, die voraussetzen, daß das, was ihr Leben zeigt, der richtige Weg ist. Stattdessen schauen wir auf ihr Leben und finden, daß es uns Ehrfurcht und Ergriffenheit abnötigt. Sie lehren durch das leuchtende Beispiel.

Wir können einige Eigenschaften spiritueller Lehrer aufzählen, auch wenn nicht jede derartige Gestalt jede von ihnen aufweist. Erstens sind sie ein Beispiel für das, was sie für wichtig halten; ihre Werte erfüllen ihr Leben. Die Dinge, die sie für wichtig halten, sind tatsächlich gute und leuchtende Werte, sie sind bewundernswert – zum Beispiel Prüfung im Falle von Sokrates, Mitleid im Falle von Buddha, Liebe im Falle von Jesus, Gewaltlosigkeit und Wahrheit im Handeln im Falle von Gandhi. Sie sind durch bestimmte Züge gekennzeichnet: Freundlichkeit, Gewaltlosigkeit, Liebe zu lebenden Wesen, Einfachheit, Direktheit, Aufrichtigkeit, Reinheit, Konzentration, Intensität, Verwirklichung einer tieferen Wirklichkeit im Leben, innere Ruhe, relative Gleichgültigkeit gegenüber materiellen oder weltlichen Gütern, strahlende Energie, große innere Stärke. Diese Wesen sprechen zu dem Besten in uns und führen uns zu ihm zurück. In ihrer Gegenwart werden wir an unsere eigenen vernachlässigten Höhen erinnert, und wir werden verlegen darüber, daß wir weniger sind als unser bestes Ich. Wir spüren in ihnen nicht bloß eine Sammlung höchst bewundernswerter Qualitäten, sondern eine andere innere Organisation und Struktur. Sie sind Gefäße des Lichts.

Die spirituellen Lehrer sind Musterbeispiele für die volle Kraft ihrer Werte. Ein Teil ihrer Anziehungskraft ist die Anziehungskraft dieser hohen Werte, aber ein anderer Teil ist die außerordentliche Wirklichkeit, die die spirituellen Lehrer als Archetypen und Verkörperungen dieser Werte erreichen. Es ist, als seien die Werte als platonische Ideen hier auf Erden inkarniert worden. Dies ist jedoch möglich, weil spirituelle Lehrer Verkörperungen von nur einem Wert oder nur von einigen wenigen, unter Ausschluß von vielen anderen, sind. Wohlausgewogen zu sein würde die Strahlkraft ihres einzigartigen Wertes beeinträchtigen.

Die spirituellen Lehrer befolgen vollständig und total

das, was für sie wichtig ist. Sie werden diese Werte nicht aufs Spiel setzen oder von ihnen abgehen. Sie legen ihr ganzes Leben in diese Werte; sie setzen ihr ganzes Leben auf sie, selbst bis zum Tode. Gewöhnlich stehen spirituelle Lehrer speziell für *einzelne* Werte, und das können sie ohne Einschränkungen und Kompromisse tun. Es gibt jedoch weitere Werte, die sie miteinander teilen; häufig sind sie auf Nichtverletzen bedacht und entwickeln ein Modell einer positiven Beziehung zu jedem und vielleicht auch zu allem. Unter keinen Umständen oder fast unter keinen werden sie einen anderen Menschen verletzen. Sie leben auch einfach; sie häufen keine materiellen Güter an – manchmal geben sie sie auf –, und sie stellen Bilder großer *Reinheit* dar. Spirituelle Lehrer scheinen frei von der Kontrolle durch äußere Kräfte – keine Drohung von außen würde sie von ihren Ansichten abbringen – oder durch innere Wünsche. Nichts drängt sie in eine Richtung, in die sie nicht gehen wollen.

Durch einen spirituellen Lehrer sehen wir, daß ein Leben, das diesen Werten (oder diesem *einen* Wert) geweiht ist, möglich ist, und auch, daß es bemerkenswert, daß es eine gute Art und Weise zu sein ist. Es macht auf uns diesen Eindruck, auch wenn wir es nicht vermutet hätten, wäre uns nur eine Beschreibung der Werte zu Ohren gekommen, ohne den Anblick einer Gestalt, die sie lebt. Diese spirituellen Lehrer haben große Wirkungen auf viele, die ihnen begegnen, sie rufen sie zu einem höheren oder tieferen Ziel und fördern das zutage, was dem Empfinden dieser anderen zufolge ein besseres Ich ist.

Wir können an spirituellen Lehrern drei Aspekte unterscheiden. Der erste ist ihre ethische und künstlerische Wirkung: Sie sind auffällige Gestalten, oft paradox und künstlerisch interessant, sie geben manchmal schwer zu befolgende Ratschläge, und es gäbe diese Wirkung selbst dann, wenn die Bücher, die sie beschreiben, belletristische Werke wären, die ausdrücklich als solche hingestellt würden. Auch dann würden wir diese Charaktere faszinierend, inspirierend, bewegend finden. Zweitens beweist ihre Existenz, daß eine gewisse Seinsweise wirklich *möglich* ist, denn sie waren selbst so. Drittens gibt es jenseits aller Dinge, die in unserem Leben aus diesen ersten beiden Aspekten folgen, das, was daraus folgt, daß diese Menschen *tatsächlich* existiert und das getan haben, was sie taten: die Veränderung, die ihr Handeln und ihre Existenz bedeutete – über die Wirkungen der Erzählungen, die diese Taten beschreiben, und über unseren Glauben, daß solche Dinge möglich sind, hinaus. (Christen beispielsweise glauben, daß das Leben und der Tod Jesu wirklich die Beziehung des Menschen zu Gott verändert haben.) Wenn ich Gestalten als spirituelle Lehrer behandle, gedenke ich mich nur auf die ersten beiden Aspekte und auf das zu beschränken, was für uns aus ihnen folgt; der dritte ist eine andere Sache und hier nicht mein Gebiet, aber ich möchte niemanden dadurch kränken, daß ich diesen Aspekt in der Schwebe lasse.

Das Gesamtbild spiritueller Lehrer ist auffällig und sogar beflügelnd, aber im Hinblick auf einige Züge können wir ein gewisses Zögern empfinden. Spirituelle Lehrer, die über das, was ihnen wichtig ist, keine Kompromisse machen, erwecken manchmal den Eindruck, daß sie ihr Leben hingeben würden, um das *geringste* Zurückbleiben hinter ihren allerhöchsten Idealen zu vermeiden. Ich dagegen würde mich dafür entscheiden, mein Leben hinzugeben, um ein Hinabsinken auf das *allerniedrigste* Niveau zu vermeiden – ich hoffe zweifellos, daß ich das täte –, und vielleicht auch, um zu vermeiden, daß ich eine beträchtliche Strecke falle, aber ich würde dies, glaube ich, nicht einfach deshalb tun, um auch das geringste Zurückbleiben hinter den allerhöchsten Idealen zu vermeiden. Das könnte zeigen, wie sehr ich von Makeln behaftet bin, aber ich glaube eher, es zeigt, daß die kompromißlose Position der spirituellen Lehrer in zu starrer Weise perfektionistisch ist, als daß man sie selbst als Ideal uneingeschränkt bewundern könnte. Ein weiser Mensch, glauben wir, wird wissen, wann ein Kompromiß angebracht ist, genau wie er wissen wird, wann er nicht zulässig ist.

Selbst wenn wir meinen, daß spirituelle Lehrer im Übermaß an ihren jeweiligen Idealen festhalten, und selbst wenn wir ein bestimmtes Ideal nicht so bewundern, können wir dennoch den Wunsch haben, *irgendein* Ideal (auch wenn wir nicht wissen, welches) zu haben, hinter dem wir fast so stehen würden, wie sie es tun. Oder, was wahrscheinlicher ist, wir glauben vielleicht an die Arbeitsteilung und sind froh, daß *jemand* unnachgiebig den höchsten Idealen treu bleibt – jemand anders.

Spirituelle Lehrer leuchten als Modelle ihres einzigartigen Wertes, aber leuchten sie als Modelle *für* uns; sind sie Musterbeispiele nicht nur für Wert, sondern dafür, wie man *lebt*? Für jeden der vier, die wir nannten – Sokrates, Buddha, Jesus und Gandhi –, war ein dauerhaftes Leben mit Familie und Kindern nichtexistent oder fehlte, um nur einen Bereich zu nehmen. Ich sage hier nicht einfach, daß jede dieser Gestalten nicht vollkommen war oder ernstliche Fehler hatte. Das kann durchaus so sein, aber es wäre ungehörig, einen rigiden Perfektionismus an den Tag zu legen, während wir ihn gleichzeitig bei spirituellen Lehrern bedenklich finden. In seinem Buch *Gandhis Wahrheit* beschreibt Erik Erikson, wie es Gandhi vermochte, sich aus menschlichen Schwachheiten und Neurosen der gewöhnlichen und auch mancher ungewöhnlichen Sorte zu etwas Außerordentlichem zu bilden; W. J. Bate verfolgt ähnliche Themen in seiner Biographie von Samuel Johnson. Es ist krittelig und ungehörig, spirituelle Lehrer dafür zu kritisieren, daß sie aus unserem gemeinsamen menschlichen Lehm gemacht sind, und die erstaunliche Form, den unglaublichen Glanz zu ignorieren, die sie ihm zu geben vermocht haben.

Mir ging es um etwas anderes. Es dient der Sache, genau das positive Ideal zu prüfen, das diese Lehrer vorstellen und als Beispiel verkörpern, um zu sehen, ob an *diesem Ideal* ein Fehler zu finden ist. War die Tatsache, daß ihrem

Leben gewisse Dinge von Wert fehlten, eine Folge davon, daß ihre Ideale für diese Dinge keinen Raum ließen? Und wenn einige von diesen Dingen ein wichtiger Teil des normalen menschlichen Lebens sind, ein Teil, den wir nicht opfern oder aufgeben möchten, dann muß man sich den spirituellen Lehrern als Modellen für *unser* Leben mit Vorsicht nähern. Wenn sie auch in *einigen* der Wirklichkeitsdimensionen außerordentlich wirklich sind, könnten wir uns doch fragen, ob nicht ein ausbalanciertes Leben einschließlich seiner Kompromisse mehr Kontakt zur Tatsächlichkeit – und auch mehr Wirklichkeit – hat als die intensive Einseitigkeit der spirituellen Lehrer.

George Orwell hat diesen Vorbehalt in einem Essay über Gandhi mit Nachdruck ausgesprochen: »Man ist nur zu schnell mit der Annahme bei der Hand, daß ... der Durchschnittsmensch [der Heiligkeit] ausweicht, weil sie mit zu vielen Schwierigkeiten verbunden ist; mit anderen Worten, der Durchschnittsmensch ist ein verhinderter Heiliger. Es ist fraglich, ob das stimmt. Viele Leute haben einfach nicht den Ehrgeiz, Heilige zu sein, und vermutlich haben einige, die Heiligkeit erlangten oder danach strebten, sich nie ernstlich versucht gefühlt, sich wie menschliche Wesen zu benehmen.« Das formuliert die Sache, glaube ich, mit allzu negativer Färbung. Empfinden wir nicht *beide* Versuchungen voll und in gleicher Weise – zu Heiligkeit und zu Menschlichkeit?

Ein Interesse an der tiefsten Wirklichkeit scheint der üblichen Auffassung zufolge einen Menschen der gewöhnlichen Welt um uns herum zu entrücken. Durch Konzentration auf das Göttliche beispielsweise scheint ein Mensch oft von der vollsten Verbindung zu allem Niederen, zu Alltagsdingen oder zu anderen Menschen, zu bedeutsamen und hohen Werten, die vielleicht nicht die allertiefsten und höchsten sind, entfernt. Das ist ein Opfer, das man nicht leichtfertig bringen soll. Nehmen wir aber an, daß es keine bewußte Wirklichkeit gibt, zu der ein Mensch in tiefste Verbindung treten kann. Ist dann die spirituelle Suche nicht eitel und donquichottisch? Und doch würden die Leitsterne der Menschheit bleiben, die die oben beschriebenen persönlichen Eigenschaften haben. Es wäre bemerkenswert, wenn diese Menschen so hätten werden können, *ohne* einen Kontakt zu einer tieferen Wirklichkeit zu haben. Das ist kein Argument für die Existenz dieser tieferen Wirklichkeit – bemerkenswert bedeutet nicht unmöglich –, und diese tiefere Wirklichkeit könnte, wenn sie existierte, anstatt etwas Äußeres zu sein, ein Teil ihrer selbst sein. Doch es wäre eine außerordentliche menschliche Leistung, Kontakt zu einer tiefsten Wirklichkeit zu simulieren, eine tiefere Wirklichkeit durchscheinend sichtbar werden zu lassen, ohne daß es tatsächlich eine gäbe – das heißt, eine andere als die konzentrierte Wirklichkeit, die man geschaffen und sich in seiner Phantasie vorgestellt hat. Wenn keine bewußte tiefste Wirklichkeit bereitsteht, mit der man in Verbindung treten kann, können die Menschen *ihre* Rolle immer noch prächtig spielen. Ich will nicht behaupten, daß die Menschen für jede Art von wünschenswerter Situation so handeln sollen, als existiere sie tatsächlich. Es wäre nicht bewundernswert, wenn Robinson Crusoe, allein auf einer Insel, beschlösse, daß es besser wäre, wenn ein zweiter Mensch da wäre, und von da an Gespräche führte (obwohl er mit sich selbst allein wäre), sich von einigen Punkten fernhielte, um der anderen »Person« eine Privatsphäre zu geben, usw. In Beziehung zur tiefsten Wirklichkeit in dem Sinne, den wir beschrieben haben, zu stehen heißt jedoch, sie zu verkörpern und an den Tag zu legen, etwas, das man durch seine *eigenen* Merkmale tun kann.

Wir wollen allerdings zur allerhöchsten und tiefsten Wirklichkeit in Beziehung treten – nennen wir dies das siebente Realitätsprinzip –, aber ist dies das *einzige*, was wir tun sollten? Was ist mit dem Rest der Wirklichkeit? Ein umfassenderes Realitätsprinzip würde danach verlangen, mit der ganzen Wirklichkeit in Verbindung zu stehen und voll auf sie einzugehen, nicht nur mit der tiefsten oder höchsten – nennen wir dies das achte Realitätsprinzip. Das Problem besteht darin, es in einer plausiblen Form zu formulieren, die Einwände vermeidet.

Voll auf die Wirklichkeit einzugehen beinhaltet zwei Dinge: die Fülle des Eingehens und die Fülle der Wirklichkeit, auf die man eingeht. Und diese letztere umfaßt sowohl das Eingehen auf das, was am wirklichsten ist (das heißt, auf die tiefste und höchste Wirklichkeit), als auch das Eingehen auf die Gesamtheit der Wirklichkeit.

Die Frage ist, ob sich all dies zusammenbringen läßt. Ist es möglich, mit vollster Intensität auf das einzugehen, was am wirklichsten ist, auf die tiefste und höchste Wirklichkeit, und *auch* mit vollster Intensität auf die volle Breite der Wirklichkeit einzugehen, einschließlich jener, die geringer ist als die tiefste? Das Leben ist kurz, und unsere Kapazitäten sind begrenzt; es scheint, daß wir auf einiges verzichten müssen. In seiner *Ethik* stand Aristoteles vor einem Problem mit einer ähnlichen Struktur: Beschäftigen wir uns mit der vollsten Entwicklung und Ausübung unserer allerhöchsten Fähigkeit oder verfolgen wir ein Muster wohlabgerundeter Entwicklung? Jede dieser Alternativen scheint mit einem erheblichen Opfer verbunden zu sein.

Wie wäre es, wenn man voll auf die ganze Wirklichkeit, die geringere ebenso wie die größere, einginge? Man würde nicht auf alle Teile ebenso *extensiv* eingehen wollen, indem man ihnen gleichviel Zeit widmete. Das würde eine zu erhebliche Vernachlässigung der höchsten und tiefsten Teile bedeuten. Ein besseres Prinzip wäre, auf Dinge proportional zu ihrer Wirklichkeit einzugehen. Um die Struktur eines derartigen Proportionalitätsprinzips zu sehen, wollen wir uns größere Präzision vorstellen, als uns zur Verfügung steht, und annehmen, daß sich die Wirklichkeit (oder Wichtigkeit) jedes Dinges messen läßt. Das Proportionalitätsprinzip könnte uns auffordern, hinsichtlich des Umfangs von Zeit und Aufmerksamkeit auf zwei beliebige Dinge in einem Verhältnis einzugehen, das dem Verhältnis ihrer Wirklichkeit(sgrade) entspricht. Dieses Prinzip führt uns jedoch in eine zu große Verzettelung. Es gibt einfach zu viele Teile der Wirklichkeit, auf die man eingehen kann, als daß man jeder Einzelheit ihren proportionalen Anteil zukommen lassen könnte. Ein Eingehen auf die Fülle der Wirklichkeit erfordert aber nicht, daß man auf jedes einzelne Stück eingeht, sondern nur, daß es ein Eingehen auf die gesamte *Skala* gibt, das über die Skala hinweg proportional ist.[1]

Manche haben jedoch gedacht, daß die höchste oder tiefste Wirklichkeit unendlich, unendlich wirklich, ist, während alle anderen Dinge eine Wirklichkeit haben, die endlich ist – es gibt einen Abgrund zwischen beidem. Aber dann wäre das Verhältnis zwischen ihren Wirklichkeitswerten, unendlich zu endlich, ebenfalls unendlich. Da das Unendliche das Endliche an die Wand drückt, wird selbst dieses Proportionalitätsprinzip schließlich ein totales und ausschließliches Eingehen auf die tiefste Wirklichkeit erfordern. Es würde sich also, auch wenn es den Anschein hätte, nicht von einem Prinzip unterscheiden, das explizit und einfach forderte, sich explizit und einfach nur auf das zu konzentrieren, was am wirklichsten ist. Erfordert es das Ziel, den Dingen angemessene und proportionale Aufmerksamkeit zu schenken, daß man alles andere ignoriert, wenn ein bestimmtes Ding unendlich wirklich oder wichtig ist? Dieser Schwierigkeit können wir begegnen, wenn wir nicht nur die Größe der Wirklichkeit, auf die man eingeht, berücksichtigen, sondern auch darauf, wie wirklich die Response selbst sind.

Das Proportionalitätsprinzip forderte Response, die proportional der Wirklichkeit der Dinge waren, auf die sie eingingen. Die Response könnten jedoch etwas anderem proportional sein; das wäre ein anderes Proportionalitätsprinzip. Response unterscheiden sich nicht nur darin, wie extensiv sie sind, wieviel Zeit, Aufmerksamkeit oder Energie sie verlangen oder erhalten, sondern auch darin, wie *intensiv* sie sind. Variationen in dem, worauf man eingeht, werden auch Variationen in den Responsen hervorrufen, darin, wie intensiv und wirklich diese Response selbst sind. Die Intensität der Aufmerksamkeit, die wir einem Ding widmen können, ist (im Prinzip) nicht knapp. Aber verschiedene Dinge könnten diese Aufmerksamkeit verschieden lohnen, teils aufgrund ihrer eigenen Natur und teils aufgrund der unseren. Somit können sich unsere Response darin unterscheiden, wieviel Wirklichkeit *sie* haben. Response unterscheiden sich in ihrer Intensität ebenso wie in ihrer Ausdehnung. Wenn Prinzipien unseren Respons oder unsere Aufmerksamkeit aufteilen, ist das, was sie aufteilen, deren *Umfang*, wieviel Zeit (und Aufmerksamkeit und Energie) jedes Ding erhält. Wir können den Umfang des Responses proportional nicht zur Wirklichkeit des Dinges, auf das eingegangen wird, machen (wie es das erste Prinzip tat), sondern zu der Wirklichkeit eben dieses Responses auf das fragliche Ding. Dieses neue Proportionalitätsprinzip bezieht die Ausdehnung des Responses auf seine Intensität. Das Verhältnis der Ausdehnung zweier Response auf die Wirklichkeit soll dem Verhältnis zwischen der Wirklichkeit dieser Response selbst entsprechen, dem, was wir als ihre Intensität bezeichnet haben. Grob gesagt, man soll Dingen in dem Maße Zeit widmen, wie intensiv sie diese Zeit vergelten. (Ich lasse hier die zusätzlichen Komplikationen außer acht, die sich ergeben, wenn die Intensität eines Eingehens auf die Wirklichkeit nicht durchgängig einheitlich ist, sondern intern in Abhängigkeit davon variiert, wie ausgedehnt es ist.)

Was dies alles im Falle der tiefsten Wirklichkeit (oder Gottes) bedeutet, ist folgendes: Auch wenn die tiefste Wirklichkeit unendlich größer sein mag als jede andere Wirklichkeit – das Verhältnis der beiden Wirklichkeiten ist unendlich –, ist unser Respons darauf nicht unendlich viel wirklicher als all unsere anderen Response. Das ist zweifellos durch unsere eigenen Beschränkungen bedingt, die bedauerlich, aber doch vorhanden sind. Wenn wir Dingen in dem Maße Aufmerksamkeit schenken und auf sie eingehen, wie sie Aufmerksamkeit und Respons lohnen – wie es das zweite Proportionalitätsprinzip empfiehlt –, dann werden wir der allertiefsten Wirklichkeit keine ausschließliche Aufmerksamkeit widmen. Ihre eigene Natur mag alle anderen Wirklichkeiten überragen, aber unser Respons auf sie wird nicht alle anderen Response verdrängen.

Doch die Wirklichkeit und die Intensität unserer Response auf gegebene Dinge sind nicht starr fixiert; sie können sich im Laufe der Zeit ändern. Wenn wir in irgendeinem Umfang auf die tiefste Wirklichkeit eingehen, vergrößert das vielleicht unsere Kapazität und führt so zu einem weiteren Eingehen, das noch intensiver und wirklicher ist. Unter diesen Bedingungen würde das zweite Prinzip auch im Umfang des Responses einen Zuwachs erfordern. Ganz offensichtlich kann sich diese Abfolge (einer »positiven Rückkoppelung«) fortsetzen. Schließlich *kann* also die allertiefste Wirklichkeit einen totalen und ausschließlichen Respons erhalten, aber erst, wenn wir bereit sind.[2]

Das erste Proportionalitätsprinzip besagt, daß das Ausmaß von Responsen in demselben Verhältnis stehen sollte wie die Wirklichkeit derjenigen Dinge, auf die eingegangen wird. Das zweite Proportionalitätsprinzip besagt, daß das Ausmaß von Responsen in demselben Verhältnis stehen sollte wie die Wirklichkeit eben dieser Response selbst. Wir sollten das Ausmaß unserer Response so bemessen und eichen, daß es der Intensität und Wirklichkeit entspricht, die eben diese Response hätten. (Da der Begriff Ausmaß eine der Dimensionen der Wirklichkeit ist oder mit mehreren in Verbindung steht, geht das Ausmaß eines Responses auch in die Bewertung seiner Gesamtwirklichkeit ein.) Jedes dieser beiden Prinzipien ist attraktiv (wenn wir den Fall der unendlichen Wirklichkeit ausklammern), und wenn eine Person beiden gemeinsam genügt, wird auch einem dritten Prinzip Genüge getan werden: das Verhältnis der Wirklichkeit der Response auf zwei Dinge sollte dasselbe sein wie die Verhältnisse der Wirklichkeit dieser Dinge – das heißt, die Wirklichkeit eines Responses auf etwas sollte der Wirklichkeit dieses Dinges proportional sein. Wir diskutieren dieses dritte Proportionalitätsprinzip gleich.[3]

Wenn das Leben so gelebt werden soll, daß es voll auf die gesamte Wirklichkeit eingeht – dies ist das achte Realitätsprinzip –, dann wird die Natur dieses Eingehens unter Berücksichtigung unserer Beschränkungen im Hinblick auf Zeit, Aufmerksamkeit und Responsivität durch das zweite Proportionalitätsprinzip spezifiziert. Nicht alle Energien, die man hat, werden ausschließlich darauf verwendet werden, auf die höchste und tiefste Wirklichkeit einzugehen, denn für die meisten von uns, wie wir gegenwärtig sind, würde das keine Response bringen, die entsprechend wirklich sind; ein wesentliches Maß an Zeit und Aufmerksamkeit wird damit verbracht werden, auf verschiedene Teile der Wirklichkeit einzugehen. Nach einigen Auffassungen gibt es jedoch (im Prinzip) keine Grenze dafür, wie wirklich unsere Response auf *irgendeinen* Teil der Wirklichkeit sein können – denken wir an die Transzendentalisten, an die 613 verschiedenen jüdischen Gebote, die dazu bestimmt sind, jeden Teil des Lebens, den sie lenken, zu erheben und zu heiligen, und an die buddhistische Tradition, die eine meditative Einstellung vollkommener Aufmerksamkeit und Konzentration auf alle Aktivitäten richtet. Es sind also nicht nur Mängel in unserer Responsivität, die das zweite Proportionalitätsprinzip und eine Konzentration auf die gesamte Wirklichkeit attraktiv machen.

Vielleicht wollen wir aber mehr hören, als daß wir uns zeitweise auf weniger tiefe Teile der Wirklichkeit konzentrieren dürfen, weil es Mängel in unserer Responsivität gibt oder weil diese anderen Dinge wirklich irgendwie tief und bedeutsam sind – wir wollen nämlich vielleicht hören, daß es vollkommen in Ordnung ist, sich zu entspannen und auf die trivialen und oberflächlichen Teile der Tatsächlichkeit einzugehen. Doch selbst hier würden wir Grenzen dafür anerkennen wollen, wie vollständig wir uns hierauf konzentrieren dürfen und für wie lange. Doch eine Konzentration nur auf den höchsten oder tiefsten Teil der Wirklichkeit heißt nicht, ein völlig *menschliches* Leben zu führen; dazu gehören andere Dinge wie Spaß, Abenteuer, Erregung, Entspannung. Wir schätzen diese Dinge zum Teil wegen der Art und Weise, in der sie die vielen Seiten unseres Menschseins zum Ausdruck bringen oder befriedigen (selbst wenn auch sie ihre Wirklichkeitsdimensionen haben).

Das dritte Proportionalitätsprinzip, das ich oben formuliert habe, hat die Wirklichkeit von Responsen entsprechend der Wirklichkeit dessen verteilt, worauf sie eingehen. Zu einem solchen Gesamtmuster von Proportionalität gehört ein Proportionalitäts*faktor*. Ein Respons kann zum Beispiel die Hälfte der Wirklichkeit dessen haben, worauf er eingeht, oder zwei Drittel oder ein Zehntel oder das Fünffache dieser Wirklichkeit. Der Begriff Proportionalität bezieht sich auf eine Gruppe von Responsen gemeinsam. Jeder einzelne Respons, ganz für sich allein genommen, kann nicht umhin, proportional zu sein – das heißt, er wird den einen oder anderen Proportionalitätsfaktor aufweisen. Eine Gruppe von Responsen ist jedoch nur proportional, wenn sie (oder in dem Maße wie sie) durchgängig genau *denselben* Proportionalitätsfaktor aufweisen, wenn beispielsweise alle Response ein Drittel der Wirklichkeit dessen haben, worauf sie eingehen. Die einzige Möglichkeit, wie ein Proportionalitätsfaktor für einen isolierten Respons falsch sein kann, ist, glaube ich, daß er größer als 1 ist. Wenn man auf etwas mit einer größeren Wirklichkeit eingeht als der, die es hat, so ist das ein übertriebener Respons, es ist maßlos, sofern nicht dieser Respons auch die Wirklichkeit dieses Dinges erhöhen kann. (J. D. Salinger hat davon gesprochen, daß Sentimentalität darin bestehe, etwas mehr zu lieben, als Gott es tut.) Daß die Welt überströmend reich ist, bedeutet, daß uns die Dinge, auf die sich eingehen läßt, nicht ausgehen können, selbst wenn der Proportionalitätsfaktor den Wert 1 nicht übersteigt.

Ein Proportionalitätsmuster hat eine große abstrakte Anziehungskraft, aber wenn ich über Einzelheiten nachdenke, mache ich mir Sorgen über seine Angemessenheit. Zu einer Disproportion kommt es, wenn der Faktor des einen Responses sich von dem der übrigen unterscheidet; alle anderen Response haben die Hälfte der Wirklichkeit dessen, worauf eingegangen wird, und dieser Respons hier hat zwei Drittel. Das bedeutet allerdings nicht, daß man beim nächsten Mal diesen ausnahmsweisen Respons eher vermindern soll, als die anderen zu vergrößern (zu versuchen). Vielleicht ist es das ideale Muster, einheitlich mit einem Faktor 1 einzugehen und alle seine Response auf dieses Niveau zu bringen; aber auch wenn wir unsere Kapazitäten nicht in *so* großem Umfang erweitern können, können wir uns zu immer höheren Proportionen hinbewegen. Aber muß diese Bewegung streng parallel erfolgen? Wenn wir im Proportionalitätsfaktor des einen Responses vorpreschen, könnte das unsere Fähigkeit erhöhen, später auch die Faktoren der anderen Response zu erhöhen.

Selbst wenn wir zugeben, daß eine globale Proportionalität wünschenswert ist, könnten wir doch manchmal den Wunsch haben, bei einigen Responsen weit vorzurücken, indem wir ihren Faktor näher an 1 bringen (selbst wenn das nicht dazu beiträgt, andere Response zu erhöhen). Das wird besonders in zwei Fällen so sein: erstens, wenn die Wirklichkeit eines Dinges besonders hoch ist – ein anderer Mensch oder ein Kunstwerk oder das göttliche Wesen – und darum also unser Respons in ihrer Größe sein kann, und zweitens dort, wo die Wirklichkeit eines Dinges extrem niedrig liegt, so daß man ohne große Anstrengung seiner Wirklichkeit voll (mit dem Faktor 1) entsprechen kann. Die besonders ungebührlichen Disproportionen sind andere; dazu gehört, daß man mit einem sehr hohen Proportionalitätsfaktor (der aber noch erheblich unter 1 liegt) auf Dinge eingeht, deren Wirklichkeitsgrad im mittleren Bereich liegt, während man auch mit einem viel niedrigeren Faktor auf Dinge eingeht, die viel größere Wirklichkeit haben.

Das erscheint am unerwünschtesten dann, wenn sich die Proportionalitätsfaktoren so stark unterscheiden, daß auf das weniger wirkliche Ding mit einem größeren absoluten Betrag (und nicht nur Anteil) eingegangen wird als auf das wirklichere, etwas, das besonders deutlich sein kann, wenn beide Dinge von derselben Art, von demselben Genre sind. Aber dennoch haben wir nichts gegen den äußerst intensiven Respons des Künstlers auf das scheinbar Kleine einzuwenden – Wallace Stevens' Meditation über einen Glaskrug, Chardins Stilleben –, obwohl es vielleicht wichtig ist, daß auch das Format dieser Werke klein gehalten ist. Hier denken wir, daß der Künstler auf fast die *ganze* Wirklichkeit eingeht, die es in seinem Thema gibt, mit einem Faktor nahe 1; hieraus lernen wir von seiner unendlichen und unvermuteten Wirklichkeit, und wir folgern daher vielleicht auch, durch Extrapolation, daß noch andere Dinge, auf die man bisher nicht so voll eingegangen ist, ebenfalls eine weit größere Wirklichkeit haben. (Zeigen diese Werke durch die Tiefe von Wirklichkeit, die sie in dem scheinbar Unbedeutenden finden können, stattdessen, daß die Wirklichkeit aller Dinge gleich ist? Das würde zu unserer früheren Beobachtung passen, wonach jedes Ding in seiner eigenen geduldigen Wesenhaftigkeit verharrt und dort wartet.) Da es wichtig ist, auf *etwas* von bedeutsamem Wirklichkeitsgrad voll (mit dem Faktor 1) einzugehen – Rilke sagt uns in der siebenten Duineser Elegie, daß »ein hiesig einmal ergriffenes Ding« für viele gilt –, ist also die einzige Disproportion, die anstößig ist, möglicherweise einfach eine, die auf eine falsche Einschätzung der relativen Wirklichkeiten zurückgeht, eine, die (fälschlich) beansprucht, verhältnismäßig zu sein. Wichtig wäre es also, die Wahrheit zu wissen; ein individueller unverhältnismäßiger Respons wäre in Ordnung, wenn er von der richtigen Schätzung begleitet wäre. Diese Dissonanz kann jedoch nicht allzu allgemein sein, denn wir müssen auch die richtigen Schätzungen leben und nicht nur aussprechen. Dennoch gibt es Spielraum dafür, daß Menschen ihr eigenes Urteil über das jeweilige

Gewicht, das der Proportionalität und der Erhöhung der Fülle bestimmter Response gegeben werden soll, zur Geltung kommen lassen.

Während ich hier über Proportionalität schrieb, habe ich manchmal das Gefühl gehabt, daß ich Dinge in diese Struktur *zwinge*.[4] Wenn man sagt, daß wir proportional leben und jedem Ding sein Teil geben sollten, so *erscheint* das wie ein akzeptables Prinzip – ja, es klingt, als würde die Weisheit das erfordern. Die Weisheit selbst gibt angeblich allem sein Teil, sie schätzt es, versteht es, kennt seinen Wert und Sinn und allgemeiner noch seine Konturen in jeder der Dimensionen der Wirklichkeit. Soll das heißen, daß unser *Leben* das auch tun soll? Diese Frage klingt, als frage sie danach, ob wir weise leben sollen, und so scheint es, daß die Antwort ja lauten *muß*. Nehmen wir aber an, daß es besser wäre, unverhältnismäßig zu leben und den größten Teil unserer Aufmerksamkeit nur auf einige wenige Aktivitäten und Bahnen zu lenken. Die Weisheit würde dann *dieser* Lebensweise ihr Teil geben, und sie würde empfehlen, so zu leben. Die Weisheit würde jedoch selbst diesem Rat nicht folgen und von nun an einigen Dingen weniger als ihr Teil geben, denn die Aufgabe der Weisheit ist eine andere als die, ein Leben zu führen. Sicher *soll* die Weisheit ein Leben lenken, aber ein so gelenktes Leben braucht nicht notwendig das gesamte Arsenal der Weisheit zu reproduzieren. Ein Leben kann tun, was die Weisheit sagt, ohne alles zu sagen, was die Weisheit tut.

Es ist so schwierig, auch nur *einem* Ding sein Teil zu geben; wie kann man von uns erwarten, daß wir dies bei allen tun? Vielleicht ist das, was einem Ding zusteht, ein voller Respons von unserem vollen Sein, einer, dessen Wirklichkeit voll der Wirklichkeit dieses Dinges entspricht, so daß der Proportionalitätsfaktor 1 ist. Wir können dies nicht für jedes Ding tun, und es ist nicht offensichtlich besser, einen bereits unzureichenden Respons zurückzuhalten, um andere unzureichende Response etwas weniger unzureichend zu machen.

Wichtig ist, glaube ich, Response als etwas *Zustehendes* zu geben, auf Dinge als Anerkennung für ihre Wirklichkeit einzugehen. Worauf es ankäme, wäre also nicht die Quantität unseres Responses, auch nicht die Quantität (oder Masse) der Wirklichkeit des Responses, sondern die Art und Weise des Responses, der Geist, in dem er stattfindet. Wenn man von dem spricht, was »zusteht«, so kann das allerdings dazu führen, daß es so aussieht wie eine Schuld, die man hat, oder wie eine Verpflichtung, während ich mehr so etwas wie Applaus meine. Oder ein Opfer. Oder vielleicht mehr etwas wie Liebe. Die Welt zu lieben und in ihr in der Weise zu leben, die das beinhaltet, gibt der Welt unseren vollsten Respons in einem Geist, der sich mit ihr verbindet.[5] Die Fülle *dieses* Responses vergrößert auch uns; Menschen umfassen, was sie lieben – es wird ein Teil von ihnen, da sein Wohlbefinden zum Teil das ihre wird. Das Format einer Seele, die Größe eines Menschen, wird teilweise durch das Ausmaß dessen gemessen, was dieser Mensch schätzen und lieben kann.

Der Welt diesen Respons zu geben und in ihr auf diese Weise zu leben würde jedoch keine proportionale Aufmerksamkeit verlangen. Als Menschen, der tatsächlich ein völlig ausgeglichenes Leben führt, könnte man daher jemanden betrachten, der folgendes tut: den *relativen Proportionen* der Wirklichkeit bei allen Dingen *ihr* Teil zu geben. Das ist allerdings nur ein Ding, dem man sein Teil geben kann. Ich will aber auch sagen, daß im Laufe eines Lebens alles Wichtige in einigem bedeutsamen Umfang Gewicht und Aufmerksamkeit erhalten sollte, auch wenn das nicht in einem genauen Verhältnis geschieht, und selbst wenn manche Dinge es nur in stellvertretender Aktivität empfangen. Aber wenn ich dies sagen will, ist das vielleicht einfach mein eigener Weg, den Dingen das darzubringen, was ihr Teil ist.

23. Was ist Weisheit, und warum lieben Philosophen sie so?

Philosophie bedeutet Weisheitsliebe. Was ist Weisheit? Wie soll sie geliebt werden? Weisheit ist ein Verständnis für das, was wichtig ist, dort, wo dieses Verständnis das Denken und Handeln eines (weisen) Menschen erfüllt. Dinge von geringerer Wichtigkeit werden in der richtigen Perspektive gehalten. Das Verständnis der Weisheit ist ein spezielles, und zwar in dreierlei Weise: in den Themen, die es betrifft – den Fragen des Lebens; in seinem speziellen Wert für das Leben; und darin, daß nicht alle in gleicher Weise daran teilhaben. Etwas, das jeder wüßte, könnte wichtig sein, würde aber nicht als Weisheit zählen.

Die Weisheit ist praktisch; sie hilft. *Weisheit ist das, was man verstehen muß, um gut zu leben und mit den zentralen Problemen fertig zu werden und die Gefahren in der Zwangslage (den Zwangslagen) zu vermeiden, in denen sich menschliche Wesen vorfinden.*[1]
Diese allgemeine Beschreibung ist dazu gedacht, auf verschiedene besondere Auffassungen von Weisheit zu passen. Diese Auffassungen können sich in den Zielen (oder Gefahren) unterscheiden, die sie aufführen, oder darin, in welche Rangordnung sie sie bringen, in den Bewältigungsverfahren, die sie empfehlen, und so fort, aber das, was sie alle zu Auffassungen von Weisheit macht, auch wenn sie sich in ihrem Inhalt unterscheiden, ist, daß sich alle in diese allgemeine Form einfügen. Sie passen in das Schema: was man wissen muß, um gut zu leben und … fertig zu werden. Nun umfaßt dieses Schema zwar verschiedene Auffassungen von Weisheit, aber es ist doch nicht leer. Nicht alles auf der Welt paßt hinein. (Saure Sahne zum Beispiel nicht.) Ja, es ließe sich denken, daß das Schema, wenn es angibt, daß Weisheit eine Art von Verständnis oder Wissen ist, übertrieben eng sei. Könnte eine denkbare Ansicht nicht lauten, daß das beste Leben eines sei, das ohne alles Verständnis

oder Wissen geführt werde? Vielleicht wäre das möglich, aber auch wenn diese *Ansicht* (wenn sie korrekt wäre) selbst Weisheit enthalten könnte, würde sie kein *Leben* empfehlen, das Weisheit enthielte, ganz gleich, was ihre anderen Vorzüge wären. Der Fall läßt sich verallgemeinern. Wenn Weisheit etwas Spezifisches ist, das ein Mensch haben kann, können wir uns eine Ansicht vorstellen, die behauptet, daß das beste Leben eines ohne dieses spezifische Ding sei. So könnte jemand jeder Beschreibung von Weisheit mit dem Argument widersprechen, daß sie willkürlich gewisse Lebensführungen als beste ausschließe, nämlich die ohne jenes Ding, das als Weisheit spezifiziert worden ist. Dieser Einwand wäre jedoch falsch; die Beschreibung selbst wird gewisse Formen von Leben nicht als beste ausschließen, sondern nur als welche, die weise sind. Theoretisch ist es für Weisheit natürlich möglich, das beste oder höchste Leben zu beschreiben, ohne selbst ein Teil davon zu sein. Es ist hier jedoch meine Annahme, daß Weisheit dem besten Leben als Mittel förderlich sein und auch ein untrennbarer Bestandteil davon sein wird. Jede Beschreibung der Weisheit, die nicht damit zu vereinbaren wäre, daß sie diese doppelte Rolle hat, wäre, glaube ich, mangelhaft. Wenn Weisheit eine gewisse Art von Wissen oder Verständnis ist, sind wir also verpflichtet, diese Art von Wissen zu bewerten und zu sagen, daß das beste oder höchste Leben selbst zumindest etwas davon enthält. In welchem Umfang und in welcher Form dieses Wissen besessen wird, ist durch die allgemeine Beschreibung der Weisheit nicht entschieden.

Weisheit besteht nicht nur im Wissen fundamentaler Wahrheiten, wenn diese mit dem Führen des Lebens oder mit einer Perspektive zu seinem Sinn nicht verbunden sind. Wenn die tiefen Wahrheiten, die Physiker im Hinblick auf den Ursprung und das Funktionieren des Universums beschreiben, wenig praktische Bedeutung haben und unser Bild vom Sinn des Universums und unserem Platz in ihm nicht verändern, dann würde es nicht als Weisheit zählen, sie zu kennen. (Eine Anschauung, die den Ursprung und das Fortbestehen des Universums auf die Pläne eines göttlichen Wesens zurückführte, könnte jedoch dieses Wissen als Weisheit zählen, wenn sich daraus Schlußfolgerungen über den Zweck und die angemessenste Form des menschlichen Lebens ergäben.)

Weisheit stellt nicht nur einen Typ von Wissen dar, sondern verschiedene. Was ein weiser Mensch wissen und verstehen muß, bildet eine mannigfaltige Liste: die wichtigsten Ziele und Werte des Lebens – das höchste Ziel, wenn es eines gibt; mit welchen Mitteln diese Ziele unter nicht allzu großen Kosten erreicht werden; was für Arten von Gefahren die Erreichung dieser Ziele bedrohen; wie man diese Gefahren erkennt und vermeidet oder möglichst gering hält; wie verschiedene Typen von menschlichen Wesen in ihren Handlungen und Motiven beschaffen sind (da dies Gefahren oder Möglichkeiten bietet); was sich nicht erreichen (oder vermeiden) läßt; wie man feststellt, was wann angebracht ist; die Erkenntnis, wann gewisse Ziele in hinreichendem Maße erreicht sind; welche Beschränkungen unvermeidlich sind und wie man sie akzeptiert; wie man sich und seine Beziehungen zu anderen oder zur Gesellschaft verbessert; die Erkenntnis, was der wahre und nicht-offenbare Wert verschiedener Dinge ist; wann man eine langfristige Perspektive einnehmen soll; die Erkenntnis der Vielfalt und Verstocktheit von Fakten, Institutionen und menschlicher Natur; das Verständnis dafür, was die eigenen wirklichen Motive sind; wie man mit den großen Tragödien und Dilemmata des Lebens und auch mit den großen guten Dingen fertig werden und umgehen soll. Es wird auch Stücke negativer Weisheit geben: gewisse Dinge sind *nicht* wichtig, andere Dinge sind keine wirksamen Mittel usw. Jede gute Aphorismensammlung enthält dies und noch mehr in ihre witzigen Zynismen eingestreut.

Vielleicht ist die Vielfalt der Weisheit nur scheinbar, und sie kann ganz aus einem einzigen zentralen Verständnis hervorgehen, aber dies sollte nicht von vornherein vorausgesetzt oder festgelegt werden. Würde jemand, der die eine Wahrheit verstünde, aus der alle Weisheit hervorginge, weiser sein als jemand, der ähnlich lebte und riete, der aber nur die Vielfalt begriffe? Der erste würde tiefer blicken, aber wenn die theoretische Vereinheitlichung keine praktischen Auswirkungen haben könnte, ist nicht klar, ob er weiser wäre.[2]

Ein weiser Mensch weiß diese verschiedenen Dinge und lebt nach ihnen. Jemand, der sie nur wüßte, der anderen gute Ratschläge anböte, der aber selbst töricht lebte, würde nicht als weise bezeichnet werden. Wir könnten den Verdacht äußern, daß dieser Mensch zumindest eines nicht wüßte – wie er nämlich sein übriges Wissen anzuwenden hätte. Ist es allerdings völlig unmöglich, daß er durchaus wüßte, wie er sein sonstiges Wissen anzuwenden hätte, es aber einfach nicht *täte*? Man kann wissen, wie man schwimmt, ohne schwimmen zu gehen. Ganz gleich, wie wir diese Frage beantworten, um weise zu *sein*, muß ein Mensch nicht nur Wissen und Verständnis *haben* – Weisheit haben, wenn man so will –, sondern sie auch gebrauchen und danach leben. Das bedeutet allerdings nicht, daß der weise Mensch zusätzlich zu seinem Verständnis und praktischen Wissen noch etwas anderes besitzen muß, das in Verbindung mit diesen dann das Verständnis anwendet, um ein Leben in Übereinstimmung damit zu produzieren. Vielleicht heißt weise zu sein einfach, *wegen* des Verständnisses und des praktischen Wissens, die man hat, in einer bestimmten Weise zu leben; es braucht keinen zusätzlichen *dritten* Faktor zu geben, der sowohl Teil der Weisheit ist als auch vom Verständnis und praktischen Wissen dahin führt, diese zu leben.

Weisheit garantiert jedoch keinen Erfolg beim Erreichen der wichtigen Lebensziele, genau wie hohe Wahrscheinlichkeit keine Wahrheit garantiert. Die Welt muß auch kooperieren. Ein weiser Mensch ist einer, der in die richtige Richtung gegangen ist und der, wenn die Welt seine Reise vereitelt, weiß, wie er auch darauf eingehen soll.

Aus nicht sehr guten Gründen scheint der Begriff Weisheit mehr zu Beschränkungen der Durchführbarkeit zu tendieren als zu Erweiterung. Zur Beschäftigung mit den Grenzen dessen, was machbar ist, gehört es, drei Dinge zu wissen: erstens die negativen Aspekte der besten Alternative, die verfügbar ist; zweitens den Wert der nächstbesten Alternative, auf die man verzichten oder die man aufgeben muß, um die beste auszuführen – Wirtschaftswissenschaftler nennen dies die »Opportunitätkosten«; und drittens die Beschränkungen des Möglichen selbst, die gewisse Alternativen als mögliche oder machbare Gegenstände der Wahl ausschließen. In seiner Schrift *Das Unbehagen in der Kultur* beispielsweise führt Freud unter den negativen Aspekten der Kultur die Unterdrückung der freien Ausübung sexueller und aggressiver Instinkte auf und vertritt die Auffassung, daß dies der unvermeidliche Preis für die Wohltaten der Kultur sei. Die Verbindung der Wohltaten der Kultur ohne die negativen Aspekte liegt *nicht* im Bereich des Machbaren.

Der besondere Hang der Weisheit zu Grenzen scheint Konservative im Vergleich zu Radikalen willkürlich zu begünstigen. Auf eine wichtige und nicht gebührend gewürdigte Beschränkung zu verweisen kann ein wichtiges Stück Weisheit darstellen, aber warum sollte es das in stärkerem Maße tun als ein Verweis auf eine wichtige Möglichkeit, von der man fälschlicherweise geglaubt hatte, sie sei nicht möglich? Warum ist es weiser, den Bereich des Möglichen einzuengen, als ihn zu erweitern? Wer von den Grenzen des ökonomischen Wachstums spricht, spricht, wenn er recht hat, Weisheit. Ein anderer Autor, Julian Simon, behauptet in seinem Buch *The Ultimate Resource*, daß die tatsächlichen Grenzen viel weiter entfernt liegen: Der Betrag jeder Ressource in dem kugelförmigen Körper, auf dem wir wohnen, der Erde, ist weit größer als die Quantitäten, die andere als absolute Grenzen aufführen, und neue Technologien können entwickelt werden, um diese Stoffe zu gewinnen; Erschöpfung würde erst in vielen Jahrhunderten kommen, lange nachdem der Raumflug Wanderung in großem Umfang möglich machen würde. (Ich selbst empfehle *nicht*, die Erde erst zu plündern und sie dann zu verlassen! Und ich nehme an, auch Simon tut das nicht – mit Ausnahme seines Gedankenexperiments, das zeigen soll, wie weit die physischen Grenzen der Machbarkeit entfernt liegen.) Wenn Simon recht hat, sollte auch dies als ein Stück Weisheit zählen, das uns viel unnötige Einschränkung erspart. Wenn utopische Gesellschaftstheoretiker im Hinblick darauf recht haben, wie sehr harmonisch wir miteinander leben könnten, dann wäre auch das Weisheit. Es gibt keinen Grund, weshalb Weisheit asymmetrisch die strenge Sicht begünstigen sollte. Selbst wenn ein allgemeines Argument zeigen sollte, daß der Menschheit größere Kosten durch verfehlte Versuche, das Unmögliche zu tun, entstanden wären als durch verfehlte Vernachlässigung des Möglichen, würde das dafür sprechen, Warnungen besondere Aufmerksamkeit zu schenken, nicht aber dafür, daß wir neue Möglichkeiten nicht mehr begrüßen sollten.

Der Begriff der Weisheit, den ich beschrieben habe, stellt den Menschen in den Mittelpunkt; er konzentriert sich auf das, was im menschlichen Leben wichtig ist. Doch auch andere Dinge als Menschen können ein Wohlbefinden haben; dazu gehören Tiere, außerirdische vernunftbegabte Wesen und vielleicht solche Dinge wie Volkswirtschaften, ökologische Systeme, Gesellschaften und Kulturen, Pflanzen und auch einige unbelebte physische Objekte – Bücher, Schallplatten, Kleidung, Stühle, Flüsse ... Eine allgemeinere und großzügigere Auffassung von Weisheit könnte sie daher als die Fähigkeit sehen, das Wohlbefinden jedes einzelnen Dinges zu sehen, zu erkennen, welche Gefahren es für das Wohlbefinden jedes Dinges gibt und wie man ihnen begegnen kann und sollte. (Da Teile der Ethik mit Konflikten zwischen dem Wohlbefinden verschiedener Menschen oder zwischen dem von Menschen und anderen Arten von Wohlbefinden zu tun haben, würde Weisheit, wenn sie weiß, wie diese Konflikte zu bewältigen oder zu lösen sind, diese Teile der Ethik einschließen.) Eine beschränktere Weisheit würde von einem bestimmten Ding oder einer bestimmten Art handeln; es würde das Wissen um *sein* Wohlbefinden, die Gefahren, die ihm drohen, usw. beinhalten, und solche Weisheit findet sich manchmal in bestimmten Rollen oder Beschäftigungen. Doch ein Mensch wäre nicht weise im allgemeinen, wenn er nicht wüßte, wie umfassend der Begriff des Wohlbefindens Gültigkeit hätte; er könnte zu Unrecht glauben, einige bestimmte Dinge hätten gar kein Wohlbefinden, und daher annehmen, daß es keine Weisheit über diese Art von Ding geben könne. Er wäre weise nur in bezug auf Menschen, und selbst hier wäre seine Weisheit beschränkt. Da er nicht fähig wäre anzugeben, wie Menschen auf das Wohlbefinden der anderen Dinge eingehen sollten, wäre er nicht fähig, einen angemessenen Teil des menschlichen Verhältnisses zur Wirklichkeit anzugeben – und *das* ist Teil des *menschlichen* Wohlbefindens. Selbst seine Weisheit über Menschen wäre daher nur partiell.

Weisheit kann auch in dem Teil des menschlichen Lebens, mit dem sie befaßt ist, partiell sein, etwa dann, wenn Menschen (angeblich) auf spezialisierten Gebieten weise sind, der eine in Wirtschaftsfragen, der andere in Außenpolitik, ein anderer in Kindererziehung, ein anderer in Kriegführung, ein anderer darin, wie man erfolgreich einem Beruf nachgeht. Ihnen allen gemeinsam wäre, daß sie in den allgemeinen Begriff von *Weisheit über* etwas passen, in dem Sinne, daß sie wissen, was daran wichtig ist, wie man Gefahren in Verbindung damit vermeidet usw.; die Unterschiede würden darin liegen, welche Etwasse die Weisheit beträfe. In verschiedenen sozialen Situationen oder Notfällen könnten wir verschiedene Teile von Weisheit besonders brauchen und daher diesen Teilen verschiedenes Gewicht geben. Gibt es also eine einzige Art von Ding, die Weisheit im Hinblick auf das Leben darstellt? Diese letzte Weisheit ist nicht einfach eine Gewichtung aller verschiedenen einzelnen spezialisierten Arten von Weisheit. Sie ist vielmehr eine Weisheit über das, was unser aller Leben gemeinsam ist, was (unserer Einschätzung nach) für jedes normale menschliche Leben als Beschäftigung wichtig ist. Und es ist das, was wir meinen, wenn wir (einfach) sagen: Weisheit (Punktum), ohne ein spezielles Gebiet anzugeben, auf das sich die Weisheit bezieht; dieser Sinn versetzt uns beispielsweise in die Lage, von jemandem zu sagen, er sei zwar möglicherweise in Geschäftsdingen weise gewesen, aber er sei kein weiser Mensch.

Sokrates, dem das Orakel nachsagte, er sei der einzige weise Mensch in Athen, erklärte diesen überraschenden Ausspruch durch die Feststellung, anders als alle anderen, die sich für weise hielten, wisse er, daß er es *nicht* sei. Er versuchte auch, diese Art von Wissen auf andere zu verbreiten! Häufig verwickelte er sie in Gespräche über einen wichtigen Begriff von allgemeinem menschlichen Interesse wie etwa Frömmigkeit oder Freundschaft oder Gerechtigkeit oder das Gute und brachte sie dann dahin, daß sie sich widersprachen oder schließlich ihre Verwirrung eingestanden. Sie waren nicht in der Lage, diese wichtigen Begriffe zu definieren, eine explizite Darstellung zu geben, die für alle Fälle galt, in denen sich der intuitive Begriff korrekt anwenden ließ, und nur für diese Fälle, wobei sie diesen Begriff von anderen, benachbarten abgrenzte. Sokrates schloß hieraus, daß sie nicht wüßten, was Frömmigkeit oder Gerechtigkeit oder Freundschaft sei. Folgt dies aber einfach aus der Unfähigkeit, den Begriff zu definieren oder zu erklären? Wir wissen, was grammatische Sätze sind, ohne daß wir, sofern wir nicht linguistische Theoretiker sind, den Begriff »grammatischer Satz« definieren und die vollständige Menge grammatischer Regeln, die dies spezifizieren, korrekt beschreiben könnten. Wir können grammatische Sätze erkennen und zuverlässig produzieren und ungrammatische Sätze von ihnen unterscheiden, alles »nach dem Gehör«. In ähnlicher Weise konnte ein Gefährte des Sokrates wissen, was Freundschaften sind, er konnte sie aufrechterhalten, den Bruch einer Freundschaft erkennen, wenn er ihm begegnete, sowie jemandem über Schwierigkeiten in Freundschaften Ratschläge geben, und das alles, ohne in der Lage zu sein, den allgemeinen Begriff Freundschaft korrekt zu definieren.

Das Wissen, das mit Weisheit verbunden ist, ist vielleicht auch etwas, das man besitzen kann, ohne es explizit erläutern zu können. Um weise zu sein, ist es nicht notwendig, daß man die strenge Prüfung eines Verhörs durch Sokrates bestehen kann, sei es über den allgemeinen Begriff der Weisheit oder über die einzelnen Dinge, im Hinblick auf die man weise ist. Das soll nicht in Abrede stellen, daß solches explizite Wissen und Verständnis wertvoll und befriedigend sein kann. Explizites Wissen könnte auch von Nutzen sein, um mit schwierigen Situationen fertig zu werden oder um jemand anderen Weisheit zu lehren, aber ein bestimmter weiser Mensch könnte auch durch sein oder ihr eigenes Beispiel lehren oder indem er oder sie auf ein passendes Sprichwort oder eine Platitüde zurückgriffe – wobei er wüßte, was er wann heranzuziehen hätte. (Der Philosoph ist jedoch jemand, der der Versuchung nicht widerstehen kann, alles explizit zu sagen.)

Welche Sache wird also ein weiser Mensch als die wichtigste betrachten? Es ist verlockend, darauf zu antworten (oder dem Problem auszuweichen, indem man sagt), daß das, worauf es am meisten ankäme, das höchste Gut, die Weisheit selbst sei. Ihre Wichtigkeit als Mittel ist klar; die Wahrscheinlichkeit, daß man richtig lebt, ist weit höher, wenn man weiß, was wichtig und wertvoll ist, und auch die Gefahren und Risiken des Lebens kennt und weiß, wie man mit ihnen fertig wird. Doch selbst als Mittel zu anderen guten Dingen ist Weisheit nicht völlig notwendig. Der glückliche Zufall könnte es wollen, daß jemand, vielleicht durch gesellschaftliche Prägung, auf die wichtigen Ziele gewiesen wird, ohne ihre Natur und Wichtigkeit voll zu verstehen; und seine eigenen Lebensverhältnisse könnten so glücklich sein, daß sich diese Ziele leicht erreichen lassen, ohne daß er durch gefährliche Untiefen zu steuern braucht. Dieser glückliche Mensch würde ohne Vermittlung eigener Tugend viele einzelne Güter erlangen. Er würde jedoch nicht weise leben; er würde nicht sein Wissen und seine Intelligenz einsetzen, um sein Leben und sich selbst zu gestalten.

Was ist damit verbunden, daß die Philosophie die Weisheit liebt? Natürlich empfiehlt sie, weise zu leben, nach mehr Weisheit zu streben, sie bei anderen zu schätzen; sie ist der Auffassung, daß die Weisheit intrinsischen und nicht nur instrumentellen Wert hat, und sie gibt der Weisheit einen hohen Stellenwert. Wenn aber die Philosophie die Weisheit liebt, liebt sie sie dann mehr als alles andere? Mehr als Glück und mehr als Erleuchtung? Philosophen haben häufig sagen wollen, es sei Weisheit, die das größte Glück bringen könne, und sogar, daß Weisheit dieses garantiere. (Daher die häufigen Diskussionen der antiken Autoren über die schwierige Situation des Weisen, der gefoltert wird; vgl. beispielsweise Ciceros fünfte tuskulanische Disputation.) Vielleicht beharren sie darauf, daß Weisheit das größte Glück bringen muß, weil sie besorgt sind, daß die Weisheit vernachlässigt würde, wenn die beiden voneinander abwichen. Zu dieser Vernachlässigung würde es jedoch nicht kommen, wenn die Güter in die folgende Rangordnung gebracht würden: erstens Weisheit in Verbindung mit Glück; zweitens Weisheit ohne Glück; drittens Glück ohne Weisheit; und viertens weder Glück noch Weisheit. Wenn man dem die starke Neigung von Weisheit, Glück hervorzubringen, hinzufügt, wird das erste wahrscheinlicher als das zweite. (Und da das Fehlen von Weisheit oft am Ende zu großem Unglück führt, ist der dritte Fall weniger wahrscheinlich, als es den Anschein haben mag.) Die Tendenz der Weisheit, Glück zu produzieren, beruht auf zwei Dingen. Erstens und ganz offensichtlich kann eines ihrer Anliegen sein, wie man Glück gewinnt. Da zweitens Weisheit äußerst wertvoll an sich ist, wird ihr Besitz und die Erkenntnis dieser Tatsache von selbst tiefes Glück hervorbringen (sofern dies nicht durch

Folter oder andere derartige Faktoren außer Kraft gesetzt wird).

Wenn der Philosoph Weisheit liebt, vergrößert dann auch er wie andere Liebende die Tugenden des von ihm Geliebten? (Und was liebt ein Philosoph tatsächlich mehr, die Weisheit oder die Weisheitsliebe?) Wenn er das Loblied der Weisheit und seiner Liebe zu ihr singt, besteht dann der richtige Respons – wie bei allen glücklich Verliebten, die ihre Liebe für die schönste erklären – darin, nachsichtig zu lächeln?

Wie dem auch sei, wird nicht eine Weisheit, die die Grenzen von allem kennt, auch ihre eigenen kennen? Wird nicht eine Weisheit, die alles in der richtigen Perspektive sieht, auch sich selbst perspektivisch sehen? Wird nicht eine Weisheit, welche Selbsterkenntnis preist, auch sich selbst kennen? Wenn etwas anderes wichtiger ist als Weisheit, dann sollte die Weisheit, die ja weiß, was wichtig ist, uns das sagen können. Es ist nichts Inkonsistentes daran, daß die Weisheit zu dem Schluß kommt, etwas anderes sei wichtiger. Und die Fähigkeit, dies zu erkennen, würde dadurch die Weisheit auch nicht zum Wichtigsten machen; ein Straßenschild, das den Weg zu einer Stadt weist, ist nicht wichtiger als die Stadt. (Platon pflegte zu fragen, wie das Geringere das Größere beurteilen könne; es kann jedoch sicher genug wissen, um das Größere als größer zu erkennen.) Wenn die Weisheit etwas anderes als wichtiger ansieht, mag sie, um mehr davon zu erlangen, sogar empfehlen, einige Weisheit oder Gelegenheiten hierzu zu opfern. Eine Ebene höher würde die Weisheit also unangefochten herrschen. Doch selbst dieser Akt des Herrschens macht sie nicht zu dem, was am wichtigsten ist. Der Oberste Gerichtshof hat letztlich die Macht, über alles andere zu urteilen, aber das macht ihn nicht zum wichtigsten Regierungsorgan; und wenn politische Beamte (legitime) Macht über alle anderen Aktivitäten in der Gesellschaft ausüben, dann wird dadurch das Innehaben und Ausüben von Macht nicht zur wichtigsten und wertvollsten Aktivität der Gesellschaft.

Es ist Teil der Weisheit zu verstehen, was für Dinge im Leben am wichtigsten sind, und das eigene Leben daran zu orientieren; wir können dieses Verständnis nicht kurzschließen, indem wir einfach verkünden, daß das allerwichtigste Ding die Weisheit selbst sei. Wir können aber Gründe dafür anführen, daß wir die Weisheit hoch bewerten. Eines der wichtigsten Güter des Lebens, meinte Aristoteles, ist der Lebensführung innewohnend: jemand mit der Fähigkeit und der Tendenz zu sein, in einem breiten Spektrum von Umständen richtig zu leben und nach der geschickten und weisen Ausübung dieser Fähigkeit zu leben. Weisheit und ihre Ausübung können auch ein wichtiger Bestandteil des Ich sein, das in der Anwendung und Entwicklung von Weisheit an Verständlichkeit gewinnt. Weisheit ist daher nicht einfach ein wichtiges Mittel zu *anderen* Zielen, sondern sie ist selbst *ein* wichtiges Ziel, ein intrinsischer Bestandteil des eigenen Lebens und des eigenen Ich.

Der Prozeß, weise zu leben, bei dem man das verfolgt oder sich dem öffnet, was wichtig ist, ein ganzes Spektrum von Umständen berücksichtigt und die vollsten Fähigkeiten, die man hat, benutzt, um geschickt durch diese Umstände hindurch zu steuern, ist außerdem selbst ein Weg, tief mit der Wirklichkeit verbunden zu sein. Der Mensch, der weise lebt, tritt gründlicher in Beziehung zur Wirklichkeit als jemand, der sich auf seinem Weg durchs Leben von den Umständen treiben läßt, selbst wenn die Richtung, in die diese ihn zu treiben versuchen, die Wirklichkeit ist. Ob er das volle Spektrum der Wirklichkeit in verhältnismäßiger Weise verfolgt oder nicht, er ist sich dieses Spektrums bewußt; er kennt und schätzt die vielen Dimensionen der Wirklichkeit und sieht das Leben, das er führt, in diesem umfassendsten Kontext. Ein solches Sehen ist selbst eine Form der Verbindung. Weise zu leben ist also nicht nur unser Mittel dazu, in engste Verbindung zur Wirklichkeit zu treten, es ist auch die Art und Weise, in der wir das tun. (Das ist die zentrale Aussage, die ich über Weisheit machen möchte.)

Weisheit heißt nicht einfach zu wissen, wie man seinen Weg durchs Leben steuert, mit Schwierigkeiten fertig wird usw. Sie besteht auch darin, die *tiefste* Geschichte zu kennen, in der Lage zu sein, die tiefste Bedeutung aller Dinge, die sich ereignen, zu sehen und richtig einzuschätzen; dazu gehört, daß man die Verzweigungen jedes Dinges oder Ereignisses in bezug auf die verschiedenen Dimensionen der Wirklichkeit einschätzen kann, nicht nur die naheliegenden, sondern die höchsten Güter kennt und versteht und die Welt in diesem Licht sieht. Dies ist es, was der Philosoph liebt, und der Anspruch auf Vorrang, den dies erhebt, läßt sich weniger leicht abweisen.

Die Prinzipien der Weisheit, die in der abendländischen Tradition explizit formuliert worden sind, sind jedoch, wenn sie allgemein genug sind, um in weitem Umfang anwendbar zu sein, nicht präzise genug, um für sich allein schwierige Lebensfragen zu entscheiden oder bestimmte Dilemmata zu lösen. Hierzu gehören Aristoteles' Prinzip der Wahl der Mitte zwischen Extremen (das in einer Interpretation als Empfehlung für Response und Emotionen gesehen wird, die im richtigen Verhältnis zur Situation stehen – die also *passend* sind), Sokrates' Ausspruch, daß das ungeprüfte Leben nicht wert sei gelebt zu werden, und Hillels Satz: »Wenn ich nicht für mich bin, wer wird es sein? Und wenn ich nur für mich bin, was bin ich? Und wenn nicht jetzt, wann?« Wenn Weisheitsprinzipien allgemeine Typen von Zielen und Gütern angeben (und allgemeine Verfahren zu ihrer Verknüpfung empfehlen), ist die Orientierung, die sie anbieten, kein Ersatz für Einsicht und Reife. Dennoch können solche Prinzipien erhellend sein; selbst eine einfache Liste von Dingen, die man im Leben berücksichtigen soll, kann hilfreich sein, auch wenn nicht angegeben ist, *wie* man sie berücksichtigen soll.

Doch warum lassen sich keine allgemeinen Prinzipien formulieren, die für sämtliche Situationen gelten und die doch präzise genug sind, um bestimmte Handlungsabläufe anzugeben, denen man in ihnen folgen soll? Es genügt hier nicht, das Wort des Aristoteles zu zitieren, daß wir nicht mehr Genauigkeit erwarten sollten, als der Gegenstand zuläßt. (Viele Autoren von Schriften über viele Themen seit Aristoteles haben sich damit getröstet, diese Worte zu zitieren, aber vielleicht war nur sein außerordentlich mächtiger Geist zu Zuversicht darüber berechtigt, wo die Grenzen der Präzision angesiedelt sind.) Warum läßt das Thema des Lebens kein exakteres Verständnis zu? Die Antwort, das Leben selbst sei verschwommen oder vage, ist keine Erklärung, denn insofern wir diese Aussage verstehen können, scheint sie nur die Tatsache zu wiederholen, die erklärt werden soll.

Ich bin mir über die Antwort nicht sicher, aber es gibt eine Analogie zu naturwissenschaftlicher Erkenntnis, die hilfreich scheint. Man könnte meinen, daß in der Naturwissenschaft eine Hypothese durch isolierte Daten belegt oder widerlegt werden kann (jedenfalls vorläufig, bis neue Daten verfügbar werden). Neuere Theoretiker in der Nachfolge von Pierre Duhem und W. v. Quine haben jedoch das Ausmaß betont, in dem die Masse des naturwissenschaftlichen Wissens ein in sich zusammenhängendes Geflecht bildet, in das sich bestimmte Daten einbeziehen oder nicht einbeziehen lassen, je nachdem, welche anderen Hypothesen oder Theorien man anzunehmen oder zu modifizieren bereit ist. Ob man eine bestimmte Hypothese verwirft oder aber sie akzeptiert, dabei aber theoretische Modifikationen an anderer Stelle vornimmt, um anscheinend widersprüchliche Daten miteinander in Einklang zu bringen, hängt davon ab, wie gut die daraus resultierenden Gesamttheorien wären. Dies würde durch ein Maß der Gesamtgüte einer Theorie bestimmt, verglichen mit der konkurrierender Theorien unter Berücksichtigung ihrer Eignung für die Daten und die laufende Problemsituation, ihrer Erklärungskraft, Einfachheit, theoretischen Fruchtbarkeit und Kohärenz mit einer existierenden Menge akzeptierten Wissens. Bisher ist noch keine adäquate Gesamtregel formuliert worden, die alle partiellen Bewertungsfaktoren, die man für relevant hält, in sich vereinigt und in ein Gleichgewicht bringt: beim Vornehmen der wissenschaftlichen Gesamtbewertung müssen wir unsere intuitive Einsicht gebrauchen, wenn wir diese verschiedenen Subkriterien ausbalancieren. (Haben wir die adäquate Regel einfach noch nicht gefunden oder ist sie prinzipiell unmöglich oder liegt sie außerhalb der Reichweite unserer beschränkten Intelligenz?) Doch selbst wenn sich eine solche formulieren ließe, würde sie den Gesamtcharakter einer ausgedehnten Theorie bewerten und sich daher nur indirekt auf eine Entscheidung über eine bestimmte Hypothese anwenden lassen und dann auch erst, nachdem eine lange Argumentationskette auch die verschiedenen Möglichkeiten aller anderen Teile berücksichtigt hätte. Daß ein Gemälde ein Pferd darstellen soll, legt nicht fest, was für eine Farbe auf einen bestimmten Punkt der Leinwand aufgetragen werden soll. Selbst wenn ein Gesamtkriterium tatsächlich ein Einzelergebnis bestimmte – insofern als kein anderes Resultat tatsächlich mit dem Kriterium vereinbar wäre –, brauchte es außerdem keine Garantie zu geben, daß wir in einer gegebenen festen Zahl von Schritten oder in einer bestimmten Zeitspanne das Kriterium anwenden könnten, um herauszufinden, welches Resultat das sei.

Auch im Hinblick auf ein Leben mit seinen vielen Aspekten, Bereichen, Teilen und Zusammenhängen läßt sich vielleicht nur ein Gesamtkriterium anbieten – zum Beispiel, daß es irgendwie konturiert werden soll, um seine und unsere Bezugnahme zur Wirklichkeit zu steigern. Es gibt verschiedene Subkriterien (die verschiedenen Dimensionen der Wirklichkeit), die eine Gesamtbewertung ausbalancieren muß, und dabei müssen wir unsere intuitive Urteilskraft gebrauchen; es existiert keine explizite Regel für die Ausführung dieser Aufgabe. Das Individuum soll sein Leben an das Gesamtkriterium anpassen, aber wie das am besten geschieht, hängt von seinen Merkmalen, seinen gegenwärtigen und zukünftigen Gelegenheiten ab, davon, wie es bisher gelebt hat, und von der Situation anderer sowie von seinem Ausbalancieren der Subkriterien insgesamt. Auch die Weisheit über das Leben nimmt wie die naturwissenschaftliche Erkenntnis eine holistische Form an. Es gibt keine Formel, die man lernen und anwenden kann.

Vollständig ausgeglichene und verhältnismäßige Einsicht könnte die Jugend daran hindern, mit Macht partielle Enthusiasmen und große Ambitionen zu verfolgen, durch die sie zu intensiven Erlebnissen und großen Leistungen geführt wird. Selbst ein älterer Mensch, der im Gleichgewicht ist, braucht nicht immer auf der aristotelischen Mitte zu verharren; er kann einen Zickzackkurs verfolgen, sich bald mit übermäßiger Begeisterung in die eine Richtung bewegen und das dann durch eine andere Bewegung in die entgegengesetzte Richtung ausgleichen. Seine Ausgeglichenheit läßt sich in der Richtung der zentralen Tendenz zeigen und auch dadurch, daß die Abweichungen nicht über allzu lange Zeit zu groß sind und keine bleibenden negativen Wirkungen hinterlassen. Seine Fähigkeit, sich bald wieder auf den richtigen Kurs zu bringen, verleiht dem aktuellen Muster im Zeitverlauf Ausgeglichenheit, aber dies in einer Weise, die einiges von der Romantik und dem leidenschaftlichen Überschwang der Jugend zuläßt und ausdrückt. Weisheit braucht keine Sache von Greisen zu sein.

Ein weises Ideal wird die Art und Weise berücksichtigen, in der es befolgt werden wird. Eine tatsächliche Situation wird oft als eine *Verfälschung* des Ideals beschrieben, das sie zu verfolgen vorgibt, und verschiedene Leute haben vom Kommunismus, vom Kapitalismus wie vom Christentum gesagt, sie seien »eine gute Idee, die man nie ausprobiert hat«. (Könnte man nicht stattdessen sagen: »Es ist eine gute Idee; nur schade, daß man sie ausprobiert hat«? Jedes dieser Systeme hat auch seine Kritiker, die der Auffassung sind, daß es nicht einmal als Ideal wünschenswert sei.) Doch wenn ein Ideal in der Welt immer wieder auf eine bestimmte Weise institutionalisiert wird und wirkt, dann ist *dies* die Bedeutung, die es für die Welt hat. Es ist dann nicht gestattet, einfach die Verantwortung für das, was wiederholt unter seiner Ägide geschieht, abzulehnen.

Ich erinnere mich an einen Bericht über die Erprobung eines neuen Flakgeschützes im Zweiten Weltkrieg. Bei den Tests funktionierte es sehr gut und traf viele Flugzeuge, aber als es in die Produktion ging und an die Truppe verteilt wurde, erfüllte es seine Aufgabe nicht in der gewünschten Weise. Die Einheit, die es bei den Tests bedient hatte, war außerordentlich erfahren, aufgeweckt, geschickt, intelligent, kooperativ und motiviert. Die Waffe war komplex und höchst empfindlich, ihre Genauigkeit hing von präzisen Details beim Abfeuern ab. Als gewöhnliche Artilleriemannschaften das Geschütz unter den normalen Gefechtsbedingungen einsetzten, konnten *sie* es nicht dazu bringen, seine Aufgabe zu erfüllen. In gewissem Sinne war es vielleicht ein ideales Geschütz, aber was daraus in dieser Welt wurde, als es in erheblicher Zahl von den Menschen hier bedient wurde, war eine wirkungslose Waffe, eine Katastrophe.

Das kapitalistische Ideal freien und freiwilligen Austauschs, bei dem die Produzenten miteinander darum konkurrieren, Bedürfnisse der Konsumenten auf dem Markt zu befriedigen, Individuen ihrer eigenen Neigung folgen, ohne daß von außen durch Zwang eingegriffen wird, Nationen als kooperierende Partner im Handel zueinander in Beziehung treten, jedes Individuum das Geld erhält, was andere, die es verdient haben, ihm für Dienste zukommen zu lassen belieben, wobei nicht einigen von anderen ein Opfer auferlegt wird – dieses Ideal ist mit anderen Dingen gekoppelt worden und hat für sie einen Deckmantel geliefert: internationale Plünderung, Unternehmen, die Regierungen im Ausland oder im Inland wegen spezieller Privilegien bestechen, die sie in die Lage versetzen, Konkurrenz zu vermeiden und ihre besonders eingeräumte Situation auszubeuten, das Stützen autokratischer Regimes – solcher, die sich oft auf Folter stützen –, welche diesen beschränkten privaten Markt gutheißen, Kriege zur Gewinnung von Ressourcen oder Märkten, die Beherrschung von Arbeitern durch Aufseher oder Arbeitgeber, Unternehmen, die schädliche Wirkungen ihrer Produkte oder Produktionsprozesse geheimhalten, usw. Das ist die Kehrseite des kapitalistischen Ideals, wie es tatsächlich funktioniert. Es ist nicht die *ganze* Geschichte über dieses Ideal; es gibt auch in sehr ausgedehntem Umfang Produktion und Handel, die frei und freiwillig sind, individuellen Verdienst und so fort. Aber es *ist* Teil dieser Geschichte.

Das kommunistische Ideal frei kooperierender Menschen, die als Gleiche in einer Gesellschaft ohne Klassenunterschiede oder spezielle Privilegien leben, gemeinsam die Bedingungen ihrer Arbeit und die Bedingungen des gesellschaftlichen Lebens miteinander kontrollieren, wobei niemand in Not bleibt, niemand gut leben kann, ohne produktiv zu arbeiten, ist mit anderen Dingen gekoppelt worden und hat für sie einen Deckmantel geliefert: große Ungleichheiten in Einkommen und Privilegien für politische Funktionäre, Zwangsmittel und Drohungen zur Aufrechterhaltung von Arbeitsdisziplin, das Fehlen von Gewerkschaftsorganisationen, die von der Regierung unabhängig sind, das Fehlen eines politischen Systems mit Parteien, die um die Macht konkurrieren, keine Sicherung des Rechts auf freie Rede, ausgedehnte Zensur, Kontrolle der Künste, Sklavenarbeitslager, organisierte Spitzelsysteme, brutale und autokratische Herrschaft, ein Staat, der keinen Teil der Gesellschaft als privat oder vor seinen Handlungen geschützt ansieht. Dies ist nicht die *ganze* Geschichte über das kommunistische Ideal, wie es tatsächlich in der Welt funktioniert, aber es *ist* Teil dieser Geschichte.

Das christliche Ideal, seinen Nächsten zu lieben und seinen Feind zu lieben, Gewaltlosigkeit, den Armen und Leidenden zu dienen, Erlösung und Rettung durch die Herabkunft Gottes auf die Erde, die Teilhabe an einer Gemeinschaft des Glaubens, ist mit Inquisitionen zur Ausrottung derjenigen, deren Glaube abweicht, oder zur Durchsetzung des Glaubens bei denjenigen, die sich nicht dafür entscheiden, gekoppelt worden, mit dem Abwenden des Blicks von den ungeheuerlichen Verbrechen der Mächtigen (sofern man sie nicht segnete), mit Eroberungen im Namen der Verbreitung der Lehre bei denen, die im Finstern leben, mit Segeln im Fahrwasser kolonialen Einflusses und einem üppigen und satten Status als offizielle und beherrschende zeremonielle Religion im Abendland. Dies ist nicht die *ganze* Geschichte über das christliche Ideal, wie es tatsächlich in der Welt funktioniert, aber es *ist* Teil dieser Geschichte.

Auch der Nationalismus hat sein Ideal der Liebe zum eigenen Land und dessen Traditionen und Möglichkeiten: Er propagiert Anhänglichkeit an seine Mitbürger, Stolz auf die Leistungen des Landes, Beteiligung daran, es besonders gut zu machen, Bewahrung des Landes vor aggressiven Drohungen. Vielleicht könnten diese Anhänglichkeiten ganz harmlos sein – eine nützliche Art von Familiengefühl im Großformat –, aber in der Praxis ist der Nationalismus, wenn er an der Macht ist, vehement, in antagonistischem Gegensatz zu anderen Nationalismen, auf territoriale Expansion bedacht, immer bereit, von anderen das Schlimmste anzunehmen oder sie in »Feinde« zu verwandeln, er ist kriegerisch und aggressiv, er gewöhnt seine Bürger an das Begehen von Greueltaten und rechtfertigt die leidenschaftlichste Kriegführung. Dies ist nicht die *ganze* Geschichte darüber, wie das nationalistische Ideal in der Welt funktioniert, aber es *ist* Teil dieser Geschichte.

Ist es unsere eigene menschliche Natur, die uns unfähig macht, diese Ideale zu verwirklichen? Bei der Diskussion der Problematik einer angeborenen menschlichen Natur hat es die Tendenz gegeben, danach zu fragen, welche Züge oder Eigenschaften *unveränderlich* sind – sind die Menschen zum Beispiel unausrottbar besitzgierig und ich- und familienorientiert oder ist (das scheint die implizite Alternative zu sein) der Sozialismus möglich? Es erscheint fruchtbarer, die Frage zu betrachten, wieviel Energie die Gesellschaft aufzuwenden hätte, um gewisse Züge zu verändern oder abzuschwächen, und wieviel Energie sie brauchte, um Formen kultureller Sozialisation aufrechtzuerhalten, die diese Züge vermeiden würden. Die angeborene menschliche Natur läßt sich am besten nicht als eine Menge festgelegter Ergebnisse, sondern als Schwierigkeitsabstufung auffassen: hier zeigt sich, wie stolz der Preis für die Vermeidung gewisser Züge ist. Auch wenn also die menschliche Natur gewisse soziale Arrangements vielleicht nicht unmöglich macht, erschwert sie es möglicherweise, sie zustande zu bringen und aufrecht zu erhalten.

Die Versuchung ist, einfach zu sagen, daß keines der tatsächlichen Resultate, die ich aufgeführt habe, von den Urhebern oder Begründern dieser Ideale beabsichtigt gewesen sei, daß die Kehrseite des Kapitalismus überhaupt kein wahrer Kapitalismus sei, sondern Regierungseinmischung oder privater Mißbrauch, daß die Kehrseite des Kommunismus kein wahrer Kommunismus sei, sondern primitive Machtgier, daß die Kehrseite des Christentums kein wahres Christentum sei, sondern institutionalisierte Heuchelei, daß die Kehrseite des Nationalismus eben Chauvinismus sei. Aber diese Antwort genügt nicht. So funktionieren diese Ideale immer wieder in dieser Welt, auf diesem Planeten, wenn wir diejenigen sind, die sie in die Tat umsetzen. Das ist es, was aus ihnen wird, was wir aus ihnen machen.

Es ist jedoch nicht alles, was aus ihnen wird. Aspekte der Ideale werden manchmal verwirklicht; die Institutionalisierung untergräbt sie nicht vollständig. Und die Ideale umfassen mehr als das, was tatsächlich geschieht. Wenn wir sie betrachten, sind wir geneigt zu überlegen, wie sie sich anlassen würden, wenn sie, wie vorgesehen, in großem Rahmen umgesetzt würden, und *dieses* Bild kann attraktiv und verlockend sein. Der Inhalt eines Ideals ist nicht dadurch erschöpft, wie wir es tatsächlich zu gestalten vermögen; er umfaßt auch seine Verwirklichung durch bessere Menschen, als wir es sind. Wir können uns jedes Ideal als eine Gruppe von Situationen vorstellen: erstens die tatsächliche Situation, die regelmäßig von denjenigen produziert wird, die es in die Tat umsetzen, zweitens die Situation, in der es wie geplant von Menschen, die dazu geeignet sind, in die Tat umgesetzt wird – nennen wir das die »Idealsituation« –, und drittens und des weiteren die verschiedenen dazwischenliegenden Situationen. (Sollten wir in das Spektrum, das das Ideal umfaßt, auch Situationen einbeziehen, die noch schlimmer sind als die tatsächliche?) Wenn wir an das Ideal *als* Ideal denken, neigen wir dazu, nur an die zweite, die »ideale« Situation zu denken. Das ist ein Fehler. Doch es wäre irreführend, stattdessen nur an die erste Situation zu denken, daran, wie das Ideal tatsächlich weiterhin praktiziert wird. Auch das ist einseitig. Wenn man jedoch neutral an das Ideal nur als die Summe aller Möglichkeiten denkt, so ist das zu undifferenziert. (Dies ist die Art und Weise, in der die semantische Theorie einen Begriff denkt und ihn durch seine Bedeutung in allen möglichen Welten spezifiziert, als Abbildung von jeder der möglichen Welten auf Objekte.) Die Situationen sind in dem Gesamtkonzept von verschiedener Wichtigkeit, und so können wir diesen Situationen in unserer Auffassung von dem Ideal verschiedenes Gewicht geben. Es erscheint angemessen, daß die tatsächliche Situation zumindest den Wert 0,5 erhält, denn dies ist die Art und Weise, in der das institutionalisierte Ideal langfristig immer wieder funktioniert. Was immer tatsächlich geschieht, ist zumindest die Hälfte dessen, worauf das Ideal hinausläuft.

Es ist allerdings nicht das ganze Ideal, wie ich bereits sagte. Denn Ideale ziehen uns in eine bestimmte Richtung und beeinflussen dadurch die zukünftigen tatsächlichen Verhältnisse. Und es ist anregend, ein bewundernswertes Ideal zu haben, auch wenn wir es nicht erfüllen. Es kann erhellend sein, die Welt in seinem Licht zu sehen, und wir könnten sogar bereit sein, in einer etwas schlechteren tatsächlichen Situation zu leben, wenn diese im Schimmer einer erheblich besseren idealen Situation erstrahlt. Ich sage also nicht, daß es uns ohne diese Ideale besser ginge. Der negative Fall ist jedenfalls unklar; hätten wir stattdessen andere Ideale oder überhaupt keine? In beiden Fällen ist es zweifelhaft, ob wir uns besser verhalten oder uns irgendwie besser fühlen würden. Sollte die Tatsache, daß wir Ideale besser formulieren können, als wir miteinander in der Lage sind, uns im Einklang mit ihnen zu verhalten, Scham oder Stolz hervorrufen? Ich glaube, beides. (Aber in welchem Verhältnis?)

Wenn wir den Versuch unternehmen, einem philosophischen Ideal zu folgen, verknüpfen wir unser Leben damit, wie das Ideal in anderen und besseren Welten realisiert worden wäre. Eine integrierte Philosophie ist nicht einfach eine willkürliche Abbildung möglicher Welten auf Lebensläufe; und durch ihre Integration kann sie diese anderen möglichen Lebensläufe, die vollkommen dazu passen würden, mit unserem Leben hier in einer Weise verbinden, die unserem Leben reiche Untertöne hinzufügt. Aufgrund ähnlicher Erwägungen kann ein Mensch den Wunsch haben, vernünftig oder weise zu sein, selbst wenn die tatsächliche Welt die beabsichtigten Ergebnisse durchkreuzen mag, und zwar wegen der Assoziationen und Weiterungen dieses Ideals in anderen möglichen Welten. Während wir ein Ideal hier beispielhaft veranschaulichen, fließen wir anderswo über. Die Verfolgung eines Ideals erfüllt also einige der Funktionen der Unsterblichkeit, nicht in der Zeit, aber durch Möglichkeit, und sie vergrößert unser Leben, so daß es nicht völlig in der tatsächlichen Welt gefangen ist.

Für die meisten Zwecke können wir uns ein Ideal als etwas vorstellen, das zu gleichen Teilen aus dem Idealen und dem Tatsächlichen besteht: wie es sich tatsächlich durchgängig und wiederholt anläßt, wenn es von Menschen wie uns in die Tat umgesetzt wird; und wie es »im Idealfall« funktioniert, wenn es von Wesen umgesetzt wird, die besser sind als wir und die sich optimal dazu eignen, es durchzuführen. Diese ausgeglichene Auffassung, wonach Ideale beide Komponenten gleichermaßen enthalten, wird denjenigen enttäuschend erscheinen, die dazu neigen, die Frage zu ignorieren, wie ein Ideal tatsächlich verwirklicht wird, und denjenigen übersteigert, die nur dies bemerken. Ich will, daß sie beides ist.

Beim Vergleich zweier Ideale müssen wir die tatsächliche Situation des ersten der des zweiten gegenüberstellen und die »Idealsituation« des ersten der des zweiten. Es wäre ungerecht, die tatsächlichen Verhältnisse auf der anderen Seite am eigenen Ideal zu messen – das heißt, die Frage, wie ein anderes Ideal tatsächlich funktioniert, im Vergleich dazu zu beurteilen, wie das eigene Ideal es *im Idealfall* tut. Es wäre schön, wenn ein Ideal alle anderen in jeder Hinsicht überragte, wenn seine ideale Situation am attraktivsten aussähe und seine tatsächliche am besten funktionierte. Die Situation ist schwieriger und interessanter, wenn es keinen derartigen Sieg auf der ganzen Linie gibt und wenn insbesondere ein Ideal eine »Idealsituation« hat, die der eines zweiten überlegen ist, während das zweite tatsächlich und ständig besser funktioniert. Vielleicht leben wir in einer historischen Zeit, in der die »Idealsituation« des Kommunismus für viele Menschen in aller Welt sehr große Anziehungskraft besitzt, während die Art und Weise, wie der Kapitalismus tatsächlich funktioniert, einschließlich seiner Fehler, erheblich besser ist. Das ist eine instabile Situation, eine, in der große »kognitive Dissonanz« liegt, und die Versuchung zu gewissen Verleugnungen ist sehr groß. Es ist recht schwierig, der Verlockung der »Idealsituation« zu widerstehen, die Hoffnung und den Glauben zu vermeiden, daß sich die Dinge diesmal, das nächste Mal, besser arrangieren werden. Wenn verschiedene Menschen diesen beiden Faktoren des Konzepts, dem Idealen und dem Tatsächlichen, durchgängig verschiedenes Gewicht beimäßen – der eine gewichtete sie beispielsweise gleich, während der andere den idealen Faktor dreimal so hoch gewichtete wie den tatsächlichen –, so wäre es nicht überraschend, wenn ihre Meinungsverschiedenheiten heftig wären.

Ist es ein Mangel eines Ideals, daß seine Idealsituation und seine tatsächliche Durchführung erheblich divergieren? Doch auch wenn ein abgewandeltes oder anderes Ideal getreuer ausgeführt werden könnte, könnte das Menschen nicht so weit aus ihrer früheren Situation herausführen wie das erste, in dessen krampfhafter Verfolgung sie weit hinter den Erwartungen zurückbleiben. Eine Theorie der optimalen Formulierung von Idealen würde Ideale als praktische Werkzeuge für maximale Bewegung betrachten und die Eigenschaften angeben, die sie haben sollten, unter der Voraussetzung von Menschen, wie sie sind (und wie sie sich bei der Anwendung dieses Ideals verändern würden). Ein Ideal (dessen in Aussicht genommenes Ziel wünschenswert ist) ist mangelhaft nicht dann, wenn wir immer dahinter zurückbleiben, sondern wenn uns ein anderes Ideal tatsächlich weiter in diese Richtung führen würde (auch wenn das zweite Ideal eines sein könnte, hinter dem wir noch mehr zurückbleiben würden).

Psychoanalyse und Marxismus werden oft als Theorien beschrieben, die vulgarisiert worden sind, aber von ihren Urhebern als scharfsinnigen Gesellschaftstheoretikern hätte man erwarten können, sich darüber im klaren zu sein, zu wissen, wie ein solcher Prozeß stattfinden würde, und ihre Lehren speziell für solche Vulgarisierung zu entwerfen. Sollten sie nicht von allen Lehren in einem Bereich diejenige präsentieren, die sich nach einer Vulgarisierung als beste oder annähernd wahre erwiese? Zumindest hätten sie erhebliche Vorsichtsmaßnahmen gegen Verzerrung und Mißbrauch ihrer Anschauungen treffen müssen, können wir heute im nachhinein sagen. Auch geringere Denker könnten sich angemessenerweise mit dem Wesen ihrer möglichen Wirkungen beschäftigen. Da Verzerrungen in großem Maße auf Beschreibungen aus zweiter Hand gestützt werden, gibt es eine Vorsichtsmaßnahme, die ich ergreifen kann: Ich bitte, daß kein Leser den Inhalt dieses Buches zusammenfaßt oder Slogans und Schlagwörter daraus vorträgt, daß keine Schule Prüfungen über das Material abhält, das es enthält.[1] Die herabgesickerte Philosophie lohnt nicht, daß man ihr folgt.

25. Der Zickzackkurs der Politik

Wir wollen, daß unser individuelles Leben unsere Auffassungen von der Wirklichkeit (und unsere Responsivität für sie) zum Ausdruck bringt; und so wollen wir auch, daß die Institutionen, die unser Leben abgrenzen, gemeinsam unsere erwünschten gegenseitigen Beziehungen zum Ausdruck bringen und ausgeprägt symbolisieren. Demokratische Institutionen und die mit ihnen einhergehenden Freiheiten sind nicht einfach wirksame Mittel, um die Regierungsmächte zu kontrollieren und sie auf Angelegenheiten gemeinsamen Interesses zu lenken; sie selbst drükken in einer pointierten und offiziellen Weise unsere gleiche menschliche Würde, unsere Autonomie und unsere Kräfte der Selbstregierung aus und sind ein Symbol für diese Dinge. Wir wählen, auch wenn wir uns der minimalen Wahrscheinlichkeit bewußt sind, daß unsere eigene tatsächliche Stimme eine entscheidende Auswirkung auf das Ergebnis haben wird, zum Teil als Ausdruck und symbolische Bekräftigung unseres Status als autonome und uns selbst regierende Wesen, deren wohlerwogenen Urteilen oder auch nur Meinungen ebenso großes Gewicht beigemessen werden muß wie denen anderer. Dieser Symbolismus ist für uns wichtig. Auch in der Funktion demokratischer Institutionen wollen wir Ausdrücke der Werte, die uns angehen und die uns zusammenbinden. Die libertäre Position, die ich früher vertreten habe, erscheint mir jetzt ernstlich unangemessen, teilweise deshalb, weil sie die menschlichen Erwägungen und gemeinschaftlichen kooperativen Aktivitäten, für die sie Raum ließ, nicht enger mit ihrer Struktur verband. Sie vernachlässigte die symbolische Wichtigkeit einer offiziellen politischen Beschäftigung mit Fragen oder Problemen als Weg dazu, ihre Wichtigkeit oder Dringlichkeit zu markieren und daher die privaten Handlungen und Interessen, die wir auf sie richten, auszudrücken, zu intensivieren, zu kanalisieren, zu ermutigen und zu bekräftigen. Gemeinschaftliche Ziele, die die Regierung völlig ignoriert – bei privaten oder familiären Zielen ist das etwas anderes –, scheinen tendenziell unserer gemeinschaftlichen Aufmerksamkeit nicht würdig zu sein und sie daher wenig zu empfangen. Es gibt einige Dinge, zu deren gemeinsamer Ausführung durch die Regierung wir uns in feierlicher Kundgabe unserer menschlichen Solidarität entschließen, und dazu ist die Tatsache dienlich, daß wir sie gemeinsam in dieser offiziellen Form tun, ebenso wie oft auch der Inhalt der Handlung selbst.[1]

»Das ist alles sehr schön«, könnte jemand sagen, »daß man menschliche Solidarität durch offizielles Handeln zum Ausdruck bringt, aber wir tun das dadurch, daß wir die Rechte von Individuen respektieren, nicht in ihrem friedlichen Leben gestört zu werden, nicht ermordet zu werden usw., und das ist ein hinreichender Ausdruck unseres menschlichen Respekts für unsere Mitbürger; es ist nicht nur nicht erforderlich, in größerem Umfang in das Leben der Bürger einzugreifen, um sie enger an ihre Mitbürger zu binden, diese Beeinträchtigung der individuellen Autonomie bedeutet selbst einen Mangel an Achtung dafür.« Doch auch unser Interesse an individueller Autonomie und Freiheit ist selbst zum Teil ein expressives Interesse. Wir halten diese Dinge nicht einfach wegen der einzelnen Handlungen für wertvoll, deren Ausführung sie jemandem aufgrund seiner Entscheidung ermöglichen, oder wegen der Güter, deren Erlangung sie ihm ermöglichen, sondern wegen der Art und Weise, in der sie es ihm ermöglichen, an zielgerichteten und elaborierten Aktivitäten, die sein Ich zum Ausdruck bringen und symbolisieren und die den Menschen weiterentwickeln, teilzunehmen. Ein Interesse am Ausdruck und an der Symbolisierung von Werten, das sich am besten und pointiertesten, von Wirksamkeit ganz zu schweigen, gemeinschaftlich und offiziell – das heißt, politisch – ausdrücken läßt, hängt mit einem Interesse daran, sich selbst individuell zum Ausdruck zu bringen, zusammen. Es gibt viele Seiten unserer Person, die nach symbolischem Ausdruck streben, und selbst wenn man der persönlichen Seite Priorität zuerkennen sollte, gibt es keinen Grund, ihr die alleinige Herrschaft zuzugestehen. Wenn der symbolische Ausdruck eines Dinges ein Verfahren ist, um seine Wirklichkeit zu intensivieren, werden wir nicht den Wunsch haben, den politischen Bereich so zu verkürzen, daß wir die Wirklichkeit unserer gesellschaftlichen Solidarität und unseres menschlichen Interesses für andere verkürzen. Ich will damit nicht sagen, daß der öffentliche Bereich nur eine Sache gemeinschaftlichen Selbstausdrucks ist; wir wollen dadurch auch tatsächlich etwas erreichen und Dinge verändern, und wir würden Verfahrensweisen nicht als adäquaten Ausdruck von Solidarität mit anderen empfinden, wenn wir glaubten, daß sie nicht dazu dienen würden, ihnen zu helfen oder sie zu unterstützen. Die libertäre Auffassung betrachtete ausschließlich den Zweck der Regierung, nicht ihren *Sinn*; daher beurteilte sie auch den Zweck übermäßig eng.

Gemeinschaftliches politisches Handeln bringt nicht nur symbolisch unsere Interessenbindungen zum Ausdruck, es stellt auch selbst eine relationale Bindung dar. Die relationale Haltung führt uns im politischen Bereich dazu, daß wir Bindungen des Interesses für unsere Mitmenschen ausdrücken und durch Beispiele vermitteln wollen. Und wenn es im Vergleich zu einer weiteren Verbesserung der Situation derjenigen, denen es bereits gut geht, als relational intensiver und dauerhafter von *unserer* Seite wie auch von der der Empfänger gilt, denen zu helfen, die in *Not* sind, dann kann die relationale Haltung erklären, was für den Utilitarismus ein Problem darstellt, warum sich nämlich ein Interesse an der Situation anderer besonders auf die konzentriert, die in Not sind. Wenn Manna vom Himmel fiele, um die Situation der Notleidenden zu verbessern, ganz ohne unsere Hilfe, müßten wir einen anderen Weg finden, um gemeinschaftlich unsere relationalen Bindungen auszudrücken und zu intensivieren.

Aber haben nicht Menschen ein Recht, keine Bindungen der Solidarität und des Interesses zu empfinden, und wenn ja, wie kann die politische Gesellschaft ihren symbolischen Ausdruck von etwas ernst nehmen, das vielleicht gar nicht da ist? Mit welchem Recht drückt sie für andere etwas aus, das sie selbst nicht auszudrücken belieben? Diese anderen sollten – sie wären bessere Menschen, wenn sie es täten – Bande der Solidarität und des Interesses an Mitbürgern (und an Mitmenschen, vielleicht auch an Mitlebewesen) empfinden, obwohl sie durchaus ein Recht haben, dies nicht zu empfinden. (Menschen haben manchmal ein Recht, etwas nicht zu tun oder zu fühlen, auch wenn sie es sollten; sie haben das Recht, sich zu entscheiden.) Ihre Mitbürger allerdings können sich dafür entscheiden, für sie zu sprechen, um diesen Mangel an Interesse und Solidarität gutzumachen – ganz gleich ob die Menschen selbst begreifen, daß ihnen etwas *fehlt*, oder nicht. Dieses stellvertretende Gutmachen kann aus Höflichkeit erfolgen oder wegen der Wichtigkeit, die eine gemeinschaftliche öffentliche Bekräftigung von Interesse und Solidarität für die anderen hat, und sei es nur, damit sie nicht gezwungen werden zu bemerken, wie gleichgültig und unmenschlich manche ihrer Landsleute sind.

Sicher ist diese gemeinschaftliche öffentliche Bekräftigung nicht einfach verbaler Natur; die, für die gesprochen wird, haben vielleicht Steuern zu zahlen, um zur Unterstützung der Programme beizutragen, die damit verbunden sind. (Daß ein Feigenblatt geschaffen wurde, um die Schande ihrer Gleichgültigkeit zu bedecken, bedeutet nicht, daß sie zu seiner Bezahlung keinen Beitrag zu leisten haben.) Das völlige Fehlen eines symbolischen öffentlichen Ausdrucks von Fürsorge und Solidarität würde uns andere einer Gesellschaft berauben, die menschliche Verbundenheit bekräftigt. »Nun, warum leisten dann diejenigen, die eine solche Gesellschaft wollen und brauchen, keine freiwilligen Beiträge für ihre öffentlichen Programme, anstatt die anderen zu besteuern, die daran gar nicht interessiert sind?« Doch ein Programm, das auf diese Weise durch freiwillige Beiträge vieler Menschen getragen würde, könnte zwar wertvoll sein, aber es würde nicht die feierliche Kundgabe und symbolische Bekräftigung der Gesellschaft für die Wichtigkeit und den zentralen Charakter dieser Bindungen von Fürsorge und Solidarität darstellen. Das kann nur durch ihr offizielles gemeinschaftliches Handeln geschehen, bei dem im Namen des Ganzen gesprochen wird. Es geht nicht einfach darum, den einzelnen Zweck zu erreichen – das wäre allein mit privaten Beiträgen möglich – oder die anderen ebenfalls zur Zahlung zu veranlassen – das könnte geschehen, indem man ihnen die erforderlichen Mittel stiehlt –, sondern auch darum, feierlich in jedermanns Namen, im Namen der Gesellschaft, über das zu reden, was sie schätzt.

Ein bestimmtes Individuum könnte es vorziehen, nur für sich selbst zu sprechen. Wenn man aber in einer Gesellschaft lebt und sich mit ihr identifiziert, so setzt einen das notwendig der Möglichkeit aus, sich für Dinge zu schämen, für die man nicht persönlich verantwortlich ist – Unterdrückungskriege oder den Sturz ausländischer Regierungen –, und auf Dinge stolz zu sein, die man nicht selbst getan hat. Eine Gesellschaft spricht manchmal in unserem Namen. Wir könnten die Menschen, die sich gegen den gemeinschaftlichen öffentlichen Ausdruck von Fürsorge und Solidarität und die damit verbundenen Programme wenden, zufriedenstellen, indem wir derartige Bekundungen aufgäben, aber dann würden wir anderen uns unserer Gesellschaft, deren öffentliche Stimme der Fürsorge verstummt ist, schämen. Dieses Schweigen würde dann für uns sprechen.

»Dann hören Sie einfach auf, sich mit der Gesellschaft zu identifizieren! Sie werden sich dann nicht dessen zu schämen brauchen, was sie tut oder nicht tut, was sie sagt oder nicht sagt.« Um also den Einwender mit dem öffentlichen Programm zu versöhnen, müssen wir nicht nur unseren Wunsch und unser Bedürfnis unterdrücken, gemeinschaftlich das zum Ausdruck zu bringen, was wir für das Zentralste an unseren gegenseitigen Beziehungen halten – einen Wunsch und ein Bedürfnis, die mit dem Bedürfnis nach Ausdruck der eigenen Person zusammenhängen –, wir müssen aufhören, uns mit unserer Gesellschaft zu identifizieren trotz allem, was diese für unser emotionales Leben und für unser Selbstgefühl bedeutet. Dieser Preis ist zu hoch.

Wenn eine demokratische Mehrheit den Wunsch hat, gemeinschaftlich und symbolisch ihre feierlichsten Bindungen von Fürsorge und Solidarität auszudrücken, wird die Minderheit, die etwas anderes vorzöge, sich in genügendem Umfang zu beteiligen haben, daß man für sie sprechen kann. Auch diese Mehrheit könnte allerdings ihre Bindungen von Fürsorge und Solidarität auch dieser Minderheit gegenüber dadurch ausdrücken, daß sie sie nicht dazu drängt, ganz so weit zu gehen, wie es die Mehrheit allein wünschen würde.

Um es deutlicher zu sagen, ich glaube, es sollte jemandem, der aus moralischen, aus Gewissensgründen an den *Zielen* einer vom Staat verfolgten Politik Anstoß nimmt, von der Gesellschaft gestattet werden, seine Beteiligung an dieser Politik zu versagen, soweit dies möglich ist, auch wenn die anderen den Wunsch hätten, diesen Menschen in ihre gemeinsame symbolische Bekräftigung einzubeziehen. Ein neueres Beispiel in den Vereinigten Staaten ist ein Krieg, gegen den große Teile der Bevölkerung moralische Einwände hatten; ein aktuelles Beispiel ist die Abtreibung, die für einen Teil der Bevölkerung Ähnlichkeit mit Mord hat. Wenn solche Dinge vom politischen System getan oder finanziert werden, ist jeder wohl oder übel ein Komplize. Einige machen den Vorschlag, alles moralisch Umstrittene aus der politischen Sphäre zu verbannen und es privaten Bemühungen zu überlassen, aber das würde die Mehrheit daran hindern, gemeinsam und öffentlich ihre Werte zu bekräftigen. Eine differenziertere Alternative besteht darin, denen, die moralische Einwände gegen solche Programme haben, die Befreiung von der Teilnahme an ihnen zu gestatten. Wir wollen keine Einwendungen zulassen, die leichtfertig sind, und wenn wir es den Leuten erlaubten, lediglich Steuerzahlungen für solche Programme zurückzuhalten, bestünde ein großes Problem, die Aufrichtigkeit solcher Einwendungen zu bestimmen. So ließe sich ein System einrichten, in dem ein Mensch die Zahlung von Steuern für bestimmte Programme, die er moralisch anstößig fände, verweigern könnte, wenn er stattdessen etwas mehr als diesen Betrag (vielleicht fünf Prozent mehr) an Steuern für ein anderes öffentliches Programm entrichtete. Selbst unter der Voraussetzung dieser finanziellen Versicherung von Ernsthaftigkeit könnten wir darüber besorgt sein, daß man Einwendern aus Gewissensgründen eine Verweigerung zugesteht, denn es dient dem politischen Prozeß, wenn sie ernsthaft daran arbeiten, die Politik, gegen die sie sich wenden, zu verändern, und ihre Motivation könnte vermindert werden, wenn sie nicht mehr persönlich betroffen wären. Diese Erwägung sollte jedoch, glaube ich, dem allgemeinen Prinzip untergeordnet werden, daß wir, wenn wir es überhaupt können, es vermeiden sollten, Menschen dazu zu zwingen, sich an Zielen zu beteiligen, die sie moralisch anstößig oder verabscheuungswürdig finden. (Wenn irgendwelche Anarchisten moralische Einwände dagegen hätten, sich überhaupt am Staat zu beteiligen, könnten wir ihnen gestatten, fünf Prozent mehr als die Steuer, die sie sonst zu zahlen hätten, an eine private Wohltätigkeitseinrichtung abzuführen, die sie sich aus einer Liste aussuchen könnten – und vielleicht können wir ihre Klagen darüber ignorieren, daß sie dem Staat gegenüber den Nachweis erbringen müssen, daß sie das getan haben.) All das kann so aussehen, als sei es nur symbolische Buchhaltung – beeinflußt jemand, der einen Beitrag für eine gemeinschaftliche Wohltätigkeitseinrichtung bestimmt, die Zuwendung, die sich ergibt? –, aber selbst ein solcher Symbolismus kann für uns außerordentlich wichtig sein.

Die Bindungen der Fürsorge für andere können nicht nur – über das allgemeine Steuersystem – symbolisch ausdrucksvolle und (hoffentlich) wirksame politische Maßnahmen mit sich bringen, sondern auch einzelne Beschränkungen der Freiheit zu bestimmtem Handeln. Betrachten wir als ein Beispiel den Fall der Diskriminierung. Was man tolerieren könnte, wenn ein eigenartiger Sonderling es täte – etwa jemand, der Leute mit roten Haaren benachteiligt –, wird unerträglich, wenn ein großer Teil der Gesellschaft zum beträchtlichen Schaden genau derselben Gruppe Diskriminierung ausübt, besonders wenn ein bedeutsamer Teil ihrer Identität in dieser Eigenschaft oder Gruppenzugehörigkeit ruht. Es besteht daher – beispielsweise im Hinblick auf Schwarze, Frauen oder Homosexuelle – eine Berechtigung zu Antidiskriminierungsgesetzen im Arbeitsleben, bei öffentlichen Unterkünften, der Miete und dem Verkauf von Wohnungen usw. Eine Bemühung um Allgemeinheit und Neutralität verwandelt diese Bestimmungen dann in Gesetze gegen Diskriminierung auf der Grundlage von Rasse, Geschlecht, sexueller Orientierung, nationaler Herkunft usw., auch wenn die seltene Diskriminierung gegen andere ihnen keine große Beschwerde verursacht. Man braucht nicht zu entscheiden, ob es ein Recht auf Diskriminierung gibt, über das hinweggegangen wird, wenn eine solche Diskriminierung verbreitet genug ist, um eine erhebliche Belastung für eine Gruppe darzustellen, oder ob es kein derartiges Recht gibt, wobei aber einige seltene Diskriminierungen in ihren Wirkungen zu trivial sind, als daß sie systematisches gesetzliches Eingreifen rechtfertigen, das auch seine Kosten und Auswirkungen hat.[2]

Bindungen der Anteilnahme und Solidarität können sich von Fürsorge für die Notleidenden bis hin zur Liebe zum Nächsten erstrecken; wie ausgedehnt und intensiv sollen da die Bindungen sein, die in der öffentlichen politischen Sphäre zum Ausdruck kommen? Kein Prinzip kann diese Grenze ziehen. Sie wird vom Umfang und der Breite der tatsächlichen Gefühle von Solidarität und Anteilnahme

abhängen, die die Bevölkerung hat, und von ihrem empfundenen Bedürfnis, diesen Gefühlen symbolischen politischen Ausdruck zu verleihen. Bindungen der Solidarität
und Anteilnahme sind jedoch nicht die einzigen Dinge, deren feierliche Kundgabe und Äußerung in der gemeinschaftlichen politischen Sphäre wir uns wünschen würden.
Bei welchen Werten ist es am wichtigsten, daß sie in diesem
Bereich ausgedrückt und verfolgt und symbolisiert werden?

Politische Theoretiker fühlen sich oft zu »Positionen« in
der Politik hingezogen, und sie beklagen den Mangel an
theoretischer Folgerichtigkeit bei den Teilnehmern an de-
mokratischen Wahlen, die zuerst die eine Partei an die
Macht bringen und dann, einige Jahre später, eine andere.
US-amerikanische Autoren blicken manchmal sehnsüch-
tig auf die größere ideologische Reinheit europäischer Parteien, aber auch da finden wir, daß die Wähler abwechselnd
sozialdemokratische und konservative Parteien an die
Macht bringen. Die Wähler wissen, was sie tun.

Nehmen wir an, daß es mehrere miteinander konkurrierende Werte gibt, die in der politischen Sphäre gepflegt, betont und verwirklicht werden können: Freiheit, Gleichheit
für bisher ungleiche Gruppen, Gemeinschaftssolidari-
tät, Individualität, Selbständigkeit, Mitleid, kulturelle
Blüte, nationale Macht, Hilfe für äußerst benachteiligte
Gruppen, Wiedergutmachung vergangenen Unrechts, Entwerfen kühner neuer Ziele (Raumforschung, Besiegen von
Krankheiten), Milderung ökonomischer Ungleichheiten,
die umfassendste Bildung für alle, Beseitigung von Diskriminierung und Rassismus, Schutz für die Machtlosen, Pri-
vatheit und Autonomie für die Bürger, Hilfe für andere
Länder usw. (Auch Gerechtigkeit könnte einfach ein weiterer wichtiger Wert sein – vielleicht angemessen eingefangen von der »Anspruchstheorie«, die ich vor einigen Jahren
vorgelegt habe,[3] vielleicht auch nicht –, aber sie wäre in jedem Falle einer, der manchmal in Kompromissen hintange-
stellt oder eingeschränkt werden könnte.) Nicht all diese

achtbaren Ziele lassen sich mit voller Energie und vollen Mitteln verfolgen, und vielleicht sind diese Ziele auch theoretisch nicht miteinander vereinbar, insofern nicht alle guten Dinge miteinander zu einem harmonischen Paket geschnürt werden können. (Dieser letzte Punkt ist besonders in den Schriften von Isaiah Berlin herausgearbeitet worden.)

Jede politische Partei wird also ein Paket von Vorschlägen haben, das mit einiger Beständigkeit einige von diesen Zielen, aber nicht alle enthält; sie werden sich darin unterscheiden, welche Ziele sie auswählen, und auch darin, welchen Rang sie einigen von denen, die sie gemeinsam haben, zuerkennen. Eine »prinzipiengeleitete« Position in der Politik umfaßt eine derartige Auswahl einiger Ziele und ihre Rangordnung sowie eine theoretische Begründung für diese Auswahl und eine Kritik anderer Selektionen.

Es ist *unmöglich*, alle Ziele in einer widerspruchsfreien Form miteinzubeziehen, und selbst wenn man den Anschein erwecken könnte, dies zu tun – indem man beispielsweise ein Ziel auf die 93. Stelle setzt –, würden doch einige Ziele nicht genug hervortreten, um als Teil der Position wahrgenommen (oder in politisches Handeln umgesetzt) zu werden. Viele Ziele, die man nicht zu gleicher Zeit gemeinsam verfolgen kann, lassen sich jedoch im Laufe der Zeit miteinander vereinbaren oder zumindest verbinden, indem man das eine einige Jahre lang verfolgt und einige Jahre später dann ein anderes. Doch kein Parteiprogramm erklärt, daß die und die Ziele vier Jahre lang verfolgt werden sollen und danach dann andere. Die Amtszeit ist nicht lang genug, um das zweckmäßig erscheinen zu lassen; in der nächsten Wahlperiode ist genügend Zeit, um diese anderen Ziele zu verkünden.

Tatsächlich wird die Partei, die an der Macht ist, jedoch nicht in der Lage sein, in nennenswertem Umfang zu anderen Zielen überzugehen, wenn dieser Zeitpunkt kommt. Sie hat dann Wählergruppen für die Unterstützung genau derjenigen Ziele mobilisiert, die sie bis dahin verfolgt hat,

Wählergruppen, in deren Eigeninteresse durchaus die Weiterverfolgung dieser Ziele liegen mag. Auf diese Ziele in der kommenden Legislaturperiode zu verzichten oder sie erheblich herunterzuspielen würde den Aufbau einer ganz anderen Wählerbasis erfordern – eine schwierige Aufgabe. Einige der Programme, die in gutem Glauben in der Verfolgung von Zielen in die Wege geleitet wurden, werden sich außerdem nicht sehr gut angelassen haben; es wird unvorhergesehene unangenehme Nebenwirkungen geben, unerwartete Schwierigkeiten bei der Erreichung der Ziele usw. Die Reaktion der Partei wird darin bestehen, diese Programme um so intensiver zu verfolgen; sie wird Wähler für genau diese Programme mobilisiert haben; für einen Teil des Parteiapparats wird die Karriere mit diesen Programmen verknüpft sein oder damit, eine hohe öffentliche Wertschätzung für sie aufrechtzuerhalten – das ist schließlich ein Teil ihrer »Erfolgsbilanz«. Aus diesem Grunde wäre es für die Partei äußerst schwierig, jetzt ganz andere Mittel zur (Weiter-)Verfolgung eben dieser Ziele zu gebrauchen und die Programme, die sie eingeführt hat, drastisch zu kürzen oder zu verändern.

Andererseits kann es sein, daß die Programme ganz gut funktioniert haben; die Ziele, zu deren Erreichung sie bestimmt waren, sind vielleicht merklich gefördert worden. Wieviel wird als »genug« zählen? Wann wird es Zeit sein, sich anderen Zielen zuzuwenden, solchen, die jetzt dringlicher sind, sei es wegen veränderter Umstände oder wegen des Fortschritts, der in letzter Zeit bei den ersten Zielen gemacht worden ist? Bei allgemeinen politischen Zielen kann man mit einiger Sicherheit sagen, daß es immer einige Leute geben wird, die es für wichtig halten, sie noch weiter zu verfolgen, vielleicht in einer Weise, die erhebliche »strukturelle« Veränderungen in der Gesellschaft mit sich bringt, während andere der Ansicht sein werden, es sei bereits genug getan worden, entweder weil ihnen jetzt andere Ziele dringender erscheinen oder weil sie sowieso nicht wollen, daß jene früheren Ziele in größerem Umfang verfolgt werden.

Die aktivsten Mitglieder der politischen Partei werden sich jedoch als letzte anderen Zielen zuwenden; sie sind vielleicht unter den allerletzten. Denn gerade die Tatsache, daß diese Mitglieder diesen Zielen so große Priorität – größere als die meisten anderen Menschen – einräumen, kann das sein, was sie ursprünglich zu der Partei hinzog oder sie dazu veranlaßte, genügend Energie einzusetzen, um politisch aktiv zu werden, und viele von ihnen werden sich im Laufe der Jahre, in denen sie für diese Ziele geworben und gearbeitet haben, in denen sie sich darüber Sachkenntnis erworben und Karrieren darauf aufgebaut haben, noch stärker auf sie festgelegt haben. Ein Umschwenken ist für sie vielleicht nicht unmöglich, aber sie werden das nur ungern tun und keine große Notwendigkeit dazu sehen, bevor sie von den Wählern mit Nachdruck dazu aufgefordert werden. Die Partei an der Macht wird diese Botschaft noch nicht gehört haben.

Die Wählerschaft sehe ich in der folgenden Situation: Ziele und Programme sind von der herrschenden Partei einige Zeit lang verfolgt worden, und die Wähler gelangen zu der Auffassung, das sei weit genug, vielleicht sogar zu weit, gegangen. Nun ist es Zeit, die Balance wiederherzustellen, andere Ziele einzubeziehen, die zumindest in letzter Zeit vernachlässigt wurden oder zu geringe Priorität erhielten, und es ist Zeit, einige der neueingerichteten Programme einzuschränken, sie zu reformieren oder zu kürzen.

Nun kommt eine neue Partei an die Macht, die ihre eigenen neuen Programme hat und deren Bindung an die, die zuletzt von der jetzigen Opposition eingeführt wurden, schwach genug ist, um daran einige erforderliche Veränderungen vorzunehmen – vielleicht zu viele, aber dann wird es zu einem späteren Zeitpunkt Gelegenheit geben, auch dafür Abhilfe zu schaffen. Die Partei, die die Macht verloren hat, wartet den rechten Augenblick ab, überarbeitet ihre Programme etwas, fügt einige neue Ziele hinzu, die sie früher nicht verfolgt hatte und die auch von der gegenwärtigen Regierungspartei nicht verfolgt werden, und wartet darauf, daß das Pendel wieder auf ihre (abgewandelte) Seite ausschlägt. Eine Versuchung wird darin bestehen, die eigenen alten Ziele noch stärker und reiner zu vertreten und zu behaupten, die Partei habe die Macht verloren, weil man diese Ziele nicht gründlich genug vertreten habe – die britische Labour Party ist ein Beispiel hierfür –, aber das mißdeutet die Wünsche der Wähler.

Die Wähler wollen den Zickzackkurs. Als vernünftige Menschen erkennen sie, daß *keine* politische Position alle Werte und Ziele, deren Verfolgung man sich in der politischen Sphäre wünscht, in angemessener Weise erfassen kann, und daher werden sie sich abwechseln müssen. Die Wählerschaft als ganze verhält sich in dieser vernünftigen Weise, selbst wenn erhebliche Teile von ihr den eigenen früheren Zielen und Lieblingsprogrammen unter allen Umständen verpflichtet bleiben. Denn es kann einen bedeutenden Block von Wechselwählern geben, der auf neue Ziele umschwenkt und die Veränderung herbeiführt – daß die ideologisch am wenigsten festgelegten Wähler eine Wahl entscheiden können, ist für die Anschauung, die den Wunsch hat, Politik solle eine bestimmte Menge von Prinzipien einführen, ein Greuel, aber im übrigen wünschenswert –, und sowieso wird eine neue Generation von Wählern auf der Bühne erscheinen, die bereit ist, ein anderes Gleichgewicht anzustreben, und sogar darauf erpicht ist, etwas Neues zu versuchen.

Dies ist keine Theorie, die uns eine Vorhersage darüber ermöglicht, wann der nächste Schwenk stattfinden wird. Sind die Dinge weit genug, sind sie zu weit gegangen? Ist es Zeit, sich vernachlässigten Aufgaben und Zielen zuzuwenden? Sollten wir das, womit wir schon einige Fortschritte gemacht haben, energischer verfolgen? Das haben die Wähler zu entscheiden, und ihre Entscheidung kann durchaus zum Teil davon abhängen, was sie während eines politischen Wahlkampfs für Aussagen hören und von wem. (Es wäre wünschenswert, darüber nachzudenken, wie man ihnen helfen könnte, durchdachter zu entscheiden.) Die Aufgabe für eine Partei, die die Macht aufgibt und in die Opposition geht, besteht nicht darin, ihre frühere Position unverändert zu wiederholen, sondern mit einigem Verständnis und sogar mit Anteilnahme die Verfolgung anderer Ziele zu beobachten, die ehrenwert genug sind, um einen beträchtlichen Teil der Wähler zu bewegen, und inzwischen ihre eigene Zielvorstellung zu artikulieren, auf alten oder selbst auf neuen Zielen aufzubauen, denen sie sich besonders verbunden fühlt, und mit der Zeit der Öffentlichkeit zu helfen, auch ihre Vorstellung von der nächsten Kehrtwendung zu formulieren.

Als Individuen könnten wir uns entscheiden, zu einem anderen Zeitpunkt, früher oder später, umzuschwenken, als das eine Wählermehrheit getan hat. Jeder von uns sollte jedoch unfanatisch genug sein zuzugeben, daß es für die Gesellschaft nach *einiger* Zeit richtig wäre, zu einer energischen Verfolgung anderer Ziele als derer überzugehen, für die wir gegenwärtig am meisten eintreten, und wir sollten bescheiden genug sein zu glauben, daß die Entscheidung darüber, wann die Zeit gekommen ist und was für ein Gleichgewicht gegenwärtig zwischen würdigen Zielen hergestellt werden sollte, die sich nicht alle kombinieren oder energisch zugleich verfolgen lassen, nicht eine ist, die von irgendeinem Menschen allein, auch nicht von uns, getroffen werden sollte. Ist es einfach so, daß eine demokratische Wählerschaft, die die Verfolgung von Zielen einer Wahlperiode erlebt, die die Artikulation anderer Zielvorstellungen hört und persönlich ein vollständigeres Spektrum der Folgen von Maßnahmen kennt, besser über das richtige aktuelle Gleichgewicht entscheiden kann als jeder einzelne Mensch? Oder ist es so, daß die Entscheidung darüber, welches Gleichgewicht für sie dann richtig *ist*, zum Teil davon abhängt, wohin sie als nächstes gehen wollen? Wie dem auch sei, wenn man die Wahl hat, entweder den besonderen Inhalt einer Gruppe bereits artikulierter politischer Prinzipien – ich meine solche, die angeben, was für Ziele *in* einer Demokratie verfolgt werden sollten, nicht diejenigen, die einer Demokratie selbst als Begründung und Rechtfertigung zugrundeliegen –, auf Dauer zu institutionalisieren oder aber den Zickzackprozeß demokratischer Politik, einen, in dem den Wählern durchaus dieselben Prinzipien, aber neben anderen, vorgestellt worden sein können, dann werde ich jedesmal den Zickzackkurs wählen.

Oft wird angenommen, daß es nur zwei rationale Verfahren gibt, um zu neuen Zwecken und Zielen zu gelangen, die wir nicht bereits akzeptieren: erstens, indem man entdeckt, daß sie wirksame Mittel für Zwecke sind, die wir haben – Überlegung richtet sich immer auf Mittel, sagte Aristoteles, niemals auf Zwecke –, und zweitens, indem wir existierende Zwecke verfeinern und neu gestalten, damit sie besser zu wieder anderen existierenden Zwecken passen, die in ähnlicher Weise zwecks Anpassung umgestaltet werden – das, was manche Philosophen als »Kospezifizierung« bezeichnet haben. Es gibt jedoch noch einen weiteren rationalen Weg, um zu neuen Zwecken zu gelangen, diesmal auf einer tieferen Ebene. Wir können die verschiedenen Zwecke und Ziele, die wir bereits haben, prüfen, um herauszufinden, was für weitere Zwecke und Werte ihnen zugrunde liegen und sie rechtfertigen oder ihnen eine einheitliche Begründung liefern könnten. Auf diese Weise können wir zu ganz neuen und unvermuteten Zwecken geführt werden, die uns in ihren Auswirkungen überraschen. Wir können auch dazu veranlaßt werden, einige der Zwecke und Ziele, mit denen wir begannen, abzuwandeln oder sogar zu verwerfen, darunter solche, die wir zu verstehen und zu begründen versucht hatten. Betrachten wir zum Vergleich die Art und Weise, in der die Annahme einer erklärenden naturwissenschaftlichen Theorie jemanden dazu führen kann, einige der Daten oder der Theorien auf niederer Ebene, zu deren Erklärung diese Theorie ursprünglich eingeführt wurde, abzuwandeln oder sogar zu verwerfen. (Zum Beispiel sind es nicht genau die Keplerschen Gesetze der Planetenbewegung – sondern vielmehr Abwandlungen davon –, die Newtons Gesetze ergeben und erklären, auch wenn das eine Stelle war, an der seine Aufgabe begann.) Eine philosophische Untersuchung unserer Ziele und Zwecke liefert uns also ein wirkungsvolles Werkzeug, um auf rationale Weise und auf einer neuen oder tieferen Ebene zu neuen Zielen fortzuschreiten.

Jemand »hat eine Philosophie« – sagen wir gewöhnlich –, wenn er eine durchdachte Auffassung von dem hat, was wichtig ist, eine Auffassung von seinen wichtigsten Zwecken und Zielen und von den Mitteln, die zu ihrer Erreichung geeignet sind. Eine zusammenhängende Auffassung von Absichten und Zielen kann dazu verhelfen, das Leben eines Menschen zu lenken, ohne daß sie ausdrücklich herangezogen wird. Meistens wird sie dies nicht werden. Ein Mensch wird vielmehr einen Teil seiner allgemeinen Aufmerksamkeit darauf verwenden zu verfolgen, wie sein Leben abläuft. Nur wenn er erheblich von dem abweicht, was seine Philosophie erfordert, wird die bewußte Aufmerksamkeit darauf gelenkt werden. Eine Lebensphilosophie braucht das Leben nicht überintellektualisiert werden zu lassen.

Ein Mensch kann das Gefühl haben, daß er und sein Leben reicher sind als jede Theorie. Er oder sie könnte eine Philosophie formulieren, die auch diesem Gefühl Raum läßt, eine, die die Auffassung vertritt, daß es manchmal wichtig ist, spontan zu sein und keine Maxime, eben diese mit eingeschlossen, anzuwenden. Eine Gelegenheit, bei der er spontan lebt, würde dann unter die Maxime fallen, ohne eine Anwendung von ihr zu sein. Er könnte dann durchaus das Gefühl haben, daß er große Massen jenseits aller Theorie umfaßt. Das würde die Sache jedoch vielleicht nicht ernst genug nehmen. Vielleicht trotzt das Leben selbst dem Formulieren einer allgemeinen Theorie, die es ganz abdecken soll. Eine Lebensphilosophie zu haben ist natürlich nicht damit identisch, eine allgemeine und vollständige Theorie dessen zu besitzen, was im Leben wichtig ist. Wäre solch eine umfassende Theorie möglich? Selbst eine komplizierte Theorie wird höchstens – wir wollen hier ruhig übertreiben – tausend Faktoren erwähnen, aber vollständige Genauigkeit wird vielleicht ein Vielfaches davon erfordern. Zeigen nicht der Umfang, die Reichweite und die Mannigfaltigkeit der großen russischen Romane und der Stücke Shakespeares, wie unzulänglich jede einzelne Theorie wird sein müssen? Hier habe ich an die bloße Zahl der Aspekte und Faktoren des Lebens gedacht, die eine vollständig allgemeine Theorie vereitelt; es besteht auch die Möglichkeit – ich kenne keine Gründe dafür, dies anzunehmen –, daß es bestimmte Faktoren gibt, die zu komplex (oder zu einfach?) sind, als daß man sie mit irgendeiner Theorie adäquat behandeln könnte. Erinnern wir uns aber an die frühere Aussage darüber, wie das Fehlen von vorab festgelegten bestimmten Gewichtungen für die Dimensionen der Wirklichkeit Raum für freie Entscheidung läßt.

Eine Lebensphilosophie könnte noch auf eine andere Weise vor dem Phänomen des Lebens unbedeutend wirken, weil nämlich die Tatsache des Lebens selbst wichtiger erscheinen könnte als jede besondere Form, in der ein Leben verlaufen kann. Wenn wir uns vorstellen, daß für die Bestandteile der Existenz einer Person Punkte gegeben werden, wobei der höchste erreichbare Wert 100 ist, dann könnte es 50 Punkte bringen, lebendig zu sein, Mensch zu sein könnte 30 Punkte bringen, an einer vernünftigen Schwelle von Kompetenz und Funktionsfähigkeit zu sein könnte 10 weitere Punkte bringen, was sich bis dahin zu einer Summe von 90 Punkten addiert. Die Frage, wie man leben soll, nach welcher speziellen Philosophie, würde sich dann nur darauf beziehen, wie viele der verbleibenden 10 möglichen Punkte man erzielen oder gewinnen würde. Diese verbleibenden 10 Punkte wären diejenigen, die wir durch unsere Handlungen kontrollieren könnten, aber ob es uns gelänge, 6 oder 7 Punkte zu bekommen, wäre weniger wichtig als die Tatsache, daß wir bereits wohl oder übel 90 Punkte hatten. (Hinter diesen 90 könnten noch andere Punkte stehen, die garantiert sind, solche dafür, daß man existiert, oder auch nur dafür, daß man eine mögliche Wesenheit ist.) Alles, was wir an Einzelentscheidungen getroffen haben, würde in seiner Bedeutung vor der Tatsache verblassen, daß wir leben und Entscheidungen fällen. Es könnte also im Leben wichtig sein, sich nicht ausschließlich auf die frei verfügbaren zehn Punkte zu konzentrieren, sondern immer die großen Schwellen im Bewußtsein zu behalten, die wir und alle anderen Menschen bereits ohne jedes Handeln von unserer Seite überschritten haben. (Wenn wir in einer dunklen und kalten Ecke des Universums säßen, würden wir da nicht Gemeinschaft mit *allem* fühlen, was lebte – vorausgesetzt, es bedrohte uns nicht?) Ein Teil des Rats, den die Philosophie über den frei verfügbaren Teil des Lebens, die möglichen restlichen 10 Prozent, geben könnte, wäre also, etwas davon darauf zu verwenden, daß man sich auf die 90 Prozent, die bereits vorhanden sind, konzentriert und für sie dankbar ist. Solcher Rat bezeugt ein Verständnis für die Größe des Lebens und hilft auch bei den verbleibenden 10 Prozent.

Wir können ein Bedürfnis nach einem weiteren Ziel empfinden, einem letzten jenseits derer, die wir bislang skizziert haben. Es ist verlockend, sich dies als ein weiteres äußeres Ziel, einen anderen Bereich vorzustellen, den nachmals zu erreichen die Bestimmung unseres Lebens ist, als eine weitere Aufgabe, die wir erfüllen sollen. Manche traditionellen religiösen Lehren haben auf ein Leben nach dem Tode gehofft, auf eine Zeit und ein Reich, da die Gläubigen zur Rechten Gottes sitzen und sein Antlitz schauen würden. Andere haben sich mit einiger Schadenfreude und Berechtigung darüber beklagt, daß diese Visionen, wie sie beschrieben wurden, *langweilig* sind. Wenn es ein anderes Reich, ein Leben nach dem Tode, *gäbe*, wäre das, was wir dort gern tun würden, dieses Reich zu erkunden, darauf einzugehen, in ihm in Beziehungen einzutreten, schöpferisch zu sein, alles zu gebrauchen, was wir dadurch gewonnen hätten, und uns dann vielleicht noch weiter zu verwandeln und von neuem zu beginnen. Jedes weitere Reich wäre eine neue Arena für die Spirale von Aktivitäten. Sicher könnte es eine förderlichere Arena für diese Spirale sein, eine, die reicheren Lohn bringt – die *Vollendung* dieses Reiches könnte gerade darin bestehen, daß es dem intensivsten Erkunden, Eingehen usw., allein oder in Gemeinschaft, zugänglich ist –, aber es ist dann sachdienlich, darauf hinzuweisen, wie weit wir davon entfernt sind, die gegenwärtige Arena ausgeschöpft zu haben.

Meine Reflexionen hier waren nicht auf ein weiteres Reich, das als nächstes kommt, gerichtet. Wenn aber auf das irdische Leben tatsächlich ein nächstes Reich folgt, ist das, was wir dort tun sollen, genau derselbe Typ von Dingen wie hier – der Wirklichkeit zu begegnen und selbst durch eine Spirale von Aktivitäten wirklicher zu werden und gemeinsam unsere Bezugnahme auf die Wirklichkeit zu steigern –, und zwar auf den Wegen, die dort möglich sind. (Wenn Gemeinschaft mit Gott das Ziel *wäre*, wäre diese fortdauernde Existenz ein Zustand, den wir zu erkunden, auf den wir einzugehen hätten usw., und in ihm wären diese Aktivitäten äußerst wirklich.) Dieses weitere Reich könnte ein anderes Größenniveau dieser Aktivitäten zulassen und neue Dimensionen der Wirklichkeit offenbaren, aber es würde nach genau demselben Kriterium beurteilt werden: nach dem Wesen der Aktivitätenspirale dort und danach, wie wirklich wir sein können. (Wenn dort weitere geeignete Aktivitäten möglich wären, würden auch sie der Spirale hinzugefügt werden.) Vielleicht *gibt* es ein weiteres Reich, aber sein Zweck wird nicht in einem noch weiteren zu finden sein, oder wenn ja, dann muß es früher oder später ein Reich geben, dessen Zweck nicht in einem anderen, weiteren zu finden ist. Und in diesem Reich, wo immer es ist, ist es *diese* Philosophie, die gilt.

Das würde nicht notwendig bedeuten, daß man dieser Philosophie auch jetzt zu folgen hat. Es ist theoretisch möglich, daß dieses gegenwärtige Reich einfach ein Mittel ist, um eine bestimmte Eigenschaft zu erlangen, so ähnlich wie ein Besuch beim Zahnarzt, und daß es, wenn man jetzt in diesem Reich die endgültige richtige Philosophie anwendete, das Ausmaß ihrer späteren Anwendung verkürzen würde. Diese Philosophie würde für uns irgendwann einmal richtig sein – nur nicht jetzt. Die Heiligkeit des Alltagslebens, von der wir oben sprachen, ist jedoch eine Heiligkeit des gegenwärtigen Reiches. Ganz gleich, ob es ein weiteres Reich in der Zukunft gibt oder nicht, das Reich, das gegenwärtig und aktuell ist, ist eine angemessene Arena dafür, die eigene endgültige Philosophie zu leben, für das vollste Engagement in der Spirale der Aktivitäten und der Verfolgung der Wirklichkeit. Manche, die die Wirklichkeit schätzen, sind durch die Mängel dieser Welt dazu veranlaßt worden, Wirklichkeit anderswo zu suchen – die Gnostiker und einige Platoniker sind Beispiele dafür –, aber die Wirklichkeit hier ist Wirklichkeit genug. Dies ist es, was uns die allergrößten Kunstwerke durch ihre eigene Wirklichkeit *zeigen*, auch wenn es nicht das ist, was manche sagen. Die hier entwickelte Philosophie ist nicht für das endgültige Reich allein, auch wenn das gegenwärtige Reich vielleicht genau dies ist. Sie soll in jedem Reich, das heilig ist, befolgt und gelebt werden.

In unserer Meditation darüber, daß man jedem Ding sein Teil geben soll, erwies sich, daß das bedeutete, Response *als* etwas Zustehendes darzubringen oder vielmehr die Akte des Eingehens, Erkundens und Schaffens als eine Feier der Wirklichkeit, als eine Liebe zu ihr darzubringen. Liebe zu dieser Welt ist der Liebe zum Leben gleichgeordnet. Liebe ist unser Sein in dieser Welt. Und Liebe zum Leben ist unser vollster Respons darauf, daß wir leben, die umfassendste Form, in der wir erkunden, was es heißt zu leben.

Diese Liebe zum Leben hängt mit einer Wertschätzung für die Lebensenergie in ihren verschiedenen Formen zusammen, mit der Vielfalt und der Ausgeglichenheit und dem Wechselspiel des Lebens in der Natur. Wenn wir dies zu schätzen wissen, werden wir nicht mutwillig tierisches oder pflanzliches Leben ausbeuten; wir werden uns einige

Mühe geben, den Schaden, den wir anrichten, möglichst gering zu halten. Würde eine Wertschätzung für die komplizierte Entwicklungsgeschichte der lebenden Dinge, denen wir begegnen, uns daran hindern, überhaupt von ihnen Gebrauch zu machen? Wir können nicht überleben, ohne dies zu tun – wir sind auch Teil der Natur –, aber es wäre zu oberflächlich, einfach zu sagen, daß wir auch unser Leben und seine Gebote schätzen und daß es dadurch gerechtfertigt wird, daß wir andere Lebensformen als Mittel dazu benutzen und töten. Doch als Teil der Natur und ihrer Kreisläufe können wir unsere Schulden für das, was wir nehmen, abtragen, wir können Leben nähren und stärken, den Boden mit den Produkten unseres Essens düngen und schließlich das Material unseres eigenen Körpers nach dem Tode wieder in den Kreislauf eingehen lassen. Was uns ausmacht, ist uns geliehen.

Es beruhigt den Geist, wenn wir uns als Teil eines gewaltigen und fortdauernden natürlichen Prozesses sehen. (Denken wir zum Beispiel daran, wie wir am Meer sitzen und Welle für Welle, die niemals zu Ende gehen, sehen und hören und die Unendlichkeit des Ozeans erkennen.) Sich selbst als einen kleinen Teil eines gewaltigen Prozesses zu sehen, läßt den eigenen Tod nicht so sehr bedeutsam, ja nicht einmal beunruhigend erscheinen. Wenn wir uns mit der Totalität des gewaltigen (scheinbar) niemals endenden Prozesses der Existenz im Laufe der Zeit identifizieren, können wir unsere Bedeutung in ihr finden, darin, daß wir ein Teil von ihr sind, und unser eigenes individuelles Dahinscheiden erscheint uns dann als Ereignis von beiläufiger Wichtigkeit.

Kann uns aber solche Bedeutung dadurch zufallen, daß wir Teil eines unendlichen Prozesses sind, sofern wir nicht ein notwendiger oder unersetzlicher Teil sind? Wie kann uns die Bedeutsamkeit dieses Prozesses helfen, wenn wir in ihm überflüssig sind? Wenn man jedoch von der Unendlichkeit der Existenz alles wegnimmt, was unnötig oder ersetzbar ist, dann ist die verkürzte Existenz, die zurückbleibt, nicht annähernd so wunderbar. Die Totalität der Existenz und ihrer Prozesse im Laufe der Zeit ist zum Teil wegen ihrer großen Überflüssigkeit wunderbar, und so ist auch unsere Existenz, die Existenz von uns gleichgearteten Dingen, ein charakteristischer und wertvoller Teil. Diese unsere Existenz ist außerdem von denselben Naturgesetzen und demselben Elementarmaterial durchdrungen, die die gesamte übrige Natur ausmachen; als repräsentatives Stück der Natur fassen wir ihre mächtige Bewegung zusammen.

Ich sehe die Menschen als Nachfahren einer langen Abfolge menschlicher und tierischer Vorfahren in einer zahllosen Kette von zufälligen Ereignissen, unvorhergesehenen Begegnungen, brutalen Eroberungen, glücklichen Rettungen, fortdauernden Bemühungen, von Wanderungen und von Überleben in Krieg und Krankheit. Es bedurfte einer verwickelten und unwahrscheinlichen Verkettung von Ereignissen, um jeden von uns hervorzubringen, eine enorme Geschichte, die jedem Menschen die Heiligkeit eines Mammutbaums, jedem Kind die Laune eines Geheimnisses verleiht.

Es ist ein Privileg, ein Teil des in Bewegung befindlichen Reiches existierender Dinge und Prozesse zu sein. Wenn wir uns *als* Teil dieser laufenden Prozesse sehen und verstehen, identifizieren wir uns mit der Totalität und empfinden in der Ruhe, die dies bringt, Solidarität mit all unseren Gefährten im Existieren.

Wir wollen nichts anderes, als in einer Spirale von Aktivitäten zu leben und andere dabei zu fördern, dies zu tun, und unsere eigene Wirklichkeit zu vertiefen, wenn wir mit den anderen in Kontakt und Beziehung kommen, die Dimensionen der Wirklichkeit zu erkunden, sie in uns zu verkörpern, schöpferisch zu sein, auf die volle Breite der Wirklichkeit, die wir wahrnehmen können, mit der vollsten Wirklichkeit, die wir besitzen, einzugehen, ein Gefäß für Wahrheit, Schönheit, Güte und Heiligkeit zu werden und den ewigen Prozessen der Wirklichkeit unser eigenes charakteristisches Stück hinzuzufügen. Und dies – daß wir nichts mehr wollen – ist zusammen mit der Emotion, die damit einhergeht, übrigens das, was Glück und Freude ausmacht.

Als ich fünfzehn oder sechzehn Jahre alt war, trug ich in den Straßen von Brooklyn eine Taschenbuchausgabe von Platons *Staat* mit mir herum, die Titelseite nach außen. Ich hatte nur etwas davon gelesen und noch weniger verstanden, aber ich war dadurch erregt und wußte, es war etwas Wunderbares. Wie sehr wünschte ich mir, daß jemand Älterer darauf aufmerksam würde, daß ich das Buch mit mir trug, und daß er mir beeindruckt auf die Schulter klopfen und sagen würde ... ich wußte nicht genau was.

Ich frage mich manchmal, nicht ohne Unbehagen, was dieser junge Mann von fünfzehn oder sechzehn von der Tätigkeit denken würde, zu der er herangewachsen ist. Ich möchte gerne glauben, daß er mit diesem Buch zufrieden wäre.

Mir kommt jetzt auch die Frage in den Sinn, ob jener Ältere, dessen Anerkennung und Liebe er damals suchte, sich nicht als der Mensch erweisen könnte, zu dem er heranwachsen sollte. Wenn wir das Erwachsenenalter erreichen, indem wir Mutter oder Vater unserer Eltern werden, und wenn wir die Reife erreichen, indem wir einen passenden Ersatz für Elternliebe finden, dann schließt sich dadurch, daß wir selbst unsere ideale Mutter, unser idealer Vater werden, endlich der Kreis, und wir erreichen Vollständigkeit.

Anmerkungen

1. Einleitung

1 Führen aber philosophisches Denken und Fragen schon allein durch ihr Wesen nicht zu Romanen von James oder Proust, sondern zu etwas, das mehr der Einführung in das menschliche Leben für den intelligenten Marsbewohner ähnelt?

3. Eltern und Kinder

1 Um zu bestimmen, welcher Betrag zunächst in Steuern abzuziehen ist, würde der monetäre Wert dessen, was man als Erbe erhalten hätte, in Dollars von heute gerechnet und um einen Inflations- oder Deflationsfaktor korrigiert, aber ohne Einbeziehung tatsächlicher oder angenommener Zinserträge. Ein Erbe so anzulegen, daß es Zinsen abwirft, zählt, glaube ich, durchaus als eine Einnahme, die weitergegeben werden kann, nachdem der Betrag der ursprünglichen Hinterlassenschaft von der Summe abgezogen worden ist. Schwieriger sind die folgenden Fragen: Würden gewisse Arten oder Größenordnungen von Geschenken auch mit einbezogen? Wie ließe es sich bei diesem Vorschlag vermeiden, denjenigen, deren Reichtum gegen Ende ihres Lebens nicht weit über dem Betrag liegt, der durch Steuern abgezogen würde, einen Anreiz zur Verschwendung zu bieten?

4. Schöpferische Tätigkeit

1 Nadezhda Mandelstam, *Hope Abandoned*. New York 1974, S. 331.
2 Vgl. John Hospers, »Artistic Creativity«, in: *Journal of Aesthetics and Art Criticism* 1985, S. 243-255. In der Naturwissenschaft gibt es allerdings den Wunsch, der *allererste* Entdecker zu sein; die Rolle und die Funktion dieser Tendenz hat Robert Merton in *The Sociology of Science*. Chicago 1983 (deutsch: *Entwicklung und Wandlung von Forschungsinteressen*. Frankfurt a. M. 1985), erhellend behandelt.
3 Wir könnten allerdings über jemanden im Zweifel sein, der solche Regeln für sich selbst entwirft oder entdeckt und sie dann anwendet. Der Akt der Entdeckung der Regeln selbst war schöpferisch. Was ist nun mit der Anwendung dieser Regeln, wenn wir (unwahrscheinlicherweise) annehmen, daß diese Anwendungen rein mechanischer Natur sind? Hier könnten wir sagen, daß die verschiedenen Anwendungen dieser Regeln nicht schöpferisch waren, wohl aber die sich daraus ergebenden Produkte, weil sich ihre Ursprünge auf den ursprünglichen schöpferischen Akt des Formulierens der Regeln zurückverfolgen lassen.

4   Die Herabstufung eines Teils kann entweder seinen absoluten Betrag
    an Erfüllung betreffen oder seine relative Position, zum Beispiel von
    der drittwichtigsten auf die neunzehnte Stelle. Und ein Teil könnte der
    letzteren widerstehen, selbst wenn die Summe der Veränderung seinen
    absoluten Betrag an Erfüllung erhöhen würde. An dem scheinbar pa-
    radoxen Phänomen des Widerstands gegen spirituelle Entwicklung
    können ähnliche Prozesse beteiligt sein.

    Nicht jede Verzögerung hat dieselbe Ursache; wenn die ausdrück-
    lich geplante künstlerische Struktur für das Material, das sie aufneh-
    men soll, nicht geeignet ist, kann eine Verzögerung eine Hilfe zum Er-
    finden einer geeigneteren und fruchtbareren Struktur sein. Auch ein
    Reifen kann stattfinden, worin ein Werk im Rahmen seiner Grund-
    struktur heranwächst, Verbindungen erhält, Gewicht annimmt und
    zu seiner vollen Reife gelangt.

5   Vgl. Israel Kirzner, *Competition and Entrepreneurship*, Chicago 1973.
    (Deutsch: *Wettbewerb und Unternehmertum*. Tübingen 1978).

6   Ein ähnliches Problem wirft Christopher Ricks auf, der berichtet, daß
    T. S. Eliot, wenn er seine Essays überarbeitete, oft Sätze abänderte, die
    bereits Wörter enthielten, die in die Richtung des schwachen Punktes
    oder der unglücklichen Formulierung dieses Satzes wiesen (Referat
    auf der Konferenz »T. S. Eliot: A Centennial Appraisal«, Washington
    University, St. Louis, 2. Okt. 1988). Erkannte Eliot, als er diese Sätze
    ursprünglich schrieb, unbewußt (wie es Ricks glaubt), daß etwas
    nicht stimmte, und setzte er daher diese reflexiv kritischen Wörter in
    die Sätze? Möglich ist auch eine andere Erklärung. Stellen wir uns vor,
    jemand überarbeitet einen Text in einem Raum, in dem eine Tafel
    steht, auf die jemand anderes zwei oder drei Wörter in großen Buch-
    staben geschrieben hat. Diese Wörter würden sich dem Bewußtsein
    aufdrängen, und wenn sie Arten von Fehlern beim Schreiben oder in
    der Rhetorik bezeichneten, würde der Mensch, der beim Redigieren
    ist, besonders dafür sensibilisiert werden, eben diese Arten von Feh-
    lern in den Sätzen zu bemerken, die er vor sich hätte. So hätten auch
    beim Revidieren seiner eigenen Sätze die Wörter in ihnen oder in un-
    mittelbar benachbarten Sätzen, die sich als Bezeichnungen von Män-
    geln auffassen ließen, Eliots Aufmerksamkeit auf eben diese Mängel
    lenken können, wenn sie vorlagen, auch wenn diese Wörter nicht ur-
    sprünglich wegen einer unbewußten Ahnung von Fehlern eingefügt
    wurden. Es ist nicht leicht festzustellen, wie man sich zwischen diesen
    Hypothesen entscheiden soll, da jede vorhersagt, daß ein höherer Pro-
    zentsatz von Sätzen mit Mangelwörtern revidiert wurde als von Sät-
    zen ohne solche. Wenn es jedoch ein unabhängiges Kriterium dafür
    gäbe, welche Sätze mangelhaft und revisionsbedürftig waren, und
    wenn Eliot diese nicht alle revidierte, dann sagt Ricks' Hypothese vor-
    her, daß ein höherer Prozentsatz der mangelhaften Sätze Mangelwör-
    ter enthalten wird als im Falle der makellosen Sätze, während die al-

ternative »Sensibilisierungs«-Hypothese vorhersagt, daß diese Prozentsätze dieselben sind.

7   Bei dieser Unterscheidung zwischen Reaktion und Respons waren mir die Schriften von Vimala Thakar von Nutzen. Vgl. *Life as Yoga*, Delhi 1977; *Songs of Yearning*, Berkeley 1983.

5. Das Wesen Gottes, das Wesen des Glaubens

1   Eine Spezifizierung des Begriffs durch die ersten drei obengenannten Bedingungen paßt zum »best instantiated realization«-Modus der Strukturierung eines Begriffs, den ich in *Philosophical Explanations*. Cambridge, Mass. 1981, S. 47-58, erörtere. Die Komplexität des Gottesbegriffs und die Schwierigkeiten der Verbindung der obigen Auffassung mit einer Theorie von Eigennamen und einer Kripkeschen Auffassung von Namen und Wesen diskutiert Emily Nozick, »The Implications of ›God‹ for Two Theories of Reference«, unveröffentlichte Senior Honors Thesis, Harvard University 1987; Diskussionen mit ihr haben mir geholfen, meine Ideen an dieser Stelle zu entwickeln und zu klären.

Man könnte den vier aufgeführten Bedingungen noch eine weitere hinzufügen wollen: nicht nur, daß Gott das vollkommenste existierende Wesen ist, sondern daß es kein vollkommeneres geben *könnte*, das mit ihm (in derselben möglichen Welt) zugleich existierte. Diese weitere Strukturierung des Gottesbegriffs läßt auch eine Vollkommenheit zu, die zwar weit größer ist als jede andere tatsächliche Vollkommenheit, die aber nicht so weit geht, vollständig und absolut zu sein, und so paßt auch sie zu unserem gegenwärtigen Gedankengang.

2   Dieser Absatz und der nächste stammen aus meinem Aufsatz »God: A Story«, in: *Moment*, Jan.-Feb. 1978. Manche Leute behaupten, ein demonstrativer Beweis würde im Hinblick auf den Glauben an Gott »unseren freien Willen beseitigen«, und das sei der Grund, weshalb ihn Gott nicht gegeben und die Menschen daran gehindert habe, ihn zu formulieren. (Warum ist aber der freie Wille beim Glauben daran, daß zwei plus zwei gleich vier ist, nicht ebenso wichtig?) Mir scheint das jedoch eine Rückzugsposition zu sein; wenn ein solcher Beweis gegeben oder gefunden worden wäre, würden sich dann dieselben Leute wirklich darüber beschweren, daß er uns unseren freien Willen nimmt? Nehmen wir außerdem an, daß wir den freien Willen haben, vernünftig zu sein; dann könnten sich Menschen, selbst wenn der demonstrative Beweis existierte, immer noch frei entscheiden, nicht vernünftig zu sein und sich daher nicht von zwingenden Argumenten dieser Art überzeugen zu lassen.

3   Das Problem ließe sich möglicherweise lösen, wenn Gott in mancher Hinsicht unendlich wäre – die Struktur allein des Begriffs von Gott erfordert dies nicht – und wir eine Fähigkeit besäßen, das Unendliche

wahrzunehmen oder zu erkennen. Das Wesen oder die Wirklichkeit, welcher diese Fähigkeit begegnete, könnte jedoch eine niedere, wenn auch immer noch unendliche sein; selbst dies könnte aber dazu dienen, irgendwie auf Gott zu verweisen. Eine ernstere Schwierigkeit besteht darin, daß unsere Wahrnehmungskapazität beim Unterscheiden des Unendlichen vom sehr großen Endlichen nicht zuverlässig sein könnte oder daß die Fähigkeit stattdessen einen unendlichen Aspekt unserer selbst entdecken könnte, vielleicht genau diese Fähigkeit selbst, eine, die auf nichts anderes hindeuten würde, das tiefer wäre. Es wäre schmerzlich, die Fähigkeit zur Entdeckung des Unendlichen zu besitzen, wobei dies aber das einzige unendliche Ding wäre, das es gäbe.

4   Manche könnten behaupten, ihr Vertrauen gelte ihrer religiösen Tradition, nicht ihnen selbst oder ihren eigenen Responsen. Sobald wir jedoch feststellen, daß Menschen in anderen Kulturen in gleicher Weise der Tradition ihrer Kultur vertrauen, und sobald wir den Schluß ziehen, daß auch wir, wären wir unter diesen anderen Umständen geboren, ebensolches Vertrauen zu diesen anderen Glaubensvorstellungen hätten, ist es schwierig, dasselbe Vertrauen auf unsere eigenen Überlieferungen aufrechtzuerhalten. Nehmen wir aber an, daß das Vertrauen nicht einfach der eigenen Tradition gilt, sondern den eigenen tiefsten Responsen bei der Begegnung mit dieser Tradition, aus denen ein Vertrauen in diese Tradition erwächst. Es erhebt sich eine parallele Frage: Wäre man in einer anderen Tradition aufgezogen worden, hätte man dann eine ebenso tiefe Begegnung mit Aspekten dieser Tradition, was zu einem ebenso tiefen Vertrauen in diese Erfahrungen führen würde? Es ist jedoch nicht unmöglich, an den eigenen tatsächlichen Responsen auf eine Tradition festzuhalten und sich dabei der Tatsache bewußt zu sein, daß es unter anderen Umständen zu anderen, ebenso bewegenden Responsen gekommen wäre. Die Liebe zu einem Partner wird nicht durch die Einsicht in Frage gestellt, daß man sich unter anderen Umständen – wenn man zum Beispiel dem gegenwärtigen Partner nie begegnet wäre – in jemand anders verliebt hätte. Diese Liebe erhebt jedoch keinen Anspruch auf eine wahre Aussage über die Welt, und es scheint, daß ein solcher Anspruch durch die Erkenntnis erschüttert werden wird, daß andere Wahrheitsansprüche unter anderen Umständen mit gleicher Stärke aufgetreten wären, sofern es kein neutrales Kriterium dafür gibt, jene anderen Umstände als nicht vertrauenswürdig zu betrachten. Ähnlich könnten die, die von einem »Sprung des Glaubens« sprechen, darüber besorgt sein, daß sie unter anderen Umständen ebenfalls gesprungen wären, aber an einen ganz anderen Ort. Das Vertrauen auf einen selbst und die eigenen tiefsten Response bricht jedoch vor derartigen Überlegungen nicht zusammen, wenn sich diese Response nicht von den jeweiligen eigenen Vorurteilen ableiten oder sie bloß bestärken, sondern vielmehr den eigenen Rahmen durchbrechen.

6. Die Heiligkeit des Alltäglichen

1 Ich weiß genaugenommen ziemlich wenig von all diesen Dingen, da ich nur wenige Experimente durchgeführt habe. Meine einzige Entschuldigung dafür, daß ich so äußerst beschränkte Kenntnisse und Spekulationen weitergebe, ist die, daß ich nicht einmal diese an anderer Stelle gedruckt finde. Die Literatur über buddhistische Meditation gehört allerdings hierher, besonders vielleicht die über die Vipassana-Tradition. Zu Methoden, mit denen man Erleuchtung erlangt, gehören in der östlichen Tradition die beiden folgenden: »Wenn du ißt oder trinkst, werde der Geschmack der Speise oder des Getränks und lasse dich anfüllen«; »Sauge etwas und werde das Saugen«. (Siehe Paul Reps, *Zen Flesh, Zen Bones*. Garden City, N.Y. 1961 [deutsch: *Ohne Worte, ohne Schweigen*. München 1976], Punkt 47 und 52 im Abschnitt über »Zentrierung«.)

8. Das Band der Liebe

1 Ein etwas schärferes Kriterium läßt sich dafür formulieren, wann das Wohlbefinden eines anderen *direkt* Teil des eigenen Wohlbefindens ist. Das geschieht, (1) wenn man sagt und glaubt, daß das eigene Wohlbefinden von bedeutenden Veränderungen in dem des anderen beeinflußt wird; (2) wenn das eigene Wohlbefinden in dieselbe *Richtung* beeinflußt wird wie das des anderen, so daß eine Verbesserung seines Wohlbefindens bei einem selbst zu einer Verbesserung führt und eine Herabsetzung zu einer Herabsetzung; (3) wenn man nicht nur die Einschätzung hat, daß es einem schlechter geht, sondern auch eine Emotion empfindet, die diesem Zustand entspricht; (4) wenn man durch die Veränderung im Befinden *des anderen* direkt beeinflußt wird, allein dadurch, daß man davon weiß, und nicht, weil es für einen etwas anderes über einen selbst, eine Kindheitssituation oder was auch immer, symbolisch repräsentiert; (5) wenn sich (und diese Bedingung ist besonders symptomatisch) die eigene *Stimmung* ändert: man hat jetzt andere Gefühle, die auftreten, und veränderte Einstellungen dazu, bestimmte andere Emotionen zu haben; und (6) wenn dieser Stimmungswandel einigermaßen anhaltend ist. Außerdem hat man (7) diese allgemeine Tendenz oder Disposition gegenüber einer Person oder einem Gegenstand, auf diese Weise beeinflußt zu werden; man *tendiert* dazu, durch Veränderungen im Befinden dieser Person derart beeinflußt zu werden.

2 Zu einer Diskussion über Liebe als Bildung eines *Wir* siehe Robert Solomon, *Love*. Garden City, N.Y. 1981.

3 Diese Beschneidung einseitiger Entscheidungsrechte erstreckt sich sogar auf eine Entscheidung, die romantische Liebesbeziehung zu beenden. Man würde meinen, wenn man überhaupt eine Entscheidung selbst treffen könnte, dann diese. Und das kann man auch, aber nur

auf bestimmte Weise in einer bestimmten Gangart. Eine andere Art von Beziehung könnte man beenden, weil einem so ist oder weil man sie nicht mehr befriedigend findet, aber in einer Liebesbeziehung hat die andere Seite »ein Stimmrecht«. Das bedeutet kein dauerhaftes Veto; aber die andere Seite hat ein Recht darauf, sich zu äußern, eine Wiederherstellung zu versuchen, überzeugt zu werden. Nach einiger Zeit kann die eine Seite natürlich darauf beharren, die Beziehung auch ohne die Zustimmung des anderen zu beenden, aber das, worauf beide in der Liebe verzichtet haben, ist das Recht, einseitig und rasch zu handeln.

4   Wenn zwei Menschen ein *Wir* bilden, stellt dieses *Wir* dann eine zusätzliche Wesenheit in der Welt dar, etwas, das zu den beteiligten Menschen und ihrem Geflecht von Beziehungen hinzukommt? (Könnte es Anlässe geben, bei denen wir sagen möchten, daß zusätzlich zu den beiden Menschen auch das *Wir* eine Emotion empfindet?) Dies ähnelt der Frage danach, ob eine ganze Gesellschaft eine zusätzliche Wesenheit in der Welt ist oder nur die Summe des Geflechts der Beziehungen der verschiedenen Menschen. Ist ein menschlicher Körper eine zusätzliche Wesenheit in der Welt oder einfach die physischen Bestandteile in einem Geflecht von Beziehungen? Wie ein Körper oder eine Gesellschaft behauptet sich ein *Wir* und paßt sich (einem breiten Spektrum von) neuen Umständen an. Anders als eine Gesellschaft oder ein Körper existiert es nicht auch dann als dieselbe Wesenheit weiter, wenn es zu einer Ersetzung von Bestandteilen kommt. Die beiden Menschen in einer *Wir*-Beziehung interagieren jedoch oft mit der Außenwelt als eine Einheit, die einen charakteristischen Befindens- und Entscheidungsort hat. Es ist wichtiger, die mannigfaltigen Eigenschaften des *Wir* und die neuen Aktivitäten und Werte, die es ermöglicht, wahrzunehmen als zu entscheiden, ob es einen neuen Artikel in der ontologischen Ausstattung der Welt darstellt. Letzteres wäre aber eine passende Kennzeichnung für jene vertraute phänomenologische Erfahrung, daß die beiden in dem Raum, den sie bilden und darstellen, einfach zufrieden beisammen sind. (Zu einer äußerst detaillierten und erhellenden Diskussion über das Wesen eines »Wir« und über ein pluralisches Subjekt, die nach Abschluß dieses Buches erschien, siehe Margaret Gilbert, *On Social Facts*. London 1989, S. 146-236.)

5   Eine andere griechische Geschichte, die von Telemach, der mit Penelope zu Hause ist, während Odysseus umherirrt, bietet ein anderes Bild vom Wesen des Familiendreiecks. Ein Vater ist ein Beschützer, der gebraucht wird, nicht nur jemand, mit dem man um die Liebe der Mutter wetteifert. Wenn die Mutter so attraktiv ist, wie das Kind glaubt, werden sich in der Abwesenheit des Vaters andere Freier vor ihr einfinden. Und anders als der Vater, der das konkurrierende Kind nicht töten oder verstümmeln wird (trotz der Gedanken, die die psychoanalytische Literatur als die Befürchtungen des Kindes schildert),

sind diese Freier seine Feinde. Telemach *braucht* seinen Vater – um das *sichere* Dreieck aufrechtzuerhalten –, und so macht er sich auf, um ihn zu finden.

6 *Wegen* einer Eigenschaft geliebt zu werden scheint zu dem Begriff einer Liebe zu gehören, die man verdient, wobei die Eigenschaft die Grundlage des Verdienstes ist. Dies, daß eine Liebe verdient ist, ist eine seltsame Auffassung; niemand verdient Nicht-Liebe, weil er hohe Maßstäbe nicht erfüllt. Wir sagen manchmal, daß jemand der Liebe eines anderen »nicht würdig« ist, aber damit meinen wir, daß dieser Mensch nicht richtig darauf reagieren kann (romantisch) geliebt zu werden, daß er darauf nicht in liebevoller Weise eingehen kann. (Der Mensch braucht die romantische Liebe nicht zu erwidern, aber die echte Liebe, die ihm entgegengebracht wurde, muß wenigstens auf liebevolle Weise zurückgewiesen werden.) Einer (romantischen) Liebe würdig zu sein heißt also einfach, die Fähigkeit zum Erwidern der Liebe zu besitzen. Doch selbst wenn diese Fähigkeit nicht vorher in einem Menschen zu erkennen ist, könnte sie nicht dadurch, daß dieser Mensch geliebt wird, geschaffen oder hervorgerufen werden? Das ist die Hoffnung derer, welche lieben, da sie davon überzeugt sind, daß die Tiefe und der Adel ihrer Liebe im anderen Liebe erwecken werden; es erfordert eine gewisse Erfahrung von der Welt, um festzustellen, daß das nicht immer so ist.

7 Siehe Gregory Vlastos, »The Individual as an Object of Love in Plato«, in: ders., *Platonic Studies*. Princeton, N.J. 1973, S. 3–34.

8 Dieser Absatz wurde durch die Form der ökonomischen Analyse angeregt, die sich in Oliver Williamson, *The Economic Institutions of Capitalism*. New York 1986 (deutsch: *Die ökonomischen Institutionen des Kapitalismus*. Tübingen 1990), findet.

9. Emotionen

1 Einen Überblick über diese Literatur und eine Auswahl daraus bieten C. Calhoun, R. Solomon (eds.), *What Is an Emotion?* New York 1984, und Amelie Rorty (ed.), *Explaining Emotions*. Berkeley, Calif. 1980. Seit ich meine Kapitel über Emotionen geschrieben habe, sind zwei einschlägige Bücher erschienen: Ronald de Sousa, *The Rationality of Emotion*. Cambridge, Mass. 1987; Patricia Greenspan, *Emotions and Reason: An Inquiry into Emotional Justification*. New York 1988.

2 Wir wollen dies, sofern alle anderen Umstände gleich sind; wenn diese besten Bewertungen nur zu einem hohen Preis an Zeit oder Energie zu erreichen sind, könnten wir uns damit begnügen, einige Emotionen auf etwas niedrigeren Bewertungen beruhen zu lassen. Dasselbe gilt auch für Annahmen. Wir wollen, daß unsere Annahmen auf den besten und vollständigsten Beweisen oder Daten beruhen, aber wenn das teuer wird, können wir uns damit begnügen, gewisse Annahmen

auf groberem Material beruhen zu lassen und zu akzeptieren, daß sich ihre Genauigkeit verringert.

3 Emotionen informieren uns über Bewertungen, die wir vornehmen, darunter auch über solche, die unbewußt sind. Da die Gefühle, um die es geht, dem Bewußtsein gewärtig sind, können wir sie dazu benutzen, unsere zugrundeliegenden Bewertungen zu verfolgen, neu zu überprüfen und vielleicht zu verändern. Das ist eine nützliche Funktion, aber wir würden auf Emotionen nicht verzichten, wenn uns das eine noch effektivere Kenntnis unserer unbewußten Bewertungen verschaffte; diese Funktion würde ohnehin ebenso gut erfüllt werden, wenn wir unsere Emotionen ohne ein sie begleitendes Gefühl wahrnehmen könnten. So ist auch dies nicht der Grund, weshalb Emotionen besonders wichtig sind.

4 Grob gesagt bildet ein Analogmodell oder eine analoge Darstellung eines Prozesses diesen Prozeß irgendwie nach und beschreibt ihn nicht bloß. Das Modell stellt einen kontinuierlichen Prozeß oder eine kontinuierliche Dimension in der Welt durch entsprechende kontinuierliche Veränderungen in sich selbst dar. Der analoge Charakter von Emotionen ist komplizierter, als es diese kurze Darlegung deutlich machen kann; ich habe einige Einzelheiten in einen Anhang zu diesem Kapitel verwiesen.

5 Gerard Manley Hopkins vertrat, das könnten wir beachten, eine besondere Version der onomatopoetischen Theorie des Ursprungs der Sprache: ein Wort imitiert in seiner Substanz und in dem, was er als dessen »inneres Wesen« (*inscape*) bezeichnet, die Substanz und das innere Wesen dessen, was es benennt, so daß einige Wörter eine kinästhetische Repräsentation der Dinge, die sie bezeichnen, liefern. (Siehe J. Hillis Miller, *The Disappearance of God*. Cambridge, Mass. 1975, S. 285.) Wörter, wie sie Hopkins beschreibt, wären Analogmodelle dessen, was sie darstellten.

6 Vgl. mein Buch *Philosophical Explanations*, Kapitel 3.

10. Glück

1 Es erfordert einige Sorgfalt, die bei sonst gleichen Umständen auftretende Bevorzugung der nach oben gerichteten Kurve genau zu beschreiben, die vollen Komplexitäten des Vorhersehens und Erinnerns von Zeitabschnitten wechselnder Länge auf dem Weg durchs Leben zu berücksichtigen. Die Präferenz im Hinblick auf die Kontur des Lebens der eigenen Kinder vermeidet jedoch dieses Problem, denn man bewertet dann das Leben als Ganzes von einem Punkt aus, der außerhalb davon liegt, und ihr Vorhersehen und Erinnern geht in die Überlegungen nicht ein, wenn sie die Kontur des Lebens nicht kennen. Wenn die Erwartung eines künftigen Gutes uns jetzt mehr erfreut als die Erinnerung an ein vergangenes und dadurch einen Einfluß darauf

hat, wo die Kurven angesiedelt sind, könnte diese Tatsache selbst auf eine Präferenz für die aufwärts gerichtete Kurve verweisen. (In ähnlicher Weise könnten es Menschen mit Amnesie vorziehen, daß ein bestimmtes Glück in ihrer Zukunft liege und nicht in ihrer Vergangenheit, selbst wenn sich die Erinnerung wiederherstellen ließe.) Wir müssen auch die Bevorzugung der aufwärtsgerichteten Kurve von der Präferenz für ein Happy End, als dessen Indikator die Aufwärtsrichtung angesehen werden könnte, unterscheiden. Betrachten wir eine Kurve, die bis fast ganz an ihr Ende aufwärts gerichtet ist, und eine andere Kurve, die bis fast ganz ans Ende abwärts gerichtet ist, wobei jede dieselbe Gesamtfläche unter sich hat; diese Kurven kreuzen sich wie ein X. Ganz kurz vor dem Ende sind die Dinge aber komplizierter: Für einen Menschen auf jeder der beiden Kurven besteht eine Wahrscheinlichkeit von 0,5, auf diesem Niveau zu bleiben, und eine Wahrscheinlichkeit von 0,5, sofort auf das Niveau der anderen Kurve zu fallen oder angehoben zu werden, wobei das Leben kurz danach zu Ende geht. Das Niveau des Endes läßt sich nicht aus dem Verlauf vorhersagen, den die Kurve bis dahin genommen hat; wenn unter diesen Umständen die Aufwärtsrichtung dennoch der Abwärtsrichtung vorgezogen wird, so betrifft diese Präferenz den Verlauf der Kurven, nicht nur ihren Abschluß.

Daß wir die Aufwärtsrichtung bevorzugen (und gegen die Abwärtsrichtung eine sehr große Abneigung haben), könnte dazu beitragen, andere Phänomene zu erklären. Kürzlich haben die beiden Psychologen Amos Tversky und Daniel Kahneman betont, daß Menschen bei Entscheidungen die Ergebnisse von Handlungen (im Gegensatz zu den Empfehlungen existierender normativer Theorien) nicht nach ihrem absoluten Niveau bewerten, sondern danach, ob sie im Vergleich zu einer Grundlinie oder einem Bezugspunkt mit Gewinnen oder Verlusten verbunden sind, und daß sie Verluste stärker gewichten als Gewinne. (Siehe Daniel Kahneman, Amos Tversky, »Prospect Theory«, in: *Econometrica* 47 [1979], S. 263–291; »Rational Choice and the Framing of Decisions«, in: Robin Hogarth, Melvin Reder [eds.], *Rational Choice*. Chicago 1987, S. 67–94.) Wenn Menschen tatsächlich eine nach oben gerichtete Kurve bevorzugen, dann sind diese beiden Erscheinungen das, was man erwarten würde: Sie kategorisieren Ergebnisse als Ereignisse, die über oder unter einem aktuellen oder hypothetischen Bezugspunkt liegen – sind es Gewinne oder Verluste? –, und sie legen besonders großes Gewicht darauf, Verluste zu vermeiden. (Wenn jedoch die Präferenz für die Aufwärtsrichtung in Abhängigkeit davon variiert, wo die Null-Ebene war, dann läßt sich diese Präferenz nicht dazu benutzen, die beiden Erscheinungen zu erklären; ohnehin könnte jemand versuchen, die Erklärung in die andere Richtung laufen zu lassen und die Bevorzugung der Aufwärtsrichtung als *Ergebnis* der beiden Erscheinungen zu sehen.)

2 »Formulierungen über die zwei Prinzipien des psychischen Geschehens«, in: Sigmund Freud, *Gesammelte Werke*. 8. Band. Frankfurt a.M. [5]1969, S. 235f.

3 Verhaltenspsychologen liefern präzisere quantitative Fassungen des Lustprinzips in Formulierungen des Wirkungsgesetzes; Unternehmensforscher und Wirtschaftswissenschaftler liefern formale Theorien der (Wirklichkeits)beschränkungen für Handlungen. Realitäts- und Lustprinzip werden beide in der dualen Struktur der Entscheidungstheorie widergespiegelt, die mit Wahrscheinlichkeiten möglicher Ergebnisalternativen für durchführbare Handlungen und den Nützlichkeitswerten dieser Ergebnisse operiert; wie Freud behauptet die Entscheidungstheorie bei ihrem eigenen Prinzip der Maximierung des erwarteten Nutzens die Priorität des Lustprinzips.

4 Dieses Beispiel der Erfahrungsmaschine habe ich erstmals in *Anarchy, State, and Utopia*. Oxford 1974, S. 42-45 (deutsch: *Anarchie, Staat, Utopia*. München 1976, S. 52-54), vorgelegt und diskutiert.

5 Der Psychologe George Ainslie bietet eine geniale alternative Erklärung für unser Interesse an Kontakt zur Wirklichkeit, eine, die dieses als ein Mittel, nicht als etwas von intrinsischem Wert sieht. Ainslie zufolge brauchen wir, um Sättigung (und daher eine Verringerung der Lust) durch das *Imaginieren* von Befriedigungen zu vermeiden, eine klare Grenze, um Lusterfahrungen auf diejenigen zu beschränken, die weniger leicht zugänglich sind. Diese Grenze liefert die Wirklichkeit; Lusterfahrungen in ihr sind dünner gesät (George Ainslie, »Beyond Microeconomics«, in: Jon Elster (ed.) *The Multiple Self*. Cambridge 1986, S. 133-175, besonders S. 149–157). Man beachte, daß das Phänomen der Sättigung selbst vermutlich eine evolutionäre Erklärung hat. Organismen, die in einer Aktivität nicht zu einer Sättigung kommen (wie in den Experimenten, in denen ein Apparat Ratten dazu befähigt, das Lustzentrum in ihrem Gehirn zu stimulieren), werden daran unter Ausschluß aller anderen Dinge festhalten und daher verhungern oder jedenfalls keine Nachkommen mehr haben oder aufziehen. Doch auch in einem Wirklichkeitsrahmen werden Organismen eine gewisse Selbstkontrolle zeigen müssen und nicht einfach leichten Lusterfahrungen nachgehen können, selbst wenn sie noch nicht gesättigt sind, so daß ein Realitätsprinzip den Zweck, den Ainslie beschreibt, nicht vollständig erfüllen würde, und vermutlich könnten andere ganz klare Grenzen den Zweck ebensogut erfüllen. Eine Grenze könnte von einer Einteilung des Tages nach biologischen Rhythmen abhängen – ist Schlaf die Zeit für leichte Freuden und der Traum das Vehikel dafür? Andere Grenzen könnten davon abhängen, ob man allein ist oder in Begleitung, ob man vor kurzem gegessen hat oder nicht, ob Vollmond bevorsteht oder sonst etwas; auch diese Dinge könnten dazu verwendet werden, die Zeit zu beschränken, in der der leichte Lustgewinn akzeptabel wäre. Die Wirklichkeit ist kein einzigartiges Mittel

hierzu, und unser Interesse an der Wirklichkeit ist auch nicht einfach ein Mittel.

6 Wir brauchten eine genaue Phänomenologie des spezifischen Charakters dieser Gefühle.

7 Wladyslaw Tatarkiewicz, *Analysis of Happiness*. Den Haag 1976, S. 8–16 (deutsch: *Über das Glück*. Stuttgart 1984, S. 21–28).

8 Man beachte, daß sich eine Bewertung, die man jetzt von seinem Leben in einer früheren Phase vornimmt, von der Bewertung unterscheiden kann, die man damals vorgenommen hat. Daß verschiedene Bewertungen dieser Lebensspanne erstellt werden können – die, die man jetzt, die, die man damals gemacht hat, und auch die Bewertung, die wir, die Beobachter, vornehmen –, kompliziert die Frage, ob diese Spannen als glücklich zählen. Wir zögern, für diese Zwecke einfach als richtige Bewertung diejenige anzusehen, die der Mensch tatsächlich damals vornahm. Wenn man zum Beispiel damals das eigene Leben positiv bewertete und sich entsprechend fühlte, jetzt aber im Rückblick sein gesamtes damaliges Leben in negativer Weise beurteilt, war man dann damals glücklich oder nicht? Zu diesem früheren Zeitpunkt *fühlte* man sich im Hinblick auf sein damaliges Leben glücklich, aber jetzt tut man dies nicht. Wegen dieser gegenwärtigen negativen Bewertung (besonders dann, wenn es eine ist, der wir uns anschließen) würden wir zögern, einfach zu sagen, der Betreffende sei damals glücklich gewesen. Betrachten wir die entsprechende Frage unter entgegengesetztem Vorzeichen. Wenn man sein Leben damals negativ bewertete und sich entsprechend fühlte, jetzt aber im Rückblick diese Zeit positiv bewertet, war man dann damals glücklich oder nicht? Die negativen Gefühle, die man damals hatte, bedeuten, daß man selbst in der Rückschau damals *nicht* glücklich war, sofern man nicht auch damals viele glückliche Gefühle hatte und die damalige negative Gesamteinschätzung, die keine Unglücksgefühle von beträchtlicher Dauer hervorrief, auf abstrakteren Gründen beruht, vielleicht daß man zur damaligen Zeit kein exemplarischer tragisch leidender Held war. Wenn man jetzt dahin kommt, diese Periode positiv zu bewerten und sich im Hinblick auf sie entsprechend zu fühlen, und sie damals keine erheblichen negativen Gefühle enthielt, obwohl sie damals negativ bewertet wurde, könnten wir dann nicht den Schluß ziehen, daß es doch eine glückliche Zeit *war*? Solche Komplikationen machen es schwer, eine glatte und geradlinige Auffassung von Glück vorzulegen.

Man beachte auch eine Zweideutigkeit in dem Begriff des eigenen Lebens als Ganzem, in dem Gegenstand, der bewertet wird. Das könnte den *ganzen* Zeitabschnitt des gegenwärtigen Lebens unter Einschluß all seiner Aspekte und nicht nur einiger bedeuten; oder es könnte die Gesamtheit des eigenen Lebens bis heute bedeuten. (Schließt es auch die Zukunft ein, die man erwartet?) Ein Mensch könnte wegen seines aktuellen Lebens und der Weise, in der er es (zu

Recht) bewertet, jetzt glücklich sein und jetzt ein glücklicher Mensch sein, selbst wenn seine Vergangenheit derart unglücklich war, daß sie ihn dazu veranlaßte, sie nicht nur damals negativ zu bewerten, sondern heute sein ganzes Leben bis jetzt als (per Saldo) negativ zu bewerten. Die Frage danach, ob ein Leben ein insgesamt gutes Leben ist, konzentriert sich nicht nur auf eine Bewertung des gegenwärtigen Zeitabschnitts, und sie bildet auch nicht einfach einen Durchschnitt der gleichzeitigen Bewertungen jedes Zeitabschnitts (selbst wenn diese richtig wären), denn die Antwort könnte auch von den narrativen Konturen des Lebens abhängen, davon, wie diese verschiedenen Zeitabschnitte zueinander passen.

9 Daß dies geschieht, wenn die Wahrscheinlichkeit bei über 50 Prozent liegt, ist ein häufiges psychisches Phänomen, kein Gesetz. Manche Menschen blicken mit großer Furcht auf die Möglichkeit, daß das Ereignis nicht eintrifft, und entwerten die Zukunft entsprechend. Wenn die Erwartung eines zukünftigen Guten dem gegenwärtigen Nutzenniveau eines Menschen tatsächlich etwas hinzufügt, wie wird es diesem Menschen dann gehen, wenn das Ereignis nicht eintritt?

11. Konzentration

1 Das, worauf wir uns gegenwärtig konzentrieren, wird dadurch beeinflußt, wie wir sind, aber langfristig wird ein Mensch durch das geprägt, worauf seine oder ihre Aufmerksamkeit ständig gerichtet ist. Daher die große Wichtigkeit der Dinge, für die ein Beruf von einem Menschen Sensibilität erfordert, und derjenigen, von denen er *de jure* oder *de facto* keine Notiz nimmt, denn sein Muster von sensiblen und unsensiblen Einstellungen wird – sofern keine fortgesetzte Anstrengung unternommen wird, dazu ein Gegengewicht zu bilden – schließlich das eigene werden.

2 Vgl. die Beschreibungen der verschiedenen neurotischen Persönlichkeiten bei David Shapiro, *Neurotic Styles*. New York 1965.

3 Um es umständlicher zu formulieren, die positive Größe der Empfindungsqualität ist proportional dem Maß des Wertes, den die Bewertung zuschreibt. Der Proportionalitätsfaktor aber, die Konstante, mit der das Bewertungsmaß multipliziert wird, um die Empfindungsqualität zu ergeben, kann von Person zu Person oder von Stimmung zu Stimmung variieren. Ist es legitim, bei den negativen Emotionen einen anderen Multiplikationsfaktor zu verwenden als bei den positiven?

12. Wirklicher sein

1 In höherem Lebensalter, nach der Kindheit und den Jugendjahren, sagen die Menschen, daß die Zeit schneller vergeht. Bewerten wir ein Zeitintervall nach dem Bruchteil unseres bisherigen Lebens, den es

einnimmt? Die Zeit würde dann immer schneller und schneller verfliegen, wenn wir alt werden, da jedes feste Intervall – sagen wir, ein Jahr oder fünf Jahre – einen zunehmend kleineren Bruchteil dieses Lebens darstellen wird. Verzerrungen des subjektiven Zeitgefühls beim Erwachsenen könnten im Prinzip zu außerordentlichen Wirkungen führen. Nehmen wir an, eine halbe Minute läßt sich subjektiv als die Länge einer normalen Minute erleben, und dieses Phänomen wird in den darauffolgenden Zeitintervallen jedesmal verdoppelt, so daß sich die nächste Viertelminute wie eine normale Minute anfühlt, die nächste Achtelminute auch und ebenso auch die nächste Sechzehntelminute usw. Am Ende der einen Minute objektiver Zeit wird es eine unendliche Folge abnehmender Zeitintervalle – 1/2, 1/4, 1/8, 1/16, 1/32 … – gegeben haben, von denen jedes subjektiv so erfahren worden ist, als sei es eine Minute lang. Diese unendliche Summe subjektiver Minuten würde also wie eine subjektive Ewigkeit scheinen. Und wenn man dann in der nächsten Minute zum gewöhnlichen Zeitgefühl zurückkehrte, würde es so aussehen, als läge eine Erfahrung unendlicher subjektiver Zeitdauer hinter einem. Könnte so etwas wie dies – wir könnten es Zenons Ewigkeit nennen – ein Modell für eine Erleuchtungserfahrung sein oder für die Erfahrung des Sterbens? Wenn unser Bewußtsein den biologischen Tod (nur) eine Minute überlebte, diese Minute sich aber subjektiv wie Ewigkeit anfühlte, würde das dann eine befriedigende Form der Unsterblichkeit darstellen?

2   Manche Lebensläufe geben wiederkehrenden menschlichen Phänomenen einen neuen *Sinn* durch die Art und Weise, in der sie sie verkörpern und verklären – das tut zum Beispiel das Leben Jesu im Hinblick auf das Leiden. Von da an bedeutet es etwas anderes, wenn wir leiden, auf Grund dessen, was das Leiden damals war und bedeutete; unser Leiden wird mit jenem in Verbindung gebracht. In ähnlicher Weise verleihen Werke der Literatur dem, was wir erleben, zusätzliche Tiefe und Bedeutung. Wir können jemandem begegnen und den Eindruck haben, daß er ein dostojewskischer Charakter sei; wir sind jetzt in der Lage, ihn vor dem Hintergrund der ganzen Landschaft von Dostojewskis Charakteren mit ihrer nicht völlig stabilen emotionalen Intensität zu sehen, genau wie wir Leiden vor dem Hintergrund einer Landschaft des Lebens Jesu sehen können. Diese Bedeutungen stehen senkrecht zu unserem fortlaufenden Leben und bereichern es.

3   Das vierte Realitätsprinzip setzt anders als Abraham Maslows Prinzip der Selbstverwirklichung nicht voraus, daß es ein bestimmtes Ich oder irgendwelche besonderen Talente oder Schicksalstendenzen gibt, die im Innern lauern und darauf warten, in die Tat umgesetzt zu werden, und so das bestimmen, was als Selbstverwirklichung gelten würde.

4   In jedem Falle müssen wir uns unserer Beschränkungen, sowohl unserer persönlichen als auch der der allgemeinen menschlichen Natur, bewußt sein. Wir sind nicht vollkommen und brauchen es nicht zu sein.

Perfektionismus ist einfach ein weiterer Fehler. Wird das absolute Niveau aller unserer Leistungen für Wesen von einer anderen Galaxie mit weitaus größeren Fähigkeiten nicht ohnehin trivial aussehen?

5   Das ansprechende Kriterium der primären Masse, das vielleicht im Kontext der Wirklichkeit des Ich nicht so notwendig ist, läßt sich in nutzbringender Weise auch auf andere Gegenstände anwenden, die eine ähnliche Struktur aufweisen. Beispielsweise fragte Aristoteles, ob wir alle unsere wünschenswerten Fähigkeiten in abgerundeter Weise entwickeln oder uns lieber darauf konzentrieren sollten, unsere höchste Fähigkeit bis zum äußersten zu entwickeln. Wenn wir annehmen, daß wir jede entwickelte Fähigkeit an einer äußeren Wertskala messen könnten, könnte eine Antwort lauten, die Entwicklung in diejenige Richtung zu lenken, in der der primäre Masse unserer Gesamtkapazitäten maximiert würde. Ob dies eine abgerundete Entwicklung ist oder die maximale Konzentration auf eine Fähigkeit, wird von Tatsachen über jeden einzelnen und seine Fähigkeiten abhängen.

6   Wirklichkeit ist eine so allumfassende Kategorie, sie umschließt so viele andere als Unterdimensionen, daß es nicht klar ist, welche allgemeinere Kategorie man benutzen könnte, um sie zu verstehen. Wir könnten fragen: Warum sollte uns an der Wirklichkeit liegen? Doch wenn einem an etwas liegt, wenn man es anstrebt und es zu verwirklichen versucht, so sind eben dies Zustände gesteigerter Lebhaftigkeit, Intensität und Konzentration – das heißt, Zustände gesteigerter Wirklichkeit. Wenn die Wirklichkeit nicht wichtig ist, warum sollten wir uns mit der Frage befassen, woran einem liegen sollte? (Diese schnippische Frage ist keine adäquate Antwort; ich komme auf dieses Thema noch zurück.)

7   Barry Schwartz spekuliert (in *Vertical Classification*. Chicago 1981), daß in allen Kulturen die Begriffe »ober« und »höher« auf die Besseren und Mächtigeren angewendet werden – man spricht von *Ober*klassen, Könige sitzen höher als ihre Untertanen, Unternehmensdirektoren haben ihre Büros in höheren Stockwerken als die *Unter*gebenen usw.–, weil Kinder überall buchstäblich damit beginnen, zu Erwachsenen aufzublicken, wenn sie Informationen und Hilfe brauchen, und eine Bestätigung des Kindes oft damit verbunden ist, daß man es hochhebt.

13. Ichlosigkeit

1   Andere haben, um die buddhistische Lehre zu erklären und plausibel zu machen, die Analogie zu einem Film anders verwendet: Sie fragten, ob die Wirklichkeit nicht wie das Bild sein könnte, das auf der Leinwand zu sehen ist, welches Lücken enthält, obwohl es uns zusammenhängend erscheint.

2   Die obigen Absätze beschreiben einen Prozeß, in dem das Ich konstruiert wird. Eine extremere Auffassung würde das Ich als eine Illu-

sion betrachten, die in diesem Prozeß erzeugt wird, vielleicht nach Art der Vervollständigung einer unvollständigen Gestalt. Genau wie Kreise mit kleinen Lücken als vollständige Kreise gesehen werden, wobei das optische System den Eindruck der Geschlossenheit erzeugt, könnte das Ich eine Schließung von Lücken in Erfahrungen sein, die tatsächlich nicht von irgend etwas »gehabt« werden. Das Ich, das scheinbar ein Gegenstand direkter und beständiger Wahrnehmung ist, würde unter diesen Umständen überhaupt nicht existieren. Es würde sich lediglich ein zusätzliches Stück Erfahrung ereignen, eine illusionäre Herstellung eines Eindrucks von Geschlossenheit.

3 Könnte die Auffassung, die Frauen von sich haben, die Verfassung ihres *Ich*, weniger an Begriffe von ausschließlicher Aufteilung von und Eigentümerschaft an Erfahrung gebunden sein, und ist ein Teil des größeren Interesses an Erwerb, Aneignung und Macht über äußere Dinge, das sich bei Männern beobachten läßt, durch die besondere – und nicht offensichtlich bewundernswerte – Vorstellung der exklusiven Aneignung von Erfahrung zu erklären, die ihrer Form der Ich-Konstitution zugrundeliegt?

4 Vgl. mein Buch *Philosophical Explanations*, S. 90 - 94.

14. Haltungen

1 Ich habe aus der Behandlung Nutzen gezogen, die Thomas Nagel von zwei ähnlichen Haltungen gegeben hat, die in seinem Buch *The View from Nowhere*. New York 1986, eine etwas andere Rolle spielen.

2 Diese Erwägungen setzen nicht voraus, daß die *Wirklichkeit* den richtigen Maßstab liefert. Ganz gleich welchen Maßstab jemand wählt, er muß einräumen, daß dies dem Leben anderer Wichtigkeit verleiht, oder aber seine Auffassung von der Wichtigkeit seines eigenen Lebens in Frage stellen. Ich sage hier nicht nur, daß die Leugnung der Wichtigkeit im Falle der anderen ihn in einen Widerspruch führen würde – es mag jemandem nicht viel daran liegen, Widersprüche zu vermeiden –, sondern daß er sein eigenes Leben nicht als etwas betrachten kann, das etwas Wichtiges enthält, sofern er nicht andere in demselben Licht sieht, so daß derselbe Maßstab ihnen dieselbe Wichtigkeit verleihen kann. Sich von den anderen zu unterscheiden bedeutet, alles, was er hat, in seinem Charakter des Lohnenden und Erstrebenswerten zu untergraben. Ihm kann auch nicht einfach daran liegen, daß der Maßstab in äußeren Dingen, in Kunstwerken vielleicht, nicht aber in anderen Menschen verwirklicht wird; was er *für sich selbst* anerkennen muß, ist, daß es auch in Menschen wichtig ist – denn sonst könnte es etwas sein, das nur *Objekten* Wert verliehe; was in Menschen allgemein nicht wichtig ist, ist auch in ihm nicht wichtig.

Die Position hier hat zwei Teile: (1) daß jemand bei anderen denjenigen allgemeinsten Maßstab anerkennt, der seinem eigenen Leben

Wichtigkeit / Sinn / Wert verleiht, und darauf eingeht; (2) daß die Wirklichkeit dieser Maßstab ist. Diese Form der Argumentation, habe ich gesagt, hängt nicht davon ab, daß die Wirklichkeit der in diesem Fall gewählte Maßstab ist, doch *gewisse* verzerrte, aber vorstellbare Maßstäbe – daß es zum Beispiel die Intensität des Leidens sei, die dem Leben eines Menschen Wichtigkeit verleiht – könnten, wenn sie durch (1) verallgemeinert werden, zu einem ganz *un*ethischen Verhalten anderen gegenüber führen. Die Richtung der Argumentation ließe sich aber umkehren, um einen spezifischen Maßstab zu finden und zu vertreten; wenn wir mit der Struktur von (1) und (2) beginnen, können wir fragen, welcher besondere Maßstab unter (2) in Verbindung mit (1) ethisches Verhalten hervorrufen würde.

3   Es ist eine heikle Aufgabe zu beschreiben, was von der Wirklichkeit, die ein Mensch hervorbringt, ihm auch rückwirkend angerechnet wird und wie dies genau von verschiedenen Faktoren abhängt: was er zu tun beabsichtigt, die Anstrengung, die er aufwenden muß, die Rolle von Zufall und Zusammentreffen, in welchem Maße diese Aktivitäten zunehmender äußerer Wirklichkeit das Ich zum Ausdruck bringen und es nach außen projizieren, die verschiedenen Wege, auf denen andere dazu veranlaßt werden, auf seine Handlungen einzugehen, welcher Teil der gesamten sich ergebenden Wirkungen als Folgen seiner Handlungen unterstellt wird usw.

4   Diese spezielle Gewichtung unserer Person ist eine Illusion, die vielleicht durch Selbstsucht motiviert oder durch eine allgemeine kognitive Einseitigkeit hervorgerufen ist, sagt die absolutistische Haltung. Wir und unser Leben sind notwendig von besonders herausragender Bedeutung für uns selbst und nehmen den Vordergrund unserer Aufmerksamkeit ein, und es gibt ein allgemeines Phänomen, daß das, was am stärksten ins Auge fällt, auch als das Wichtigste betrachtet werden wird, selbst wenn das nicht zutrifft. Wir glauben jedoch, daß *jeder* Mensch zu Recht seinem eigenen Leben und Ich und seinen Beziehungen zur Wirklichkeit besondere Priorität geben kann; wir meinen nicht nur, daß *wir* das können und daß alle anderen *unserem* Leben auch diese spezielle Priorität einräumen müssen! Diese allgemeine Position würde nicht leicht allein dadurch hervorgerufen, daß sich lediglich eine kognitive Einseitigkeit um unser Ich drehte.

5   Ein späteres Kapitel erörtert den Begriff der Verhältnismäßigkeit; diese ließe sich in die kombinierte Haltung einbeziehen, wenn ein Mensch beim Handeln zwei Arten von Eichung vorzunehmen versuchte, in Anpassung daran, wieviel Wirklichkeit seines Ich in einer Beziehung betroffen ist, und auch an die Wirklichkeit der Bezugnahme, wobei er beide in das richtige Verhältnis zu der Größe der Wirklichkeit, zu der die Beziehung hergestellt wird, brächte.

15. Wert und Sinn

1 Dieses Kapitel greift auf die Erörterung von Wert und Sinn in meinem früheren Buch *Philosophical Explanations* zurück; dort finden sich weitere Einzelheiten. Es gibt eine schwache und etwas entlegene Anwendung der Begriffe Wert und Sinn auf sexuelle Beziehungen, die theoretisch interessant ist, auf die ich aber kein großes Gewicht legen würde. In der sexuellen Vereinigung wird eine intensive Einheit geschaffen, eine Verknüpfung über Grenzen hinweg, eine gegenseitige Durchdringung durch sie hindurch. Die Begriffe Wert und Sinn sind, wie der Leser bemerkt haben mag, nicht ohne ihre eigenen sexuellen Untertöne. Sich in eine innere Einheit zu bringen und über sich selbst hinaus eine Verbindung aufzunehmen ist nicht nur eine Beschreibung der Begriffe Wert beziehungsweise Sinn, diese Charakterisierungen scheinen auch auf Formen sexueller Verbindung zu passen. Spekulativer gesagt, Wert und Sinn haben sozusagen ein Geschlecht. Sich in eine innere Einheit zu bringen scheint zu der Art zu passen, wie eine Frau eine sexuelle Beziehung eingeht, die Herstellung einer Verbindung nach außen paßt anscheinend zu der des Mannes. Ist Wert für die Frau, was Sinn für den Mann ist? Da diese Bewertungsdimensionen von großer und gleichgeordneter Wichtigkeit sind, wäre das ein befriedigendes Ergebnis. Ich behaupte nicht, daß diese beiden zentralen Bewertungsdimensionen nur unsere sexuellen Vorstellungen in sublimierter und überhöhter Form sind. Der Parallelismus würde jedoch gewiß die Kraft der Bewertungsbegriffe erhöhen, wie er vielleicht – sofern es dessen überhaupt bedürfte – auch die Würde der sexuellen Orientierungen verstärken würde.

Selbst auf dieser hohen Abstraktionsebene ist es vielleicht nicht selbstverständlich, welchen von den Begriffen, Wert oder Sinn, man auf welches Geschlecht anwenden soll. In sexueller Orientierung verbinden sich Männer nach außen, und Frauen vereinnahmen nach innen. Doch im Wesen der Auffassung, die sie von sich selbst haben, werden Frauen oft als an Begriffen von Beziehung und Verbindung orientiert beschrieben, während Männer sich eher als autonom in ihren eigenen Grenzen befangen betrachten. Würde das nicht Frauen mehr auf der Sinndimension ansiedeln und Männer mehr auf der des Wertes? Es wäre interessant zu wissen, ob Männer und Frauen dazu neigten, die Begriffe Wert und Sinn nach ihrer eigenen Lage zu definieren; sie könnten sich dann in ihrer *Auffassung* dieser Begriffe unterscheiden, wobei Frauen Wert nach dem Vorbild vaginaler Vereinnahmung gestalteten, Sinn nach der Beziehung zu anderen, und Männer Sinn nach dem Vorbild phallischer Verbindung gestalteten, Wert nach gesonderter Individuation. Das braucht aber nicht zu bedeuten, daß sie Wert und Sinn, wie sie sie definieren, auf verschiedenen Wegen bekommen oder finden müssen.

16. Wichtigkeit und Gewicht

1 Das bedeutet, daß in einem Falle, in dem Historiker gewisse Ereignisse als wichtig bezeichnen und sie studieren, ihr Anspruch nicht wertneutral ist. Ein Historiker könnte meinen, daß er mit einem wichtigen historischen Ereignis eines mit vielen Wirkungen meint, von denen Menschen wissen, mit vielen Wirkungen, die ins Bewußtsein der Menschen dringen, selbst wenn sie nicht wissen, auf was für ein früheres Ereignis diese Wirkungen zurückzuführen sind. Ein großer Krieg oder eine institutionelle Veränderung werden viele Wirkungen haben, von denen Menschen wissen. Dieses Kriterium konzentriert sich auf menschliches Wissen; es ließe sich erweitern und auf anderes intelligente Bewußtsein im Universum oder auf manches tierische Bewußtsein auf der Erde ausweiten. Wichtige Ereignisse im Universum wären die, deren Wirkungen in weitem Umfang bekannt sind. (Der Begriff »Wirkung« ist hier nicht transitiv. Der Historiker kann der Ansicht sein, daß Napoleons Leben historisch wichtig war, ohne die Paarung von Napoleons Ururgroßeltern ebenfalls als historisch wichtig zu behandeln. Wie wird er diese Möglichkeit ausschließen? Ist diese Paarung einfach deshalb nicht historisch wichtig, weil all ihre bekannten Wirkungen durch den Trichter eines späteren Ereignisses laufen? Doch manche historisch wichtigen Ereignisse sind solche nur dadurch, daß sie ein späteres Ereignis von Wichtigkeit verursachen.)

Das Kriterium der Zahl der bekannten Wirkungen funktioniert, glaube ich, als Annäherung an ein anderes, welches Bewertungsbegriffe heranzieht. Stellen wir uns erstens vor, daß alle Moleküle eine rudimentäre Form von Bewußtsein haben. Würde das alle unsere Äußerungen einfach deshalb wichtig werden lassen, weil die Millionen von Molekülen ihre neuen Positionen, die unser Sprechen verursacht hätte, wahrnähmen? Wären wir nicht eher der Ansicht, daß diese Wahrnehmungen nicht so wichtig wären und das Ereignis, das sie verursacht hätte, daher auch nicht? Andere Ereignisse haben auch Wirkungen, die weithin bekannt, aber (so würden wir sagen) trivial sind; eine Schlagerplatte kann von Millionen gehört werden, aber keinen anderen wahrnehmbaren Einfluß auf ihr Leben haben. Das Wissenskriterium ist auch noch in anderer Hinsicht unzulänglich. Wenn das Sonnensystem plötzlich ausgelöscht und alles menschliche wissende Bewußtsein vernichtet würde, wäre dieses Ereignis, das Ende der menschlichen Geschichte, historisch wichtig, auch wenn kein Bewohner des Sonnensystems ein Wissen von ihm oder von seinen späteren Wirkungen hätte. (Man könnte das Wissenskriterium jedoch verbessern und sagen, daß ein historisch wichtiges Ereignis Auswirkungen auf Wissensereignisse hat; eine Explosion, die die vielen Wissensereignisse verhindert, die sonst stattgefunden hätten, würde dadurch als wichtig zählen.) Die anfängliche Plausibilität des Wissenskriteriums beruht darauf, daß gewöhnlich, wenn etwas von Bedeutung ist, Menschen davon wissen; daher ist das Wissenskriterium eine grobe Annäherung an die genauere Auffassung über Wichtigkeit, bei der es um Auswirkungen in einer bewertenden Dimension geht.

2 Siehe Charles Derber, *The Pursuit of Attention*. New York 1983, S. 21 – 35, 65 – 86.

3 Um das Ausmaß von Macht zu messen (sagen uns Sozialwissenschaftler), müssen wir die anderen Menschen identifizieren, die von ihren Handlungen betroffen sind, die Machtressourcen, die verwendet werden, und was die Kosten für den sind, der Macht anwendet. Macht kann verschiedene Formen annehmen. Das Verhalten anderer kann dadurch beeinflußt werden, daß man ihre Entscheidungen übergeht, wie da, wo man Menschen körperlich fortträgt oder in eine Zelle einschließt. Oder die Beeinflussung kann durch ihre Entscheidungen geschehen. Man kann die Wahrscheinlichkeit oder Schädlichkeit negativer Ergebnisse, die durch das Verhalten eines Menschen bedingt sind, steigern und ihn dadurch dazu *zwingen*, etwas anderes zu tun; oder man kann die Wahrscheinlichkeit oder Nützlichkeit verhaltensbedingter positiver Ergebnisse für ihn erhöhen und ihn dadurch dazu *veranlassen*, es zu tun. Oder man kann das Urteil des Menschen über Wahrscheinlichkeit und Nutzen beeinflussen, während man sie tatsächlich unverändert läßt, indem man ihn mit Informationen versorgt. Dadurch hat man *Einfluß* auf seine Handlungen. (Wenn Menschen von der Macht und dem Einfluß der Medien sprechen, benutzen sie diese Bedeutung und vielleicht die folgende.) Man *manipuliert* einen anderen, wenn man ihm Informationen gibt, die man entweder für falsch hält oder für eine einseitige Auswahl richtiger Informationen, um ihn in eine bestimmte Richtung zu führen. (Ist es Manipulation, wenn man, ohne die Information für falsch oder einseitig zu halten, sie nicht für wahr und unparteiisch hält und nur daran interessiert ist, den anderen Menschen irgendwohin zu führen?) Wenn man diejenigen Handlungen beeinflußt, durch die jemand Macht über Dritte ausübt, hat man selbst Macht über diese Dritten. *Autorität* zu haben heißt, daß man das Recht hat zu verlangen, daß jemand etwas tut, und ihm eine Pflicht zum Gehorchen vermittelt; diese Autorität hat *Legitimität* in dem Maße, in dem diejenigen, denen befohlen wird, sich deshalb zum Gehorchen verpflichtet fühlen.

Ein *Anführer* ist in der Lage, die verschiedenen Bestrebungen und Aktivitäten von Menschen zu einem koordinierten Muster zusammenzuschweißen, das auf bestimmte Ziele gerichtet ist. Es gibt viele lohnende Dinge, die Menschen zusammen tun können. Eine Nation kann sich darauf konzentrieren, die Armut zu reduzieren oder ernsthafte Kultur zu fördern oder neue Technik zu entwickeln oder die individuelle Freiheit so weit wie möglich auszudehnen ...; eine Gruppe von Teenagern könnte zusammen ins Kino oder in einen Freizeitpark gehen oder zu einem Kampf oder durch die Straßen ziehen, die Nachbarschaft aufräumen, auf den Straßen patrouillieren oder ein Stück aufführen. Die Liste möglicher wünschenswerter Ziele ist sehr lang, aber alles läßt sich nicht gleichzeitig tun. Irgendwie werden sich die Leute oder die Gruppe im Lärm der Vorzüge der konkurrierenden wünschenswerten Ziele entscheiden müssen, welches von ihnen sie ernsthaft gemeinsam verfolgen sollen. Ein Anführer hat die Funktion, diese Konkurrenz der Ziele aufzulösen; er liefert eine Vision eines wünschenswerten Ziels, artikuliert einen durchführbaren Plan zu seiner Erreichung und inspiriert eine genügende Anzahl von Menschen dazu, diesen Weg einzuschlagen und ihm zu folgen. Nur unter ganz besonderen Bedingungen kann also eine Gesellschaft das Bedürfnis nach Führerschaft der einen oder anderen Art vermeiden.

4 Max Weber, *Wirtschaft und Gesellschaft*. Tübingen [5]1976, S. 28 (Hervorhebung von mir).

17. Die Matrix der Wirklichkeit

1 Manche Leser werden sich in diesem Kapitel nicht wiederfinden; sie haben vielleicht schon mehr als genug über »Wirklichkeit« gehört oder finden das Folgende außerordentlich abstrakt. In diesem Falle schlage ich ihnen vor, daß sie direkt zum folgenden Kapitel übergehen und uns beiden unnötige Quälerei ersparen. Den dann verbleibenden Lesern könnte es allerdings leichter werden zu sehen, was passiert, wenn sie sich die 2 x 2-Matrix aufzeichneten und sie im Verlauf der Diskussion schrittweise erweiterten. Leser könnten es auch nützlich finden, sich schon jetzt die fertigen Matrizen auf den Seiten 235 und 236 anzusehen.

2 Unter den zeitgenössischen Philosophen hat Martin Heidegger Wahrheit umfassender aufgefaßt. Seiner Auffassung nach ist Wahrheit eine Art des Sagens oder Nichtsagens, ein Entbergen oder Verbergen. Man könnte es als einen Vorzug von Heideggers Theorie ansehen, daß es, obwohl sich sein Wahrheitsbegriff umfassender anwenden läßt, verständlich ist, warum wir besonders dazu neigen, den Terminus dann auf Sätze anzuwenden. Entbergen und Verbergen war auch für Heidegger ein persönliches Thema – er vermochte uns nie zu sagen, wie tief seine Verwicklung in den Nazismus war. Siehe Thomas Sheehans klugen Essay »Heidegger and the Nazis«, in: *New York Review of Books* 35, No. 10 (16. Juni 1988), S. 38–47.

3 J. L. Austin, *Sense and Sensibilia*. Oxford 1962, Kapitel 7 (deutsch: *Sinn und Sinneserfahrung*. Stuttgart 1975).

4 Siehe die erhellende Diskussion über Platons Theorie der Wirklichkeitsgrade bei Gregory Vlastos, *Platonic Studies*. Princeton, N.J. 1973, Essays 2 und 3.

5 Zitiert bei W. M. Urban, *The Intelligible World*. London 1929, S. 152.

18. Finsternis und Licht

1 Friedrich Nietzsche, *Also sprach Zarathustra. Kritische Studienausgabe.* Bd. 4. München ²1988, S. 51.

2 Ebd., S. 95; F.N., *Der Wille zur Macht.* Stuttgart 1930, S. 644.

3 Brief an Gräfin Margot Sizzo-Notis-Crouy vom 12. April 1923, in: Rainer Maria Rilke, *Die Briefe an Gräfin Sizzo.* Wiesbaden 1950, S. 41.

4 Diese Auffassung habe ich in *Philosophical Explanations*, S. 294–316, weiter entwickelt. Dieses Buch liefert auch einen Entwurf dessen, was in einer vollständig deterministischen Welt den freien Willen ausmachen könnte; siehe ebd., S. 317–362.

5 Wir können bemerken, daß die gesamte Kategorie der Wirklichkeit zwar weit und umfassend ist, daß aber Traditionen von einem anderen Bereich sprechen, den wir noch nicht berührt haben und den sie Leere oder Schweigen nennen; spezielle Meditationspraktiken sollen uns in die Lage versetzen, diesen Bereich in uns zu erreichen und darin zu leben. Was für ein neuer Maßstab könnte sich dann ergeben?

6 Die Ethik des Respekts – oder eine Version davon – habe ich in *Anarchie, Staat, Utopia* vorgestellt; die Ethik der Responsivität ist in meinen *Philosophical Explanations* in Kapitel 5 entwickelt.

7 Nehmen wir an, wir könnten messen, um wieviel eine Handlung – nennen wir sie Handlung A – das erfüllt, was der Respekt erfordert – nennen wir das Respekt (A) –, und ebenso den Betrag, mit dem Handlung A das erfüllt, was Responsivität für die Wirklichkeit erfordert – nennen wir das Responsivität (A). Wir wollen die volle Einhaltung der Regeln und Prinzipien des Respekts mit R* bezeichnen. Wenn dann A von dem abweicht, was der Respekt erfordert, um mehr Responsivität zu erreichen, wird die Differenz R* minus Respekt (A) den Betrag dieser Abweichung messen, und das Prinzip der geringsten Verletzung erfordert den Versuch, diese spezielle Differenz zu reduzieren oder zu minimieren. Bei der Entscheidung darüber, ob man eher A tun soll als eine Handlung B, die mehr in Übereinstimmung mit den Normen des Respekts steht – B kann mit ihnen völlig übereinstimmen oder mit einer geringeren Verletzung des Geflechts von Respekt verbunden sein als A –, müssen wir in der Lage sein, den Gewinn des Betrages der Responsivität bei A im Vergleich zu B, Responsivität (A) – Responsivität (B), zu messen, den Verlust der Einhaltung des Respekts bei A im Vergleich zu B, Respekt (B) minus Respekt (A), und dann, was das Wichtigste ist, zu entscheiden, wann eines davon das andere aufwiegt. Dabei geht es nicht einfach um den Vergleich der beiden Summen (denn es wird viel von den beiden verschiedenen Maßskalen für Responsivität und Respekt abhängen), sondern um eine moralische Entscheidung. A wird nur dann empfohlen werden, wenn die Einschätzung lautet, daß Responsivität (A) minus Responsivität (B) die Differenz Respekt (B) minus Respekt (A) aufwiegt. Sonst wird B

getan werden müssen oder eine andere Handlung C, die noch mehr in Übereinstimmung mit den Normen des Respekts steht und deren größerer Respekt nicht von der größeren Responsivität von B aufgewogen wird. (Zu einer weiteren Ausarbeitung von Einzelheiten, die sich auf die Spezifizierung dieser Struktur mit ihrem Aspekt der minimalen Verletzung beziehen, vgl. *Philosophical Explanations*, S. 485 - 494.)

8 In seinem Buch *Neurotic Styles* schildert David Shapiro die Bemühung des Zwangscharakters, seine geringfügigsten Handlungen von allgemeinen Maximen und Prinzipien leiten zu lassen, wobei er das Bedürfnis, zu seiner eigenen Gesamtentscheidung zu gelangen, durch das technische Problem ersetzt, allgemeine Prinzipien auf die gegebenen Details anzuwenden.

19. Theologische Erklärungen

1 Eine frühere Fassung dieses Kapitels erschien in *Ploughshares* 11 (1985), No. 4, S. 151–166.

2 Religiöse Erklärungen brauchen nicht anzunehmen, daß der Zweck des freien Willens in seinem intrinsischen Wert für *uns* liegt. Nehmen wir an, Gott habe Wesen mit freiem Willen erschaffen, um sie unvorhersehbar zu machen, so daß er dann ihre Geschichte mit Interesse und Überraschung verfolgen konnte – sie wären Gottes Fernsehserie.

3 Siehe George Schlesinger, »The Problem of Evil and the Problem of Suffering«, in: *American Philosophical Quarterly* 1 (1964), S. 244–247; *Religion and Scientific Method*. Dordrecht 1977.

4 David Lewis formuliert die Position, daß alle möglichen Welten existieren, in seinem Buch *Counterfactuals*. Oxford 1973, und er entfaltet und verteidigt sie gegen Einwände in *Plurality of Worlds*. Oxford 1986. In meinen *Philosophical Explanations* habe ich diskutiert, wie diese Position oder eine verkürzte Version davon die Beantwortung der Frage erleichtern könnte: Warum gibt es etwas und nicht vielmehr nichts? Die Anwendung dieser Position auf das Problem des Bösen, die hier vorgelegt wird, wurde in Diskussionen mit Stephen Phillips entwickelt.

5 Vgl. Derek Parfit, *Reasons and Persons*. Oxford 1984, Teil IV.

20. Der Holocaust

1 Dann ist da die aktive Beteiligung und Hilfe anderer, der Polen, Ukrainer, Litauer usw., die ihrem eigenen mörderischen Haß gegen die Juden frönten, die daran mitwirkten, sie zusammenzutreiben, und sich gern das aneigneten, was Juden an Eigentum und Häusern hatten zurücklassen müssen (trotz der Tatsache, daß sie selbst für einen abhängigen Status, als ausgebeutete und fügsame Arbeiter für die Deutschen, vorgesehen wurden); und es ist da das Verhalten noch anderer,

die wissend und oft billigend zusahen oder die die Flucht von Opfern behinderten – die Briten zum Beispiel, wenn sie Schiffe nach Deutschland zurückschickten, auf denen sich Menschen auf der Flucht nach Palästina befanden, und andere Staaten dazu drängten, dasselbe zu tun; die Mitglieder des amerikanischen Außen- und Verteidigungsministeriums, die die Rettung der europäischen Juden behinderten, ihre Einwanderung erschwerten und allem Drängen widerstanden, die Gaskammern von Auschwitz und die Bahnlinien, die zu ihnen führten, zu bombardieren.

21. Erleuchtung

1 Zu einer Theorie, die es zuläßt, daß die Wahrheit von Identitätsaussagen in Abhängigkeit vom Zeitpunkt variiert, vgl. David Lewis, »Survival and Identity«, in: Amelie Rorty (ed.), *The Identities of Persons*. Berkeley, Calif. 1976, S. 17–40.

2 Man könnte dies mit den philosophischen Angriffen zusammenbringen, die W. v. Quine vor einiger Zeit gegen den Begriff der Notwendigkeit gerichtet hat. Siehe den Essay »Necessary Truth« in seinem Werk *The Ways of Paradox*. Cambridge, Mass. 1976.

3 Und das psychische Wohlbefinden? Es ist schwer herauszufinden, was bei Erleuchtung der Fall ist, aber es gibt zuverlässige Berichte darüber, daß ernsthafte abendländische Lehrer für buddhistische Meditation, die erfahren und engagiert sind, die ein ausgedehntes Training genossen haben und selbst viele Stunden am Tage intensiv meditieren, nicht über fortdauernde Ängste oder über Versuche erhaben sind, andere zu manipulieren und zu beherrschen; manchmal begeben sie sich in professionelle psychotherapeutische Behandlung. (Siehe *Inquiring Mind* [Berkeley, Calif.] 5, No. 1 [Sommer 1988].) Da diese Lehrer – die dafür zu loben sind, daß sie hierüber mit solcher Offenheit und Ernsthaftigkeit berichten – wohl nicht den Anspruch erheben, erleuchtet zu sein, können wir aus ihren Fällen nicht extrapolieren, aber da die schriftlichen Aufzeichnungen über Erleuchtung selbst nicht direkt von der Frage des psychischen Wohlbefindens sprechen, ist bei zuversichtlichen Schlußfolgerungen einige Vorsicht angebracht.

4 *The Synthesis of Yoga*. Pondicherry 1955, S. 14. Aurobindo selbst zog sich für die letzten mehr als 20 Jahre seines Lebens in eine Dreizimmerwohnung in seiner spirituellen Gemeinschaft zurück, gab gelegentlich Audienzen, überarbeitete seine früheren Bücher, schrieb Briefe an seine Anhänger und verfaßte auch ein langes episches Gedicht über spirituelle Entwicklung mit dem Titel *Savitri*.

22. Jedem Ding sein Teil geben

1 Es könnte so funktionieren: Betrachten wir Zusammenstellungen von Dingen, die auf groben Übereinstimmungen darin beruhen, wie wirk-

lich sie sind; eine Gruppe enthielte Dinge von (ungefähr) derselben Wirklichkeit, die sich in ihrer Wirklichkeit von dem unterschieden, was in anderen Gruppen enthalten ist. Das Prinzip der Verhältnismäßigkeit bezieht sich auf die Gruppen; es appelliert an uns, zumindest ein Ding (aber jedenfalls dieselbe Anzahl) aus jeder Gruppe zu wählen und dann auf diese Dinge im Verhältnis dazu einzugehen, wie wirklich sie sind. Dadurch, daß wir jeder Gruppe eine verhältnismäßige Aufmerksamkeit schenken, auf jede verhältnismäßig eingehen, sieht es so aus, daß wir zu dem *vollen Spektrum* der Wirklichkeit in Verbindung treten und darauf eingehen, nicht nur zu ihren höchsten oder tiefsten Teilen.

2   Das zweite Proportionalitätsprinzip kann aber zu lax im Hinblick auf das erscheinen, was es für jemanden empfiehlt, der kaum fähig ist, auf die tiefste Wirklichkeit einzugehen. Gestattet es ihm nicht allzu leicht, dieser Wirklichkeit nur unwesentliche Aufmerksamkeit zu schenken? Vielleicht muß noch ein anderer Faktor eingeführt werden – nicht einfach für diesen Extremfall, sondern im allgemeinen –, um die Response geringfügig (und etwas unverhältnismäßig) *in Richtung auf* die größere Wirklichkeit abzustufen.

3   Das erste Proportionalitätsprinzip lautete:

$$\frac{\text{Ausmaß der Aufmerksamkeit auf A}}{\text{Ausmaß der Aufmerksamkeit auf B}} = \frac{\text{Wirklichkeit von A}}{\text{Wirklichkeit von B}}$$

Das zweite Proportionalitätsprinzip lautete:

$$\frac{\text{Ausmaß der Aufmerksamkeit auf A}}{\text{Ausmaß der Aufmerksamkeit auf B}} = \frac{\text{Wirklichkeit des Responses auf A}}{\text{Wirklichkeit des Responses auf B}}$$

Aus der Verbindung dieser beiden Prinzipien folgt das dritte:

$$\frac{\text{Wirklichkeit des Responses auf A}}{\text{Wirklichkeit des Responses auf B}} = \frac{\text{Wirklichkeit von A}}{\text{Wirklichkeit von B}}$$

Wenn im zweiten Prinzip die Wirklichkeit unserer Response in den Mittelpunkt rückt und an die Stelle der Wirklichkeit dessen tritt, worauf diese Response eingehen, warum soll man dann nicht die Gesamtsumme der Wirklichkeit dieser Response maximieren und das Ausmaß unserer Response entsprechend verteilen? Eine solche Maximierungspolitik ist kein Proportionalitätsprinzip, aber es ist nicht nötig, sich hier zwischen diesen beiden zu entscheiden. Angesichts der Beschränkungen in unseren Responsivitätskapazitäten haben sowohl dieses Maximierungsprinzip als auch das zweite Proportionalitätsprinzip zur Folge, Response auf verschiedene Teile der Wirklichkeit hervorzubringen, und so vermeiden beide eine Konzentration nur auf die tiefste Wirklichkeit. Wie komplex die Probleme des Verhältnisses zwischen diesem zweiten Proportionalitätsprinzip und dem Maximierungsprinzip sind, läßt sich daran erkennen, wie Verhaltenspsychologen eine strukturell ähnliche Frage behandeln, bei der es um Anpassungs- oder Verbesserungsprinzipien im Gegensatz zu Maximierungsprinzipien geht. Siehe R. J. Herrnstein, W. Vaughan, Jr., »Stability, Melioration, and Natural Selection«, in: L. Green, J. H. Kagel (eds.), *Advances in Behavioral Economics*, Vol. 1. Norwood, N.J. 1987, S. 185–215; R. J. Herrnstein, »A Behavioral Alternative to Utility Maximization«, in: S. Maital (ed.), *Applied Behavioral Economics*, Vol. 1. New York 1988, S. 3–60. Man könnte sich an die Proportionalitätsform in der Hoffnung halten, daß die Intensität (und Wirklichkeit) von Responsen im Laufe der Zeit dadurch besser auf die Wirklichkeit geeicht werden wird, auf die sie eingehen, und somit ihnen proportional werden wird. Dieses zweite Proportionalitätsprinzip würde also in dem Maße in das erste hineinwachsen, wie die eigenen Fähigkeiten zu angemessenem Respons zunähmen; die Anpassung des Umfangs des Responses an seine Intensität wird gleichzeitig zu einer Anpassung des Umfangs an die Wirklichkeit, auf die eingegangen wird.

4 Einige der früheren Schwierigkeiten werden durch einen technischen Ausweg vermieden, den die meisten Leser lieber überschlagen sollten. Anstatt unsere Response in ein Verhältnis zu ihrer Wirklichkeit zu bringen, können wir die *primäre Masse* der Wirklichkeit unserer Responsе maximieren. (Dieser Begriff der Masse einer Kurve wurde in der Meditation »Wirklicher sein« erklärt.) In einem Balkendiagramm von Responsen repräsentiert die Höhe (entlang der y-Achse) die Wirklichkeit des Responses, die Breite entlang der x-Achse das Gewicht, das dem Respons beigelegt wird. Ein Verfahren wäre es, jedem Respons gleiches Gewicht (und daher gleiche Breite) zuzuordnen – alle Response sind gleich geschaffen. Wenn man die Masse der Wirklichkeit der Response, wie es von diesem Verfahren definiert ist, maximiert, so würde das verschiedenartige, nicht unbedingt proportionale Response zulassen und zugleich vermeiden, daß wir nur auf die tiefste oder höchste Wirklichkeit einzugehen hätten – die ursprüngliche Schwierigkeit, die uns auf den Proportionalitätsweg führte. Ein anderes Verfahren würde verschiedenen Responsen verschiedenes Gewicht geben – die Balkendiagramme würden sich in ihrer Breite unterscheiden. Ein ansprechender Gedanke ist es, die Response genau nach der Wirklichkeit dessen zu gewichten, worauf sie eingehen. Die Höhe des Balkens würde die Wirklichkeit des Responses repräsentieren, seine Breite die Wirklichkeit dessen, worauf er eingeht, und die Gesamtflä-

che, die die Darstellung dieses Responses umschließt, wäre das Produkt dieser beiden Werte. Unser allererstes Proportionalitätsprinzip war, wie wir uns erinnern, bestrebt, Response in ein Verhältnis zu der Wirklichkeit zu bringen, auf die sie eingehen. Das führte jedoch die ursprüngliche Schwierigkeit wieder ein; wenn irgendein Ding unendliche Wirklichkeit besaß, dann hätten *alle* Response darauf gerichtet werden müssen. Auch der gegenwärtige Vorschlag steht vor einer Schwierigkeit, wenn etwas unendliche Wirklichkeit hat. Die graphische Darstellung eines Responses darauf ist unendlich breit und umfaßt daher (wenn die Höhe des Responses größer als unendlich klein ist) eine unendliche Fläche; somit könnten keine Response auf andere Dinge (und nicht einmal ein größerer Respons auf das betreffende Ding) positiv zählen, da sie nichts zu der Summe der Fläche unter der Kurve oder zu ihrer Masse hinzufügen könnten. Diese spezielle differentielle Gewichtung lohnt allerdings noch eine Untersuchung für die endlichen Fälle. Bemerken wir einstweilen, daß das erste Verfahren, bei dem jeder Respons gleiches Gewicht und gleiche Breite erhält, nicht vor dem unendlichen Fall scheitert, denn die Höhe des Responses entlang der y-Achse ist *seine* Wirklichkeit, nicht die Wirklichkeit dessen, worauf er eingeht; die Gesamtfläche dieses Balkens bleibt daher endlich.

5 Läßt sich im Prinzip der Grad, in dem ein Respons eine bestimmte Manier oder einen bestimmten Geist verkörpert, selbst messen, so daß sich ein weiteres quantitatives Kriterium ergibt? Aber eine Konzentration auf die Maximierung dieser totalen Quantität wird der Manier und dem Geist der jeweiligen Handlung Abbruch tun, und wenn man selbst eine solche Politik befolgt, so würde das vielleicht auch nicht diesen Geist gegenüber der eigenen Wirklichkeit zeigen.

23. Was ist Weisheit, und warum lieben Philosophen sie so?

1 Dieser groben allgemeinen Beschreibung ließen sich Komplikationen hinzufügen, indem man klangvolle Variationen für jeden der beteiligten Begriffe einführt. Ist Weisheit das, was man wissen oder verstehen muß, oder das, was zu wissen wichtig oder notwendig oder sehr nützlich ist? Umfaßt Weisheit auch das Wissen, wie man dazu kommt, sie zu wissen oder zu verstehen? Wird sie gebraucht, um gut oder am besten oder erfolgreich oder glücklich oder befriedigend zu leben oder so, wie wir sollen, oder welches auch immer das wichtigste Ziel ist, vielleicht einschließlich der Erlangung von *satori* oder der besten Existenz in einem Leben nach dem Tode? Sind es die zentralen Probleme, mit denen man fertigwerden muß, oder auch die Dilemmata oder Probleme oder Tragödien des Lebens? Vermeidet sie die Gefahren oder verringert sie sie manchmal nur? Gibt sie manchmal an, wie man der menschlichen Zwangslage völlig entrinnen kann? Und so fort. Die

einfache Beschreibung im Text wird für uns aber brauchbar genug sein. Eine noch vollständigere Erörterung würde berücksichtigen, daß Weisheit abgestuft auftritt; ein Mensch kann mehr oder weniger weise sein. Die Frage ist nicht einfach, ob man weise ist oder nicht.

2 Ob sich nun die verschiedenen Bestandteile der Weisheit von einer einzigen Wahrheit ableiten lassen oder nicht, man könnte versuchen, sie als Aspekte einer einzigen zusammenhängenden intellektuellen Struktur zu sehen: etwas, das zum Beispiel dem Diagramm des Wirtschaftswissenschaftlers analog ist, in dem sich ein Mensch zu der höchsten, von den Etatzwängen begrenzten Indifferenzkurve bewegt, wozu eine Ordnung von Präferenzen oder Werten unter Einschluß von Kompromissen gehört, eine Kenntnis der Grenzen des Machbaren und ein Auswahlprinzip. Auch andere Elemente der Weisheit könnten sich zu einer Strukturierung nach ökonomischen Gesichtspunkten (wie etwa den Kosten des Handelns, dem Erwartungsniveau, der Kenntnis alternativer Handlungen) eignen. Mir ist jedoch keine integrierte Struktur bekannt, die in erhellender Weise alle Stücke der Weisheit umfaßt.

24. Das Ideale und das Tatsächliche

1 Einige frühere Autoren verfolgten, so verrät uns Leo Strauss, einen anderen Kurs und verkleideten ihre Lehren unter einer plausiblen Oberfläche, so daß nur die sorgfältigsten und intelligentesten Leser entdecken konnten, was sie tatsächlich meinten. Auch wenn das vielleicht Verfälschungen ihrer »wahren« Lehre verhindern würde, könnte es doch keine Mißbräuche der frei zugänglichen Lehre an der Oberfläche verhindern. In jedem Falle wäre diese Methode nicht als Weg geeignet, eine Philosophie darzustellen, die die Durchsichtigkeit des Ausdrucks und den Respons auf die Wirklichkeit hochschätzte. Wenn *dies* nur die *oberflächliche* Lehre dieses Buches wäre, dann könnte es – so ließe sich geistreich bemerken – natürlich durchweg eine andere geben, die unter der Oberfläche dargestellt ist. Aber es gibt keine.

25. Der Zickzackkurs der Politik

1 In diesen Bemerkungen beabsichtige ich nicht, eine Alternative zu der in *Anarchie, Staat, Utopia* entwickelten Theorie auszuarbeiten oder so viel von dieser Theorie, wie es in Übereinstimmung mit dem vorliegenden Material möglich ist, aufrechtzuerhalten; ich weise nur auf einen bedeutenden Bereich – es mag noch andere geben – hin, in dem diese Theorie in die Irre ging.

2 Wir könnten sogar dazu veranlaßt werden, Beschränkungen einer Freiheit ebenso stark zu gewichten wie die Rede- und Versammlungsfreiheit. Denken wir an weißgekleidete Ku-Klux-Klan-Mitglieder,

die durch weitgehend von Schwarzen bewohnte Viertel marschieren, Leute in Naziuniformen mit Hakenkreuzfahnen, die durch weitgehend jüdische Wohngegenden marschieren, und Leute, die durch Indianerreservate, asiatisch-amerikanische Gemeinschaften, armenische Viertel oder vorwiegend schwule Viertel mit ähnlich scharfen und beleidigenden Transparenten ziehen. Müssen die Menschen in ihren Wohnvierteln dazu aufgefordert werden, solche eifernden Reden und die prahlende Zurschaustellung von Unterstützung für einstmals weitverbreitete böse (und ungesetzliche) Handlungen – Mord, Versklavung, Völkermord, Verfolgung – zu erdulden, die sich gegen eine Gruppenmitgliedschaft richten, die ein Teil ihres ureigenen Selbstbildes ist? Müssen wir einfach hoffen, daß andere friedliche Bürger von außerhalb Solidarität mit diesen zu Opfern gemachten Gruppen ausdrücken, indem sie sich auf die Straße setzen, um diesen Marschierern den Weg zu versperren, und eine Sorge zeigen, die groß genug ist, um Verhaftung und Gefängnisstrafen wegen Behinderung dieses Marsches zu riskieren? Oder können wir spezifische Prinzipien formulieren, deren Reichweite genau auf diese Art von Situation zugeschnitten ist, um auf legale Weise solche Einfälle zu verhindern, wobei wir aber immer noch unsere allgemeine und starke Verpflichtung zum freien wechselseitigen Spiel der Meinungen in der Gesellschaft im Auge behalten?

3 *Anarchie, Staat, Utopia*, Kapitel 7.

Namensregister

Aristoteles 14, 101, 116, 134, 248 f., 325, 346 ff., 375
Aurobindo, Sri A. Ghose 308, 313
Austin, John Langshaw 239, 245

Baal Shem Tov 318
Bate, W. J. 322
Beckett, Samuel 13
Beethoven, Ludwig van 45, 103, 297
Bergman, Ingmar 13
Berlin, Isaiah 369
Brillat-Savarin, Anthelme 69
Brunelleschi, Filippo 40
Buddha 16, 55, 103, 162, 164 ff., 318 f., 322

Caesar, Julius 25
Chardin, Jean-Baptiste Siméon 332
Chaucer, Geoffrey 55
Cicero 344

Descartes, René 19, 56, 206
Dewey, John 134
Dostojewski, Fjodor M. 105
Duhem, Pierre 348

Einstein, Albert 43, 55, 165, 259
Erikson, Erik 232, 322

Flaubert, Gustave 160
Freud, Sigmund 9, 18 f., 125, 130, 186, 219, 260, 339

Gandhi, Mahatma 25, 31, 103, 162, 164 ff., 259, 318 f., 322
Goethe, Johann Wolfgang 297

Hardy, G. H. 213

Hegel, Georg Wilhelm Friedrich 36, 89
Hillel 194, 347
Hitler, Adolf 173, 233, 304
Holbein 11
Hume, David 67

Jesus 16, 25, 55, 103, 162, 164 ff., 259, 300 ff., 318–322
Johanna von Orléans 25
Johnson, Samuel 14, 73, 322

Kant, Immanuel 19, 181, 268, 297
Keats, John 232, 269, 271
Kekulé, August 49
Kierkegaard, Søren 19
King, Martin Luther 31
Koestler, Arthur 50
Kurosawa, Akira 13

Leibniz, Gottfried Wilhelm 277–280, 285, 290
Leonardo da Vinci 40
Lincoln, Abraham 25, 259
Luria, Isaak 276

Maimonides 278
Mandelstam, Nadeschda 40
Mark Aurel 14
Michelangelo 40, 58
Mill, John Stuart 124
Montaigne, Michel de 14 ff.
Moses 162, 164
Mozart, Wolfgang Amadeus 146 f., 149

Napoleon 259
Nathan von Gaza 276
Nietzsche, Friedrich 15, 19, 255
Nozick, David 37